The publication of the second edition of *Enlaces* was directed by the members of the Heinle & Heinle College Spanish and Italian Team:

Elvira Swender, Editorial Director
Gilberte Vert, Production Services Coordinator
Amy Terrell, Marketing Development Director

Also participating in the publication of this program were:

Publisher: Stan J. Galek
Director of Production: Elizabeth Holthaus
Assistant Editor: Stephen Frail
Project Manager: Angela Castro
Compositor: Thompson Steele Production Services
Interior Designer: Martha Podren
Cover Artist: Michael Lenn
Cover Designer: Dina Barsky
Illustrator: George Ulrich

Manufactured in the United States of America
ISBN 0-8384-5936-6 (student text)
0-8384-5938-2 (IAE)

10 9 8 7 6 5 4 3 2 1

Enlaces

SECOND EDITION

Eileen W. Glisan,
Indiana University of Pennsylvania

Judith L. Shrum,
Virginia Polytechnic Institute & State University

ITP® An International Thomson Company

New York ■ London ■ Bonn ■ Boston ■ Detroit ■ Madrid ■ Melbourne ■ Mexico City ■ Paris
Singapore ■ Tokyo ■ Toronto ■ Washington ■ Albany NY ■ Belmont CA ■ Cincinnati OH

Contents

To the Student

Learning Spanish Successfully With *ENLACES* xiii

- An Introduction to *ENLACES* xiii
- How to Understand Authentic Materials xiii
- How to Learn Grammar and Vocabulary Within Functions: Guided Participation xiv

Capítulo Preliminar
¡Mucho gusto!

Contexto: Presentaciones entre personas 1

Objetivos funcionales
- Saludar y despedirse de alguien
- Presentarse y presentar a otros
- Dar información personal
- Hablar de diferentes actividades

Objetivos culturales
- Usar los pronombres tú y usted correctamente
- Hablar de los nombres y apellidos hispanos

Enlace inicial 2

¡Escuchemos un poco! 7

Enlace principal 8

Cultura en vivo 8
- El uso de los pronombres *tú* y *Ud.;* los nombres y apellidos hispanos

Función 1: Saludar y despedirse de alguien 11

Función 2: Presentarse y presentar a otros 13

Función 3: Dar información personal 14

Función 4: Hablar de diferentes actividades 15
- *(Verbos irregulares en el presente)*

¡Leamos un poco! 19
- *«¡Le presento a...!»*

Enlace de todo 21

¡Imaginemos! 21

Vocabulario 22

¿Necesita repasar un poco? 23
- *La formación de los verbos regulares (el presente)*
- *Verbos que indican acción reflexiva*

Capítulo 1
¿Cómo van los estudios?

Contexto: **La vida académica** 25

Objetivos funcionales
- Discutir la vida académica
- Conversar sobre actividades estudiantiles en el pasado
- Pedir información

Objetivos culturales
- Describir el sistema de educación en el mundo hispano
- Hablar de los títulos académicos

Enlace inicial 26

¡Escuchemos! 26

¡Leamos! 26

Certificación académica personal

Enlace principal 28

Cultura en vivo 28
- El sistema de educación en el mundo hispano; los títulos académicos

Función 1: Discutir la vida académica 29

Función 2: Conversar sobre actividades estudiantiles en el pasado 31

(Uso del pretérito y formación de los verbos irregulares en el pretérito)

Función 3: Pedir información 35

(Preguntas de información)

¡Escuchemos un poco más! 37

¡Leamos un poco más! 38

«Universidad Latina»

Enlace de todo 40

¡Imaginemos! 40

¡Leamos más! 41

«¿Qué le pasa al Profe?»

¡El gran premio!: ¿Puede Ud. hacerlo? 43

Vocabulario 46

¿Necesita repasar un poco? 47
- *Las frases negativas*
- *La formación de las preguntas a responder con un sí o no*
- *La formación del pretérito (verbos regulares)*

Capítulo 2
¡Descríbame cómo es... !

Contexto: **La familia** 49

Objetivos funcionales
- Describir a personas: características físicas
- Describir a personas: apariencia física
- Identificar a los miembros de la familia
- Dar más detalles sobre la familia

Objetivos culturales
- Describir a una quinceañera y su fiesta

Enlace inicial 50

¡Escuchemos! 50

¡Leamos! 50

Anuncio de un nacimiento

Enlace principal 52

Cultura en vivo 52
- La fiesta de quince años

Función 1: Describir a personas: Características físicas 53

(El verbo ser con descripciones)

Función 2: Describir a personas: Apariencia física 57

(El verbo estar con descripciones)

Función 3: Identificar a los miembros de la familia 59

(La nominalización)

Función 4: Dar más detalles sobre la familia 62
(Las cláusulas relativas)
¡Escuchemos un poco más! 65
¡Leamos un poco más! 66
«Celebran Bodas de Oro»
Enlace de todo 67
¡Imaginemos! 67
¡Leamos más! 69
«El buen hombre y su hijo,» por Don Juan Manuel
¡El gran premio!: ¿Puede Ud. hacerlo? 72
Vocabulario 74
¿Necesita repasar un poco? 75
- *Las expresiones con estar y tener (estados físicos, estados de ánimo y condiciones)*
- *La concordancia entre sustantivo y adjetivo*
- *Los adjetivos posesivos*

Capítulo 3
¡Cómo vuelan las horas!

Contexto: El trabajo y el tiempo libre 77

Objetivos funcionales
- Expresar gustos personales
- Conversar sobre el trabajo
- Expresar percepciones

Objetivos culturales
- Hablar de las mujeres hispanas y las profesiones
- Discutir los cinco deportes más difíciles del mundo

Enlace inicial 78
¡Escuchemos! 78
¡Leamos! 78
Las «declaraciones íntimas»
Enlace principal 79
Cultura en vivo 79
- Las mujeres hispanas y las profesiones

Función 1: Expresar gustos personales 79
(Otros verbos como gustar)
Función 2: Conversar sobre el trabajo 83
(La nominalización con lo + adjetivo y lo que)
Función 3: Expresar percepciones 89
(El presente del subjuntivo con expresiones impersonales)
¡Escuchemos un poco más! 92
¡Leamos un poco más! 92
«El trabajo de verano»
Enlace de todo 94
¡Imaginemos! 94
¡Leamos más! 95
«Los cinco deportes más difíciles del mundo»
¡El gran premio!: ¿Puede Ud. hacerlo? 98
Vocabulario 100
¿Necesita repasar un poco? 101
- *El verbo gustar*
- *Los complementos indirectos pronominales*
- *Los adverbios de tiempo y de frecuencia*

Capítulo 4
Había una vez...

Contexto: La juventud y el pasado 103

Objetivos funcionales
- Conversar sobre actividades familiares en el pasado
- Compartir información sobre la juventud
- Narrar en el pasado

Objetivos culturales
- Leer y discutir acerca de la novela picaresca
- Hablar de algunas celebraciones y eventos de la juventud, de la adolescencia y de la vida adulta de los hispanos

Enlace inicial 104
¡Escuchemos! 104
¡Leamos!
Selección de *Lazarillo de Tormes*
Enlace principal 105
Cultura en vivo 105
- La novela picaresca

Función 1: Conversar sobre actividades familiares en el pasado 106
(Repaso del pretérito)
Función 2: Compartir información sobre la juventud 109
(El uso del imperfecto)
Función 3: Narrar en el pasado 113
(Los usos del pretérito e imperfecto)
¡Escuchemos un poco más! 117
¡Leamos un poco más! 117
Selección de *Lazarillo de Tormes*
Enlace de todo 118
¡Imaginemos! 118
¡Leamos más! 119
Selección de *Lazarillo de Tormes*
¡El gran premio!: ¿Puede Ud. hacerlo? 121
Vocabulario 123
¿Necesita repasar un poco? 124
- *La formación del imperfecto (verbos regulares)*
- *Las preposiciones con sustantivos, pronombres, infinitivos y adverbios*
- *Los adjetivos descriptivos*

Capítulo 5
¡Me encantar viajar!

Contexto: Los planes para viajar y los viajes 127

Objetivos funcionales
- Hacer planes para viajar al extranjero
- Comunicarse con el personal de la línea aérea
- Hablar de planes y condiciones circunstanciales
- Pedir alojamiento en un hotel

Objetivos culturales
- Usar el plano de Madrid
- Identificar algunos sitios de interés en Madrid
- Leer y discutir sobre las alternativas de alojamiento

Enlace inicial 128
¡Escuchemos! 128
¡Leamos! 128
«Aeroméxico»
Enlace principal 129
Cultura en vivo 129
- El plano de Madrid
Función 1: Hacer planes para viajar al extranjero 131
(La formación y el uso del tiempo futuro)
Función 2: Comunicarse con el personal de la línea aérea 136
Función 3: Hablar de planes y condiciones circunstanciales 138
(El uso del subjuntivo con expresiones adverbiales)
Función 4: Pedir alojamiento en un hotel 142
(Los usos de por *y* para *en la conversación)*
¡Escuchemos un poco más! 146
¡Leamos un poco más! 147
Los paradores
Enlace de todo 151
¡Imaginemos! 151
¡Leamos más! 152
«Alternativas de alojamiento»
¡El gran premio!: ¿Puede Ud. hacerlo? 155
Vocabulario 157
¿Necesita repasar un poco? 158
- Ir *+* a *+ infinitivo*
- *El presente progresivo y el imperfecto progresivo*

Capítulo 6
¿Que me recomienda?

Contexto: Las compras: comida y ropa 159

Objetivos funcionales
- Pedir comida en un restaurante
- Hablar de la ropa en un almacén
- Comprar ropa en un almacén

Objetivos culturales
- Describir la cocina hispana

Enlace inicial 160
¡Escuchemos! 160
¡Leamos! 161
Los anuncios
Enlace principal 162
Cultura en vivo 162
- La cocina hispana
Función 1: Pedir comida en un restaurante 163
(Los complementos directos e indirectos pronominales)
Función 2: Hablar de la ropa en un almacén 169
(Los adjetivos posesivos)
Función 3: Comprar ropa en un almacén 175
(El subjuntivo en las cláusulas adjetivales)
¡Escuchemos un poco más! 178
¡Leamos un poco más! 179
Crítica de *«Como agua para chocolate»*, la película
Enlace de todo 181
¡Imaginemos! 181
¡Leamos más! 182
Selección de *«Como agua para chocolate»*, por Laura Esquivel
¡El gran premio!: ¿Puede Ud. hacerlo? 188
Vocabulario 190
¿Necesita repasar un poco? 192
- *Los adjetivos y pronombres demostrativos*
- *Los complementos directos pronominales*
- *Las comparaciones*

Capítulo 7
¡Es para contarlo!

Contexto: El reportaje 195

Objetivos funcionales
- Describir sucesos personales
- Reportar información
- Expresar emociones, sentimientos y duda

Objetivos culturales
- Leer y discutir sobre la tertulia
- Compartir opiniones sobre las noticias

Enlace inicial 196
¡Escuchemos! 196
¡Leamos! 196
Las noticias: Lo bueno y lo malo
Enlace principal 198
Cultura en vivo 198
- La tertulia

Función 1: Describir sucesos personales 199
(Hace y desde hace con expresiones de tiempo)
Función 2: Reportar información 203
(La voz pasiva)
Función 3: Expresar emociones, sentimientos y duda 207
(El presente del subjuntivo con expresiones de emoción, sentimiento y duda)
¡Escuchemos un poco más! 210
¡Leamos un poco más! 211
Más noticias
Enlace de todo 213
¡Imaginemos! 213
¡Leamos más! 215
«Niña de 5 años con asombrosos poderes»
¡El gran premio!: ¿Puede Ud. hacerlo? 217
Vocabulario 219
¿Necesita repasar un poco? 220
- *El uso de se en lugar de la voz pasiva*
- *El presente perfecto*
- *El pluscuamperfecto*

Capítulo 8
¿Podría acompañarme a... ?

Contexto: Los eventos culturales 223

Objetivos funcionales
- Hacer, aceptar y rechazar invitaciones
- Hacer una llamada telefónica
- Hacer planes para divertirse
- Hablar del pasado reciente

Objetivos culturales
- Leer y discutir sobre algunos eventos culturales del mundo hispano

Enlace inicial 224
¡Escuchemos! 224
¡Leamos! 224
«Ballet mexicano nacido en Texas»
Enlace principal 225
Cultura en vivo
- Algunos eventos culturales del mundo hispano

Función 1: Hacer, aceptar y rechazar invitaciones 226
Función 2: Hacer una llamada telefónica 232
Función 3: Hacer planes para divertirse 236
(Los mandatos familiares)

Función 4: **Hablar del pasado reciente** 239
(El presente perfecto del subjuntivo)
¡Escuchemos un poco más! 241
¡Leamos un poco más! 242
«La individualidad de nuestro arte moderno»
Enlace de todo 244
¡Imaginemos! 244
¡Leamos más! 245
«Poema X» (La bailarina española), por José Martí
¡El gran premio!: ¿Puede Ud. hacerlo? 248
Vocabulario 251
¿Necesita repasar un poco? 253
- *El se impersonal*
- *Los usos del infinitivo*

Capítulo 9
¿Cómo se siente?

Contexto: La salud 255

Objetivos funcionales
- Comunicarse con el/la médico/a en su consultorio
- Convencer, expresar deseos y dar órdenes
- Hablar de percepciones, condiciones cirunstanciales y deseos en el pasado

Objetivos culturales
- Leer y discutir sobre la medicina en el mundo hispano

Enlace inicial 256
¡Escuchemos! 256
¡Leamos! 256
«El chicle sin azúcar, eficaz contra la caries»
Enlace principal 257
Cultura en vivo
- La medicina tradicional y moderna

Función 1: **Comunicarse con el/la médico/a en su consultorio** 258
Función 2: **Convencer, expresar deseos y dar órdenes** 264
(El presente del subjuntivo y las expresiones para convencer, expresar deseos y dar órdenes)
Función 3: **Hablar de percepciones, condiciones circunstanciales y deseos en el pasado** 268
(El imperfecto del subjuntivo)
¡Escuchemos un poco más! 272
¡Leamos un poco más! 273
«Técnicas de la medicina alternativa»
Enlace de todo 274
¡Imaginemos! 274
¡Leamos más! 276
«La medicina alternativa»
¡El gran premio!: ¿Puede Ud. hacerlo? 279
Vocabulario 281
¿Necesita repasar un poco? 283
- *Saber y conocer*
- *Los mandatos con* Ud., Uds., *y* nosotros

Capítulo 10
¿Qué opina ud. De... ?

Contexto: Las noticias: La sociedad y el medio ambiente 285

Objetivos funcionales
- Conversar sobre el medio ambiente y algunos problemas que enfrenta la sociedad
- Hablar sobre lo que dijo otra persona en el pasado
- Plantear hipótesis

Objetivos culturales
- Leer y discutir sobre el medio ambiente
- Intercambiar opiniones sobre la independencia del individuo, *El Gaucho Martín Fierro*

Enlace inicial 286
¡Escuchemos! 286
¡Leamos! 286
Selección de *El Gaucho Martín Fierro,* por José Hernández
Enlace principal 288
Cultura en vivo 288
- El gaucho y su cultura

Función 1: Conversar sobre el medio ambiente y algunos problemas que enfrenta la sociedad 289
(Pero, sino *y* sino que)
Función 2: Hablar sobre lo que dijo otra persona en el pasado 294
(El condicional y el condicional perfecto)
Función 3: Plantear hipótesis 298
(El imperfecto del subjuntivo y el condicional en cláusulas con si)
¡Escuchemos un poco más! 302
¡Leamos un poco más! 303
«¡A reciclar la basura!»
Enlace de todo 305
¡Imaginemos! 306
¡Leamos más! 307
Selección de *El Gaucho Martín Fierro,* por José Hernández
¡El gran premio!: ¿Puede Ud. hacerlo? 311
Vocabulario 314
¿Necesita repasar un poco? 315
- *Las oraciones con si para expresar posibilidad en el futuro*
- *El futuro para expresar probabilidad en el presente o en el futuro*

Apéndice

Vocabulario básico 317
Conjugaciones de verbos 326
Mapas 334
Glosario 337
Índice 347

To the Student

Learning Spanish Successfully With *ENLACES*

An Introduction to *ENLACES*

We encourage you to read carefully the suggestions offered in this section. They will help you experience success in your study of Spanish with the ***ENLACES*** program. The Preliminary Chapter and Chapter 1 include annotations that highlight the key features of the program as well as the suggestions and strategies described here.

Welcome to the ***ENLACES*** program! The authors have designed this intermediate-level program to help you to build upon and strengthen the language skills and cultural knowledge you acquired during your previous study of Spanish. With ***ENLACES,*** you will experience an approach to learning Spanish that will enable you to learn how to:

- ◆ understand authentic Spanish heard in conversations, radio broadcasts, and video segments prepared by and for native speakers of Spanish;
- ◆ understand authentic written texts such as newspaper and magazine articles, menus, invitations, advertisements, cultural readings, and literary excerpts from short stories and poetry;
- ◆ use the grammar, vocabulary, and pronunciation together in performing linguistic functions; that is, communicating with others for specific purposes such as getting to know someone, using public transportation, describing past events, and sharing your opinions;
- ◆ expand your own awareness of Hispanic culture through discussion, learning new information, and viewing videos which portray the authentic culture of Spanish-speaking people; and
- ◆ interact with your classmates in sharing ideas, interviewing one another, performing role plays, doing peer editing of written work, and problem-solving.

How to Understand Authentic Materials

A key component of the ***ENLACES*** program is the use of **authentic** listening and reading selections. Authentic selections are those written and taped segments originally created by and for native speakers of Spanish. They are not designed specifically for students learning Spanish as a second language. We have gathered these materials from various regions of the Spanish-speaking world and have designed ways to help you understand these authentic pieces. You will encounter two kinds of listening selections in the program:

1. semi-scripted conversations: conversations created spontaneously by native speakers of Spanish when given a selected topic; these segments are part of the *¡ESCUCHEMOS!* section of the *Enlace inicial* and the *¡ESCUCHEMOS UN POCO MAS!* section of *Enlace principal;* and
2. authentic radio broadcasts: broadcasts from news programs, talk shows, commercials, etc., as prepared for the Spanish-speaking community; these segments appear in the textbook and the ***Cuaderno de práctica*** in the *¡EL GRAN PREMIO!: ¿Puede Ud. hacerlo?* section of the *Enlace de todo.*

You will explore various types of authentic readings:

1. short realia pieces such as invitations, menus, advertisements, etc.; these selections are integrated in the textbook and ***Cuaderno de práctica*** throughout the culture and function presentations, and also in the textbook in the *¡LEAMOS!* section of the *Enlace inicial;*
2. short authentic readings from newspapers, magazines, and literature; these texts appear in the textbook in the *¡LEAMOS UN POCO MÁS!* section of the *Enlace principal;* and
3. longer authentic readings from newspapers, magazines, and literature; these selections appear in the textbook and ***Cuaderno de práctica*** in the *¡LEAMOS MÁS!* section of the *Enlace de todo.*

Because we believe that you will learn to listen and read more effectively by exploring real language, we have not tampered with the Spanish used in these authentic selections. We have, however, designed guided activities to help you interact with the materials more easily, by building comprehension strategies that you can later use with the other taped segments and with texts you may encounter elsewhere. As you work with the authentic materials, it is important for you to remember these important principles:

◆ **Listening and reading are processes.** They both require several steps or stages in order for you to accomplish them successfully. Both listening and reading involve problem-solving. The activities that accompany each listening segment and reading selection in ***ENLACES*** are designed to guide you through a series of steps as part of the process of solving each puzzle. Following each step will enable you to understand the content more easily.

◆ **You listen or read for a variety of purposes.** You may listen to a sports report to find out the final score of the baseball game or hear how well a certain player performed. You may skim the front page of the newspaper to learn what key local events took place today; you might then read an article of interest in its entirety. In the ***ENLACES*** program, you will also be asked to listen and read for a variety of purposes, ranging from finding specific pieces of information to identifying main ideas to interacting with the text in more detail.

◆ **You are not expected to understand everything!** When you first work with the listening segments and readings, you may feel frustrated that you cannot immediately understand every word of what you are hearing or reading. But don't forget—you need only read or listen for the purpose outlined in the exercises: to identify the information requested! Since these are authentic materials, you can expect that there may be parts that you do not understand right away without some assistance from your instructor. However, as you progress through each chapter, you will feel more confident with the strategies you have developed, and soon you will be able to comprehend more and with greater facility. In addition, your instructor may work with you to explore other parts of the texts in greater detail than is required in the corresponding activities.

In addition to following the procedures presented with the authentic materials, the following suggestions will help you to experience greater success in listening and reading:

◆ Do not attempt word-for-word translation! This is not an effective listening or reading strategy, but rather a mechanical decoding process. New words that are important and necessary for comprehension in the readings and listening segments are glossed with the English equivalent or a familiar Spanish synonym. However, remember that total comprehension does not occur by simply assigning an English word for every word in Spanish—it occurs as a result of understanding main ideas and details and using contextual and cultural clues. Constant use of translation will only cause you frustration and will keep you from developing effective comprehension strategies.

◆ Use your own background knowledge together with contextual guessing to figure out meaning. In reading, examine photos and captions and think about how the language is used in the particular context of the material being read. In listening, use the meaning of key phrases and sentences to piece together parts of the message. Use your own experiences and knowledge of the topic in order to fill in missing pieces of information. The pre-listening and pre-reading activities in ***ENLACES*** will help you through this process.

◆ In figuring out the meaning of key new words, try to determine whether they are related to words you already know from the same word family. Identifying what part of speech a word is (verb, noun, adjective, etc.) and dividing it into the base and suffixes or prefixes can often be helpful in this process. For example, *rápidamente:* you know the word *rápido* means **quick** and you recognize the adverbial ending ***-mente;*** therefore you guess the meaning to be **quickly.**

◆ Be cautious when using a bilingual dictionary. From time to time, you may need to use a dictionary in order to find the meaning of a key new word that you cannot recognize through contextual guessing. Since the dictionary lists a number of possible translations for each entry, you will still need to select the correct one. To choose the best translation most effectively, keep in mind: 1) the context in which the word is used (Does the translation make sense?); and 2) what part of speech the word is, as it is used in the text (Is it a verb, noun, adjective, adverb, preposition, conjunction?). Of course, it is always a good idea to double check the meaning of new words with your instructor.

How to Learn Grammar and Vocabulary Within Functions: Guided Participation

In your previous study of Spanish, you may have learned vocabulary and grammar separately and then at some point combined them for practice in speaking. In the ***ENLACES*** program, vocabulary and grammar are presented together as needed in the presentation of language **functions,** or communicative tasks. For example, in the function *Expresar gustos personales,* you will learn the vocabulary for sports and leisure-time activities, as well as the grammatical structures *otros verbos como* ***gustar*** in order to talk about your likes and dislikes.

The approach used in this program is unique in that it enables you to explore **whole** pieces of language (listening and reading selections and language samples in presentations of functions) before attending to smaller segments, i.e., grammar and vocabulary. This approach involves you by asking that you use your previously acquired knowledge to prepare for acquiring new knowledge and skills. At the beginning of certain functions, as appropriate, you will find one or more boxed "leading questions" designed to help you recall words, expressions, and structures that you learned before. In addition, you are also involved in "figuring out" grammar patterns through the use of leading questions designed to help you analyze the examples provided. Your instructor will ask you to help **co-construct** or put together the grammatical structure being illustrated with the help of your classmates. This process of interacting with the grammar explanation and problem-solving will help you to understand, internalize, and remember how to perform the each function more effectively. Of course, you will have the opportunity to read the grammar explanation and examples provided in the text as well. In the practice activities that follow the description of the function, you will use the grammar and vocabulary to engage in meaningful interaction with your classmates.

The following suggestions will help you as you experience this new approach to learning grammar and vocabulary:

◆ Be sure to ask yourself the leading questions in order to recall previously acquired language.
◆ Use the leading questions to figure out grammar patterns before you read the explanation.
◆ After your instructor assigns you to read the grammar explanation, read the information carefully and study the examples. Then close your book and try to recall examples of the pattern being presented. List vocabulary words you can remember from the presentation; try to visualize their meaning by means of the drawings provided instead of using English equivalents.
◆ Study and review the functions often for short periods of time, rather than infrequently for longer periods of time. It is much more effective for you to practice consistently rather than trying to cram, because learning a language involves skill development that requires constant work.
◆ During class time, keep your book closed unless otherwise directed by your instructor so that you are attentive and thinking about the language rather than using the book as a crutch.
◆ Make an earnest effort to communicate in Spanish with your classmates as you are engaged in pair and group activities. Try not to resort to English, but instead try to **negotiate meaning** as much as possible: ask classmates to rephrase or repeat and help them by using the same strategies for making yourself understood. Only you can determine how successful a language user you become by participating actively in class and putting forth the necessary amount of effort and commitment.

Following these guidelines will lead you to success in working with the ***ENLACES*** program. We think you will enjoy the many facets of this program, from the authentic taped materials to the videos to the interesting activities. We hope you will continue to use the strategies and skills you develop in the ***ENLACES*** program in your future study of Spanish.

ACKNOWLEDGMENTS

The authors wish to thank the many individuals who contributed to the creation of the second edition of ***ENLACES.*** We are grateful to the faithful users of the first edition whose insightful comments and suggestions helped to shape our new program. Our team of reviewers spent many hours critiquing chapters, answering questionnaires, and offering suggestions. The careful native speaker review done by Patricia Linares greatly assisted us in ensuring the use of authentic Spanish throughout the text. We also thank the professionals whose expertise in reviewing text and workbook chapters greatly strengthened our final product: Jeannette Harker, Atlantic University Florida; Elizabeth Guzmán, Yale University; Effie J. Boldridge, Howard University; Professor Tom Morin, University of Rhode Island; Professor Ramon Araluce, University of Southern California; Mel Resnick, University of Tulsa; Todd Hughes, Millersville University; Mary Ellen Kiddle, Boston College; and Vallerie Sullivan.

We are grateful to EMC for directing the audio program and to the following individuals who contributed their talent and voices to producing the taped segments. We owe special thanks to Professor Juan Cruz Mendizábal of Indiana University of Pennsylvania for allowing us to base the ***ENLACES*** characters on the members of his own family. He also reviewed sections of the text for authenticity, found authentic taped and written texts for us, provided thoughtful suggestions, and always offered kind support for the project. Radio segments from Córdoba, Argentina, would have been impossible without the assistance of Professor Marcela Ruiz-Funes and her family members, particularly Vilma Norys Ferrero de Maldonado. Many thanks to Bonnie Rorrer of George Washington High School in Danville, VA, for bringing the *Elefante* song to our attention. María Aiello was especially helpful in arranging the permission documents and in transcribing the taped materials. We are grateful to Sabrina Kalin for supplying information about Jewish holidays in Spain. Numerous colleagues offered a kind word here, a suggestion there, and generally supported our efforts by their encouragement.

We owe much gratitude to Heinle and Heinle Publishers, who supported our innovative ideas for this second edition. The publication of this edition was made possible because of the continued commitment of Charlie Heinle, Stan Galek, and many others in the company to producing foreign language textbooks that reflect the latest research and address the needs of today's classrooms. Publication of a text such as ***ENLACES*** requires a talented and dedicated editorial and professional staff. The Spanish editorial team guided our creativity and supported our ideas throughout the process of developing the second edition. We appreciate the efforts and assistance of Stephen Frail and Gilberte Vert, who both guided the project through the production phase. We are grateful for the careful attention to the production phase provided by Angela Castro and by Sally Steele and her staff at Thompson Steele Production Services and for the detailed work of Sharon Buzzell Inglis in the copyedit phase. We also thank the many freelance professionals whose contributions were vital to the successful production of the program.

Finally, we realize that completion of this second edition of ***ENLACES*** would not have been possible without the love and support of several members of our families: Roy, Nina, and Alexander Glisan; Alexander Cuthbert; Elaine Shrum. We thank them for their loving patience and encouragement throughout our endeavor.

Capítulo preliminar

¡Mucho gusto!

Contexto: Presentaciones entre personas

Objetivos funcionales

- saludar y despedirse de alguien
- presentarse y presentar a otros
- dar información personal
- hablar de diferentes actividades

Objetivos culturales

- usar los pronombres **tú** y **usted** correctamente
- hablar de los nombres y apellidos hispanos

Gramática funcional

- verbos irregulares en el presente

En este capítulo, Ud. también aprenderá algunas estrategias para escuchar y leer más fácilmente.

Enlace inicial

¡Les presentamos a los personajes de *ENLACES*!

En estas actividades Ud. conocerá a varias personas de una universidad norteamericana. Para empezar a conocer al grupo, lea las descripciones de los personajes a continuación y mire cada una de sus fotos. Más adelante Ud. tendrá la oportunidad de informarse más sobre la vida, la familia y los intereses de cada una de estas personas.

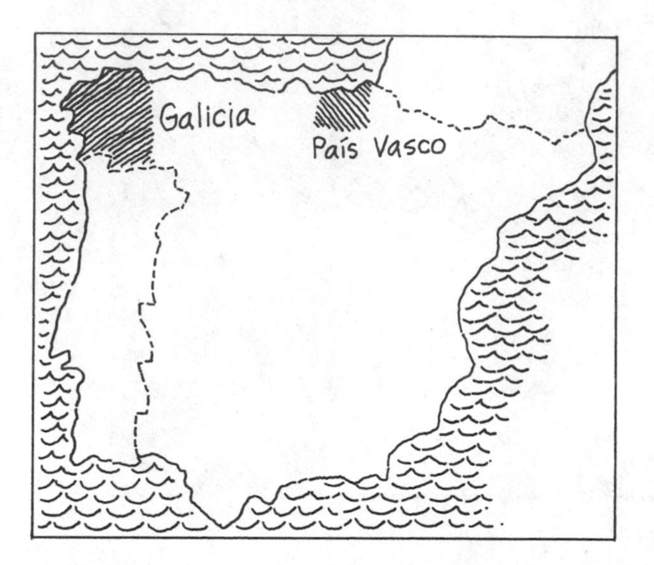

País Vasco refers to the Basque region located in Northern Spain, near the border between Spain and France and close to the Mar Cantábrico. Little is known about the ethnic origin of the Basque people, who speak a language which is different from Spanish and not based on Latin. There is a movement on the part of some Basque groups to make their region less dependent on the rest of Spain.

En las conversaciones, Ud. va a oír las voces de los siguientes personajes.

El Profesor Juan Cruz Echeverría Bencoa: Es profesor de español en una universidad norteamericana. Tiene 57 años. Nació en el País Vasco, España, donde se casó con Rocío Herrero Bilbao. Los dos vinieron a los EE.UU. hace treinta y un años. Antes de venir a los EE.UU., el profesor Echeverría trabajó como gerente de máquinas de coser en Venezuela y después como director de un colegio privado. Al profesor Echeverría le gusta escribir, leer libros y sacar fotos. Él y su esposa tienen tres hijos y cinco nietos.

La señora Rocío Herrero de Echeverría: Es esposa del profesor Echeverría. Tiene 54 años. Nació en Galicia, España, y allá trabajaba en una tienda de ropa para niños. A ella le encanta leer, viajar y cocinar—¡prepara una tortilla española deliciosa! Ella y su esposo viajan a España de vez en cuando para visitar a sus parientes.

María Teresa (Maite) Echeverría Herrero: Es hija de Juan Cruz y Rocío. Tiene 20 años. Nació en los EE.UU. y estudia periodismo en la misma universidad donde trabaja su padre. Tiene un novio que se llama Tony. Maite y Tony no pasan mucho tiempo juntos porque Tony asiste a otra universidad. En su tiempo libre, Maite lee y hace ejercicios aeróbicos.

peluquero: hairdresser

Roberto Sánchez Colón: Es peluquero y tiene 43 años. Nació en Jalapa, México, y vino a los EE.UU. hace 12 años. Estudia medio tiempo y quiere ser maestro de español. Está casado con Ashley, quien trabaja para la universidad. A Roberto le gusta jugar a los deportes, salir con sus amigos y bailar.

Guillermo (Memo) Salinas Bravo: Es estudiante universitario y se especializa en música. Tiene 18 años. Nació en Santiago de Chile, y vino a los EE.UU. el año pasado. Le gusta hablar de política. Es experto en tocar violín y guitarra.

Eliana Carpio Merode: Va al colegio y tiene 15 años. Es de San Juan, Puerto Rico, y vino a los EE.UU. hace siete años. Su madre, la viuda *(widow)* Micaela Merode de Carpio, es decana *(dean)* de la Facultad de Filosofía y Letras de la universidad. Después de graduarse del colegio, a Eliana le gustaría asistir a la universidad para seguir la carrera de relaciones internacionales.

En los ejercicios y las actividades de este libro, Ud. también va a informarse sobre los siguientes personajes.

The Basque name *Jon* is pronounced [ŷon]. *Jonchu* is the diminutive form (little Jon).

Many Hispanic women choose not to use the *de* before their husband's last name. Also, as in the U.S., some women retain their maiden names.

Rocío (Ío) Echeverría Sullivan: Es hija de Juan Cruz y Rocío. Tiene 32 años. Nació en España. Cuando su familia llegó a los EE.UU., ella tenía 11 meses. Es profesora de español en el estado de Virginia. Está casada y tiene tres hijos: Jon(chu), de 12 años; Amaya, de 11 años; Alexander, de ocho años. Su esposo, George Sullivan, es profesor de inglés en Virginia. A Rocío le gusta jugar a los deportes, sobre todo al vólibol. Ío y George van a tener un bebé en tres meses.

In Chapter 2, Ignacio and Marilyn have their third child, Juan Cruz, named after the baby's grandfather.

Ignacio Echeverría Herrero: Es hijo de Juan Cruz y Rocío. Tiene 30 años. Nació en Seattle, Washington. Ahora trabaja como jefe en Nielsen Ratings en la Florida. Está casado con Marilyn y tiene dos hijos: Ana, de seis años; Alberto, de tres años. A Ignacio le encanta la fotografía.

María Alba Mendoza Arias: Es estudiante universitaria. Tiene 29 años y es divorciada. Es de Buenos Aires, Argentina, donde viven todos los miembros de su familia. Quiere sacar un doctorado en ingeniería. Trabaja medio tiempo como camarera.

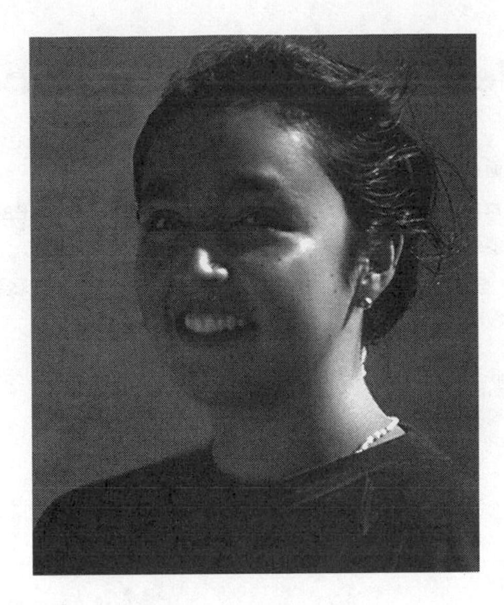

Graciela Carvajal Ventura: Es estudiante universitaria. Está en tercer año y se especializa en arquitectura. Tiene 22 años y nació en Santa Marta, Colombia. Su familia vino a los EE.UU. hace 20 años. Su padre es médico patólogo y su madre es ama de casa. Su hermano Jorge nació en los EE.UU. y tiene 19 años. Jorge es estudiante en la misma universidad y quiere seguir la carrera de derecho.

Ud. va a escuchar una conversación breve entre Memo y Maite, dos estudiantes que acaban de conocerse. Ellos están en la residencia estudiantil. Escuche la conversación y conteste las preguntas.

A. ¿De qué hablan Memo y Maite? Ponga una ***X*** al lado de cada tema que mencionan Memo y Maite en su conversación.

Listen for main ideas only. Don't worry if you don't understand every word!

_______ **1.** lugar de nacimiento
_______ **2.** fecha de nacimiento
_______ **3.** dirección
_______ **4.** especialización
_______ **5.** intereses y pasatiempos

B. ¿Qué oyó Ud.? Escuche la conversación otra vez y escriba las expresiones que oye para...

1. saludar a una persona.
2. presentarse.
3. hacerle preguntas a alguien.
4. despedirse de alguien.

This is review grammar practice.

¿Necesita repasar un poco?

Al final de este capítulo, Ud. encontrará un breve resumen de las siguientes estructuras:

- la formación de los verbos regulares (el presente)
- verbos que indican acción reflexiva

Repase esta información y complete los ejercicios en el ***Cuaderno de práctica.***

Enlace principal

VIDEO: Use Programa 3, *Sones y ritmos,* in ***Mosaico cultural*** to expand your cultural awareness of the regional music, dialect, and customs of people in Spain and Latin America. Consult the ***Cuaderno de práctica*** for corresponding activities for this segment.

Cultura en vivo

El uso de los pronombres tú y usted; los nombres y apellidos hispanos

Profesor, ¿tiene Ud. horas de oficina hoy?

¿Qué cuentas?

El uso de los pronombres **tú** y **usted** depende principalmente de la distancia que uno quiere mantener con la persona con quien habla. A veces, también depende del nivel de formalidad o intimidad que una persona tiene con otra persona. Aunque hay mucha variación en el uso de los dos pronombres en los países hispanos, su uso depende en gran parte del contexto o la situación. En general, se usa **usted** para indicar respeto o para imponer distancia entre las personas. Tradicionalmente, las siguientes personas usan **usted:**

- los adultos que no se conocen bien
- los adultos que quieren mantener una relación formal, especialmente en el trabajo
- los niños tratando con los adultos

En general, se usa **tú** para indicarle amistad o intimidad a otra persona. En algunos países, como en España, se usa más el **tú** que en otros países, como en Chile, donde se usa mucho el **usted.** Sin embargo, en casi todas partes, después de conocer a una persona por un rato, es común pedir permiso para **tutearse:** «¿Por qué no nos tuteamos?» *(Why don't we use the* ***tú*** *form with each other?).* En general, los siguientes grupos de personas usan **tú:**

- los niños, amigos y jóvenes entre sí
- los adultos tratando con los niños
- los colegas y compañeros de clase o trabajo
- los parientes entre sí

Si Ud. no está seguro/a si debe usar **tú** o **usted** con alguien, es mejor usar **usted** para no ofender a la otra persona.

1. ¿Tú o Ud.? ¿Qué forma va a usar Ud. al hablar con estas personas?

a. su mamá
b. su profesor/a
c. su médico
d. el hijo de su vecino
e. la amiga de su madre a quien Ud. acaba de conocer
f. el decano
g. su mejor amigo/a
h. su hermano/a

La mayoría de los hispanos tiene dos apellidos: el apellido paterno y el apellido materno. Los nombres generalmente se escriben en este orden: nombre, apellido paterno *(father's family name)*, apellido materno *(mother's family name)*. Por ejemplo, el nombre completo de Roberto es:

Roberto	Sánchez	Colón
(nombre)	(apellido paterno)	(apellido materno)

Cuando una mujer se casa, generalmente deja de usar su apellido materno y añade la palabra **de** + el apellido paterno de su esposo. Por ejemplo, Rocío Herrero Bilbao se casó con Juan Cruz Echeverría Bencoa; su nombre cambió a:

Rocío	Herrero	de Echeverría
(nombre)	(apellido paterno)	(apellido paterno de su esposo)

Los apellidos de sus hijos son:

Echeverría	Herrero
(apellido paterno)	(apellido materno)

Hay mujeres que prefieren no usar el **de** antes del apellido de su esposo, como en el caso de la hija de Rocío y Juan Cruz: Ío Echeverría Sullivan. También hay otras mujeres que no añaden el apellido de su esposo y usan sus apellidos de solteras.

In alphabetical listings that have identical paternal last names, as in the case of Juan Cruz and Maite, the maternal last names are used to order them alphabetically; thus, under **Echeverría, Bencoa** would be listed before **Herrero.** In a listing of a married woman who has added her husband's paternal name, the husband's paternal name is normally used to alphabetize.

2. En las guías telefónicas hispanas y en otras listas de nombres, los nombres se ordenan así: el apellido paterno y luego el apellido materno. Aquí hay una lista de estudiantes y empleados que se encuentra en el directorio de la universidad. Ordene los nombres en el orden correcto, utilizando los números del 1 al 6.

_______ **a.** Juan Cruz Echeverría Bencoa

_______ **b.** Roberto Sánchez Colón

_______ **c.** Maite Echeverría Herrero

_______ **d.** Eliana Carpio Merode

_______ **e.** Rocío Herrero de Echeverría

_______ **f.** Guillermo Salinas Bravo

The letters *ch* and *ll* have recently been dropped from the Spanish alphabet. Thus, in dictionaries there will no longer be separate sections for these letters. Words containing the combination *ch* will be integrated into the listing for *c*, and words containing *ll* will be integrated into the listing for *l*.

3. Si Ud. fuera hispano/a, ¿cuál sería su nombre completo?

Aquí hay unos ejemplos de apodos *(nicknames)*, o sea, diminutivos para nombres tradicionales. Los apodos se usan con amigos y familiares para mostrar cariño y afecto. Los apodos típicamente se usan en situaciones informales, no formales.

Nombre	Apodo	Nombre	Apodo
María Teresa	Maite	Manuel	Manolo
Guillermo	Memo	Francisca	Paca, Paquita
Rocío	Ío	Roberto	Beto
Francisco	Paco, Paquito	Jesús	Chucho
Enrique	Quique	Concepción	Concha
Guadalupe	Lupe	Rafael	Rafa
Dolores	Lola	Jon	Jonchu

4. ¿Tiene Ud. un apodo? ¿A Ud. le gusta o no? ¿Por qué? ¿Cuáles son algunos apodos comunes en inglés?

Función 1

Saludar y despedirse de alguien

Ask yourself this leading question to recall previously acquired language.

¿Qué expresiones conoce Ud. para saludar y despedirse de una persona? Haga una lista con un(a) compañero/a de clase.

The dean could also say *Buenas tardes* or *Buenas noches*, depending on the time of day. Memo could also say *¿Cómo le va?*

Note that the question *¿Cómo está Ud. hoy?*, normally used in greeting, elicits a generic response of *bien, mal, regular,* etc. If a speaker has indicated a willingness to speak more in detail about his/her health or condition, other follow-up questions may be used: *¿Qué tiene(s)? ¿Qué te/le pasa? ¿Cómo se/te siente(s)?* These questions all convey the non-formulaic idea, **How are you, really?**

Memo could also say *¿Qué hay de nuevo?* or *¿Qué cuentas?*

Para saludar

Contexto formal **Contexto informal**

Para despedirse

Contexto formal **Contexto informal**

Use the art to figure out meaning.

¡Practiquemos!

A. Saludos y despedidas. Practique los siguientes saludos y despedidas con un(a) compañero/a de clase. Al saludarse, ¡no se olviden de darse la mano!

1. Salude a un(a) compañero/a de clase por la mañana.
2. Salude al profesor/a la profesora de español por la tarde.
3. Salude a un(a) buen(a) amigo/a en una fiesta.
4. Despídase de un(a) buen(a) amigo/a en un café.
5. Despídase de un(a) secretario/a en la oficina del decano/de la decana.

B. Una tarjeta postal. Eliana le escribe a una tía que vive en Puerto Rico. Lea la tarjeta postal y conteste las siguientes preguntas.

28 de septiembre

¡Hola! ¿Qué tal por allá, en el mundo del sol? Yo aquí trabajando como una loca-muchas clases, poca diversión. Pero lo estoy pasando bien porque me encantan las clases. Ojalá que todos estén bien. Tengo mucho que contarte cuando regrese. Hasta pronto. Abrazos.

Con cariño,
Eliana

Ana Carpio de Muñoz
44 Rivera
Caguas, Puerto Rico

1. Identifique el saludo y la despedida.
2. ¿Cuál es la relación entre Eliana y la persona que recibe la tarjeta? ¿Cómo se sabe esto?
3. ¿Cómo está Eliana? ¿Por qué?
4. Imagínese que Eliana le escribe al director *(principal)* de una escuela de Puerto Rico. ¿Qué diferencias tendrá la postal?

Función 2

Presentarse y presentar a otros

Ask yourself this leading question to recall previously acquired language.

¿Qué expresiones aprendió Ud. para presentarse y para presentar a otras personas?

Para presentarse

Contexto formal **Contexto informal**

Memo could also say *a sus órdenes* instead of *para servirle.*

Memo could also say *le presento a...*

María Alba could also say *Mucho gusto de conocerla.*

The professor could also say *Tengo el gusto de presentarles a...*

Maite could also say *Te presento a...*

Para presentar a otros

Contexto formal

Contexto formal **Contexto informal**

¡Practiquemos!

Presentaciones entre personas. Practique las presentaciones a continuación.

1. Preséntese al profesor Echeverría.
2. Preséntele un(a) compañero/a de clase a otro/a compañero/a de clase.
3. Preséntele un(a) buen(a) amigo/a a su decano/a.
4. Preséntele un(a) buen(a) amigo/a a su madre.

The initial listening segment is used as the basis for practice of this function.

Another way to ask about origin is *¿Dónde naciste?* The person may answer *Nací en...*

The *estado civil* of a person is his/her marital status. Other ways to describe marital status are: *Sí, estoy casado/a con...; No, no soy casado/a; No, soy soltero/a; No, soy divorciado/a; Soy viudo/a.*

Función 3

Dar información personal

Piense Ud. un poco en la conversación inicial de este capítulo. ¿Recuerda la información personal que compartieron Memo y Maite?

Memo: ¿Cómo te llamas?

Maite: ______________ Maite.

Memo: ¿De qué parte de España son tus padres?

Maite: Mi madre es de ______________ y mi padre es de ______________.

....

Maite: ¿Dónde vives?

Memo: Vivo en el apartamento número ______________ en la calle ______________.

....

Memo: ¿Tú estás casada?

Maite: No, soy ______________. ¿Y tú?

Memo: También ______________.

Otros detalles personales:

- ¿Cuál es tu número de teléfono?
- Mi número de teléfono es el 555-6452 (cinco, cincuenta y cinco, sesenta y cuatro, cincuenta y dos)
- ¿Cuántos años tienes?
- Tengo ______________ años.

SER

soy	somos
eres	sois
es	son

ESTAR

estoy	estamos
estás	estáis
está	están

TENER

tengo	tenemos
tienes	tenéis
tiene	tienen

¡Practiquemos!

A. Los personajes de *ENLACES*. Dé un poco de información biográfica sobre las siguientes personas. Ud. puede hablar del origen de cada persona, su edad, dónde vive y su estado civil **(casado/a, soltero/a, divorciado/a, viudo/a,** etc.).

1. La señora Echeverría
2. Jonchu
3. María Alba Mendoza Arias
4. Ignacio Echeverría Herrero
5. Graciela Carvajal Ventura
6. Profesor Juan Cruz Echeverría Bencoa

Try to communicate exclusively in Spanish as you interview your classmate.

B. Entrevista. Pídale la siguiente información a un(a) compañero/a de clase.

1. su nombre completo
2. su edad
3. dónde nació
4. dónde vive ahora
5. su estado civil

Función 4

Hablar de diferentes actividades

Verbos irregulares en el presente

In order to talk about your daily activities, you will need to use the present tense. The present tense in Spanish is used to describe an action that occurs regularly (*Me levanto a las seis*), is occurring at the present (*Juan Cruz va a clase*), has been occurring up to the present (*Soy estudiante*), or will occur in the near future (*Almuerzo con mi amigo mañana*).

Estudio = I study, I do study, I am studying, I will study

In Spanish, the present progressive (**to be** + **-*ing*** form) is used only to draw attention to an activity being done at the moment of speaking: *Estoy leyendo.* (I'm reading [right now].)

Maite, ¿qué piensan hacer tú y tus amigos hoy?

Use art to figure out meaning.

a. Yo prefiero estudiar sola.
b. Mi amigo Juan no entiende bien la tarea de economía y por eso quiere ir a la biblioteca.
c. Mi amiga y yo queremos jugar al tenis por la tarde.
d. Algunos amigos piensan ir al centro estudiantil.
e. Estos son nuestros planes. ¿Qué piensas hacer tú?

In the *¿NECESITA REPASAR UN POCO?* section of this chapter, you reviewed the formation of regular verbs in the present tense. This section will provide opportunities for you to review and practice using frequently used verbs that have irregularities in the present tense.

This leading question is to prompt you to think about the verb forms and try to recognize the pattern *(patrón)*.

En las frases anteriores que dice Maite, ¿ve Ud. algún patrón entre los verbos?

QUERER	**(E → IE)**
quiero	queremos
quieres	queréis
quiere	quieren

Another frequently used verb in the ***e* → *ie*** category is *despertarse.*

Maite, ¿qué hacen tú y tus amigos durante la semana?

a. Duermo muy poco durante la semana.
b. A veces mi compañero de clase se duerme en clase.
c. Mis amigos y yo nos encontramos de vez en cuando.
d. Los estudiantes almuerzan en la cafetería todos los días.
e. Roberto y yo jugamos al tenis una vez por semana.
f. Vuelvo a la residencia estudiantil por la noche.
g. Mi amiga puede estudiar por muchas horas sin cansarse.
h. Me acuesto a las once y media de la noche.

volver = regresar

En las frases anteriores, ¿qué patrón ve Ud. entre los verbos como **dormir** y **encontrar?**

DORMIR	**(O → UE)**
duermo	dormimos
duermes	dormís
duerme	duermen

PEDIR	**(E → I)**
pido	pedimos
pides	pedís
pide	piden

Conseguir [obtener] is another verb like *seguir*. Example: *¿Consigues tú una beca todos los años?*

The verbs *seguir* and *conseguir* drop the ***-u*** in the first person form *(sigo/consigo)*; the ***-u*** is used in the other forms in order to preserve the hard ***-g*** sound when the following vowel is ***-e*** or ***-i***.

Maite, ¿qué hacen Uds. por la mañana?

a. Los lunes me visto muy temprano por la mañana.
b. Pedimos mucha comida en la cafetería.
c. Mis amigos repiten frases en español en el laboratorio de lenguas.
d. Sigo las noticias todos los días.

¿Qué clase de cambio tienen los verbos como **pedir** y **vestirse** en el tiempo presente?

Maite, ¿qué otras cosas haces tú durante la semana?

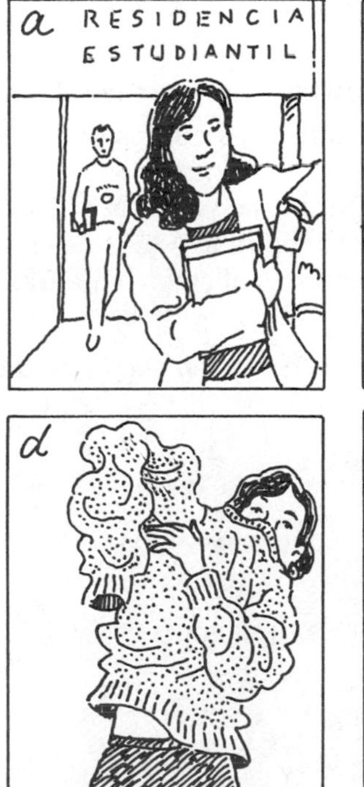

a. Salgo de la residencia estudiantil a las 7:30.
b. Hago mi tarea todas las noches.
c. Traigo muchos libros y cuadernos a esta clase.
d. Me pongo un suéter porque hace frío en las aulas.
e. Veo a muchos amigos en el campus.

En las frases anteriores, ¿qué nota Ud. sobre las formas de los verbos en la primera persona singular?

These verbs have irregular *yo* forms only.

Otros verbos irregulares en el presente

conocer:	**conozco,** conoces, conoce, conocemos, conocéis, conocen
decir:	**digo,** dices, dice, decimos, decís, dicen
venir:	**vengo,** vienes, viene, venimos, venís, vienen
oír:	**oigo,** oyes, oye, oímos, oís, oyen
ir:	**voy,** vas, va, vamos, vais, van
saber:	**sé,** sabes, sabe, sabemos, sabéis, saben

¡Practiquemos!

A. ¡Qué ocupados están! María Alba habla de lo que hacen ella y sus compañeros los lunes. ¿Qué dice ella?

Modelo: nosotros / ir a clase a las nueve
Vamos a clase a las nueve.

1. yo / despertarse temprano
2. Maite / vestirse rápidamente
3. nosotros / tener mucha tarea
4. muchos estudiantes / almorzar en la cafetería
5. yo / repetir los ejercicios en el laboratorio
6. mi amigo Memo / leer y pensar en la biblioteca
7. mis compañeros y yo / volver a la residencia estudiantil a las ocho
8. yo / ver a mis amigos
9. ¿tú / acostarse muy tarde durante la semana?
10. Roberto / preferir tomar los cursos por la noche

B. ¿Quién(es) hace(n) estas actividades? Diga quién(es) hace(n) cada actividad a continuación en la columna A. Escoja entre la(s) persona(s) de la columna B e incluya algún detalle con cada frase.

Modelo: conocer a alguien
Mi padre conoce a alguien que trabaja en la universidad.

Columna A	Columna B
1. pensar acerca de temas filosóficos	yo
2. volver a clase tarde	mis padres
3. jugar al fútbol norteamericano	mi madre/padre
4. ir de compras	mis hermanos
5. decir algo en español	________ y yo
6. poder jugar al tenis	mis amigos
7. seguir una carrera difícil	mi amigo/a ________
8. acostarse a medianoche	mi profesor/a
	nadie
	¿________?

C. Los deberes y las preferencias. Explíquele a un(a) compañero/a de clase 5 cosas que Ud. tiene que hacer este fin de semana (use *tener que...*) y luego 3 a 5 cosas que Ud. prefiere hacer los sábados (use *preferir...*). Después, su compañero/a tiene que darle a Ud. la misma información. Compartan la información con los otros compañeros de clase.

Integrate your knowledge of vocabulary, grammar, and pronunciation as you communicate in this activity.

D. ¡Levántese y hable! En esta actividad, Ud. y sus compañeros de clase van a hacer una encuesta *(survey)*. Todos tienen que levantarse, caminar por el aula y hablar con los compañeros. Tienen cinco minutos para pedirles a los demás la información a continuación. Hable Ud. con tantos compañeros como pueda. No se olvide de escribir el nombre de la persona que contesta la pregunta en la última columna. Luego compartan las respuestas para ver lo que Uds. tienen en común.

Actividad	Sí/No	Nombre
1. Meets with friends often?		
2. Is able to study in the dorm?		
3. Goes to bed late during the week?		
4. Plays sports?		
5. Knows foreign students?		
6. Gets a scholarship?		
7. Orders Mexican food sometimes?		
8. Has classes at night?		

Just read for the main ideas and important details, as requested in the exercises. Don't worry if you don't understand every word!

Don't do word-for-word translation! Use background knowledge and contextual clues to figure out meaning.

¡Leamos un poco! «¡Le presento a... !»

Antes de leer: Establecer un objetivo

In preparation for listening to this segment, answer the following questions.

1. By looking at the photo and the title of the article, what do you think the reading is about?
2. For what type of audience do you think this article is intended?
3. Why might you be interested in reading this article?
4. What words and expressions in Spanish do you think might appear in this article?

¡Le presento a... !

¿Se conocen...? Esta es una socorrida frase que utilizamos cuando vamos a presentar a una persona y no recordamos su nombre. Después, solamente una sonrisa y... ¡como por arte de magia! ellos dirán sus nombres.

A través de una presentación, iniciamos una relación, entablamos una nueva amistad y, a veces, hasta sellamos nuestro futuro. Aunque algunos pasen por alto este momento y lo consideren trivial, casi siempre es ¡lo contrario! A través de este simple acto, cuántos negocios exitosos se han logrado, cuántos príncipes azules van ¡directo al matrimonio!

Hay diferentes formas de presentación, y es importante que a la vez que nos decidamos por una, la usemos siempre, así evitaremos errores en un momento como ése, en que algunas personas se ponen nerviosas. Respetar la jerarquía es una de las cosas más importantes a la hora de dar a conocer a las personas. La de menor categoría debe ser presentada a la otra: si se trata de un subalterno y un jefe, primero se menciona el nombre del subordinado; si son una dama y un caballero, primero se dice el nombre de él; si una anciana y un niño, primero nos referimos al pequeño... Y la forma de hacerlo es muy sencilla: "Juanito, la señora Herminia Gutiérrez". Pero, si se trata de una persona extremadamente importante, existe la costumbre de decir "señor Hernández, ¿me permite presentarle a la señorita Julieta Rodríguez?" En este caso, se nombra primero a la de más rango. ¿Y qué debe hacer entonces la persona presentada? Simplemente responder "mucho gusto..." Si cuando se hace la presentación, una de las personas está sentada y la que está de pie es muy importante, o merece, por su edad o por el sexo, un trato particular, la primera debe ponerse de pie. Pero, en ningún caso, una dama se pondrá de pie al ser presentada a un caballero y, a la inversa, éste no debe permanecer sentado si ella está de pie. ¡Ah...! y cuando le presenten a alguien, recuerde que, ese primer contacto ¡puede cambiar su destino!

Después de leer: Identificar las ideas principales y los detalles importantes

A. ¿Comprendió Ud.? ¿Cuál de las ideas a continuación refleja la idea principal del artículo? Ponga una *X* al lado de la respuesta correcta.

_______ **1.** Es muy importante recordar el nombre de la persona a la que Ud. se presenta.

_______ **2.** La manera en que uno se presenta es de mayor importancia en los negocios.

_______ **3.** Debido a la importancia de la primera impresión, es esencial que sigamos ciertas reglas de presentación.

Ahora, conteste las siguientes preguntas en español.

1. Si Ud. presenta una persona a otra persona, ¿a quién debe mencionar primero?
2. ¿Qué debe hacer una persona si está sentada al ser presentada a otra persona? ¿Hay excepciones?

B. ¿Qué opina Ud.? Hable con un(a) compañero/a de clase sobre las siguientes preguntas.

1. ¿Qué reglas sigue Ud. cuando presenta a alguien?
2. ¿Cuál es su opinión acerca de la importancia de presentar a las personas correctamente?

Enlace de todo

Integrate your knowledge of grammar, vocabulary, and culture as you interact in Spanish.

ATAJO: Use the computer program to assist you in your writing. Search for the following key words:

Grammar: Verbs: present

Phrases: Describing weather; Talking about the present; Writing a letter (informal)

Vocabulary: Family members; Leisure; People; School: Studies

Para hacer esta sección, recuerde la gramática de repaso y la gramática funcional de este capítulo: la formación de los verbos regulares (el presente); verbos que indican la acción reflexiva; verbos irregulares en el presente. También es buena idea repasar el vocabulario presentado en este capítulo antes de empezar.

¡Imaginemos!

A. Dramatizaciones. Prepare las siguientes dramatizaciones según las instrucciones.

1. Ud. va a la cafetería con un(a) estudiante nuevo/a. Salude a un grupo de amigos y preséntenles a su nuevo/a amigo/a.
2. Preséntese a su consejero/a y pregúntele qué cursos necesita tomar el próximo semestre. No se olvide de desearle un buen fin de semana y de despedirse de él/ella.
3. Preséntele a sus padres su profesor(a) de español. En su conversación, incluya un poco de información sobre sus padres y sobre su profesor(a).
4. Ud. conoce a un(a) estudiante nuevo/a. Hablen de las actividades que hacen durante la semana y los fines de semana.

B. Una tarjeta postal. Repase la tarjeta postal que le escribió Eliana a su tía en la página 12. Escriba la respuesta que recibirá Eliana en forma de otra tarjeta postal. Hable un poco de la familia y del tiempo.

Vocabulario

You should be able to understand and use the following words and expressions. Add other words that you learn or may need to your personal vocabulary list in the ***Cuaderno de práctica.***

Saludar y despedirse de alguien

¿Cómo se/te siente(s)? *How are you feeling? (formal/informal)*
¿Cómo te/le va? *How's it going? / How are you?*
¿Qué cuentas? [¿Qué hay de nuevo?] *What's new?*
¿Qué te/le pasa? *What's happening with you?*
¿Qué tienes? *What's the matter with you?*
¡Qué gusto de verte! *How nice to see you!*
Igualmente. *Likewise. (Same to you.)*
Nos vemos. *See you. / We'll see each other.*
Que te/le vaya bien. *Hope everything goes well.*
¡Que lo pases muy bien! *Have a nice time!*
Que pase un buen fin de semana. *Have a nice weekend.*
Chao. *Good-bye.*

Presentarse y presentar a otros

a sus órdenes [para servirle] *at your service*
Déjeme presentarle/te a... [Le/Te presento a...] *Let me introduce you to . . .*
El gusto es mío. *The pleasure is mine.*
Igualmente. *The same to you. / I'm pleased to meet you also.*
Me da mucho placer presentarle(s) a... [Tengo el gusto de presentarle(s) a...] *Let me introduce you to . . .*
Mucho gusto. [Encantado/a.] *Pleased to meet you.*
Mucho gusto de conocerte/lo/la. *Pleased to meet you.*
Permítame presentarme. *Let me introduce myself.*
Quisiera presentarle a... *I'd like to introduce you to . . .*

Dar información personal

¿Cómo te llamas? *What's your name?*
Me llamo... *My name is. . .*
¿Cuál es su/tu estado civil? *What is your marital status?*
Estoy casado/a con... *I'm married to . . .*
Soy casado/a. *I'm married.*
Soy soltero/a. *I'm single.*
Soy divorciado/a. *I'm divorced.*
Soy viudo/a. *I'm a widower/ widow.*
¿Cuál es tu/su número de teléfono? *What is your phone number?*
Mi número de teléfono es... *My phone number is . . .*
¿Cuántos años tienes? *How old are you?*
Tengo ... años. *I'm . . . years old.*
¿De dónde eres? *Where are you from?*
¿Dónde naciste? *Where were you born?*
¿De qué parte de ... eres? *From what part of . . . are you?*
Nací en... *I was born in . . .*
Soy de... *I'm from . . .*
¿Dónde vives? *Where do you live?*
Vivo en el apartamento ..., calle... *I live in apartment . . ., . . . Street.*

Hablar de diferentes actividades

acostarse *to go to bed*
almorzar *to have lunch*
conocer *to be familiar with (someone, some place)*
conseguir [obtener] una beca *to get, obtain a scholarship*
decir *to say, tell*
dormir *to sleep*
dormirse *to fall asleep*
encontrarse con *to meet, get together with*
entender *to understand*
hacer *to do, make*
ir *to go*
jugar a un deporte *to play a sport*
leer *to read*
oír *to hear*
pedir comida / información *to order food / to ask for information*
pensar (en, acerca de) *to think (about)*
poder *to be able to*
poner(se) *to put (on)*
preferir *to prefer*
querer *to want*
repetir *to repeat*
saber *to know (a fact, information, how to do something)*
salir *to leave, go out*
seguir *to follow*
tener *to have*
tener que *to have to do something*
tomar cursos *to take classes*
traer *to bring*
venir *to come*
ver *to see*
vestirse *to get dressed*
volver *to return*

This section presents grammatical rules and verb conjugations for at-home review and reference.

¿Necesita repasar un poco?

La formación de los verbos regulares (el presente)

	-ar	*-er*	*-ir*
yo	habl**o**	le**o**	escrib**o**
tú	habl**as**	le**es**	escrib**es**
él/ella/Ud.	habl**a**	le**e**	escrib**e**
nosotros/as	habl**amos**	le**emos***	escrib**imos***
vosotros/as	habl**áis**	le**éis**	escrib**ís**
ellos/ellas/Uds.	habl**an**	le**en**	escrib**en**

Subject pronouns are used only to avoid confusion or to show contrast.

Ella estudia biología. (as opposed to *Él* o *Ud.*)

Luis es de España y **yo** soy de México. (contrasting *Luis* and *yo*)

Other regular verbs in the present tense			
aprender	correr	esperar	recibir
asistir a	deber	estudiar	responder
bajar	descansar	ganar	sacar
beber	describir	llamar	tomar
comer	enseñar	llegar	trabajar
comprar	entrar	mirar	vender
contestar	escuchar	pagar	vivir
conversar			

Verbos que indican acción reflexiva

We often use reflexive verbs such as *levantarse* and *bañarse* to discuss our daily routine. These verbs are used whenever the action is done by the subject to himself or herself.

Me baño todas las mañanas.	*I bathe myself every morning.*
Mi amiga **se viste** a las seis.	*My friend gets dressed / dresses herself at six o'clock.*

The following common reflexive verbs are presented here in the sequence of a daily routine.

*The only difference between *-er* and *-ir* verbs in the present tense is the *nosotros (-emos/-imos)* and *vosotros (-éis/-ís)* forms

Common reflexive verbs	
despertarse	*to wake up*
levantarse	*to get up*
bañarse	*to take a bath, bathe*
ducharse	*to shower*
lavarse	*to wash up, get washed*
peinarse	*to comb one's hair*
cepillarse el pelo	*to brush one's hair*
afeitarse	*to shave*
cepillarse (lavarse) los dientes	*to brush one's teeth*
maquillarse	*to put on makeup*
ponerse (la ropa)	*to put on (clothing)*
quitarse (la ropa)	*to take off (clothing), get undressed*
probarse (la ropa)	*to try on (clothing)*
vestirse	*to get dressed*
desvestirse	*to get undressed*
sentarse	*to sit down*
acostarse	*to go to bed*

Reflexive pronouns	
yo	**me**
tú	**te**
él/ella/Ud.	**se**
nosotros/as	**nos**
vosotros/as	**os**
ellos/ellas/Uds.	**se**

Like indirect and direct object pronouns, reflexive pronouns are placed immediately before a conjugated verb.

> **Me** levanté a las siete.

Reflexive pronouns follow an infinitive or a present participle.

> Antes de acostar**me,** me duché.
>
> Estoy en la bañera, bañándo**me.**

Where both a conjugated verb and an infinitive or present participle are used, the pronoun may either precede the conjugated verb or be attached to the infinitive or present participle.

> Va a acostar**se** temprano. / **Se** va a acostar temprano.
>
> ¿Estás vistiéndo**te?** / ¿**Te** estás vistiendo?

Capítulo 1

¿Cómo van los estudios?

Contexto: La vida académica

Objetivos funcionales

- discutir la vida académica
- conversar sobre actividades estudiantiles en el pasado
- pedir información

Objetivos culturales

- describir el sistema de educación en el mundo hispano
- hablar de los títulos académicos

Gramática funcional

- uso del pretérito y formación de los verbos irregulares en el pretérito
- preguntas de información

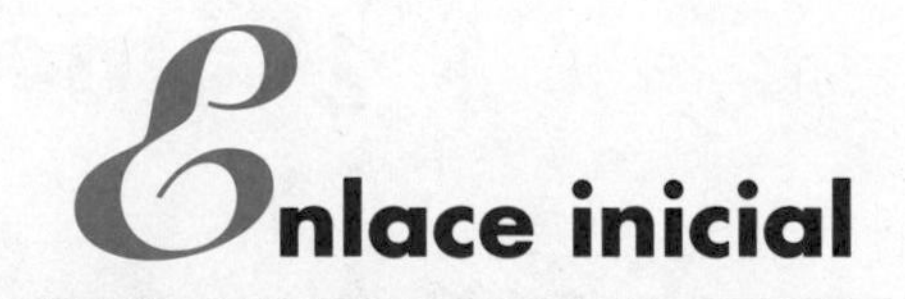

Enlace inicial

¡Escuchemos!

Ud. va a escuchar una conversación entre Maite y Memo, dos estudiantes que se conocieron hace unos días. Hoy se encuentran en el centro estudiantil. Escuche la conversación y conteste las preguntas.

Listen for main ideas only. Don't worry if you don't understand every word!

A. ¿Qué clases están tomando? ¿Quién se inscribió en cada clase a continuación: **Memo, Maite** o **los dos?**

______________ **1.** literatura inglesa
______________ **2.** estadística
______________ **3.** música clásica
______________ **4.** computación
______________ **5.** psicología

B. ¿Qué actividades mencionaron? Ponga una ***X*** al lado de cada actividad que se oye en la conversación.

________ **1.** matricularse
________ **2.** escribir trabajos
________ **3.** leer mucho
________ **4.** escuchar conferencias
________ **5.** hacer mucha tarea
________ **6.** pasar mucho tiempo en la computadora
________ **7.** ir a fiestas
________ **8.** tomar exámenes

¡Leamos!

Certificación académica personal

Lea la certificación en la siguiente página y conteste las preguntas en español.

In some countries, the word *boleta* is used for transcript.

Calificaciones = *notas;* synonyms for *curso* are *asignatura* and *materia.*

1. ¿De quién es esta certificación?
2. ¿De dónde es ella?
3. ¿Qué información tiene la certificación?
4. ¿De qué universidad es la certificación? ¿De qué facultad?
5. ¿Qué lenguas estudió esta estudiante? ¿Qué tipo de literatura?
6. ¿Qué otros cursos tomó? ¿Salió bien o mal?

SELLO DEL ESTADO	UNIVERSIDAD DE VALLADOLID FACULTAD DE FILOSOFIA Y LETRAS (Sección de Filologia Hispánica) **CERTIFICACION ACADEMICA PERSONAL**	CERTIFICACION ACADEMICA PERSONAL AÑO 19 95 A 19 96 NUM. 118

D.ª MARIA VICTORIA ROMERO CANICERO, PROFESORA TITULAR DE ARQUEOLOGIA y, Secretario de esta Facultad,

CERTIFICO. Que D.ª MARIA DE LOS ANGELES SALVAT natural de VALLADOLID, provincia de ______, ha cursado con las calificaciones y en los cursos que a continuación se expresan, los siguientes estudios.

PLAN 1973-REFORMADO	Matriculado en el curso de	En la Universidad de	Se examinó en	CALIFICACION EN LOS EXAMENES JUNIO	SETIEMBRE		Observaciones
DIPLOMATURA							REGISTRADO NUM. 118 Encargado del Registro,
PRIMER AÑO							
Literature español I	1991-92	VALLADOLID		APROBADO			
Historia Antigua Medieval	"	"			APROBADO		
Lengue española I	"	"		SOBRESALIENTE			
Lengua latina I	"	"		APROBADO			
Lengua Griego I	"	"		APROBADO			
SEGUNDO AÑO							
Historia Moderna y Contemporánes	1992-93	"		APROBADO			
Lengua española II	"	"		SOBRESALIENTE			
Literature española II	"	"		NOTABLE			
Lengua latina II	"	"		NOTABLE			
Lengua Griego II	"	"		SOBRESALIENTE			
TERCER AÑO							
Lengua español III (Linguistica)	1993-94	"		NOTABLE			
Literat. española en sus relaciones con la eurpoea	"	"		NOTABLE			
Critica literaria	"	"		APROBADO			
H.ª de la Fliosofia	"	"		NOTABLE			
Lengua Griego III	"	"		NOTABLE			
CUARTO AÑO							
H.ª de la Lengua española I	1994-95	"		NOTABLE			
Literature española IV	"	"		NOTABLE			
Literature hispanoamericana	"	"		APROBADO			
Filología Románica	"	"		NOTABLE			
Teoría Literaria	"	"		APROBADO			
QUINTO AÑO							
H.ª de la Lengua española II	1995-96	"		NOTABLE			
Literature española V (S. XX)	"	"		APROBADO			
Gramática de la Lengua española	"	"		SOBRESALIENTE			
Dialectobgía Española	"	"		NOTABLE			
Coment.Filól.Text.Prerr-Románicos	"	"		NOTABLE			
	Fecha depósito Título de Licenciado el 16 de agosto de 1996.---						

Y para que conste donde convenga al interesado y a su instancia, libro la presente de orden y con el V.° B.° del Sr. Decano de esta Facultad y el sello de la misma en Valladolid, a veinticuatro de octubre de mil novecientos noventa y seis

V.°B.°:
El DECANO,

EL SECRETARIO,
V. Romero

EL JEFE DEL NEGOCIADO,

In most countries, grades are based on a numerical system from 1–10, with the numbers 5–10 being "passing" grades. Other systems use the words *sobresaliente, notable, aprobado,* and *suspendido.* Can you guess to what grades in the U.S. system these terms might refer?

This is review grammar practice.

¿Necesita repasar un poco?

Al final de este capítulo, Ud. encontrará un breve resumen de las siguientes estructuras:

- las frases negativas
- la formación de preguntas a responder con un **sí** o **no**
- la formación del pretérito (verbos regulares)

Repase esta información y complete los ejercicios en el ***Cuaderno de práctica.***

Enlace principal

Cultura en vivo

El sistema de educación en el mundo hispano; los títulos académicos

VIDEO: Use *Programa 2, Latinos en los Estados Unidos*, in ***Mosaico cultural*** to learn about Spanish-speaking people in the U.S. Consult the ***Cuaderno de práctica*** for corresponding activities for this segment.

Note that the class schedules available include **morning, evening,** and **varied.** Can you find the corresponding words in Spanish?

Note that *licenciado* refers to the person's title while *licenciatura* refers to the degree.

La licenciatura is the equivalent of graduate studies because students have to write a thesis.

Una facultad is a school or college within a university. The word for **faculty** is *profesorado.*

En el mundo hispano los niños asisten a la escuela **primaria** por aproximadamente seis años. Después, estudian por cuatro años en la escuela **secundaria,** la que se llama también **colegio, instituto** o **liceo.** En algunos países, los estudiantes que quieren estudiar en la universidad tienen que asistir a una **escuela preparatoria** por dos años antes de entrar a la universidad. ¿Dónde está la escuela preparatoria en el anuncio de la página anterior?

En la universidad, cada estudiante se matricula en la **facultad** que tiene la carrera específica que él/ella quiere seguir. Por ejemplo, en la **Facultad de Filosofía y Letras,** uno puede estudiar psicología, periodismo y literatura; en la **Facultad de Bellas Artes,** se puede estudiar pintura y diseño. ¿Qué carreras se pueden seguir en las facultades que están en el anuncio?

Generalmente, las clases universitarias son muy grandes y son de conferencia. Es decir, los estudiantes escuchan conferencias que presentan los profesores. Por eso, los estudiantes tienen pocas oportunidades para hablar sobre las conferencias y compartir sus ideas. La nota final que reciben los estudiantes depende de los resultados de un examen final. Al graduarse de la universidad, los estudiantes reciben **el bachillerato** y **una licenciatura.** Si siguen estudios de postgrado, pueden recibir **una maestría** y después **un doctorado.** ¿Qué títulos se pueden recibir en la Universidad Tecnológica de México, según el anuncio? ¿Qué certificados son requisitos para cada programa?

Función 1

Discutir la vida académica

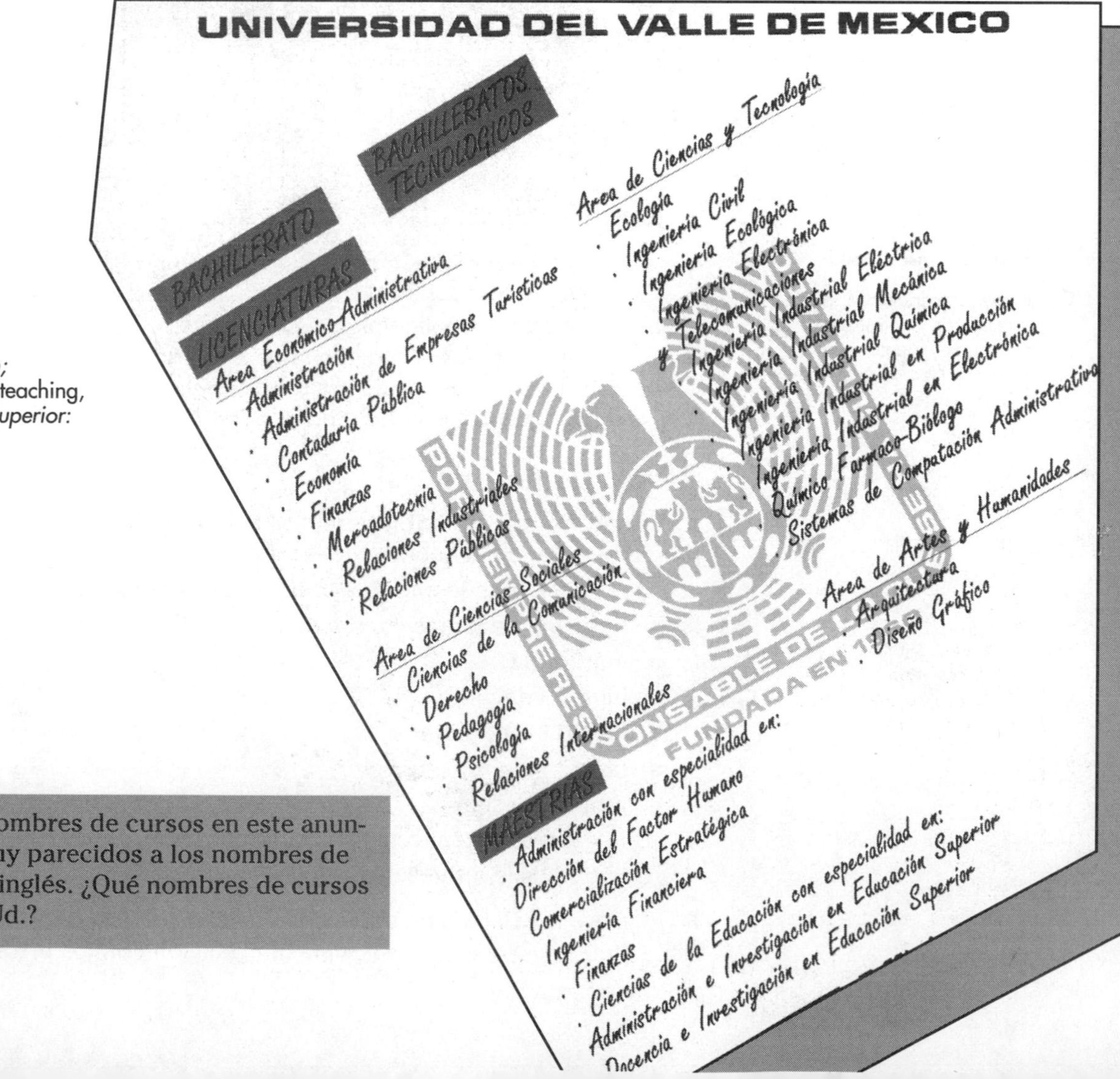

pedagogía = educación; docencia = enseñanza (teaching, practicum); *educación superior:* higher education

Algunos nombres de cursos en este anuncio son muy parecidos a los nombres de cursos en inglés. ¿Qué nombres de cursos entiende Ud.?

¿Qué cursos tomas?
  Tomo / Estudio...
¿En qué se especializa Ud.? / ¿Qué carrera sigue?
  Me especializo en... / Mi carrera es...
¿Qué título va a recibir?
  El bachillerato.
  La licenciatura.
  La maestría.

¿Qué tiene que hacer antes de empezar el semestre/trimestre?

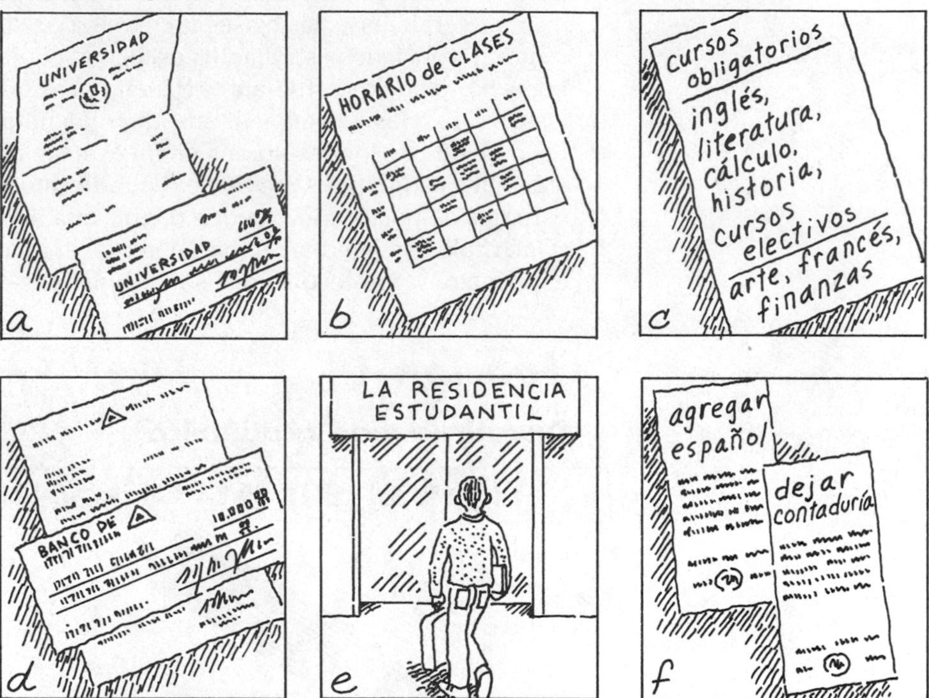

matricularse = inscribirse

Other useful expressions: *aprobar/suspender [desaprobar] los cursos:* to pass/fail courses; *sacar buenas/malas notas:* to get good/bad grades

a. Tengo que pagar la matrícula/matricularme.
b. Organizo mi horario de clases con mi consejero/a.
c. Escojo mis cursos obligatorios y los electivos.
d. Consigo un préstamo/una beca que me ayuda con la matrícula.
e. Me instalo en la residencia estudiantil/el apartamento.
f. Necesito agregar un curso y dejar otro.

¡Practiquemos!

A. Los programas en la Universidad del Valle de México. Conteste las preguntas usando el anuncio de la página 29.

1. ¿Qué títulos puede uno recibir en esta universidad?
2. Busque los siguientes cursos en el anuncio:
   a. marketing
   b. higher education
   c. general accounting
   d. law
   e. graphic design
3. ¿Qué cursos pertenecen a su especialización?
4. ¿Qué cursos le interesan a Ud.? ¿Por qué?

B. El horario. Hable con un(a) compañero/a de clase sobre el horario que tiene él/ella. Después, comparta la información con los otros estudiantes.

C. ¿Ya lo hizo o tiene que hacerlo? Diga si Ud. ya hizo cada actividad a continuación o si todavía tiene que hacerla.

Modelo: pagar la matrícula
Sí, pagué la matrícula. o *No, todavía tengo que pagar la matrícula.*

1. agregar un curso
2. hablar con mi consejero/a
3. escoger los cursos obligatorios y electivos
4. organizar mi horario de clases
5. instalarme en la residencia estudiantil / el apartamento

The formation of regular verbs in the preterite is reviewed in the *¿NECESITA REPASAR UN POCO?* section.

Función 2

Conversar sobre actividades estudiantiles en el pasado

Uso del pretérito y formación de los verbos irregulares en el pretérito

Note the false cognates *librería:* bookstore; *biblioteca:* library; *conferencia:* lecture; *lectura:* reading.

Maite, ¿cómo es la vida de un estudiante? ¿Qué hicieron Ud. y sus amigos la semana pasada?

a. Mis amigos y yo asistimos a clases el lunes, miércoles y viernes.
b. Escuché conferencias en mis clases.
c. Fui a la librería a comprar un libro.
d. Mi amigo escribió un trabajo en computadora.
e. Hablamos de las lecturas en clase.
f. Mis amigos fueron al centro estudiantil después de las clases.
g. Memo y yo dimos un paseo por el campus.
h. Tomamos muchos apuntes en clase ayer.
i. Le pedí información a mi consejero.
j. Memo, ¿entregaste la tarea?

un trabajo = una investigación

DAR

di	dimos
diste	disteis
dio	dieron

The verbs *ir* and *ser* have the same preterite forms: *fui, fuiste, fue, fuimos, fuisteis, fueron*. Contextual clues will help you determine whether the meaning of these forms is **was/were** or **went**.

¡Practiquemos!

A. ¿Qué hizo María Alba? Ayer fue un día normal para María Alba. Ponga en orden lógico las actividades que ella hizo ayer, utilizando los números del 1 al 9.

_______ **a.** Se encontró con unos amigos en la cafetería.
_______ **b.** Se levantó a las seis.
_______ **c.** Estudió por la noche y luego se acostó a medianoche.
_______ **d.** Asistió a una clase a las diez de la mañana.
_______ **e.** Regresó a casa a las cinco y preparó la cena.
_______ **f.** Después de vestirse, leyó el periódico.
_______ **g.** Tomó café y habló con unos amigos por la tarde.
_______ **h.** Fue a la universidad.
_______ **i.** Antes de estudiar por la noche, dio un paseo.

En la conversación entre María Alba y Graciela, ¿qué verbos en el pretérito son irregulares? ¿Por qué?

DIVERTIRSE (e → i)

me divertí	nos divertimos
te divertiste	os divertisteis
se div**i**rtió	se div**i**rtieron

DORMIR (o → u)

dormí	dormimos
dormiste	dormisteis
d**u**rmió	d**u**rmieron

-ar and ***-er*** verbs do not have this change in the preterite

another verb with the ***o → u*** change: *morir: m**u**rió, m**u**rieron*

The *-ir* verbs that have a vowel change in the stem of the present tense ***(e → ie; e → i; o → ue)*** also have a vowel change in the stem of the third person singular and plural forms of the preterite. See the examples provided in the grammar boxes.

Other verbs with the e → i change

despedirse:	se desp**i**dió, se desp**i**dieron
mentir:	m**i**ntió, m**i**ntieron
pedir:	p**i**dió, p**i**dieron
preferir:	pref**i**rió, pref**i**rieron
repetir:	rep**i**tió, rep**i**tieron
sentir(se):	(se) s**i**ntió, (se) s**i**ntieron
sugerir:	sug**i**rió, sug**i**rieron
seguir:	s**i**guió, s**i**guieron
vestirse:	se v**i**stió, se v**i**stieron

B. ¿Quiénes... ? ¿Qué personas hicieron las actividades a continuación: **Ud., su amigo/a, su hermano/a, sus padres, un(a) compañero/a de clase, nadie,** etc.? ¿Cuándo las hicieron?

Modelo: dormirse en clase
Mi mejor amigo se durmió en clase ayer.

1. sentirse enfermo/a ayer
2. pedirle información a su profesor(a)
3. divertirse en una fiesta
4. dormir una siesta
5. mentirle al profesor / a la profesora
6. morir
7. vestirse muy temprano por la mañana
8. tomar muchos cursos

En la conversación entre Roberto y Memo, ¿de qué infinitivo viene **hiciste?** ¿Y el verbo **tuve?** ¿Por qué son irregulares? ¿Aprendió Ud. otros verbos en el pretérito que son similares?

PODER	
pude	pudimos
pudiste	pudisteis
pudo	pudieron

For *hacer, hiz-* replaces *hic-* in the *él/ella/Ud.* form.

Many verbs in the preterite have irregular stems to which the following endings are added: ***-e, -iste, -o, -imos, -isteis, -ieron.*** These verbs do not have a final stressed vowel in the first and third persons singular as regular verbs do. Note that there are no written accents on these verbs.

Irregular preterite stems	
andar	anduv-
estar	estuv-
hacer	hic- (hiz-)
poner	pus-

querer	quis-
saber	sup-
tener	tuv-
venir	vin-
conducir	conduj-
decir	dij-
traducir	traduj-
traer	traj-

Note that the ***j*** replaces ***i*** in the third person forms of *conducir, decir, traducir,* and *traer.*

Note that the preterite tense is used to identify events or conditions that the speaker views as having been completed at a particular point in the past.

Ayer, **me desperté** a las siete, **fui** a la universidad y **tuve** un examen.

The preterite tense is also used to identify events or conditions which began and ended within a certain period of time. What is important is that the event/condition began and ended **within a certain period of time,** not how long the event/condition lasted.

Estuve enfermo por cuatro días.

Mi amigo **trabajó** para esa compañía por tres años.

C. Entrevista. Pídale la siguiente información a un(a) compañero/a de clase. Después su compañero/a debe pedirle la misma información a Ud.

1. whether he/she drove to campus today
2. whether he/she brought the ***Cuaderno de práctica*** to class
3. whether he/she had an exam this week
4. whether he/she was able to study a lot last night
5. whether he/she was at a party last night
6. whether he/she did all the homework for today

D. ¡Levántese y hable! En esta actividad, Ud. tiene que buscar información sobre lo que sus compañeros de clase hicieron y no hicieron durante los últimos cinco días. Todos deben levantarse, caminar por el aula y hablar en español. Tienen cinco minutos para pedirles a los demás la información a continuación, usando el pretérito. Hable Ud. con tantos compañeros como pueda. No se olvide de escribir el nombre de la persona que contesta la pregunta en la última columna. Luego compartan las respuestas con el resto de los compañeros.

Actividad	Sí/No	Nombre
1. Attended all classes?		
2. Went to the bookstore?		
3. Took a walk?		
4. Felt a little sick?		
5. Had to work?		
6. Wasn't able to sleep well?		
7. Said something in Spanish to someone?		
8. Did homework?		

E. Los estudiantes de la Universidad Latina. Con un grupo de compañeros, mire las siguientes tres fotos y explique lo que hicieron los estudiantes ayer. ¡Dé muchos detalles y use la imaginación también!

F. Más detalles, por favor. Charle con un(a) compañero/a de clase sobre las siguientes actividades que Ud. hizo recientemente. Dé algunos detalles para describir bien cada actividad.

When you are talking about borrowing books, you might need to use *pedir prestado* (to borrow) or *prestar* (to lend).

Modelo: ir a la biblioteca
Fui a la biblioteca ayer para pedir prestado un libro de gramática para mi clase de español. Necesito aprender más para poder hablar y escribir mejor.

1. divertirme en una fiesta
2. pedirle información a mi consejero/a
3. escuchar una conferencia
4. enfermarme
5. hacer una investigación importante para una clase
6. ir al centro estudiantil

enfermarse: to get sick

Función 3

Pedir información

Preguntas de información

¿cómo? = *how?*
¿quién(es)? = *who?*
¿dónde? = *where?*
¿cuándo? = *when?*
¿qué? = *what?*
¿cuál(es)? = *which? what?*

In order to ask questions that require the listener to respond with information, you will need to use interrogatives or question words.

Making an acquaintance: **¿Cómo** se llama Ud.? **¿Cuál** es su nombre?

Greeting: **¿Cómo** está Ud.? **¿Qué** me cuenta?

Location: **¿Dónde** está Carlos?

Destination: **¿Adónde** va?

Time: **¿Qué** hora es? **¿A qué hora** empieza la fiesta? **¿Cuándo** es la fiesta?

Frequency/Duration of time: **¿Con qué frecuencia** vas a España?
¿Cuánto tiempo vas a estar en la biblioteca?

All interrogatives have written accent marks even when used in indirect questions: *No sé dónde vive ella.* All **direct** questions are preceded and followed by question marks: ¿ ?

The interrogative *¿Cómo?* is used in some situations to ask someone to repeat or explain something that was not heard or understood, as is the case in English with the expressions **What?** and **Pardon me?**

The word *¿Cuál?* is used in questions: *¿Cuál es tu nombre? ¿Cuál es tu número de teléfono? ¿Cuál es tu dirección?*

¿Qué? or *¿Cuál?* may be used to denote selection: *¿Qué libro te gusta más, éste o aquél? Cuál de los dos te gusta más?*

Quantity: **¿Cuántos** cursos tomas?

Identification of people: **¿Quién** es? **¿Quiénes** son? **¿De quién** es el libro? **¿A quién** llamas? **¿Con quién** vas a la librería?

Description/Explanation: **¿Cómo** está su amigo? **¿Cómo** se dice *loan* en español?

Definition/Identification: **¿Qué** es esto? —Es mi horario. **¿Qué** es un horario? —Es un esquema de las horas y los nombres de los cursos que tomo en la universidad.

Selection/Choice: **¿Cuál** es tu clase favorita? **¿Cuál** prefieres, el azul o el rojo?

Reason: **¿Por qué** no vas a la fiesta? —**Porque** tengo que trabajar.

Purpose: **¿Para qué** sirve esa máquina? —Para escribir un trabajo.

¡Practiquemos!

A. ¿Qué dice Memo? Memo y Maite hablan por un rato después de conocerse. Están en el centro estudiantil donde hay mucho ruido. Maite no puede oír bien lo que dice Memo. La información que le da Memo está a continuación. ¿Qué preguntas le hace Maite a Memo para que él repita la información subrayada? Siga el modelo.

Modelo: Me llamo Memo.
¿Cómo se llama?

1. Soy de Santiago de Chile.
2. Estoy bien, gracias.
3. Hay veinte estudiantes en mi clase de literatura.
4. Tengo que pagar la matrícula mañana.
5. No voy a la fiesta porque tengo mucho trabajo.
6. Me gusta más el curso de historia.
7. Voy al centro estudiantil con mi amigo.
8. Voy a Chile dos veces al año.

B. Pidiendo información. Para su clase de periodismo, Ud. tiene que escribir la biografía de un(a) compañero/a. ¿Qué preguntas le puede hacer a su compañero/a para obtener la siguiente información?

Modelo: su nombre
¿Cómo te llamas?

1. su edad
2. su dirección
3. el número de personas en su familia
4. los nombres de sus hermanos
5. los cursos que toma
6. la hora de su primera clase los lunes
7. sus actividades preferidas y la razón por la que le gustan

C. Entrevista. Entreviste a un(a) compañero/a de clase para conocerlo(la) mejor. Pídale la siguiente información en español. Después dígale a la clase algo interesante sobre él/ella.

1. where he/she lives this semester
2. where he/she is from
3. what his/her major is
4. why he/she is majoring in that subject

5. how often he/she visits his/her family
6. if he/she has a job this semester
7. when he/she plans to graduate
8. what he/she plans to do after this semester

D. Actividad en parejas. Imagínese que Ud. y su compañero/a de clase son periodistas. Van a entrevistar a las personas que aparecen en la lista a continuación. Escriban dos preguntas para cada persona. ¡Sean creativos!

1. un(a) cantante popular
2. un actor / una actriz famoso/a
3. el/la profesor(a) de español
4. el/la presidente/a de la universidad
5. el/la presidente/a de un país hispano
6. el presidente de los EE.UU.
7. la esposa del presidente de los EE.UU.
8. ¿ ____________ ?

¡Escuchemos un poco más!

Ud. va a escuchar una conversación entre el profesor Echeverría y Eliana en la oficina del profesor.

Antes de escuchar: Establecer un objetivo

In preparation for listening to this segment, answer the following questions.

1. How might the professor and Eliana greet each other?
2. What are some possible reasons for their meeting?
3. With a partner, brainstorm a list of Spanish words and expressions you already know that you expect to hear in this segment.

Después de escuchar: Identificar las ideas principales y los detalles importantes

A. ¿Comprendió Ud.? ¿Qué oraciones son verdaderas según la conversación? Ponga una *X* al lado de cada una.

_______ **1.** Eliana busca información sobre los cursos que piensa tomar.

_______ **2.** Eliana sabe exactamente qué cursos debe tomar.

_______ **3.** El profesor le dice que debe escoger una especialización antes de inscribirse.

_______ **4.** El profesor le recomienda cursos en lenguas, computadoras y psicología.

_______ **5.** Después de leer algunos folletos, Eliana va a regresar a hablar más con el profesor.

B. ¿Qué opina Ud.? Conteste las siguientes preguntas en español.

1. Si Ud. tiene una especialización, ¿cuándo la escogió? (Por ejemplo, antes de matricularse para el primer semestre/trimestre, durante el segundo año, etc.)
2. El profesor le dice a Eliana que ella puede tomar un año que no tenga relación con su especialización. ¿Está Ud. de acuerdo con esta recomendación? ¿Por qué?
3. ¿En su universidad, qué puede hacer un(a) estudiante si necesita información sobre las especializaciones o ayuda con la selección de cursos?

¡Leamos un poco más!

«Universidad Latina»

Antes de leer: Establecer un objetivo

Skim the following ad from the *Universidad Latina*. Then answer the following questions.

1. What is being advertised?
2. For what audience do you think this ad is intended?
3. What information would you be interested in obtaining by reading this ad?

LAS CARRERAS QUE IMPARTEN

La Universidad Latina te ofrece, dentro de las áreas económico-administrativas, sociales y humanas, tres diferentes opciones a nivel superior:

Licenciado en Derecho.
Licenciado en Contaduría.
Licenciado en Administración.

Estas carreras se imparten solamente en el turno vespertino (de 17:00 a 22:00 hrs.). ¿Por qué? Esto es para darle la oportunidad a los alumnos de trabajar y estudiar al mismo tiempo y así, cuando termines la licenciatura, tengas una experiencia laboral que te ayude a encontrar un buen empleo. Y la Universidad también te apoya en este aspecto, ya que cuenta con una excelente bolsa de trabajo.

Judging from the phrase *17:00 a 22:00 hrs.*, what do you think the word *vespertino* means?

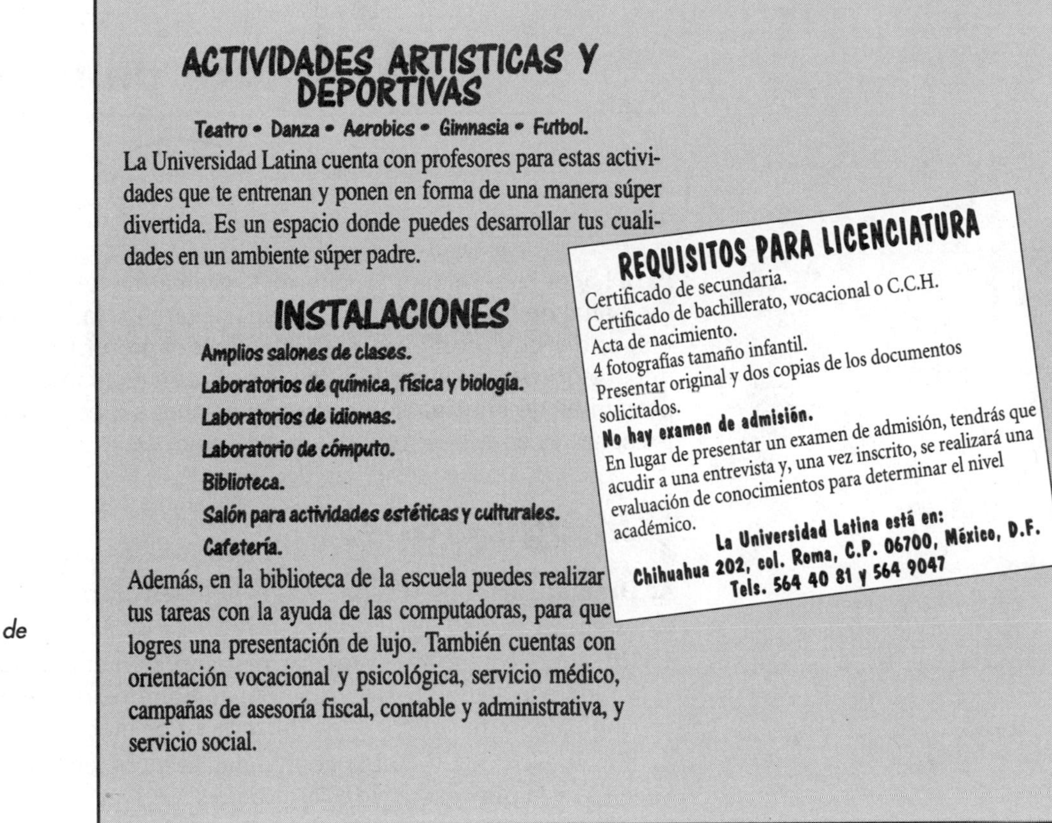

The verb *nacer* means **to be born;** what do you think *acta de nacimiento* means?

cuenta con = tiene; bolsa de trabajo: job list; *realizar = completar; para que logres una presentación de lujo:* so that you can succeed in creating a brilliant presentation; *asesoría fiscal:* financial aid; *infantil = pequeño*

Después de leer: Identificar las ideas principales y los detalles importantes

A. ¿Comprendió Ud.? Conteste las siguientes preguntas en español.

1. ¿Cuáles son las cuatro categorías de información en el anuncio?
2. ¿Qué carreras puede seguir un estudiante en la Universidad Latina?
3. ¿A qué horas son las clases? ¿Por qué?
4. ¿Qué actividades de diversión se ofrecen?
5. ¿Qué tipos de instalaciones tiene la universidad?
6. Nombre cuatro requisitos de admisión.
7. ¿Dónde está esta universidad?
8. Si Ud. quiere asistir a esta universidad, ¿qué tiene que hacer en vez de presentar un examen de admisión?

B. ¿Qué opina Ud.? Conteste las siguientes preguntas en español.

1. ¿Le gustaría a Ud. asistir a la Universidad Latina? Explique.
2. ¿Qué actividades deportivas tiene la universidad a la que Ud. asiste? ¿Cómo son las instalaciones?
3. ¿Cuáles son los requisitos de admisión de su universidad?

Enlace de todo

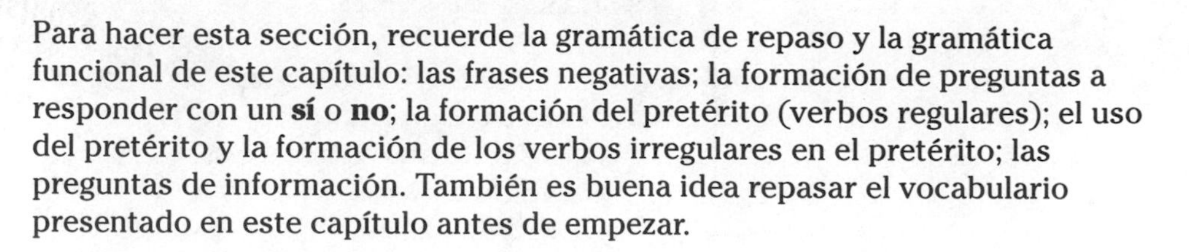

Para hacer esta sección, recuerde la gramática de repaso y la gramática funcional de este capítulo: las frases negativas; la formación de preguntas a responder con un **sí** o **no**; la formación del pretérito (verbos regulares); el uso del pretérito y la formación de los verbos irregulares en el pretérito; las preguntas de información. También es buena idea repasar el vocabulario presentado en este capítulo antes de empezar.

¡Imaginemos!

A. Dramatizaciones. Prepare las siguientes dramatizaciones según las instrucciones.

1. Ud. conoce a un(a) estudiante hispano/a en una fiesta. Preséntesele a él/ella y pídale la siguiente información: su nombre, origen y especialización. Hable de lo que él/ella hizo durante su primera semana en la universidad.
2. Imagínese que Ud. habla con Eliana, la que piensa asistir a la misma universidad a la que asiste Ud. Descríbale su universidad: los requisitos de admisión, las carreras, las instalaciones y las actividades deportivas.
3. Ud. es periodista para la universidad y tiene que entrevistar a un(a) nuevo/a profesor(a) que trabaja en el Departamento de Español. Pídale la siguiente información: su nombre, título, domicilio, los cursos que enseña, algo sobre su familia y sus intereses.
4. Ud. y un(a) amigo/a conversan de la vida universitaria. Uds. están muy ocupados. Hablen de las actividades que hicieron durante los últimos tres días.

ATAJO: Use the computer program to assist you in your writing. Search for the following key words:

Grammar: Verbs: present; Verbs: preterite; Verbs: use of *tener*

Phrases: Describing people; Talking about daily routines; Writing a letter (informal); Expressing a need; Talking about the present

Vocabulary: Leisure; People; School: studies; School: university; Time: expressions; Time: of day

B. La reunión. Ud. piensa asistir a otra universidad. Mañana tiene una reunión con la decana de la Facultad de Filosofía y Letras para hablar sobre las carreras y los programas. Haga una lista de seis preguntas que le pueda hacer para informarse sobre la universidad.

C. Una carta. Ud. recibió el nombre de un(a) posible *pen pal* que vive en Puerto Rico. Escríbale una carta en la que Ud. se presente, se describa y hable de su vida académica, su rutina diaria y lo que hizo el fin de semana pasado.

D. Una nota. Ud. vive con otro(a) amigo/a en la residencia. Puesto que Ud. tiene que salir temprano esta mañana, necesita escribirle una nota a su compañero/a para decirle algo sobre sus planes para el día. Explique lo que Ud. tiene que hacer hoy, a qué lugares tiene que ir y a qué hora regresa a la residencia esta tarde.

¡Leamos más!

«¿Qué le pasa al Profe?»

Antes de leer: Establecer un objetivo

In preparation for reading this article, look at the picture and read the title and caption. Then answer the following questions.

1. What do you think the reading is about? What information does the caption provide?
2. Why might you be interested in reading this article?
3. Name two questions you have about this topic that might be addressed in the article.
4. Brainstorm a list of Spanish words and expressions that you might expect to find in this article.

Un reciente informe asegura que el elevado absentismo laboral de los profesores se debe en gran parte a problemas depresivos. Los alumnos son quienes lo sufren

CRISTINA SANTORIO

A CADA VEZ ES MAYOR EL ABSENTISMO laboral entre el profesorado. La depresión y el estrés, que se empiezan a constituir como enfermedades profesionales, son la causa del mayor número de jornadas perdidas

—Papá, hoy no ha venido el profesor.

—¿Hoy tampoco? Siempre está malo. ¡Cómo si no tuvieran bastante con los tres meses de vacaciones en verano...!

B La conversación se repite varias veces al año en los hogares con jóvenes en edad estudiantil. El protagonismo y la responsabilidad del profesor debería impedirle incluso ponerse enfermo, según muchos progenitores.

C Los profesores, también alarmados por la contundencia de las cifras de absentismo —se pierden 530.000 jornadas al año por enfermedad sólo en Madrid—, han analizado sus causas. La conclusión sale del refranero: «Mejor prevenir que curar». Y se refrenda con los datos: el absentismo cuesta entre 6.000 y 8.000 millones de pesetas al año.

D La cifra coincide con el coste del programa de preparación del profesorado en toda España. «Es más urgente una buena política preventiva», según Miguel Recio, coordinador de unas jornadas sobre salud laboral del profesorado. Se pretende concienciar al personal docente y a la opinión pública de las condiciones de seguridad, higiene y salud en las que desarrollan su labor y determinar cuáles son las enfermedades de los docentes.

E El número de profesores de la Comunidad de Madrid ronda los 40.000, de los que el 65 por ciento son mujeres y el 34,9 por ciento, hombres. Un informe de la Junta de Personal Docente asegura que es mayor el número de bajas entre las mujeres: un 76 por ciento frente al 24 de sus compañeros. «Para valorar estos datos hay que considerar que las mujeres son mayoría en la docencia y que se consideran baja laboral los meses por embarazo», explica Recio.

F El retrato robot del profesional afectado por enfermedad tiene 38 años e imparte clases en EGB. Pero las enfermedades que más bajas producen no son sólo las gripes. Excluyendo el embarazo, son las afecciones psiquiátricas y neurológicas las que suponen un mayor número de días de ausencia de las aulas por parte del profesorado, un 18 por ciento del total de los días de baja. La depresión, la ansiedad y el estrés son los males más comunes. El estrés es provocado en la mayoría de los casos «por las tareas repetitivas, la sobrecarga del trabajo y las pocas posibilidades de promoción», según Antonio Ares, profesor de Psicología de la Universidad Complutense. A las enfermedades psiquiátricas les siguen las de tipo traumatológico y reumático.

G ¿Y el alumno? ¿Cómo afecta al estudiante el catarro o la depresión del profe?: «Es evidente que el absentismo afecta a los alumnos, no estamos trabajando en una fábrica de corcho, donde nuestra salud no afectaría al producto. Nosotros trabajamos con seres humanos y es lógico que les afecte», comenta Recio.

H Los expertos en el comportamiento infantil ratifican esta opinión. Ana Moreno, psicóloga, cree que al alumno le repercuten, y mucho, los desarreglos psicológicos del profesor: «Cuanto mayor es el niño, menos le influye su profesor. Sin embargo, los alumnos de los primeros cinco cursos de escuela son los más perjudicados. Más aún los menores de 6 años de edad. El profesor es un modelo a seguir para el niño, tiende a identificarse con él, pueden adoptar unas pautas de comportamiento que nos son las ideales. Los adolescentes empiezan a ser más rebeldes y si ven en su profesor una persona insegura o inestable, se ponen en su contra».

I El primer paso para el colectivo es cumplir las leyes sobre las condiciones de trabajo y salud laboral. Con este fin la junta ha organizado unos grupos de trabajo específicos para cada uno de los problemas: las enfermedades profesionales, el absentismo y la seguridad e higiene en los centros de enseñanza.

J Así se evitará, tanto el elevado absentismo laboral como las críticas de los padres a los tres meses de vacaciones estivales que los maestros creen imprescindibles para no volverse locos. ■

If *perder* means to lose, what must *perdidas* mean?

Judging from the verb *repetir*, what do you think *repetitivas* means?

Personal: personnel. You saw the word *docencia* in Function 1; what do you think *personal docente* means?

A *jornadas = días de trabajo;* **B** *hogares = casas; protagonismo:* assuming a leadership role; *progenitores:* precursors of professors (former professors); **E** *embarazo:* pregnancy; **F** *EGB:* Educación General Básica (escuela primaria); *gripes:* flu-type illnesses; **G** *catarro:* head cold; **H** *perjudicados:* harmed; *pautas de comportamiento:* rules of behavior; *se ponen en su contra:* they turn against him/her; **I** *junta:* union; **J** *estivales = de verano; imprescindibles = necesarios*

Después de leer

Identificar las ideas principales. Lea rápidamente el artículo de la página anterior y ponga una ***X*** al lado de la idea principal.

_______ **1.** Hay un problema con el absentismo entre los alumnos.

_______ **2.** Hay un problema con el absentismo entre el profesorado.

_______ **3.** Hay pocos profesores que entran a la fuerza laboral.

_______ **4.** Los profesores no ganan bastante dinero.

Identificar los detalles importantes. Lea todo el artículo con más cuidado y busque los detalles a continuación.

1. Párrafo A: la causa del absentismo
2. Párrafo C: el número de días al año que se pierden
3. Párrafo E: quiénes pierden más días, los hombres o las mujeres
4. Párrafo F: la edad del profesor típico afectado por enfermedad y el lugar donde trabaja
5. Párrafo F: las tres enfermedades más comunes
6. Párrafo H: quiénes son más afectados por el problema
7. Párrafo I: lo que hace la junta para resolver este problema

Y la gramática... Conteste las siguientes preguntas sobre la gramática que se encuentra en la lectura.

8. Busque dos verbos que cambian de raíz *e* → *ie* en el presente; busque un verbo que cambia de raíz *e* → *i* en el presente.
9. Identifique tres ejemplos del verbo **ser** y las razones por las cuales se usa este verbo.

Crear un esquema. Trabajando con un(a) compañero/a de clase, haga un esquema *(chart)* con las ideas principales y los detalles importantes. Pueden usar las siete ideas que se presentan en **Identificar los detalles importantes.**

Ejemplo:

Ideas principales	Detalles importantes
I. Hay un problema con el absentismo laboral entre el profesorado.	la causa
II. Los profesores pierden muchos días de clase.	el número de días
etc.	

Escribir un resumen. Ahora escriba un resumen del artículo en sus propias palabras en español. Use por lo menos tres expresiones y/o palabras nuevas que acaba de aprender en este artículo. Escriba unas 6 a 8 frases. Revise el contenido y la gramática con un(a) compañero/a antes de entregarle el resumen al profesor / a la profesora.

¿Qué opina Ud.? Hable de las siguientes preguntas con un grupo de compañeros/as.

1. ¿Piensa Ud. que el problema descrito en este artículo es muy serio? Explique.
2. ¿Ha tenido Ud. este tipo de problema en algún curso? Explique.
3. ¿Qué deben hacer los estudiantes si un(a) profesor(a) pierde días de clase con mucha frecuencia?
4. En su opinión, ¿por qué pierden estos profesores tantas jornadas?
5. ¿Puede Ud. sugerir otra manera de resolver el absentismo?

Temas para composiciones/conversaciones

1. El papel del profesorado universitario
2. El absentismo entre los estudiantes universitarios
3. La depresión y el estrés: los males más comunes entre profesores y estudiantes

ATAJO: Use the computer program to assist you in your writing. Search for the following key words:

Grammar: Verbs: present

Phrases: Writing an essay; Talking about the present

Vocabulary: School: university

¡El gran premio! ¿Puede Ud. hacerlo?

Ud. va a escuchar un informe noticiero de Radio Universidad de Córdoba, Argentina, sobre un incidente de vandalismo en una escuela.

Antes de escuchar: Establecer un objetivo

In preparation for listening to the segment, answer the following questions.

1. What kinds of school vandalism have you heard of?
2. What kinds of preventive measures are typically taken?
3. What kinds of punishment are usually given?
4. What might you hope to learn by listening to this selection?
5. Brainstorm a list of Spanish words and expressions you already know that might be heard in this selection.

Después de escuchar

desaprensivos delincuentes: neglectful delinquents; *plana mayor:* staff; *delitos:* crimes, misdemeanors; *patrullajes:* patrols, squads; *policiales de consigna:* policemen to maintain order; *medidas:* means, measures; *de más largo plazo:* more long-term; *riesgo:* risk

Primer paso: Identificar las ideas principales

Escuche la noticia por primera vez y trate de identificar quiénes hablan. Ponga una ***X*** al lado de cada categoría de personas que hablan.

_______ **1.** los padres
_______ **2.** los escolares
_______ **3.** el Secretario de Seguridad
_______ **4.** los reporteros de la emisora LB 3
_______ **5.** el locutor de radio
_______ **6.** otro locutor de radio
_______ **7.** una persona joven que vio el incidente

escolares = estudiantes de escuela primaria o intermediaria; el locutor = el anunciador

Segundo paso: Identificar los detalles importantes

Escuche la noticia otra vez y conteste las siguientes preguntas.

1. ¿Cómo fue el vandalismo? Ponga una ***X*** al lado de cada categoría de vandalismo que hubo.
   _______ **a.** escribieron en las paredes
   _______ **b.** se robaron una botella de gaseosa
   _______ **c.** rompieron una ventana
   _______ **d.** destruyeron un tablero de energía eléctrica
   _______ **e.** se llevaron todo el equipo del gimnasio
2. ¿Qué grupos se reunieron para establecer un plan de protección? Ponga una ***X*** al lado de cada grupo.
   _______ **a.** los padres de los delincuentes y los funcionarios del Ministerio de Educación
   _______ **b.** el Ministro de Educación del país y el Ministro de la Municipalidad
   _______ **c.** la policía y los ciudadanos
   _______ **d.** la plana mayor de la policía y los funcionarios del Ministerio de Educación
3. ¿Qué resoluciones al problema han encontrado? Ponga una ***X*** al lado de cada una.
   _______ **a.** elaborar un mapa con los barrios donde hay más riesgo de vandalismo
   _______ **b.** castigar a los delincuentes severamente
   _______ **c.** poner más patrullajes en ciertos barrios
   _______ **d.** cerrar las escuelas en ciertos barrios
   _______ **e.** poner patrullajes dentro de las escuelas

4. ¿Cuántos delitos ilícitos ha habido durante el último fin de semana?
5. ¿Cuándo empieza el nuevo plan?

Tercer paso: Crear un esquema

Escuche el informe por última vez y haga un esquema que represente las partes más importantes de la noticia.

ATAJO: Use the computer program to assist you in your writing. Search for the following key words:

Grammar: Verbs: preterite

Phrases: Talking about past events; Writing a news item

Vocabulary: Upbringing; Working conditions

Escribir un resumen. Ahora escriba un resumen del informe con sus propias palabras en español. Use por lo menos tres expresiones y/o palabras nuevas que acaba de aprender en este informe. Escriba unas 6 a 8 oraciones. Ud. puede usar verbos en el presente. Revise el contenido y la gramática con un(a) compañero/a antes de entregarle el resumen al profesor / a la profesora.

¿Qué opina Ud.? Conteste las siguientes preguntas en español.

1. ¿Qué piensa Ud. acerca del vandalismo que ocurrió?
2. ¿Qué opina Ud. acerca del plan de protección que están desarrollando?
3. Imagínese que Ud. es uno de los benefactores que dio el dinero para comprar el tablero de energía eléctrica que destruyeron. ¿Cómo se siente Ud.? ¿Qué planes de acción piensa Ud. elaborar?

VOCABULARIO

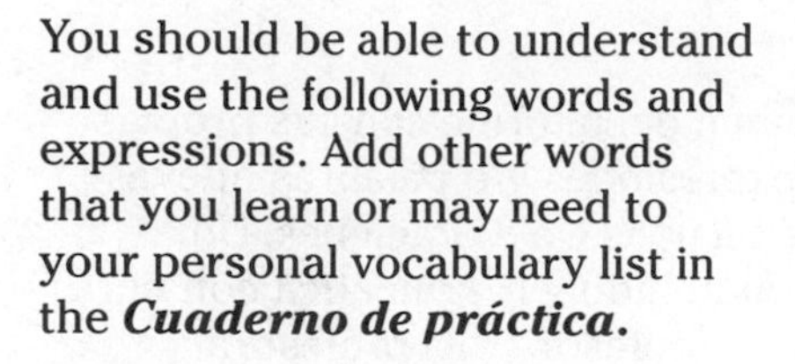

You should be able to understand and use the following words and expressions. Add other words that you learn or may need to your personal vocabulary list in the ***Cuaderno de práctica.***

Discutir la vida académica

La universidad y la matrícula

la certificación *grade transcript*
el/la consejero/a *adviser*
la Facultad *college (within a university)*
el horario *schedule*
la matrícula *tuition; registration*
el préstamo *loan*
el profesorado *university faculty*
la residencia estudiantil *residence hall*

agregar/dejar un curso *to add/drop a course*
aprobar *to pass (a course)*
escoger *to choose*
instalarse en *to move into (a place)*
matricularse [inscribirse] *to register*
organizar *to arrange*
sacar buenas/malas notas *to get good/bad grades*
suspender [desaprobar] *to fail (a course)*

Las especializaciones y los cursos

la carrera *career*
los cursos electivos/cursos obligatorios *electives/required courses*
especializarse en *to major in*
la especialización [especialidad] *major (area of study)*
la especialización segunda *minor (area of study)*

la administración *administration*
la arquitectura *architecture*
la computación *computer science*
la contaduría *accounting*
el derecho *law*
el diseño gráfico *graphic design*
la docencia [enseñanza] *teaching; practicum*
la economía *economics*
la educación superior *higher education*
las finanzas *finance*
la ingeniería *engineering*
la literatura *literature*
la mercadotecnia *marketing*
la pedagogía [educación] *education*
el periodismo *journalism*
la psicología *psychology*
la química *chemistry*
las relaciones internacionales *international relations*
las relaciones públicas *public relations*

La educación y los títulos

el título *degree*
el bachillerato *bachelor's degree*
el doctorado *doctoral degree*
la licenciatura *bachelor's degree + thesis*
la maestría *graduate degree (between bachelor's and master's)*
la escuela preparatoria *two-year prep school*

Conversar sobre actividades estudiantiles en el pasado

los apuntes *(class)notes*
la biblioteca *library*
el centro estudiantil *student (union) center*
la conferencia *lecture*
la lectura *reading*
la librería *bookstore*
el trabajo [la investigación] *paper (for a class)*

andar *to walk*
asistir a clase *to attend class*
conducir *to drive (a car)*
dar un paseo *to take a walk*
divertirse *to enjoy oneself, have a good time*
entregar la tarea *to hand in homework*
escuchar *to listen to*
escribir en computadora *to type on the computer*
mentir *to lie*
pedir prestado *to borrow*
prestar *to lend*
sentir(se) *to feel*
sugerir *to suggest*
traducir *to translate*

desafortunadamente *unfortunately*

Pedir información

¿a qué hora? *at what time?*
¿Cómo? *How?, Pardon me?*
¿con qué frecuencia? *how often?*
¿cuál(es)? *which?, what?*
¿cuándo? *when?*
¿cuánto/a(s)? *how much?, how many?*
¿dónde? / ¿adónde? / ¿de dónde? *where? / to where? / from where?*
¿para qué? *for what purpose?*
¿por qué? *why?*
¿qué? *what?*
¿quién(es)? / ¿a quién(es) *who? / to whom?*
¿con quién(es) / ¿de quién(es)? *with whom? / whose?*

¿Necesita repasar un poco?

Las frases negativas

To make a sentence negative, simply place *no* directly in front of the verb.

No quiero salir ahora.

The following negative words sometimes follow the verb: *nada, nadie, nunca, ninguno/a, ni... ni, tampoco*; the word *no* precedes the verb.

—¿Te gustaría algo de comer?
—No, **no** me gustaría **nada.**

—¿Ud. toma alguna clase de literatura este semestre?
—No, **no** tomo **ninguna** clase de literatura.

—¿Prefieres la clase de historia o la clase de geografía?
—**No** prefiero **ni** la clase de historia **ni** la clase de geografía.

These negative words can also precede the verb; in this case, the word *no* does not appear. Compare the following:

No estudio diez horas **nunca.**
Nunca estudio diez horas.
} *I never study ten hours.*

No voy de compras **tampoco.**
Tampoco voy de compras.
} *I'm not going shopping either.*

La formación de preguntas a responder con un *sí* o *no*

Place the verb before the subject while using a rising intonation at the end to form yes/no questions.

¿Es Ud. estudiante?

¿Estudia esa chica en la universidad?

If the subject is long, it may be placed at the end of the question.

Remember that there is no Spanish equivalent for **do/does.**

¿Enseña español **el profesor de Puerto Rico?**

A second way to form **yes/no** questions in Spanish is to use a rising voice intonation at the end of a statement.

¿Ud. es estudiante?

¿Esa chica estudia en la universidad?

La formación del pretérito (verbos regulares)

There is an orthographic (spelling) change for verbs ending in ***-car, -gar,*** and ***-zar*** in the first person singular form. (buscar: bus**qué**; pagar: pa**gué**; almorzar: almor**cé**)

-ar -er -ir		
hablé	comí	escribí
habl**aste**	com**iste**	escrib**iste**
habl**ó**	com**ió**	escrib**ió**
habl**amos**	com**imos**	escrib**imos**
habl**asteis**	com**isteis**	escrib**isteis**
habl**aron**	com**ieron**	escrib**ieron**

Also, ***-er*** and ***-ir*** verbs that have a vowel before the infinitive ending use the endings ***-yó*** and ***-yeron*** in the third person forms.

leer: le**yó**, le**yeron**

oír: o**yó**, o**yeron**

Other verbs that follow this pattern are ***creer*** and ***construir***.

Capítulo 2

¡Descríbame cómo es... !

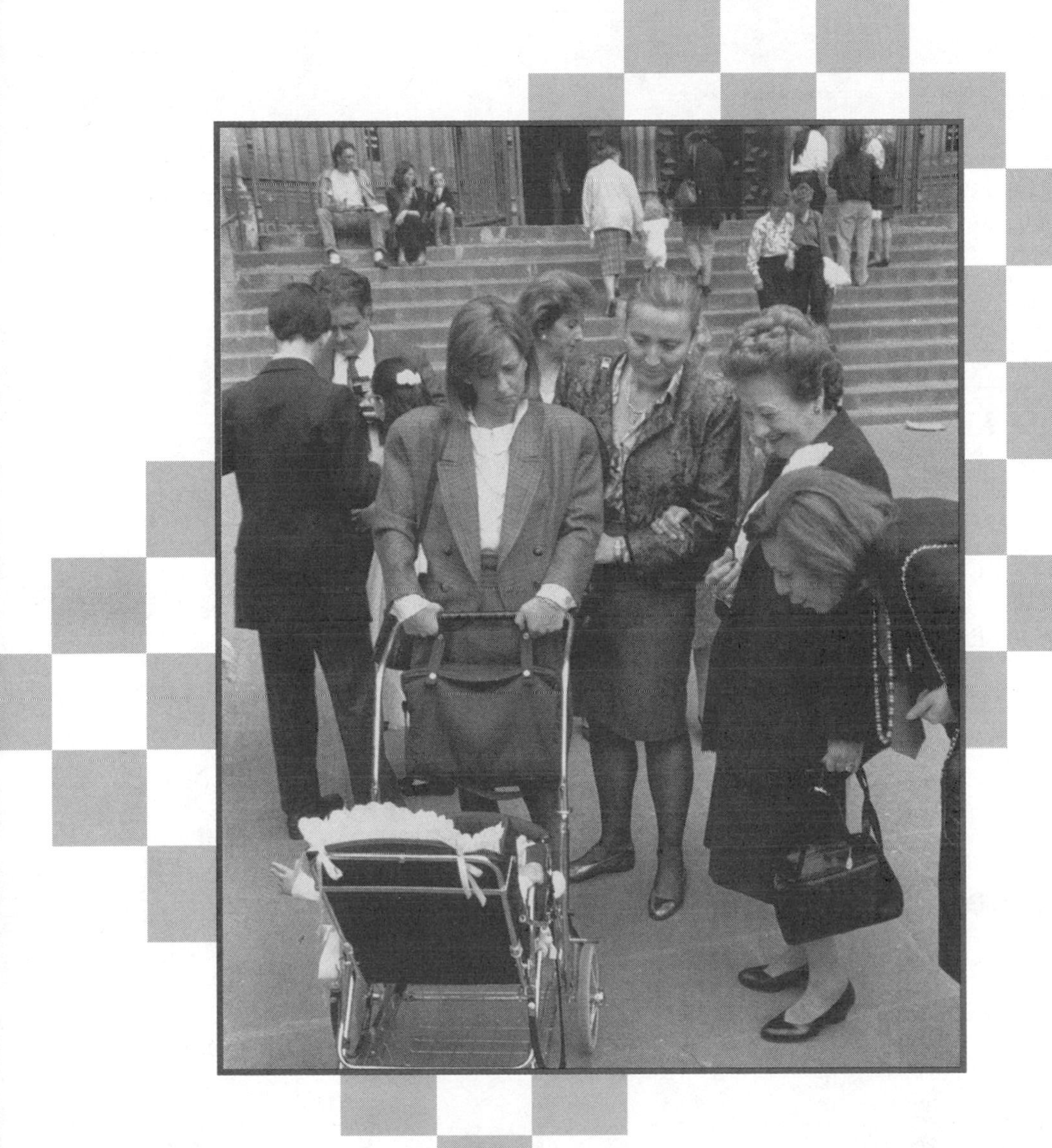

Contexto: La familia

Objetivos funcionales

- describir a personas: características físicas
- describir a personas: apariencia física
- identificar a los miembros de la familia
- dar más detalles sobre la familia

Objetivos culturales

- describir a una quinceañera y su fiesta

Gramática funcional

- el verbo **ser** con descripciones
- el verbo **estar** con descripciones
- la nominalización
- las cláusulas relativas

Enlace inicial

¡Escuchemos!

En esta conversación, Maite le muestra a Memo una foto de su familia y le cuenta un poco sobre algunas de las personas en la foto. Escuche la conversación y conteste las preguntas.

A. ¿Comprendió Ud.? Escriba una ***X*** al lado de cada miembro de la familia que menciona Maite.

_______ **1.** sus padres
_______ **2.** sus tíos
_______ **3.** sus primos
_______ **4.** sus sobrinos
_______ **5.** sus hermanos
_______ **6.** sus cuñados

B. Los comentarios de Memo y Maite. ¿Qué comentarios hacen Memo y Maite sobre los familiares en la foto? Seleccione las mejores respuestas de las posibilidades dadas a continuación.

coqueta: flirtatious; *presumidita:* a little vain

_______ **1.** Jonchu es muy estudioso y extrovertido.
_______ **2.** Amaya es coqueta.
_______ **3.** Amaya no está muy contenta en la foto.
_______ **4.** Alexander parece ser gordito.
_______ **5.** Los niños de Ignacio son muy lindos.

¡Leamos! Anuncio de un nacimiento

parroquia: parish; *emperatriz:* empress

Gilda Lizette

Nací en la Ciudad de Jalapa, Ver., el día 26 de Agosto de 1994 y fui bautizada en la Parroquia de Nuestra Señora de Guadalupe Emperatriz de América el 6 de Diciembre de 1995.

Mis Padres
Gildardo Morales Nájera
Victoria Hernández de Morales

Mis Padrinos
Rubén Romero Peña
Edith Maldonado de Romero

Gilda Lizette es **la ahijada** de sus padrinos.

The mother and godmother refer to each other as *comadres*. Likewise, the father and godfather refer to each other as *compadres*.

Lea el anuncio de la página anterior y conteste las preguntas.

1. ¿Qué evento anuncia esta tarjeta?
2. ¿Quién escribe este anuncio?
3. ¿Dónde nació? ¿Cuándo?
4. ¿Dónde y cuándo fue bautizada?
5. ¿Cuál es el nombre completo de Gilda Lizette?
6. ¿Quiénes son sus padres?
7. ¿Quién es su madrina? ¿Su padrino?

¿Necesita repasar un poco?

Al final de este capítulo, Ud. encontrará un breve resumen de las siguientes estructuras:

- las expresiones con **estar** y **tener** (estados físicos, estados de ánimo y condiciones)
- la concordancia entre sustantivo y adjetivo
- los adjetivos posesivos

Repase esta información y complete los ejercicios en el ***Cuaderno de práctica.***

Enlace principal

Cultura en vivo

VIDEO: Use *Programa 4, Personajes inolvidables*, in ***Mosaico Cultural*** to add interest to descriptions of personalities presented in this chapter. Consult the ***Cuaderno de práctica*** for corresponding activities for this segment.

La fiesta de quince años

La fiesta de quince años se celebra con familia y amigos íntimos cuando una chica cumple la edad de quince años.

La fiesta para la quinceañera (la chica que cumple 15 años) empieza con una misa y después continúa con un baile con un grupo musical, mucha comida y regalos para la chica. Sin importar la situación económica de la familia, todos tratan de celebrar este cumpleaños con una linda fiesta para la chica, ya que a partir de ahora, la chica entra a una etapa más madura y seria de la vida.

Lea la invitación a la fiesta de quince años de Elisa del Carmen y conteste las preguntas.

1. ¿Cómo se llaman el padre, la madre y los padrinos de Elisa?
2. ¿A quiénes se incluyen en la expresión **su apreciable?**
3. ¿En qué mes se celebra? ¿Cuándo llega la invitación? ¿Cómo lo sabe Ud.?
4. En los nombres siguientes, ¿a qué se refiere la parte subrayada?
   a. Luz del Carmen Delfín de E.
   b. Georgina R. del Rosario de I.
5. ¿Cómo se dice **nacimiento** de una manera más sofisticada y refinada?

Luis R. Escribano F.
Luz del Carmen Delfín de E.

Tienen el honor de invitar a usted y a su apreciable familia a la Misa de Acción de Gracias que con motivo del XV aniversario del natalicio de su hija

Elisa del Carmen

Se celebrará el 6 del presente a las 18:00 horas en la Iglesia Divina Providencia-: Primitivo R. Valencia:-

Sus Padrinos

Dr. Luis David Iglesias D.
Georgina R. del Rosario de I.

Angel R. Cabada, Ver., Febrero de 1995

Note the use of *de* as a part of certain given names (*Elisa del Carmen*). Other similar names: *María del Carmen, María de Jesús, María del Rosario*. Often *María* is abbreviated as *Mª*; for example, *María del Carmen* would be *Mª del Carmen*.

Función 1

Describir a personas: Características físicas

El verbo ser con descripciones

¿Qué palabras sabe Ud. para describir las diferentes características de las personas? Haga una lista con un(a) compañero/a de clase. (Ejemplos: **alto, bonita, inteligente**)

¿Cómo son estas personas?

El Rey Juan Carlos I de España

Fidel Castro de Cuba

Gloria Estefan, cantante

Ahora vamos a describir a unos de los personajes que Ud. acaba de conocer en el **Capítulo preliminar.** ¿Cómo son?

anteojos = gafas

a. El profesor Juan Cruz Echeverría Bencoa es un hombre mayor de mediana edad y tiene arrugas. Tiene cabello negro, ondulado y corto, con algunas canas. Tiene ojos negros, cara rectangular y nariz alargada, y usa anteojos para leer. Es muy trabajador y dedicado a su profesión.
b. La señora Rocío Herrero de Echeverría tiene cabello castaño, lacio y corto sin flequillo. Tiene cara ovalada, ojos castaños y un lunar en la mejilla. Es extrovertida, optimista y muy segura de sí misma.
c. Guillermo (Memo) Salinas Bravo tiene cabello castaño claro, no muy largo, y lacio. No tiene barba ni bigotes. Tiene ojos azules y cara ovalada. Es alto, atlético y fuerte. Es sociable y emprendedor.
d. Eliana Carpio Merode es morena, con cabello negro, largo y ondulado. Tiene cara ovalada. Como muchos adolescentes, tiene algunos granos en la cara y usa lentes de contacto. Ella es un poco reservada e introvertida.

¿Cómo se usa el verbo ser en las descripciones anteriores?

While *flaco/a* is a fairly common way to say **thin,** it carries some derogatory connotations. Better words to use are *delgado/a* or *esbelto/a,* which is a cognate of the English word **svelt.**

Remember that the verb *ser* is also used in telling time: *Ya* ***son*** *las 10:30 de la mañana.* ***Es*** *la 1:00 de la tarde.*

Additional vocabulary for describing people: *calvo/a:* bald; *castaño claro:* light brown (hair), hazel eyes; *cola de caballo:* ponytail; *trenzas:* braids; *la raya (al medio):* part [for hair] (in the center); *pecas:* freckles; *pelirrojo/a:* red-haired; *cara cuadrada:* square-shaped face; *de mediana edad:* middle-aged; *esbelto/a:* slender; *gordito/a:* plump, chubby (used in an affectionate way).

Notice that the verb *ser* is used to describe physical characteristics, personality traits, and professions, as well as to identify people and show possession. In other words, we use ***ser*** to tell what people are like.

El profesor Echeverría **es** de mediana estatura, y de pelo negro. *(physical characteristics)*

El profesor **es** muy amable, trabajador y dedicado a su profesión. *(personality traits)*

El señor **es** profesor. *(profession)*

El profesor **es** mi consejero. *(identification)*

El profesor **es** padre **de** Ío, Maite e Ignacio. *(possession)*

¿Qué profesiones tiene la gente?

Repase las carreras que están en los dos anuncios de las páginas 28 y 29. Usando los nombres de estas carreras, ¿puede Ud. entender el significado de cada profesión a continuación?

Dibujante can be used as a synonym for *diseñador(a)* and can also mean **draftsperson.**

Es... administrador(a).

arquitecto/a	ingeniero/a
comerciante	periodista
contador(a) [contable]	programador(a) de computadoras
diseñador(a)	psicólogo/a
especialista en finanzas	publicista
especialista en mercadotecnia	

Es música.

Es artista.

Es cajero.

Es dependiente.

Es abogada.

Es cirujana.

Es obrera.

Es ama de casa.

¡Practiquemos!

A. Los personajes de *ENLACES*. Describa a los siguientes personajes. Dé detalles sobre sus apariencias físicas, características personales y profesiones. Vea las fotos de los personajes en el **Capítulo preliminar.**

1. María Alba Mendoza Arias
2. Ignacio Echeverría Herrero
3. Graciela Carvajal Ventura
4. Roberto Sánchez Colón

B. En busca de información. Imagínese que Ud. y su compañero/a de clase son detectives y que tienen que encontrar a una chica perdida. Dos personas reportaron que habían visto a la chica en un almacén, pero cada persona recuerda sólo algunos detalles sobre su apariencia física. Tal vez Uds. puedan identificarla si pueden combinar los detalles que les dieron las dos personas. Ud. tiene el dibujo A que tiene algunos detalles y su compañero tiene el dibujo B que tiene otros detalles. Ud. no puede mirar el dibujo de su compañero/a y él/ella no puede mirar el suyo. Cada persona tiene que describir su propio dibujo mientras el/la compañero/a dibuja los detalles que no están en su dibujo. Al terminar, Uds. deben comparar los dibujos. ¡Deben ser idénticos! ¡Ahora Uds. tienen un dibujo completo de la niña!

Dibujo A

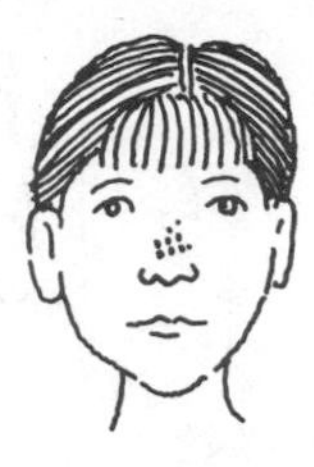
Dibujo B

C. Las profesiones. ¿Qué profesiones de la siguiente lista corresponden a las actividades de abajo? Ud. puede escoger más de una profesión para cada actividad.

jefe: boss; *gerente:* manager

comerciante	dibujante	gerente
periodista	peluquero/a	agente de policía
contador(a)	publicista	especialista en mercadotecnia
cirujano/a	obrero/a	dependiente
arquitecto/a	abogado/a	músico/a

1. mantiene el orden público
2. sabe escribir bien
3. trabaja mucho con números
4. sabe dirigir a otras personas
5. trabaja mucho con el público
6. es muy creativo/a
7. ayuda a los enfermos

D. ¿Es Ud. artista? Con un(a) compañero/a de clase, describa a una persona imaginaria. Mientras Ud. hace la descripción oralmente, su compañero/a tiene que hacer un dibujo de esa persona y luego comparar el dibujo con la descripción que Ud. ha hecho. Después, le toca a su compañero/a hacer una descripción oral y a Ud. ser artista. Incluyan muchos detalles.

datos: facts

E. Describiendo a otras personas. Describa a las siguientes personas. Incluya tantos detalles como pueda.

1. un miembro de su familia
2. su cantante favorito/a
3. el/la presidente/a de los EE.UU. (o de un país hispano)
4. el hombre perfecto / la mujer perfecta
5. el/la abuelo/a perfecto/a

F. Descripción de sí mismo/a. Imagínese que Ud. va a estudiar por un año en España y va a vivir con una familia española. Escríbales una carta en la que se describa a sí mismo/a. Incluya los siguientes datos.

1. dónde nació
2. su edad
3. su estado civil
4. dónde vive y dónde ha vivido
5. dónde ha estudiado
6. si trabajaba cuando era estudiante
7. su profesión
8. sus características físicas e individuales
9. algunas características de su personalidad

Función 2

Describir a personas: Apariencia física

El verbo *estar* con descripciones

¿Cómo se usa el verbo **estar** en la conversación anterior?

Sometimes we describe people according to our own perceptions and opinions, in a subjective manner. For example, when we look at photographs, we often make statements such as "Gee, she looks short in that picture!" or "He looks so old!" In reality, the woman in the photo might not really be short and the man might not be old. These are the **perceptions** of the person speaking. In

English, we often use the verbs **seem** and **look** to express our own perception or judgment about other individuals. In Spanish, we use the verb ***estar*** for perceptions about people and things.

¡Qué joven **está** la decana hoy! *The dean looks so young today! (although she really is not young)*

La tortilla **está** muy rica. *The tortilla tastes (is) really delicious. (opinion)*

In this context, the verb ***estar*** is also used to denote a **change** in someone's appearance. For example, if Jorge has been a heavy person for twenty years *(es gordo)* and suddenly loses thirty pounds, we might comment upon seeing him in his new condition:

¡Qué delgado estás, Jorge! *You've gotten so thin, Jorge!*

¡Practiquemos!

A. Una foto de la familia. Mire esta foto de la familia de Eliana. Haga un comentario sobre la apariencia de las personas a continuación, según lo que Ud. piensa. Use el verbo **estar.**

1. su padre

2. su madre

3. su hermano

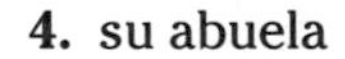

4. su abuela

5. su sobrina

sobrina: niece

B. ¡Cómo ha cambiado la familia! Eliana está muy alegre porque muchos miembros de su familia extendida de Puerto Rico han venido a visitarla. ¡Pero han cambiado mucho! ¿Qué dice Eliana? Siga el modelo.

Modelo: su primo Juan: serio; hoy, alegre
Juan es una persona seria, pero hoy está alegre.

1. su abuela: delgado; hoy, gordito
2. su tía: moreno; hoy, rubio con cabello rizado
3. su primo Rogelio: aburrido; hoy, animado
4. su tío: viejo; hoy, joven
5. su prima Juana: alegre; hoy, triste

C. Un recuerdo. Imagínese que Ud. tiene ochenta años y está mirando una foto de sí mismo/a cuando tenía veinte años. ¿Cómo estaba Ud. en la foto? Haga una descripción con unas 4 a 5 oraciones.

Función 3

Identificar a los miembros de la familia

La nominalización

Éste es el árbol genealógico de la familia de Maite. ¿Qué miembros de la familia puede Ud. nombrar? (Ejemplos: **el padre, la madre**)

a. ¿Quiénes son los padres de Maite?
b. ¿Los hermanos?
c. ¿Los abuelos?
d. ¿Quiénes son los hijos de Ío?
e. ¿Quiénes son los tíos de Amaya?
f. ¿Quiénes son los primos de Amaya?

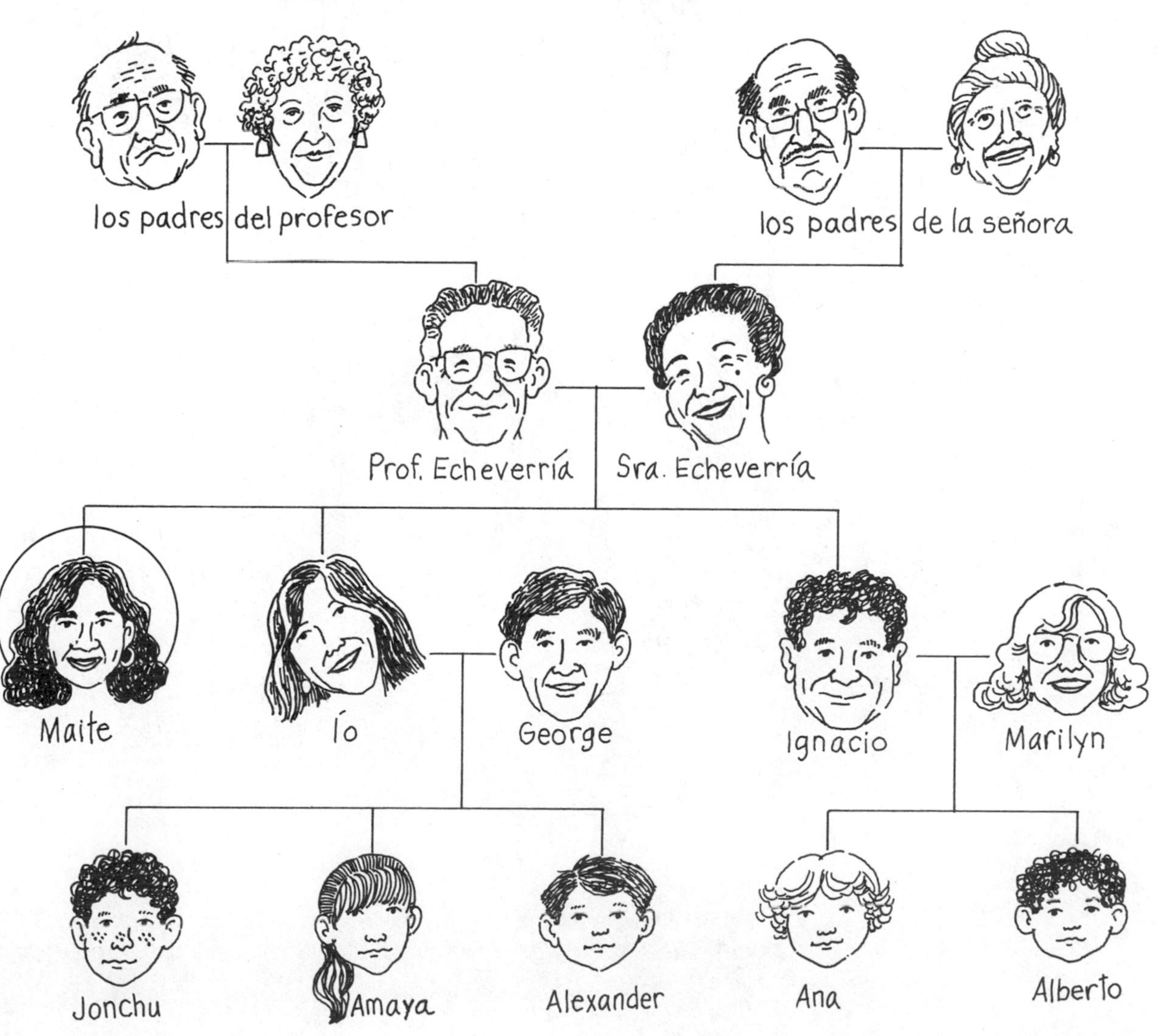

tatarabuelos: great-great-grandparents; *bisnietos [biznietos]:* great-grandchildren

g. ¿Quiénes son los sobrinos de Maite?
h. ¿Quiénes son los bisabuelos de Amaya?

Using the sample sentences, can you guess what *parientes políticos* means?

Do you remember the kinship terms presented for baptism in the *¡LEAMOS!* section of this chapter?

Los parientes políticos

George es el **cuñado** de Maite.
Los señores Echeverría son los **suegros** de George.
George es el **yerno** de los señores Echeverría.
_______________ es la **nuera** de los señores Echeverría.

Other words you may need: *padrastro* (stepfather); *medio hermano/a* (half brother/sister); *hermano/a adoptivo/a* (adopted brother/sister).

Cenicientas

la madrastra

las hermanastras

En la conversación de Ío, ¿qué expresión significa *the one who is 12 years old? ¿The 11-year old? ¿The youngest?* ¿Qué palabra **no** se repite en cada frase?

When we identify people in our families, we often talk about where they live and what jobs they hold. To avoid repeating a noun that has already been mentioned, we use the definite article and the adjective (or adjectival clause beginning with *que*) that describes it in place of the noun. This is called **nominalization** and is used frequently in Spanish.

El profesor Echeverría tiene dos **hijas.**

La hija mayor vive en Virginia. → **La mayor** vive en Virginia.
(Article + adjective)

La hija de España es maestra. → **La de España** es maestra.
(Article + *DE* + noun)

La hija que vive aquí es estudiante. → **La que vive aqui** es estudiante.
(Article + *QUE* + clause)

A la hija que vive aquí le interesa el periodismo. → **A la que vive aquí** le interesa el periodismo.
(A + article + *QUE* + clause)

¡Practiquemos!

A. ¡Te ayudamos, Ana! Ana, hija de Ignacio, está estudiando el parentesco. Ayúdela a nombrar familiares con las frases a continuación.

1. El hijo de su tía es su ______________________.
2. La esposa de su hermano es su ______________________.
3. El abuelo de su padre es su ______________________.
4. El esposo de su hija es su ______________________.
5. La madre de su esposo es su ______________________.
6. Los hijos de su hermana son sus ______________________.

B. El árbol genealógico. Dibuje su propio árbol genealógico. Incluya a sus padres, hermanos, abuelos, tíos, primos y sobrinos. Luego, muéstrele el dibujo a un(a) compañero/a de clase y hable de las profesiones de sus familiares y de los lugares donde viven.

C. Entrevista. Entreviste a un(a) compañero/a de clase para obtener la siguiente información sobre su familia. Después, su compañero/a va a hacerle a Ud. las mismas preguntas. Luego reporten los resultados a otra persona en la clase.

1. si tiene cuñados
2. el número de primos que tiene
3. si un familiar vive en otro país
4. una descripción de un tío o una tía
5. si tiene bisabuelos o tatarabuelos vivos
6. la persona mayor de toda la familia

D. La familia de Memo. Memo le cuenta a Graciela la información a continuación sobre su familia. Ayúdelo con su descripción, pero sin repetir el sustantivo. Siga el modelo.

Modelo: Tiene dos cuñados. El cuñado de Tejas es cocinero.
El de Tejas es cocinero.

1. Tiene muchos primos. Los primos que viven en California son contadores.
2. Tiene tres hermanos. El hermano menor asiste al colegio.
3. Tiene muchos tíos. Los tíos de Chile van a visitarlo pronto.
4. Habla por teléfono con varios gerentes de negocios. El gerente Tomás que es emprendedor habla mucho.

5. En su familia hay cuatro sobrinas. A la sobrina gordita le gusta programar computadoras.
6. Tiene dos cuñados. La cuñada boliviana tiene cabello lacio y es arquitecta.

E. Ahora, le toca a Ud. Describa a su propia familia y a sus amigos, sin repetir el sustantivo, según el modelo.

Modelo: uno de sus abuelos
El mayor vive en Puerto Rico y cumplió 75 años el año pasado. ¡Siempre me escribe en español!
dos de sus tíos/tías
La de Michigan es maestra. La de Ohio es ingeniera y se graduó hace seis años de la universidad.

1. uno de sus hermanos/hermanastros o una de sus hermanas/hermanastras
2. uno/a de sus primos/as
3. uno/a de sus sobrinos/as
4. uno/a de sus tíos/as
5. dos de sus amigos/as
6. uno/a de sus profesores/as

Función 4

Dar más detalles sobre la familia

Las cláusulas relativas

Compare las frases a continuación. ¿Qué diferencias ve Ud. entre las partes que están subrayadas?

Ignacio dice: Tengo dos hermanas.
Mi hermana que tiene 20 años vive en Pennsylvania. Mi hermana que es maestra vive en Virginia.

Graciela dice: Tengo un hermano.
Mi hermano, quien (que, el que, el cual) tiene 19 años, quiere seguir la carrera de derecho.

We can describe members of our family in greater detail by using longer, more descriptive and interesting sentences. Relative pronouns are used to connect short sentences.

The pronoun *que* is used in clauses that contain information that is essential to the idea being conveyed. *Que* refers to both people (who) and things (which, that).

Ignacio tiene dos hermanas. Su hermana **que tiene 20 años** vive en Pennsylvania.

Ignacio has two sisters. His sister who is 20 lives in Pennsylvania.

Clauses that contain essential information and are not set off by commas are called **restrictive** clauses.

The underlined clause contains essential information, since it identifies which of the two sisters is being described. The clause is **not** set off by commas.

Hay 70 fotos en este álbum. La foto **que tengo** es de mis padres.

There are 70 photos in this album. The photo that I have is of my parents.

The underlined clause contains essential information, since it specifies which photo is being described. The clause is **not** set off by commas.

Relative pronouns may also be used in clauses that contain extra or nonessential information. Any of the following pronouns may be used:

que
quien(es) [for people only]
el/la/los/las que
el/la cual or los/las cuales

Juan Cruz Echeverría Bencoa, **que (el que, el cual, quien) nació en España,** es profesor de español.

Juan Cruz Echeverría Bencoa, who was born in Spain, is a professor of Spanish.

Clauses that contain nonessential information and are set off by commas are called **nonrestrictive** clauses.

The underlined clause contains nonessential or additional information that is not necessary for understanding the main clause. The clause is set off by commas.

Los exámenes de admisión, **que (los que, los cuales) son requisitos para poder entrar en el programa,** se presentan los lunes y miércoles.

The admission exams, which are required in order to be able to enter the program, are given on Mondays and Wednesdays.

The underlined clause contains nonessential or additional information. The clause is set off by commas and implies that **all** admission exams are required for admission into any program.

Any relative pronoun can be used with prepositions such as *a, de, con,* and *en.*

Roberto es peluquero. + Conocí a Roberto ayer. =

Roberto, **a quien (a que, al que, al cual) conocí ayer,** es peluquero.

Roberto, whom I met yesterday, is a hairdresser.

Maite se especializa en periodismo. + Estudié con Maite ayer en la biblioteca. =

Maite, **con la cual (con quien, con la que, con que) estudié ayer en la biblioteca,** se especializa en periodismo.

Maite, with whom I studied yesterday in the library, is majoring in journalism.

The relative pronoun *cuyo/a/os/as* shows possession.

El profesor enseña español. + Leímos los libros del profesor. =

As is the case with all adjectives, *cuyo* agrees in gender and number with the noun that follows it.

El profesor, **cuyos libros leímos,** enseña español.

The professor, whose books we read, teaches Spanish.

In the three preceding examples, the underlined clause contains nonessential or additional information and therefore is set off by commas.

¡Practiquemos!

A. La familia de María Alba. Use la siguiente información para describir a la familia de María Alba. Combine cada par de oraciones, usando un pronombre relativo: **que, quien, cuyo/a/os/as, el/la/los/las que (cual[es]).** Empiece con la información que está en la segunda oración.

Modelo: Uno de sus sobrinos vive en Buenos Aires. Su sobrino cumplió tres años.
Su sobrino que cumplió tres años vive en Buenos Aires.

1. Una de sus primas es de Puerto Rico. Esta prima es maestra.
2. Su hermano es muy guapo. Conocí a su hermano ayer.
3. Su padrino vive en Bolivia. Su padrino es especialista en mercadotecnia.
4. Los familiares prefieren pasar tiempo juntos. La actividad favorita de los familiares es dar paseos.
5. Su sobrina es muy parecida a María Alba. Su sobrina nació hace un mes.
6. Uno de sus tíos sigue la carrera de derecho. Este tío estudió en España por varios años.

B. Unos estudiantes nuevos. Graciela y Memo hablan de varios estudiantes nuevos en la universidad. Saque información de cada columna para describirlos, usando frases largas según el modelo.

Modelo: *Fernando, cuya especialización es la arquitectura, es muy guapo.*

Fernando	su especialización es la arquitectura	es/son muy guapo/a(s)
Carmen y Margarita	está(n) sentado/a(s) delante de Eliana	es/son bastante alto/a(s)
Leonor y Lupe	almuerza(n) con Roberto	es/son emprendedor(es)/ emprendedora(s)
Marta y Roberto	es/son trabajador(es)/ trabajadora(s)	tiene(n) trabajo
Rafael	sus bisabuelos son del Perú	es/son atlético/a(s)
	tiene la cara ovalada	es/son amigo/a(s) de la familia de Maite
	tiene(n) muchos amigos	es/son de Chile
	tiene cabello corto y ondulado	es/son especialistas en la computación

C. Descripciones. Describa a las siguientes personas usando una oración más detallada según el modelo.

Modelo: su mamá
Mi mamá, quien tiene 40 años, es delgada y bonita.

1. sus padres
2. uno de sus hermanos
3. uno/a de sus amigos/as
4. su abuelo/a
5. su cuñado/a
6. uno/a de sus primos/as

D. Entrevista. Con un(a) compañero/a de clase, haga una entrevista entre un(a) gerente de apartamentos y un(a) posible cliente que quiere alquilar un apartamento. Haciendo el papel del/de la gerente, Ud. le pide la siguiente información a su compañero/a:

- where he/she lives now
- where he/she lived before
- where he/she is from
- which other family members will be living with him/her
- what he/she does for a living

Haciendo el papel del/de la cliente, su compañero/a le contesta y le pide a Ud. una descripción de las familias que viven en otros apartamentos del edificio. Traten de usar oraciones largas con detalles.

¡Escuchemos un poco más!

Los señores Echeverría hablan del bautizo familiar que se va a celebrar pronto.

Antes de escuchar: Establecer un objetivo

In preparation for listening to this segment, answer the following questions.

1. What happy events involving children have you attended? What makes these occasions so special?
2. Which relatives gather together often in your family?
3. With a partner, brainstorm a list of Spanish words and expressions you already know that you expect to hear in this segment.

Después de escuchar: Identificar las ideas principales y los detalles importantes

A. ¿Comprendió Ud.? Escuche la conversación y conteste las siguientes preguntas.

1. ¿A quién van a bautizar?
2. ¿Qué nombre le pusieron al niño?
3. ¿Cómo es el niño?
4. Según Juan Cruz, ¿a quién se parece el nene?
5. ¿Quiénes se van a quedar con Rocío y Juan Cruz?

nene = bebé

B. ¿Qué opina Ud.? Hable con un(a) compañero/a sobre las preguntas a continuación.

1. ¿Hay un(a) niño/a en su familia que sea muy especial para todos? Descríbalo/la.
2. Imagínese que Ud. asistió al bautizo de Juan Cruz. Haga una lista con...
   - **a.** cinco cosas que hizo la gente.
   - **b.** tres comentarios sobre el nene.
   - **c.** dos de sus propias reacciones al evento.

¡Leamos un poco más! «Celebran Bodas de Oro»

Antes de leer: Establecer un objetivo

1. By looking at the photo and the title of the article, what do you think the reading is about?
2. What part of the newspaper do you think it comes from?
3. What information do you think you might learn from this article?

Celebran Bodas de Oro

Don Carlos M. García y doña Armonía Ramos, quienes contrajeron nupcias en 1938, cumplieron 50 años de casados el pasado 6 de enero. Son padres de tres hijos y siete nietos. Son sus hijos: Carlos, Francie y José Osvaldo. El primero es anestesiólogo y trabaja en el Hospital de Damas de Ponce. Francie es maestra de escuela elemental en Cayey, mientras que José Osvaldo es gerente de un supermercado. Don Carlos fue vendedor de empresas comerciales y, además soldado durante la II Guerra Mundial. Doña Armonía es maestra jubilada, desempeñándose por 10 años en la sala de clases y los últimos 20, como directora.

desempeñándose: performing her duties

Después de leer: Identificar las ideas principales y los detalles importantes

A. ¿Comprendió Ud.? Ponga una *X* al lado de cada dato que Ud. encuentra en el artículo.

_______ **1.** anniversary date (day and month)
_______ **2.** where the couple was married
_______ **3.** names of their children
_______ **4.** professions of their children
_______ **5.** names of grandchildren
_______ **6.** former profession of the husband
_______ **7.** year the couple was married
_______ **8.** ages of the couple
_______ **9.** couple's place of residence
_______ **10.** number of years the wife has worked

B. Las profesiones. El artículo menciona varias profesiones. Para cada profesión de la columna A, indique la letra de la columna B que corresponda. Ud. puede usar los nombres de la columna B más de una vez.

Columna A		Columna B
__________	**1.** soldado	**a.** don Carlos M. García
__________	**2.** anestesiólogo	**b.** doña Armonía Ramos
__________	**3.** directora de escuela	**c.** Carlos
__________	**4.** maestra de escuela	**d.** Francie
__________	**5.** gerente	**e.** José Osvaldo
__________	**6.** vendedor de empresas	

C. ¿Qué opina Ud.? Conteste las siguientes preguntas.

1. ¿Conoce Ud. a alguien que esté casado/a por 50 años? Explique.
2. ¿Cree Ud. que 50 años es mucho tiempo para estar casado? ¿Es muy común hoy en día estar casado por tanto tiempo?
3. ¿Qué características son necesarias para estar casado por tanto tiempo?

Enlace de todo

Para hacer esta sección, recuerde la gramática de repaso y la gramática funcional de este capítulo: las expresiones con **estar** y **tener** (estados y condiciones); la concordancia entre sustantivo y adjetivo; los adjetivos posesivos; el verbo **ser** con descripciones; el verbo **estar** con descripciones; la nominalización; las cláusulas relativas. También es buena idea repasar el vocabulario presentado en este capítulo antes de empezar.

¡Imaginemos!

A. Dramatizaciones. Prepare las siguientes dramatizaciones según las instrucciones.

1. Imagínese que le muestra una foto de su familia a un(a) compañero/a de clase. Hable de las personas en la foto: quiénes son, dónde viven, qué trabajos tienen, cómo son. Luego su compañero/a tiene que hacer la misma cosa con una foto de la familia suya. Hagan comentarios sobre las personas en las fotos.
2. Describa a dos personas de la clase a un(a) compañero/a. Use muchos detalles al hablar sobre la apariencia física y las características personales de cada uno. Su compañero/a trata de adivinar quiénes son. Luego su compañero/a describe a dos personas distintas y Ud. adivina sus nombres.
3. ¡Hubo un robo! Imagínese que un ladrón *(thief)* entró a su casa y se llevó su televisor y estéreo. Ud. lo vio y llamó a la policía inmediatamente. ¡Aquí está un dibujo del ladrón! Hable con un policía por teléfono y descríbale el hombre. Mencione muchos detalles sobre su apariencia física. Haciendo el papel del policía, su compañero/a de clase tiene que hacer un dibujo del ladrón según su descripción oral. Después, comparen el dibujo de su compañero/a con el dibujo del libro.

B. ¿Cómo lo/la voy a reconocer? Ud. le escribe una carta de bienvenida a un(a) estudiante nuevo/a que va a llegar mañana de México. Como Ud. va a ir a recogerlo/la al aeropuerto y no lo/la conoce, Ud. le da una descripción de sí mismo/a. Para facilitar la conversación después de encontrarse, dele información sobre su especialización e intereses.

ATAJO: Use the computer program to assist you in your writing. Search for the following key words:

Grammar: Relatives *cuyo, -a;* Relatives *el cual, la cual;* Relatives *el que, la que;* Relatives *que;* Relatives *quien;* Verbs: present; Verbs: preterite

Phrases: Describing people; Writing a news item

Vocabulary: Family members; People; Professions

C. Bodas de oro. Imagínese que estamos en el año 2050. Ud. y su esposo/a acaban de cumplir 50 años de casados, como los García. Escriba un artículo sobre su vida matrimonial para el periódico, utilizando el artículo de la sección *¡LEAMOS UN POCO!* como modelo. Incluya detalles sobre sí mismo/a, su esposo/a, sus hijos y nietos y sus profesiones.

D. Concurso de belleza. Ud. tiene que escribir un anuncio para un concurso de belleza. Utilice el anuncio a continuación como modelo. Incluya las características necesarias de las participantes y los premios para la ganadora. Una alternativa es también escribir el mismo anuncio para un concurso de hombres.

¡Leamos más! «El buen hombre y su hijo» por Don Juan Manuel

Antes de leer: Establecer un objetivo

This reading selection is from *Libro de Patronio o Conde Lucanor*, written by Don Juan Manuel (1282–1348). The book contains a number of moral tales, each delivered in the form of advice from Patronio to the nobleman, el Conde Lucanor. In preparation for this reading selection, look at the title of the reading and then answer the following questions.

1. If a father plans to leave his business affairs to his son, what concerns do you think he might have?
2. What kind of advice is commonly given to young people?
3. Why might you be interested in reading this selection?
4. Brainstorm some words in Spanish that you might already know about the relationship between elders and their offspring.

El buen hombre y su hijo

Don Juan Manuel (1282–1348?)

A Señor, Conde Lucanor —dijo una vez Patronio—, un honrado labrador tenía un hijo muy inteligente, a quien el padre, cansado por las enfermedades de la vejez, quería traspasar el gobierno de su casa. Pero no osaba hacerlo, porque el mozo, que no tenía confianza en sus propias iniciativas, se dejaba gobernar por el consejo del último con quien tropezara; y siendo tan diversas las opiniones como lo son los hombres, creía con razón el padre que el mozo no era capaz de dirigir los asuntos de la hacienda.

B Queriendo que el mozo aprendiera a guiarse por su propia idea, y no fuera juguete de opiniones ajenas, cierto día de mercado en la próxima villa el buen hombre determinó de ir allá con su hijo con el pretexto de comprar varias cosas que le faltaban.

C Se pusieron en camino, llevando por delante un burro en que cargar lo comprado. De allí a poco se cruzaron con un grupo de campesinos que regresaban ya de la villa. Se saludaron con un «¡Santos y buenos días!», y así que hubieron pasado, el buen hombre le dijo a su hijo:

—Párate un momento y escucha lo que dicen.

Los campesinos decían, entre risas y bromas:

—Buen par de tontos. Los dos a pie y el burro sin carga.

—¿Qué te parece? —preguntó el buen hombre.

—Tienen razón —respondió el mozo—; ya que el burro no va cargado, no hay razón para que vayamos a pie ambos.

—Pues móntate tú en él— ordenó el padre.

Siguieron así un buen trecho, hasta que se cruzaron con un nuevo grupo de viajeros. Se saludaron con el «¡Santos y buenos días!», y así que hubieron pasado, el buen hombre le dijo a su hijo:

—Párate un momento y escucha lo que dicen.

Los campesinos decían:

—Jamás se vio tal cosa. El cansado viejo a pie y el mozo fuerte a caballo.

—¿Qué te parece? —preguntó el buen hombre.

—Tienen razón —respondió el mozo.

—Pues apéate tú, que iré yo en el burro.

D De aquel modo caminaron adelante, hasta que se encontraron con un nuevo grupo de campesinos. Se saludaron con el «¡Santos y buenos días!», y así que hubieron pasado el buen hombre le dijo a su hijo:

—Párate un momento y escucha lo que dicen.

Los campesinos decían:

—¡Caramba! El joven a pie y el viejo a caballo.

—¿Qué te parece? —preguntó el buen hombre.

—Tienen razón —respondió el joven—, pues quien más ha vivido más acostumbrado está a toda especie de privaciones.

—Pues monta detrás de mí, a la zaga.

E El hijo lo hizo y siguieron así un buen trozo, hasta que tropezaron con un nuevo grupo de campesinos. Se saludaron con el «¡Santos y buenos días!», y así que hubieron pasado el buen hombre le dijo a su hijo:

—Detengámonos un momento y oigamos lo que dicen.

Los campesinos decían:

—Buen par de tontos. Matarán el burro.

—¿Qué te parece? —preguntó el buen hombre.

—Tienen razón —respondió el mozo—, pues tan débil es el burro que con nosotros dos sobre los lomos apenas puede dar un paso.

F Paró entonces el buen hombre y volvió el rostro atrás, y le dijo al joven:

—Pues tú dirás quién tiene razón y con qué consejo te quedas. Que de casa salimos los dos a pie y no faltó quien no criticara por llevar el burro sin jinete; montaste luego tú y hubo quien no fue conforme con que cabalgara el mozo mientras caminaba el viejo; otro halló mal lo contrario, y por último, desagradó a otro que los dos nos acomodáramos en las espaldas del burro, y estas opiniones las fuiste tomando por tuyas. ¿Qué podremos hacer a gusto de todos? Por tanto, hijo, hagamos el bien según nuestra conciencia y despreciemos las hablillas de la gente. Así, por parecerme lo justo, yo iré montado y tú caminarás. Muy bien, vámonos ya.

A *se dejaba ... tropezara:* he followed the advice of the last person he bumped into; **C** *un buen trecho:* a little way; *apéate tú:* get down; **D** *a la zaga:* behind; **E** *los lomos:* his back; **F** *jinete:* rider

Después de leer

Identificar las ideas principales. Lea rápidamente la lectura y ordene correctamente los siguientes elementos de la selección.

________ **a.** the father's advice to the son

________ **b.** the purpose of the trip

________ **c.** the comments of the four groups of passersby

________ **d.** Patronio's side of the conversation to Conde Lucanor

Identificar los detalles importantes. Conteste las siguientes preguntas.

1. El autor describe la crítica de los otros viajeros usando casi las mismas palabras cada vez que pasan. ¿Cuáles son esas palabras?
2. Al empezar el viaje, ¿quién va a pie? ¿Qué lleva el burro?
3. ¿Qué crítica hacen los primeros viajeros?
4. ¿Cómo cambian el padre y el mozo su manera de viajar?
5. Conteste las preguntas 2, 3 y 4 para el segundo grupo de viajeros, para el tercer grupo de viajeros y para el cuarto grupo.

Y la gramática...

6. ¿Puede Ud. adivinar el significado de las palabras subrayadas a continuación? ¿Cómo muestran estas expresiones la acción reflexiva o recíproca?

   se cruzaron con un grupo de campesinos

   se saludaron con un «¡Santos y buenos días!»

   se encontraron con un nuevo grupo de campesinos
7. ¿Qué frase usa el padre repetidamente para preguntar sobre lo que piensa su hijo?

Crear un esquema. Para organizar las ideas principales y los detalles importantes de esta lectura, haga cinco dibujos que representen los eventos del cuento, sobre todo los arreglos entre el mozo, el padre y el burro.

Escribir un resumen. Ahora escriba un resumen de la lectura con sus propias palabras en español. Use por lo menos tres expresiones y/o palabras nuevas que acaba de aprender en esta selección. Escriba unas 6 a 8 oraciones. Revise el contenido y la gramática con un(a) compañero/a antes de entregarle el resumen al profesor / a la profesora.

¿Qué opina Ud.? Hable de las siguientes preguntas con un grupo de compañeros/as.

1. ¿Cree Ud. que el mozo, después del viaje con su padre, ya no es «juguete de opiniones ajenas»? ¿Por qué?
2. ¿Qué elementos del cuento lo hacen más fácil de leer, más didáctico?

Comparar los textos. Recuerde la época en la que vivió el autor de este cuento, Don Juan Manuel. A continuación está una parte del texto en su forma original; esta cita corresponde a parte del primer párrafo del cuento que Ud. acaba de leer. Note que el español que se usaba durante esa época es lo que hoy día llamamos **español antiguo.** ¿Puede Ud. entender la correspondencia entre esta cita en español antiguo y el texto en español moderno? ¿Puede Ud. adivinar qué palabras modernas corresponden a algunas de las palabras en español antiguo?

> ... Et Patronio dixo:
>
> —Señor, así contesçió, que un homne bueno había un fijo; como quier que era moço segund sus días, era asaz de sotil entendimiento. ...

ATAJO: Use the computer program to assist you in your writing. Search for the following key words:

Grammar: Relatives *cuyo, -a;* Relatives *el cual, la cual;* Relatives *el que, la que;* Relatives *que;* Relatives *quien;* Verbs: present

Phrases: Describing people; Writing about characters

Vocabulary: Family members; People; Upbringing

Temas para composiciones/conversaciones

1. La lección moral de este cuento
2. Los efectos de las opiniones de otros
3. Las relaciones entre los jóvenes y los ancianos

¡El gran premio! ¿Puede Ud. hacerlo?

Ud. va a escuchar un anuncio comercial de Radio Universidad de Córdoba, Argentina, sobre un regalo favorito de los niños.

Antes de escuchar: Establecer un objetivo

In preparation for listening to the segment, answer the following questions.

1. What possible gifts might be advertised?
2. What types of information might be given to encourage the purchase of a gift?
3. Brainstorm a list of Spanish words and expressions you already know that might be heard in this selection.

Después de escuchar

sucursal: branch office or store; *Vitina:* a popular brand; *Oca:* store in Spain.

Primer paso: Identificar las ideas principales

Escuche el anuncio una vez y escoja las respuestas que completen las siguientes frases.

1. El anuncio trata acerca de un regalo que es
   - **a.** una muñeca.
   - **b.** un video.
   - **c.** un audicuento.
   - **d.** un juego de computadoras.
2. Las voces que oímos son las
   - **a.** del locutor y unos niños.
   - **b.** del locutor.
   - **c.** del locutor y los padres.
   - **d.** de unos niños.
3. La música que se oye y la película a que se refiere es
   - **a.** «El Ratón Mickey».
   - **b.** «El Terminador».
   - **c.** «En Casa Sólo».
   - **d.** «Aladín».

Segundo paso: Identificar los detalles importantes

Escuche el anuncio otra vez y conteste las siguientes preguntas.

1. ¿En qué formas se puede comprar el regalo?
2. ¿Cómo se compra y cuánto cuesta?
3. ¿En qué tienda se puede comprar el regalo?

Tercer paso: Crear un dibujo

Escuche el anuncio por última vez. ¿De qué piensa Ud. cuando oye la música de la canción? Haga un dibujo.

For an interesting video segment dealing with the people of the Basque region of Spain, consult the *AMERICA VIDEO LIBRARY*, Tape 1, Segment 4, *El festival vasco*.

Escribir un anuncio. Trabajando con un(a) compañero/a, escriba un anuncio para su película favorita. Escriban Uds. por lo menos cinco frases en español. Usen por lo menos dos expresiones y/o palabras nuevas que acaban de aprender en este anuncio. Revisen el contenido y la gramática antes de entregarle el anuncio al profesor / a la profesora.

¿Qué opina Ud.? Conteste las siguientes preguntas.

1. ¿Cuáles son las películas favoritas de los niños que Ud. conoce?
2. ¿Cuál era su película favorita cuando era niño/a?
3. ¿Compraría Ud. el video, el audiocassette o el libro de su película favorita? ¿Por qué? ¿Cómo lo usaría? Si no lo compraría, explique por qué.

VOCABULARIO

You should be able to understand and use the following words and expressions. Add other words that you learn or may need to your personal vocabulary list in the ***Cuaderno de práctica.***

Describir a personas: características físicas

Las características

los anteojos [las gafas] *glasses*
las arrugas *wrinkles*
la barba *beard*
los bigotes *moustache*
el cabello *hair (of the head)*
las canas *gray hair(s)*
la cola de caballo *ponytail*
la estatura *stature / height*
el flequillo *bangs*
los granos *pimples*
los lentes de contacto *contact lenses*
el lunar *beauty mark*
la mejilla *cheek*
las pecas *freckles*
la raya (al medio) *part (in the center)*
las trenzas *braids*

alargado/a *elongated (nose)*
atlético/a *athletic*
calvo/a *bald*
castaño/a *brown, chestnut*
claro/a *light (in color)*
cuadrado/a *square*
dedicado/a *dedicated*
emprendedor(es)/emprendedora(s) *enterprising*
esbelto/a *slender*
extrovertido/a *extrovert*
fuerte *strong*
gordito/a *plump, chubby (used affectionately)*
(in)seguro/a de sí mismo/a *(un)sure of himself/herself*
introvertido/a *introvert*
lacio/a *straight (hair)*
de mediana edad *middle-aged*
de mediana estatura *of medium height or stature*
moreno/a *brunette*
ondulado/a *wavy*
ovalado/a *oval-shaped*
pelirrojo/a *red-haired*
redondo/a *round*
rizado/a *curly*
rubio/a *blonde-haired; fairskinned*
trabajador(a) *hard-working*

Las profesiones

el/la abogado/a *lawyer*
el/la administrador(a) *administrator*
el ama de casa *f.* *housewife*
el/la arquitecto/a *architect*
el/la artista *artist*
el/la cajero/a *cashier*
el/la cirujano/a *surgeon*
el/la comerciante *businessman/woman*
el/la contador(a) [contable] *accountant*
el/la dependiente *sales clerk*
el/la diseñador(a) *designer*
el/la especialista en finanzas *financial specialist*
el/la especialista en mercadotecnia *marketing specialist*
el/la gerente *manager*
el/la ingeniero/a *engineer*
el/la jefe/a *boss*
el/la músico/a *musician*
el/la obrero/a *worker*
el/la periodista *journalist*
el/la programador(a) de computadoras *computer programmer*
el/la psicólogo/a *psychologist*
el/la publicista *public relations specialist*

Identificar a los miembros de la familia

el/la ahijado/a *godson/goddaughter*
el/la bisabuelo/a *great-grandfather/great-grandmother*
el/la bisnieto/a *great-grandson/great-granddaughter*
la comadre *relationship between mother, godmother, and/or godfather*
el compadre *relationship between father, godfather, and/or godmother*
el/la hermano/a adoptivo/a *adopted brother/sister*
el/la hermanastro/a *stepbrother/stepsister*
la madrina *godmother*
el/la medio/a hermano/a *half brother/sister*
el/la nieto/a *grandson/granddaughter*
el/la padrastro/madrastra *stepfather/stepmother*
el padrino *godfather*
el/la tatarabuelo/a *great-great-grandfather/great-great-grandmother*

Los parientes políticos (In-laws)

el/la cuñado/a *brother-/sister-in-law*
la nuera *daughter-in-law*
el/la suegro/a *father-/mother-in-law*
el yerno *son-in-law*

Dar más detalles sobre la familia

Los pronombres relativos

a *to, at, on, by, for*
con *with*
cuyo/a/os/as *whose*
de *from, of, about*
el/la/los/las que *that, which, who(m)*
el/la/los/las cual *that, which, who(m)*
en *in, on, into*
que *that, which, who(m)*
quien(es) *who(m)*

¿Necesita repasar un poco?

Las expresiones con *estar* y *tener* (estados físicos, estados de ánimo y condiciones)

To describe how we feel in Spanish, we use many expressions with *estar* and *tener*. Since these verbs are used frequently, it is important to be able to use them appropriately.

Adjectives with *estar*

All adjectives used with *estar* must agree in number and gender with the subject.

Estoy **contento/alegre/triste/preocupado** *(contented/happy/sad/worried)* porque acabo de hablar con mi familia.

Están **aburridos/cansados/ocupados** *(bored/tired/busy)* porque el gerente no está en la oficina hoy.

Expressions with *tener*

Since the words following *tener* are nouns, there is no number/gender agreement with the subject.

Vamos a la cafetería porque **tenemos hambre/sed** *(we're hungry/thirsty)*.

Cuando sube la temperatura, **tengo calor** *(I'm hot)*; cuando baja, **tengo frío** *(I'm cold)*.

Ella corre porque la clase empieza en dos minutos. **Tiene prisa.** *(She's in a hurry.)*

Cuando nos levantamos muy temprano, a veces **tenemos sueño** *(we're sleepy)*.

Es peligroso caminar por las calles por la noche. Ana **tiene miedo** *(is afraid)* de ir sola a clase por la noche.

Ernesto **tiene vergüenza** *(is embarrassed, ashamed)* porque no supo contestar las preguntas del profesor.

La concordancia entre sustantivo y adjetivo

As you already know, Spanish nouns all belong to one of two gender classes, masculine or feminine, and any article or adjective must agree with the gender of the noun. The following are general guidelines for determining the gender of a noun you do not recognize and assigning gender to an adjective.

Gender of nouns

Nouns ending in ***-o, -l, -n,*** and ***-r*** are usually masculine (and take the articles *el, los, un,* or *unos*).

el sobrino, el español, el alemán, el profesor

Nouns ending in ***-ma*** are usually masculine.

el problema, el tema, el drama, el sistema, el programa

Feminine nouns that begin with a stressed ***a-*** or ***ha-*** take the masculine singular definite article *el* in order to avoid pronouncing two identical stressed vowels: ***el*** *agua*, but ***las*** *aguas;* ***el*** *ama de casa*, but ***las*** *amas de casa* and ***una*** *ama de casa.* Adjectives used with these nouns maintain their feminine gender agreement: *el agua* ***fría;*** *el ama* ***bonita;*** *el hambre* ***intensa.***

Nouns ending in ***-a, -dad, -tad, -ión, -ez*** and ***-is*** are usually feminine (and take the articles *la, las, una,* or *unas*).

la cuñada, la ciudad, la facultad, la relación, la palidez, la crisis

Of nouns ending in ***-e,*** about 60% are masculine and 40% are feminine *(el puente, la gente).*

Some nouns used frequently do not follow these general rules *(el día, la mano, el mapa).* It is helpful to memorize the gender of each new noun you learn and, through practice, you will be able to remember the gender more easily.

Gender of adjectives

Most adjectives have forms that end in ***-o*** to agree with masculine singular nouns, in ***-os*** for masculine plural nouns, in ***-a*** for feminine singular nouns, and in ***-as*** for feminine plural nouns.

los primos altos; las nietas rubias

Adjectives that end in ***-e, -l,*** and ***-s*** have only one singular form for both masculine and feminine nouns and end in ***-es*** in both the plural forms.

el sobrino inteligente, la sobrina inteligente, los sobrinos inteligentes

la hija hostil, las hijas hostiles; los abuelos corteses, las abuelas corteses

Adjectives that end in ***-ista*** and ***-asta*** have only one singular form for both masculine and feminine nouns and end in ***-s*** in the plural.

pesimista, optimista; entusiastas, idealistas

Los adjetivos posesivos

Possessive adjectives are usually placed before the noun and agree with the noun in number and gender.

Possessor	**Possessive adjective + noun**	
yo	**mi** hermano	**mis** hermanos
tú	**tu** hija	**tus** hijas
él/ella/Ud.	**su** pariente	**sus** parientes
nosotros	**nuestro** tío	**nuestros** tíos
	nuestra tía	**nuestras** tías
vosotros	**vuestro** primo	**vuestros** primos
	vuestra prima	**vuestras** primas
ellos/ellas/Uds.	**su** sobrino	**sus** sobrinos

Capítulo 3

¡Cómo vuelan las horas!

Contexto: El trabajo y el tiempo libre

Objetivos funcionales

- expresar gustos personales
- conversar sobre el trabajo
- expresar percepciones

Objetivos culturales

- hablar de las mujeres hispanas y las profesiones
- discutir los cinco deportes más difíciles del mundo

Gramática funcional

- otros verbos como **gustar**
- la nominalización con **lo** + adjetivo y **lo que**
- el presente del subjuntivo con expresiones impersonales

Enlace inicial

¡Escuchemos!

Ud. va a escuchar una conversación entre Maite y Eliana, quienes acaban de conocerse en una fiesta en la universidad. Las dos hablan de lo que les gusta hacer y no les gusta hacer en su tiempo libre. Escuche la conversación y conteste las preguntas.

A. ¿Comprendió Ud.? Indique cuáles de las siguientes actividades les gustan. Ponga una ***X*** al lado de sus preferencias.

Actividades	**Maite**		**Eliana**	
	Sí	**No**	**Sí**	**No**
hacer ejercicios aeróbicos	___	___	___	___
lavar el coche	___	___	___	___
andar en bicicleta	___	___	___	___
mirar las telenovelas	___	___	___	___
ir a la playa	___	___	___	___
esquiar	___	___	___	___
dormir la siesta	___	___	___	___

B. El tiempo libre. Trate de encontrar a alguien en la clase de español a quien le guste participar en su tiempo libre en algunas de las actividades mencionadas en la parte A. Puede hacer las siguientes preguntas:

1. tu tiempo libre, te gusta...?
2. Cuando no tienes que estudiar, ¿te gusta...?

¡Leamos! Las «declaraciones íntimas»

DECLARACIONES INTIMAS

SEVERIANO BALLESTEROS

- Rasgo principal de mi carácter LA FUERZA DE VOLUNTAD
- Cualidad que prefiero en el hombre INTELIGENCIA Y LEALTAD
- Cualidad que prefiero en la mujer DISCRECIÓN Y ELEGANCIA
- Mi principal defecto EXIGIR LA PERFECCION A LOS DEMAS
- Ocupación que prefiero en mis ratos libres PESCA, CAZA Y AJEDREZ
- Mi sueño dorado GANAR EL GRAN SLAM
- Para estar en forma necesito dormir OCHO HORAS
- Mis escritores favoritos TODOS LOS QUE TENGAN ALGO INTERESANTE QUE CONTAR

pesca: fishing; *caza:* hunting; *ajedrez:* chess

Lea las «declaraciones íntimas» del golfista español, Severiano Ballesteros, en la página anterior, y conteste las preguntas.

1. ¿Por qué es famoso Severiano Ballesteros?
2. ¿Qué le gusta hacer en su tiempo libre?
3. ¿Qué tiene que hacer para jugar bien al golf?
4. ¿Qué escritores le gustan?

¿Necesita repasar un poco?

Al final de este capítulo, Ud. encontrará un breve resumen de las siguientes estructuras:

- el verbo **gustar**
- los complementos indirectos pronominales
- los adverbios de tiempo y de frecuencia

Repase esta información y complete los ejercicios en el ***Cuaderno de práctica.***

Enlace principal

VIDEO: Use *Programa 5, Profesiones y oficios,* in ***Mosaico cultural*** to extend the discussion of professions presented in this chapter. Consult the ***Cuaderno de práctica*** for corresponding activities for this segment.

Cultura en vivo

Las mujeres hispanas y las profesiones

Hoy día las mujeres hispanas tienen muchas oportunidades profesionales. Este cambio en el papel de la mujer se ve en los títulos profesionales. Sin embargo, el mundo hispano no se ha puesto de acuerdo con el uso de una terminología uniforme para identificar las diferentes profesiones femeninas. A veces se usa la forma femenina para identificar el título de la mujer: **la médica, la consejera.** Generalmente, se usa el artículo **la** con los títulos que terminan en ***-ista*****: la dentista, la periodista.** A veces se usa la palabra **mujer** con el título: **la mujer soldado** o **la mujer de negocios,** o se usa sólo el artículo **la: la piloto.** Con ciertas profesiones, hay más variación: **la juez/la jueza, la dependiente/la dependienta, la jefe/la jefa,** entre otros. Esto enseña que el idioma sigue cambiando y que trata de reflejar las realidades de la vida moderna.

1. ¿En qué campos de trabajo cree Ud. que están empezando a trabajar muchas mujeres hispanas?
2. ¿Cómo está cambiando el idioma español y cómo refleja los cambios en el papel de la mujer en diferentes profesiones? ¿Sucede lo mismo en inglés?

Función 1

Expresar gustos personales

Otros verbos como *gustar*

¿Qué nombres de deportes conoce Ud.? Haga una lista con un(a) compañero/a.

¿Qué le gusta hacer en su tiempo libre, Eliana?
Me gustan todos los deportes. Me encanta...

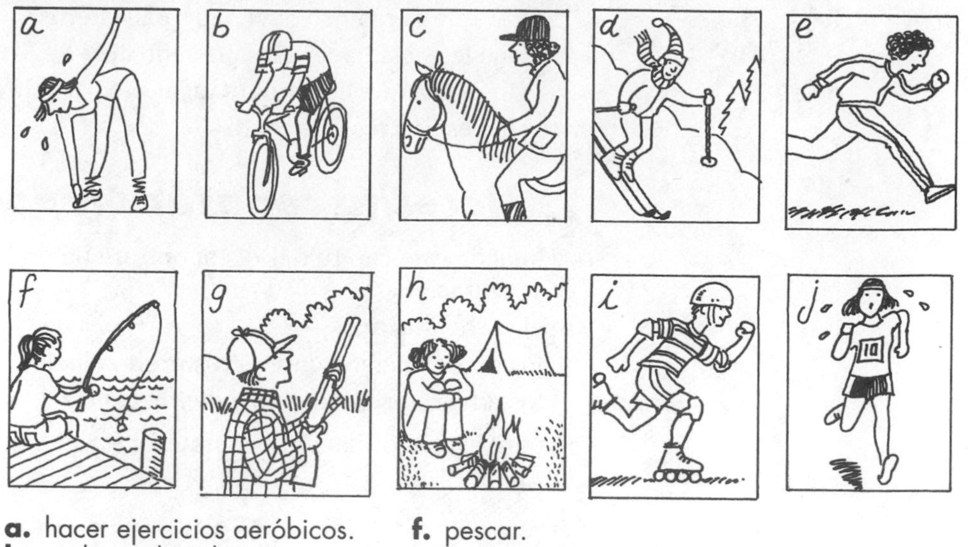

esquiar en el agua: to water ski; *esquiar en tabla:* to go surfing; *patinar a ruedas:* to roller skate; *patinar sobre hielo:* to ice skate

a. hacer ejercicios aeróbicos.
b. andar en bicicleta.
c. montar a caballo.
d. esquiar.
e. (ir a) correr.
f. pescar.
g. cazar.
h. acampar.
i. patinar.
j. practicar atletismo.

¿Qué más hace Ud. para relajarse en sus horas de ocio?
Me fascina...

horas de ocio = tiempo libre

a. dormir la siesta [un ratito].
b. platicar con los amigos.
c. llevar a pasear al perro.
d. cuidar mis plantas.
e. ir de compras.
f. levantar pesas.

The verb *charlar* is sometimes used for **to chat** if the conversation is idle and without purpose. In some regions of Mexico, *platicar* conveys the idea of sociable conversation with an acceptable purpose such as the maintenance of friendships. In other regions of the same country, and in some other countries, *platicar* means **flirtatious conversation.**

Para hablar acerca de un gusto, se puede usar el verbo **gustar.** ¿Qué otros verbos se pueden usar también?

The expression *salir con* can also mean **to go out on a date with.**

◆ **EXTRA VOCABULARY:** *disco compacto:* CD; *cinta:* cassette tape; other instruments: *el piano, la trompeta, la flauta, el tambor* (drum), *el violín*

Otras actividades:
leer una novela
mirar las telenovelas
ver películas
escuchar música
trabajar en el jardín
tocar un instrumento
salir con amigos
jugar a las damas
jugar al ajedrez
jugar a los naipes

You have already learned to use the verb *gustar* when expressing likes and dislikes. Similarly, when expressing personal preferences and other reactions, we use verbs such as: *encantar, interesar, fascinar, importar, molestar, aburrir, parecer.* As with *gustar,* indirect object pronouns (*me, te, le, nos, os, les*) are used with the verb to indicate the person who is affected by the action of such verbs. The verb indicates the type of effect or reaction (to fascinate, to interest, etc.). The verb agrees with the action or thing that causes the reaction (third-person singular or plural). The subject usually follows the verb.

Note that the verb can appear in any tense.

Me fascinan *(verb)* los deportes *(subject).*

Sports fascinate me.

¿Te interesa *(verb)* el trabajo social *(subject)*?

Are you interested in social work? (Literally: Social work interests you?)

¿Te parecen interesantes *(verbal expression)* esas profesiones *(subject)*?

Do those professions seem interesting to you?

¿Qué **te pareció** *(verb)* la clase de español *(subject)*?

What did you think of the Spanish class? (Literally: How did the Spanish class seem to you?)

¿Te cae *(verb)* bien el profesor nuevo *(subject)*?

Do you like the new professor? (Literally: Does the new professor please you?)

¡Practiquemos!

A. Clasificación de deportes. Haga una lista de los deportes según las siguientes categorías.

bajo techo: inside

- deportes acuáticos
- deportes que se practican bajo techo
- deportes que se practican afuera
- deportes que no requieren mucha energía física

B. ¿Y Ud.? ¿Con qué frecuencia hace Ud. las siguientes actividades?

	¿A menudo?	**¿A veces?**	**¿Nunca?**
1. jugar al vólibol			
2. patinar			
3. levantar pesas			
4. hacer ejercicios aeróbicos			
5. esquiar en las montañas			
6. dormir la siesta			
7. platicar con los amigos			
8. jugar a las damas			

C. Entrevista. Pídale a un(a) compañero/a de clase la siguiente información sobre lo que hace en sus ratos libres. Después, haga una lista de los pasatiempos favoritos y los menos favoritos de los miembros de la clase.

1. su deporte o pasatiempo favorito
2. el deporte o pasatiempo que más le gustaría aprender
3. el deporte o pasatiempo menos favorito
4. el deporte que le gusta mirar
5. qué le gusta leer
6. cuándo y dónde charla con amigos y de qué charlan

D. ¿Qué les interesa? A Maite le encanta hablar acerca de las cosas que le interesan a sus amigos y a sus parientes. Aquí, ella describe a cada uno. Siga el modelo.

Modelo: a Ignacio / encantar / el trabajo
A Ignacio le encanta el trabajo.

1. a mis abuelos / fascinar / vivir en el País Vasco
2. a mi padre / caer bien / mis amigos
3. a mi mamá / interesar / la música
4. a Ignacio y a su esposa / importar mucho / la familia
5. a mi padre / no aburrir / dar una conferencia
6. a mis amigos y a mí / parecer / interesante / nuestras carreras

E. En parejas. Pídale a un(a) compañero/a de clase la siguiente información sobre sus pasatiempos e intereses. Después, su compañero/a debe pedirle a Ud. la misma información. Luego reporten a la clase entera lo que tienen en común.

1. qué pasatiempos / encantar
2. en qué lugares / interesar / pasar los ratos libres
3. qué actividades / molestar
4. qué / parecer / las actividades deportivas de su universidad

F. ¿Y Ud.? Describa lo siguiente.

1. dos cosas que le aburren
2. una actividad que le interesa
3. algo que le importa
4. dos cosas que le molestan
5. qué le parecieron sus clases el semestre/trimestre pasado
6. dos personas famosas que (no) le caen bien y por qué
7. algo que no le gustó hacer el semestre/trimestre pasado

Función 2

Conversar sobre el trabajo

La nominalización con **lo** + adjetivo y **lo que**

¿Qué es lo que Ud. necesita hacer para conseguir un empleo?
Lo que necesito hacer primero es...

conocer: to know, *¿Cómo se dice* **knowledge?**; *entrenar:* to train, *¿Cómo se dice* **training**?; *llevarse bien con:* to get along well with.

a. obtener conocimientos.
b. recibir entrenamiento.
c. aprender a hablar con personas desconocidas y llevarme bien con la gente.
d. aprender a dar un discurso.
e. tener buena presencia e iniciativa propia.

¿Qué es lo que Ud. va a hacer después?
Lo que voy a hacer después es...

A *puesto* is a salaried position requiring specialized training and therefore usually a better job than an *empleo;* all *puestos* are *empleos* but not all *empleos* are *puestos.*

You may also need to use the following expressions: *conseguir cartas de recomendación; Hay muchos trámites* (red tape), *¿no?; mover palancas:* to pull strings; *tener palancas [contactos]:* to have connections.

a. ir a la agencia de empleos.
b. preparar el currículum vitae.
c. leer los anuncios de empleo.
d. solicitar un empleo/un puesto / llenar una solicitud.
e. conseguir una entrevista.
f. hablar del sueldo y de las prestaciones sociales.

prestaciones sociales = beneficios

¿Qué clase de trabajo le interesa a Ud.?

¿Qué especializaciones mencionadas en el Capítulo 1 recuerda Ud.? Haga una lista con un(a) compañero/a de clase.

Me interesa(n)... **Me fascina(n)...**

la construcción.

la medicina.

la moda.

la bolsa de valores.

e

la publicidad.

las ventas.

¿Prefiere Ud. trabajar...
tiempo completo
o tiempo parcial?

sinónimos: *jornada completa = tiempo completo; jornada parcial = tiempo parcial*

◆ **EXTRA VOCABULARY:** *repartidor(a) de pizza:* pizza delivery person; *niñero/a:* babysitter; *camarero/a:* waiter/waitress; *empleado/a de oficina:* clerk

The expression *hacerse* is used to mean **to become:** *Quiero* **hacerme** *maestro.* (I want to become a teacher.)

trabajar por mi propia cuenta: to be self-employed

¿Por qué les gusta trabajar en la profesión que tienen?

Según lo que dijo el profesor Echeverría, ¿por qué le importa ser profesor? ¿Qué aspectos le interesan a Roberto de su carrera? ¿Qué expresión significa *the good thing...*? ¿Qué expresión signfica *the important thing...*? ¿Qué expresión significa *that which...* or *what...*?

In Chapter 2, you learned how to use **nominalization** for variation and economy of speech. We can also use nominalization to refer to abstract ideas or general topics by using the expressions *lo* + adjective and *lo que*. These expressions are "neuter" since they do not refer to specific nouns with an identifiable gender.

Lo is used with the masculine singular form of an adjective to describe a characteristic of something, with no specific noun named.

Lo bueno de este trabajo es el sueldo. *The good thing (part, aspect) about this job is the salary.*

Although any adjective can be used with *lo,* expressions commonly used include: *lo bueno, lo malo, lo interesante, lo aburrido, lo importante, lo difícil.*

The neuter expression *lo que* enables the speaker to stress the important idea by placing it at the end of the sentence. *Lo que* is often used in a dependent clause with a conjugated verb or verbal expression, such as *gustar,* in the singular form. In this case, the main verb is often *ser,* which may be used in the singular or plural form, depending on what follows it (subject of *ser*).

Other meanings of *lo que me gusta...* include **that which I like..., the thing I like...**

lo que	**verb**	***ser***	**subject of *ser***
Lo que	me gusta	es	platicar con mis amigos.

What I like to do is chat with my friends. ***(chat with my friends*** *= important idea)*

lo que	**verb**	***ser***	**subject of *ser***
Lo que	me encanta	son	los empleos en el extranjero.

What I really like are jobs abroad. ***(jobs abroad*** *= important idea)*

¡Practiquemos!

A. Cómo obtener empleo. Cuando uno se prepara para buscar empleo, es necesario hacer varias cosas. Imagínese que Ud. ya hizo las siguientes cosas. ¿En qué orden las hizo? Use el pretérito y los números del 1 al 7.

_______ **a.** solicitar el empleo
_______ **b.** leer los anuncios en el periódico o ir a la agencia de empleos
_______ **c.** conseguir una entrevista
_______ **d.** obtener conocimientos
_______ **e.** escribir el currículum vitae
_______ **f.** aceptar el empleo/puesto
_______ **g.** hablar sobre el sueldo

B. Los trabajos. ¿Por qué le interesan las siguientes carreras a la gente? Para cada carrera de la columna A, escoja una razón lógica de la columna B. Esté preparado/a para defender sus selecciones. Puede haber más de una razón para cada carrera.

Columna A

1. __________ la medicina
2. __________ la bolsa de valores
3. __________ las ventas
4. __________ la computación
5. __________ la administración
6. __________ el periodismo
7. __________ la mercadotecnia
8. __________ el derecho

Columna B

a. le gusta ser creativo/a
b. se lleva bien con la gente
c. le gusta buscar información y conocimientos
d. le importa ganar mucho dinero
e. puede convencer a otros muy fácilmente
f. prefiere ser jefe/a
g. le fascinan las máquinas

C. El empleo perfecto. Para conseguir el empleo perfecto, hay que pensar en las características de ese empleo. Escriba oraciones indicando sus preferencias, según el modelo.

Modelo: recibir un buen sueldo
Me importa mucho recibir un buen sueldo. o
No me importa mucho recibir un buen sueldo.

Expresiones que se pueden usar son: **me gusta, me encanta, me interesa, me importa.**

1. trabajar medio tiempo
2. llevarme bien con la gente
3. tener oportunidades de ascenso
4. viajar mucho
5. trabajar en un ambiente *(environment)* agradable
6. usar mis conocimientos del español
7. trabajar horas extras
8. tener contactos

D. A buscar trabajo. Memo busca empleo y lee los anuncios en la sección «La Bolsa del Trabajo» del periódico. Maite lo ayuda, pero Memo no está muy entusiasmado con las posibilidades. Complete las respuestas a las preguntas de Maite, según el modelo.

CAJEROS/AS EXCLUSIVAMENTE con experiencia bancaria. Currículum con fotografía y teléfono de contacto a KAX-15. Casilla 13-D.

157 Asesoras del Hogar

HONORABLE FAMILIA NECESITA PA- ra Suiza, cocinera internacional, óptimas recomendaciones comprobadas, edad 38 a 48 años, buena presencia, mínimo que haya trabajado 4 años en alguna residencia, presentarse lunes 24 entre 12.45 hrs. a 15.00 hrs. (Moneda 1040 Of. 1104), favor respetar horario.

153 Institutrices, Enfermeras y Auxiliares

CLINICA MORALES SAN MARTIN NE- cesita auxiliar paramedico. Avenida Gabriela Oriente s/n paradero 37 Camilo Henriquez.

NECESITAMOS AUXILIARES ENFER- meria párvulos. 731201.

SECRETARIA PARA EMPRESA RE- lacionada con minería y construcción, enviar curriculum con fotografía reciente, indicando pretensiones de sueldo. Providencia 545 oficina 12.

ADMINISTRADOR AGRICOLA, INGE- niero agrónomo o persona con estudios o experiencia equivalente, requiere empresa agrícola, cercana a Santiago, experiencia mínima 6 años, principalmente en fruticultura. Enviar antecedentes antes del 30 de agosto Admiagro—23, Casilla 13-D, Stgo.

Modelo: Pues, Memo, ¿por qué no te gusta el empleo de secretario? (escribir a máquina)
No me gusta escribir a máquina.

1. ¿Por qué no te interesa el trabajo de administrador agrícola? (experiencia mínima de 6 años)
2. Bueno, ¿por qué no te encanta el puesto de cajero? (experiencia bancaria)
3. Pues, ¿por qué no te interesa el trabajo de cocinero internacional? (presentarse el lunes, 24 de agosto entre las 12.45 y las 15.00 horas)
4. Ahora bien, ¿por qué no te gusta el empleo en la Clínica Morales? (ser paramédico)

E. Lo bueno y lo malo de una profesión. Ío y su hermano Ignacio están hablando sobre lo que les gusta y lo que les molesta de sus deberes *(responsibilities)* profesionales. Seleccione una expresión de cada columna para formar unas oraciones lógicas. ¡Siga el modelo!

Modelo: *Lo que me encanta es trabajar en una oficina.*

lo que	me	encanta	es	las horas flexibles
	te	gusta	son	viajar por el país
	nos	molesta		trabajar en una oficina
		interesa		no tener bastante tiempo libre
				la gente
				no poder hacer los ejercicios aeróbicos durante el almuerzo
				las buenas prestaciones sociales
				tener palancas
				¿_______?

F. Entrevista. Entreviste a un(a) compañero/a de clase sobre un trabajo. Pídale la información de la lista que sigue. Después, su compañero/a tiene que pedirle a Ud. la misma información. Luego compartan la información con la clase.

1. if he/she has a part-time or full-time job now (if so, describe how he/she got it)
2. in what profession he/she wants to work
3. why he/she prefers that profession
4. what skills he/she needs for that job
5. what personal qualities he/she needs for that job
6. how and when he/she is going to look for a job
7. the aspects he/she likes most about his/her chosen profession
8. what he/she has done already to prepare himself/herself for this profession

Función 3

Expresar percepciones

El presente del subjuntivo con expresiones impersonales

¿Qué patrón nota Ud. en la formación de los verbos **estudiemos, consigamos,** y **nos preparemos?** ¿Cómo se usan estos verbos en el contexto de la conversación entre Memo y Maite?

You have been using verbs in the present tense to talk about events, people, and things. You used the present **indicative** to express those actions, indicating that they exist or that the actions happened. Sometimes we want to express actions that are subjectively perceived, still to happen, unreal, or in other ways less concrete than others. The present **subjunctive** is used to express such actions.

Cómo se forma el presente del subjuntivo

To form the present subjunctive, start with the *yo* form of the present indicative, drop the ***-o,*** and add the following endings. Note that ***-ar*** verbs use the ending vowel ***-e; -er*** and ***-ir*** verbs use the ending vowel ***-a.***

It's very important to remember to use the *yo* form of the verb as a base for the present subjunctive, particularly since there are many verbs that are irregular in the *yo* form: *tengo → tenga; hago → haga; conozco → conozca.*

-ar verbs		**-er and -ir verbs**	
-e	-emos	-a	-amos
-es	-éis	-as	-áis
-e	-en	-a	-an

Several irregular verbs do not follow the rule as explained above for the present subjunctive. Here are their conjugations:

dar		**estar**		**ir**		**ser**		**saber**	
dé	demos	esté	estemos	vaya	vayamos	sea	seamos	sepa	sepamos
des	deis	estés	estéis	vayas	vayáis	seas	seáis	sepas	sepáis
dé	den	esté	estén	vaya	vayan	sea	sean	sepa	sepan

1) There is an orthographic (spelling) change for verbs ending in ***-car, -gar,*** and ***-zar*** in order to preserve the original pronunciation: *buscar: busque; tocar: toque; pagar: pague; jugar: juegue; empezar: empiece; almorzar: almuerce.*
2) ***-Ar/-Er*** verbs that have ***e → ie*** and ***o → ue*** stem changes in the present indicative maintain the same patterns in the present subjunctive; that is, in the *nosotros/vosotros* forms, the stem vowel is the same as that of the infinitive: *quiera, quieras, quiera, queramos, queráis, quieran; juegue, juegues, juegue, juguemos, juguéis, jueguen.*

Note that if no person is mentioned, the infinitive follows: *Es necesario saber nadar para esquiar en el agua.* (It's necessary to know how to swim in order to water ski.)

Note that the English translation of verbs expressed in the subjunctive is variable, but shows the probability or "not-yet-fact" nature of the action.

Remember that the expressions *es verdad* and *es cierto* generally take the subjunctive when they are used in the negative, since truth or reality is no longer apparent: ***No es cierto que a Ignacio le guste pescar.*** (contrary to fact)

Cómo se usa el presente del subjuntivo

The present subjunctive is used to talk about subjective perceptions, emotions, or events/actions that are not (yet) reality. One way to express commonly-held subjective perceptions or probable situations is to use an **impersonal** expression: *es* + adjective. Often, the impersonal expression refers to (a) specific person(s). In such cases, the verb that follows is introduced by *que* and is in the subjunctive mood.

Es importante que Eliana escoja una especialización. *It's important for Eliana to choose a major.* or *It's important that Eliana choose a major.*

Es posible que Memo compre una guitarra nueva. *It's possible that Memo might buy a new guitar.*

No es probable que vengan los bisabuelos. *It's not probable that the great-grandparents are coming.*

Other common impersonal expressions that take the subjunctive in the affirmative, negative, and interrogative forms are:

Es imposible *(It's impossible)*
Es necesario/preciso *(It's necessary)*
Es esencial *(It's essential)*
Es increíble *(It's unbelievable)*
Es recomendable *(It's advisable)*
Es bueno/malo/triste/una lástima *(It's good/bad/sad/a shame)*

No es necesario que llegues muy temprano.

¿Es esencial que estudien esta noche?

Impersonal expressions that denote truth, actuality, or facts take the indicative.

Es verdad que Memo toca la guitarra.

Es cierto que María Alba monta a caballo perfectamente.

¡Practiquemos!

A. Las actividades del fin de semana. Graciela habla de sus actividades y las de sus amigos este fin de semana. ¿Qué dice ella? Siga el modelo.

Modelo: Memo va al cine con nosotros. (es posible)
Es posible que Memo vaya al cine con nosotros.

1. Mi madre mira las telenovelas. (es probable)
2. Maite y Tony salen a cenar. (es cierto)
3. Mi padre está en el hospital todo el fin de semana. (es increíble)
4. El padre de Maite da una conferencia. (no es cierto)
5. Nosotros hacemos la tarea. (es recomendable)
6. Mi hermano Jorge ve unos vídeos. (es posible)
7. Memo toca música. (es verdad)
8. Los niños se divierten. (es bueno)

B. Buscando empleo. Memo busca empleo para ganar un poco de dinero extra. ¿Qué tiene que hacer? Combine las frases de cada columna para ayudar a Memo. Siga el modelo.

Modelo: *Es necesario que tú aprendas a hablar con personas desconocidas.*

es necesario	que tú	hablar con el/la jefe/a
es probable		llenar una solicitud
es importante		conseguir los conocimientos
es cierto		escribir el currículum vitae
es verdad		buscar anuncios en el periódico
es posible		tener iniciativa propia
		vestirse bien
		llevarse bien con la gente

C. Es su oportunidad. Ahora diga tres cosas que Ud. necesita hacer para conseguir empleo. También diga tres cosas que probablemente no vaya a hacer. Siga el modelo.

Modelo: *Necesito leer los anuncios de trabajo.*
No es probable que vaya a una agencia de empleos.

D. A verificar la información. Ud. va a trabajar con tres compañeros/as de clase. Cada persona va a tener una letra (A, B, C, o D).

Primero: A ↕ B, C ↕ D
Los estudiantes A y B se hablan.
Los estudiantes C y D se hablan.

En parejas, hablen de sus actividades preferidas y no preferidas. Cada persona tiene que recordar lo que le dice su compañero/a.

Modelo: (Estudiante A a Estudiante B)
A mí me gusta esquiar, leer novelas y ver películas. No me gusta nadar.

Segundo: A ↔ C Los estudiantes A y C se hablan.
B ↔ D Los estudiantes B y D se hablan.

Ahora, con su nueva pareja, comparta la información que obtuvo en el primer paso. ¡Trate de recordar lo que le dice su compañero/a! (Tomen apuntes si es necesario.)

Modelo: (Estudiante B a Estudiante D)
A Amy le gusta esquiar, leer novelas y ver películas, pero no le gusta nadar.

Tercero: A ⤡ D, B ⤢ C
Los estudiantes A y D se hablan.
Los estudiantes B y C se hablan.

Luego, con su nueva pareja, verifique si la información que reportó su compañero/a en el segundo paso es verdadera o no. Luego díganle a la clase entera las preferencias que tienen en común. Sigan el modelo.

Modelo: (Estudiante D a Estudiante A) *¿Amy, es verdad que a ti te gusta esquiar?*

E. Entrevista. Entreviste a un(a) compañero/a de clase. Pídale la siguiente información y después comparta la información con la clase.

1. if it is possible that he/she will go out with friends this weekend
2. if it is important for her/him to get a job right after graduation
3. if it is necessary for her/him to have a job this semester/trimester
4. if it is true that he/she has five classes this semester/trimester
5. if it is certain that he/she will graduate next year
6. if it is recommended that he/she take another Spanish course

¡Escuchemos un poco más!

Ud. va a escuchar una conversación entre Memo y Roberto, quienes hablan de sus carreras.

Antes de escuchar: Establecer un objetivo

In preparation for listening to this segment, answer the following questions.

1. Why is getting a job important to you?
2. Why is your leisure time important?
3. With a partner, brainstorm a list of Spanish words and expressions you already know that you expect to hear in this selection.

con los pelos de punta: with your hair standing on end; *taparle la calvicie:* to cover up the baldness

Después de escuchar: Identificar las ideas principales y los detalles importantes

A. ¿Comprendió Ud.? ¿Qué oraciones son verdaderas según la conversación? Ponga una ***X*** al lado de cada una.

_______ 1. Roberto piensa cambiar de empleo.

_______ 2. Según Roberto, un peluquero debe tener una disposición social.

_______ 3. Según Roberto, los peluqueros sufren de tanto estrés como los otros profesionales.

_______ 4. A Memo le sorprende que Roberto pueda ayudar a tanta diversidad de gente que hay hoy día.

B. ¿Qué opina Ud.? Conteste las siguientes preguntas.

1. En su opinión, ¿cuál es el valor del trabajo para la sociedad?
2. ¿Piensa Ud. tener un trabajo que sea divertido?
3. ¿Es posible lograr un buen equilibrio entre el trabajo y la diversión? ¿Cómo?

¡Leamos un poco más! «El trabajo de verano»

Antes de leer: Establecer un objetivo

Skim the excerpt from an article on the next page and answer the following questions.

1. What is the topic of this article?
2. Why might you be interested in reading it?

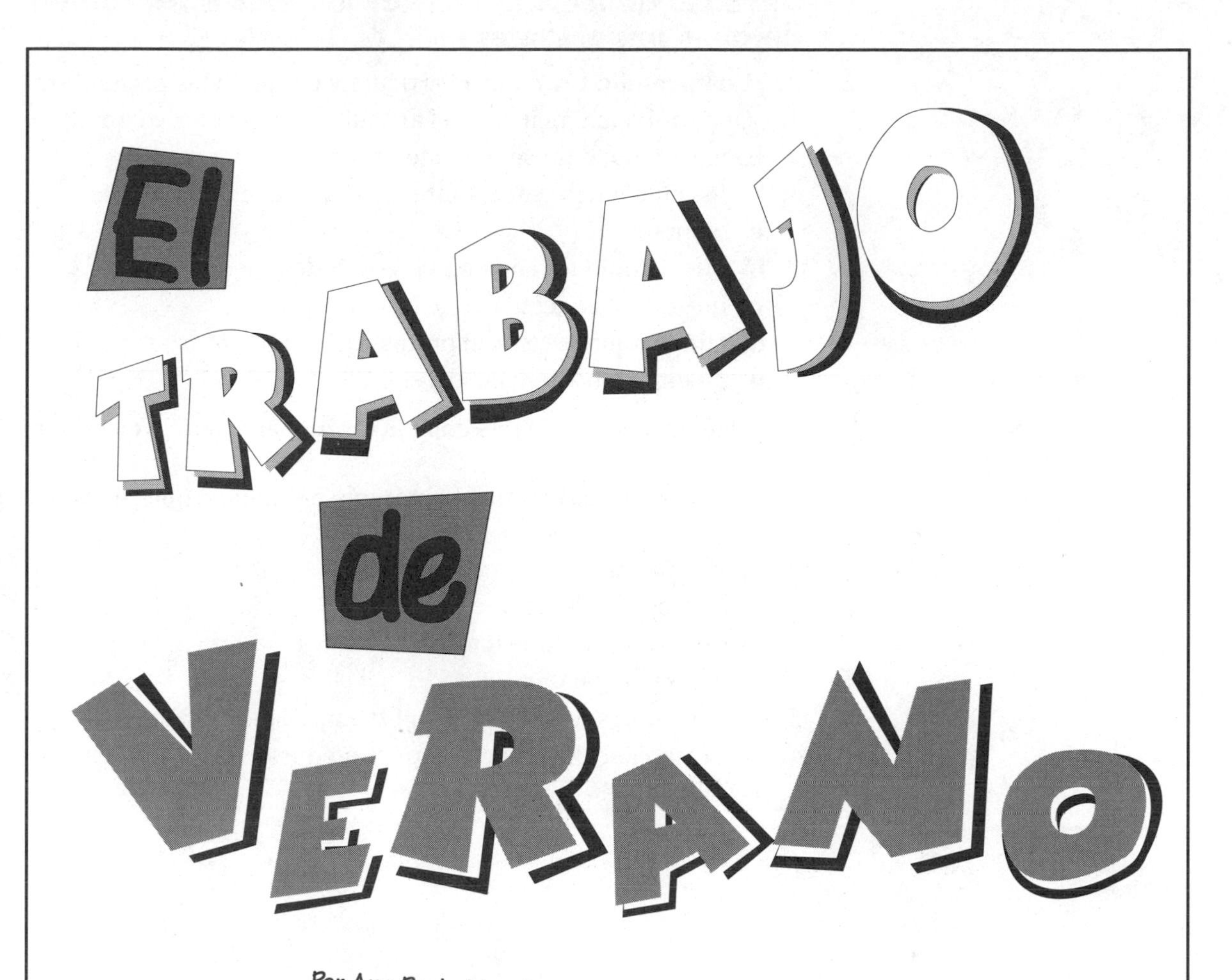

Por Ana Paola Magdaleno

Típico: sales de vacaciones y no sabes ni qué vas a hacer. Tienes ganas de irte de viaje, de ir de compras, de entrar a esos cursos de arte que tanto mencionaron tus amigas. Pero la realidad es que no tienes ni un centavo. También se puede dar el caso de que todos los años has salido de viaje, has comprado cosas y has conocido muchos lugares, pero la verdad es que este verano, tienes ganas de hacer algo productivo. Decides que vas a buscar trabajo. No importa qué, el chiste es que vas a aprender y si tienes suerte, hasta puedes conseguir algo que tenga que ver con la carrera que quieres estudiar o estás estudiando.

Isabela es amiga mía; ella vive en provincia, le encantan los niños y es hiper- activa. El verano pasado, decidió ocupar su tiempo en algo divertido y productivo. Entonces, se lanzó a hacer unos cursos de verano; habló con las amigas de su mamá y tías que tenían hijos chicos y les platicó su idea. Al principio, sólo reunió a 3 niños para clases de inglés, 2 para cursos de pintura, 3 para cocina y 2 para manualidades, pero como los niños se iban tan contentos y le decían a su mamá lo divertido que eran los cursos, la noticia se expandió. Pronto, Isabela tuvo que pedirle a unas amigas que le ayudaran y hoy tienen a casi 30 chavitos inscritos para este año. Así que ya sabes: si de trabajo se trata, sólo necesitas ganas e imaginación.

se lanzó a: began to; *manualidades:* arts and crafts; *chavitos:* youngsters; *ganas:* intentions, desires

Después de leer: Identificar las ideas principales y los detalles importantes

A. ¿Comprendió Ud.? Lea el artículo y conteste las preguntas.

1. ¿Qué problema menciona el artículo en el primer párrafo?
2. ¿Cómo se puede resolver este problema?
3. Dé los siguientes datos sobre las actividades de Isabela:
   a. cómo es
   b. qué hizo un verano con un grupo de niños
   c. qué cursos hacía
   d. cuántos niños tenía el primer año
   e. cuántos niños tiene para el próximo año

B. ¿Qué opina Ud.? Hable con un(a) compañero/a de clase sobre los siguientes temas.

1. ¿Qué características debe tener una persona si quiere trabajar por su propia cuenta, como Isabela?
2. Para trabajar por su propia cuenta,...
   a. es recomendable que uno...
   b. es importante que uno...
   c. es cierto que uno...
3. ¿Qué trabajos de verano tuvo Ud. cuando era joven?
4. ¿Va a trabajar Ud. este verano? ¿Cómo encuentra Ud. los trabajos de verano?

Enlace de todo

Para hacer esta sección, recuerde la gramática de repaso y la gramática funcional de este capítulo: el verbo **gustar**; los complementos indirectos pronominales; los adverbios de tiempo y de frecuencia; otros verbos como **gustar**; la nominalización con **lo** + adjetivo y **lo que**; el presente del subjuntivo con expresiones impersonales. También es buena idea repasar el vocabulario presentado en este capítulo antes de empezar.

¡Imaginemos!

A. Dramatizaciones. Prepare las siguientes dramatizaciones según las instrucciones.

1. Ud. acaba de conocer a un(a) estudiante nuevo/a. Hable de sus actividades preferidas en su tiempo libre y de lo que va a hacer este fin de semana.
2. Ud. hace planes para ir de vacaciones con un grupo de amigos. Hable de lo que le encanta hacer durante las vacaciones y de lo que no le gusta hacer para nada.

3. Ud. solicita un empleo en el campo de su especialización. Ahora tiene una entrevista. Hable de sus habilidades profesionales, sus características personales, su experiencia y por qué le gustaría tener ese trabajo.

B. Un artículo sobre su compañero/a de clase. Entreviste a un(a) compañero/a de clase para obtener información personal como la que ofrece Severiano Ballesteros en *¡LEAMOS!* (página 78). Pídale la información a continuación y escriba sus respuestas siguiendo el modelo del reporte sobre Ballesteros.

1. ocupación que prefiere en sus ratos libres
2. su sueño dorado
3. sus escritores/músicos/pintores favoritos
4. su deporte favorito

C. ¿Qué oportunidades hay? Repase los anuncios del periódico que están en la página 87. En una hoja, seleccione tres empleos y dé la siguiente información sobre cada uno: **descripción del empleo, experiencia/educación que se necesita, lo que se tiene que hacer para solicitar el empleo.**

D. ¿Qué empleo desea? Haga una lista de los empleos anunciados en la página 87. Dé una razón lógica por la cual Ud. desea o no desea cada empleo.

¡Leamos más!

«Los cinco deportes más difíciles del mundo»

Antes de leer: Establecer un objetivo

In preparation for reading the article on pages 96–97, quickly skim over the title above and subtitles in the article. Then answer the questions.

1. What is the reading about?
2. How many of the sports (given in subtitles) do you recognize?
3. Why might you be interested in reading this article?
4. Brainstorm a list of words in English you might expect to find as they relate to this reading. Which of these words do you already know in Spanish?

Después de leer

Identificar las ideas principales. Lea rápidamente el artículo. ¿A qué deporte se refiere cada descripción a continuación?

_______________ 1. Requiere mucha fuerza y violencia.

_______________ 2. Desde el punto de vista psicológico, es el deporte más difícil.

_______________ 3. El cuerpo gira muy rápidamente.

_______________ 4. Al elevarse, el cuerpo se estira.

_______________ 5. Sólo hay 40 personas en el mundo que dominan este deporte.

Identificar los detalles importantes. Lea todo el artículo con más cuidado y encuentre los detalles a continuación.

1. Párrafo A: por qué es imposible seguir al patinador con el ojo humano
2. Párrafo C: lo que tiene que hacer uno para aprender a jugar al billar
3. Párrafo E: lo más difícil de practicar el salto con pértiga
4. Párrafo F: el número de personas heridas cada año por el fútbol americano
5. Párrafo I: la duración del momento decisivo en el golf

PATINAJE ARTISTICO

A En el centro de la NASA situado en Colorado Springs (EE. UU.), el patinador Ronald Robertson realiza una exhibición controlada por cámaras y distintos aparatos de medición. Tras el calentamiento, comienza a girar sobre sí mismo con los brazos en cruz, y luego, cada vez más rápido, con los brazos pegados al cuerpo. Pronto resulta imposible seguirle con el ojo humano. El estudio de la grabación videoscópica posterior establecerá que Robertson había alcanzado una velocidad de nueve vueltas por segundo; es decir, casi 540 revoluciones por minuto, algo así como el motor de un automóvil en punto muerto.

BILLAR ARTISTICO

BANCO DE LA IMAGEN

B El número de personas que dominan este deporte no pasa de cuarenta en todo el mundo. Y ninguno de ellos es capaz de ejecutar todas las disciplinas existentes. «En teoría, es posible conseguir 500 puntos», dice Gerd Tiedtke, el mejor jugador de la República Federal de Alemania, «pero eso sólo en teoría. El récord mundial está en 390.» En el billar artístico las bolas son impulsadas con un palo —el taco— de aproximadamente un metro y medio de longitud. La energía del impacto puede ser de varios cientos de kilopondios. La mesa de juego tiene una extensión de 284,5 centímetros de largo por 142,25 de ancho, y está rodeada por un zócalo de goma de 37 milímetros de altura. En las competiciones profesionales se utilizan tres bolas, fabricadas con marfil. Giran mejor y no se rompen tanto como las bolas de plástico. El marfil más estimado es el originario de Zanzíbar, y todas las bolas proceden del mismo colmillo, cuyo nervio debe atravesar exactamente el centro de la bola, para que al jugar no se produzcan efectos erróneos. Las bolas se almacenan a una temperatura de 24 grados centígrados, con una humedad del aire relativamente alta. Las mesas de juego están calentadas eléctricamente a treinta grados.

C Para aprender las jugadas básicas, es necesaria una práctica constante, que llega a las tres horas diarias en el caso de los profesionales. Y ni aun así se puede estar seguro de lograr la concentración precisa en el momento de golpear. La dificultad de este deporte radica en la calidad de cada jugada y no en la fuerza. Las dudas y distracciones no están permitidas.

SALTO CON PERTIGA

D Praga, 23 de junio de 1987. En el estadio de deportes, un hombre apoya sobre su hombro derecho un palo de 520 centímetros, fabricado en fibra de vidrio. A 45 metros delante suyo hay un listón situado a 603 centímetros de altura. En el recinto puede oírse el vuelo de una mosca: Sergey Bubka, el mejor saltador de pértiga del mundo, intenta superar su propio récord.

E En el momento del salto, el atleta debe estirarse por completo, lo cual es extremadamente difícil. El cuerpo percibe el movimiento de elevación como una si-

A *realiza:* performs; *aparatos de medición:* measuring devices; *girar:* to turn; *pegados:* tight against; **B** *billar:* billiards; *no pasa de:* does not exceed; *listón:* crossbar; *recinto:* area; *mosca:* fly; **E** *estirarse:* to stretch out; *liebre:* hare

patinar: to skate, *¿Cómo se dice* skating *y* skater*?*; *calentar:* to heat, warm up, *¿Cómo se dice* heating *y* heated*?*; *use el contexto para encontrar las palabras que significan* pool ball *y* billiard cue. *mosca:* fly (insect), what must the expression *puede oírse el vuelo de una mosca* mean?; *saltar:* to jump, *¿Cómo se dice* jump *y* jumper*?*

Y la gramática...

6. Busque:
   a. un ejemplo de nominalización en el párrafo F
   b. dos ejemplos de nominalización en el párrafo I
7. En el párrafo I, ¿por qué se usa el verbo **haya** en el presente del subjuntivo?

Crear un esquema. Trabajando con un(a) compañero/a de clase, haga un esquema de las ideas principales y los detalles importantes sobre cada uno de los cinco deportes. Pueden incluir la información presentada en *Identificar las ideas principales* e *Identificar los detalles importantes.*

Ejemplo:

Deporte	Ideas Principales	Detalles Importantes
el fútbol americano	requiere mucha fuerza y violencia	mueren 50 jugadores al año y hay miles de heridos

tuación de peligro, y tiende a aproximar las extremidades, pero Bubka ya sabe que no debe cometer ese error. Con los brazos extendidos, se dobla en una ele mientras sube. Al llegar a los tres metros de altura, brazos y piernas se hallan ya por encima de su cabeza. En el último instante, Bubka se mantiene en vertical, con el extremo de la pértiga sobre una mano. Cuando al fin la suelta, ésta ya ha dejado de doblarse y Sergey gana más altura por el impulso, que emplea para volar en forma de arco sobre el listón. 6,03 metros. Nuevo récord mundial. Tras caer, Sergey Bubka se levanta y alza los brazos en triunfo: este hombre, de quien su entrenador ha dicho que algún día rozará el cielo, ha vuelto a demostrar que es el número uno.

FUTBOL AMERICANO

F «Cuando ves a esos monstruos frente a ti, ya sabes que la única idea que tienen en la cabeza es destruirte. Tío, te confieso que se te mete el miedo en el cuerpo. Te lo aseguro, chico, eso es lo único que quieren.» Son palabras de Tony Dorsett, jugador de ataque en el fútbol americano. Y ese miedo del que habla no está motivado por su debilidad física. Es uno de los mejores: fuerte como un toro, rápido como un caballo de carreras y ágil como una liebre. Si no fuera así, no podría sobrevivir en el deporte más rápido y brutal del mundo. En Estados Unidos, país donde nació esta competición, mueren unos cincuenta jugadores cada año, y el número de heridos, principalmente por fracturas de hueso, se eleva a miles.

G El fútbol americano ha sido considerado como una continuación de la guerra. Para algunos, es una actualización de las antiguas luchas de gladiadores en el Coliseo romano. Para otros, un pararrayos donde millones de mirones descargan su agresividad. Su práctica requiere una violencia extrema, pero también una gran velocidad de reacción, inteligencia y capacidad de análisis. Los mejores entrenadores utilizan tácticas bélicas y no es casual que muchos jugadores de primera división hayan pasado por academias militares.

GOLF

H Jack Nicklaus confiesa estar tan poco concentrado algunas veces que no sería capaz ni de darle a un balón de fútbol con el palo de golf. Está considerado como uno de los mejores jugadores del mundo, y aun así en ocasiones comete errores en jugadas que sólo una semana antes creía tener dominadas por completo.

I Nicklaus no es el único; lo cierto es que le pasa a todos los grandes. Desde el punto de vista psicológico, es posible que no haya ningún deporte tan difícil como éste. Aparte de la armonía entre cuerpo y cerebro, se dice que el músculo más importante para jugar al golf está ¡entre las orejas! Se exige de la mente un rendimiento límite. El momento decisivo dura sólo fracciones de segundo, y es el instante en que el palo golpea la bola a una velocidad superior a los 200 kilómetros por hora.

G *guerra:* war; *bélicas:* warlike; **I** *se exige:* is required; *rendimiento:* performance

Escribir un resumen. Haga un resumen escrito del artículo en sus propias palabras en español. Use por lo menos cinco expresiones y/o palabras nuevas que acaba de aprender en este artículo. Escriba unas 6 a 8 oraciones. Revise el contenido y la gramática con un(a) compañero/a antes de entregarle el resumen al profesor / a la profesora.

¿Qué opina Ud.? Conteste las siguientes preguntas con un grupo de compañeros/as.

1. De los cinco deportes, ¿cuál es el más difícil en su opinión? Explique.
2. ¿Ha practicado algunos de estos deportes en el pasado?
3. ¿Cuál es el más peligroso? ¿El más violento? ¿El menos peligroso? ¿El más interesante de mirar? ¿El más emocionante?
4. ¿Qué deporte le gustaría aprender a Ud.? ¿Por qué?
5. ¿Cree Ud. que hay otros deportes que son difíciles también? ¿Cuáles son y por qué?

ATAJO: Use the computer program to assist you in your writing. Search for the following key words:

Grammar: Personal pronoun indirect; Relatives *lo que;* Verbs: subjunctive with *que*

Phrases: Stating a preference; Writing an essay

Vocabulary: Leisure; Sports

Temas para composiciones/conversaciones

1. Las ventajas y lo peligroso de jugar a un deporte
2. Mis deportes favoritos de jugar o mirar

¡El gran premio! ¿Puede Ud. hacerlo?

Ud. va a escuchar una entrevista que salió en la radio entre un reportero y una autora especialista en el mundo del trabajo de los jóvenes.

Antes de escuchar: Establecer un objetivo

In preparation for listening to this segment, answer the following questions.

1. How many people in your Spanish class are employed?
2. What do you think it means to "have a good appearance"?
3. What information would you like to learn from this expert?
4. Brainstorm a list of Spanish words and expressions you already know that might be heard in this selection.

Después de escuchar

Primer paso: Identificar las ideas principales

Escuche la entrevista por primera vez y escoja las respuestas correspondientes a las siguientes frases.

1. Hoy día los jóvenes piensan más en
   - **a.** el pasado.
   - **b.** el futuro.
   - **c.** la diversión.
   - **d.** la familia.
2. A los jóvenes de hoy se les exigen
   - **a.** más conciencia.
   - **b.** más conocimientos y una buena presencia.
   - **c.** más educación y más títulos.
   - **d.** menos presencia pero más conocimientos.

Segundo paso: Identificar los detalles importantes

Escuche la entrevista otra vez y conteste las preguntas.

1. En la opinión de la autora, ¿en qué se diferencian los jóvenes de hoy de los de antaño?
2. Según la autora, si van dos jóvenes con los mismos conocimientos a buscar trabajo, ¿a cuál de los dos se elige?

antaño: long ago; *se les exigen:* demand, require; *se elige:* choose

Tercer paso: Crear un esquema

Escuche la entrevista por última vez y haga un esquema que represente las partes importantes de la conversación.

Escribir un resumen. Ahora escriba un resumen de la entrevista con sus propias palabras en español. Use por lo menos tres expresiones y/o palabras nuevas que acaba de aprender de esta conversación. Escriba unas 6 a 8 oraciones e incluya sus propias opiniones sobre la entrevista. Revise el contenido y la gramática con un(a) compañero/a antes de entregarle el resumen al profesor / a la profesora.

ATAJO: Use the computer program to assist you in your writing. Search for the following key words:

Grammar: Personal pronoun indirect; Relatives *lo que*; Verbs: present; Verbs: subjunctive with *que*

Phrases: Describing people; Stating a preference

Vocabulary: People; Personality; Professions

¿Qué opina Ud.? Hágale a un(a) compañero/a de clase una serie de preguntas para averiguar lo que le interesa con respecto al trabajo. Tiene que obtener la información siguiente:

- si le interesa trabajar con las personas o solo/a
- si le interesan las máquinas, las computadoras o los números
- si le satisface la ganancia de su empleo
- si le molesta vestirse de cierto modo
- si le interesa trabajar con las manos, al aire libre, en una oficina, en la ciudad o en el campo
- ¿otra información?

VOCABULARIO

You should be able to understand and use the following words and expressions. Add other words that you learn or may need to your personal vocabulary list in the ***Cuaderno de práctica.***

Expresar gustos personales

aburrir *to bore*
acampar *to go camping*
andar en bicicleta *to ride a bicycle*
caer bien/mal *to like/dislike (someone)*
cazar *to hunt*
correr [ir a correr] *to run, jog [to go running]*
cuidar plantas *to take care of plants*
dormir la siesta [un ratito] *to take a nap*
encantar *to delight, enchant*
escuchar música *to listen to music*
esquiar en el agua *to water ski*
en tabla *go surfing*
fascinar *to fascinate*
hacer ejercicios aeróbicos *to do aerobics*
importar *to be important*
interesar *to interest, be of interest*
ir de compras *to go shopping*
jugar al ajedrez *to play chess*
a las damas *checkers*
a los naipes *cards*
leer una novela *to read a novel*
levantar pesas *to lift weights*
llevar a pasear al perro *to walk the dog*
mirar las telenovelas *to watch soap operas*
molestar *to bother*
montar a caballo *to horseback ride*
parecer *to seem*
patinar a ruedas *to roller-skate*
sobre hielo *ice-skate*
pescar *to fish*
platicar con amigos *to chat with friends*
practicar atletismo *to run track*
relajarse *to relax*
salir con amigos *to go out with friends*
tocar un instrumento *to play an instrument*
trabajar en el jardín *to work in the garden*
ver películas *to watch movies*

las horas de ocio [el tiempo libre, los ratos libres] *free, leisure time*

Conversar sobre el trabajo

la bolsa de valores *stock market*
la construcción *construction*
la medicina *medicine*
la moda *fashion*
la publicidad *advertising*
las ventas *sales*
la agencia de empleos *employment agency*
los anuncios de empleo *job ads*
el ascenso *promotion*
la buena presencia *good appearance*
las cartas de recomendación *letters of recommendation*
los conocimientos *knowledge*
el currículum vitae *résumé*
el entrenamiento *training*
la entrevista *interview*
la ganancia *profit*
la iniciativa (propia) *initiative*
las personas desconocidas *strangers*
las prestaciones sociales [los beneficios] *employee benefits*
el sueldo *salary*
tiempo completo [jornada completa] *full-time*
tiempo parcial [jornada parcial] *part-time*
los trámites *red tape*
el valor *value*

dar un discurso *to give a talk*
hacerse *to become*
llenar una solicitud *to fill out an application*
llevarse bien con *to get along well with*
mover palancas *to pull strings*
solicitar un empleo/puesto *to apply for a job [position]*
tener palancas [contactos] *to have connections*
trabajar por mi propia cuenta *to be self-employed*

Expresar las percepciones

es bueno *it's good*
es cierto *it's certain*
es esencial *it's essential*
es importante *it's important*
es imposible *it's impossible*
es increíble *it's unbelievable*
es una lástima *it's a shame*
es malo *it's bad*
es necesario [preciso] *it's necessary*
es posible *it's possible*
es probable *it's probable*
es recomendable *it's advisable*
es triste *it's sad*
es verdad *it's true*

¿Necesita repasar un poco?

El verbo gustar

The verb *gustar* in the present tense means literally that **something pleases somebody.** The person who is pleased is indicated by the indirect object pronoun (*me, te, le, nos, os, les*). *Gustar* is normally used in the third-person singular and plural forms of any tense and agrees with the subject (nouns and infinitives that indicate what is pleasing). The usual word order is:

Indirect object	**Gustar**	**Subject**
(Person who is pleased)	*(gusta/gustan)*	*(That which is pleasing)*
Me	gusta	esquiar.
Te	gustan	los deportes.

Nos gustaba ir a la playa cuando éramos niños.

Les va a gustar el concierto.

Me gustó mucho la película que vi anoche.

For clarification of the indirect object pronoun (the person who is pleased) or for emphasis, a prepositional phrase (*a* + noun) can be added.

A mis padres no les gusta viajar.

A mí me gusta patinar sobre hielo, pero **a ti** no te gusta, ¿verdad?

Los complementos indirectos pronominales

Indirect object pronouns are also used in other contexts to relate **to whom** or **for whom** an action is done. In Spanish, these pronouns are used even when the indirect object noun appears in the sentence.

me	nos
te	os
le	les

Le di las entradas **a Graciela.** *I gave the tickets to Graciela.*

Indirect object pronouns precede conjugated verbs in statements and in negative commands.

Les escribió una carta a sus padres. *He wrote a letter to his parents.*

¡No **nos** digas mentiras! *Don't tell us lies!*

These pronouns are attached to affirmative commands.

Dé**le** a la secretaria su solicitud. *Give the secretary your application.*

They can either be attached to present participles and infinitives or can precede the entire verb phrase.

Estoy escribiéndo**le** una carta. / **Le** estoy escribiendo una carta.

I'm writing you a letter.

Voy a decir**les** la verdad. / **Les** voy a decir la verdad.

I'm going to tell you the truth.

When pronouns are attached to infinitives, present participles, or affirmative commands that have more than one syllable, place a written accent on the vowel of the syllable where the stress fell before the pronoun(s) was (were) attached.

Estoy **escribiéndosela** ahora. *I'm writing it to you now.*

As in the case of *gustar,* the prepositional phrase (*a* + noun) can be added for clarity or emphasis, and it is most commonly used to clarify the pronouns *le* and *les.*

Le hice muchas preguntas **al jefe.** *I asked the boss a lot of questions.*

Los adverbios de tiempo y de frecuencia

Some adverbs in Spanish are expressions of time.

pasado mañana *the day after tomorrow*
anteayer *the day before yesterday*
ahora mismo *right now*
la semana próxima *next week*
el mes/año próximo *next month/year*
el lunes/martes próximo, etc. *next Monday/Tuesday, etc.*

Other adverbs describe frequency, or how often something is done:

de vez en cuando *from time to time*
a menudo *often*
muy a menudo *very often*
raras veces *seldom*
poco/pocas veces *a few times*
a veces *at times*
nunca *never*
con frecuencia *frequently*
todos los días *every day*
todo el tiempo *all the time*
casi siempre *almost always*
siempre *always*
una vez al mes *once a month*
dos veces al año *two times a year*

Capítulo 4

Había una vez...

Contexto: La juventud y el pasado

Objetivos funcionales

- conversar sobre actividades familiares en el pasado
- compartir información sobre la juventud
- narrar en el pasado

Objetivos culturales

- leer y discutir acerca de la novela picaresca
- hablar de algunas celebraciones y eventos de la juventud, de la adolescencia y de la vida adulta de los hispanos

Gramática funcional

- los usos del pretérito e imperfecto

Enlace inicial

¡Escuchemos!

Ud. va a escuchar una canción que los niños y adolescentes hispanos cantan.

A. ¿Comprendió Ud.? Indique si las oraciones a continuación son verdaderas (V) o falsas (F).

_______ **1.** Un elefante está en la tela de una araña.

_______ **2.** El elefante veía que no se caía.

_______ **3.** El elefante fue a buscar otro elefante.

B. Balanceándose. Conteste las preguntas a continuación.

1. ¿Es posible que un elefante pueda balancearse sobre la tela de una araña?
2. Identifique los verbos en el pretérito y en el imperfecto y trate de explicar por qué cree que están en ese tiempo verbal. En este capítulo Ud. va a aprender más sobre estos tiempos verbales.
3. Haga un dibujo de lo que pasa en la canción.

¡Leamos! Selección de *Lazarillo de Tormes*

Ud. va a leer una breve selección de *Lazarillo de Tormes,* una obra literaria que fue publicada en 1554. Esta obra es muy popular y trata sobre un joven que es pobre.

Pues sepa vuestra merced ante todas cosas que a mí llaman Lázaro de Tormes, hijo de Tomé González de Antoña Pérez, naturales de Tejares, aldea de Salamanca. Mi nacimiento fue dentro del río Tormes, por la cual causa tomé el sobrenombre, y fue desta manera. Mi padre, que Dios perdone, tenía cargo de proveer una molienda de una aceña que está ribera de aquel río. En la cual fue molinero más de quince años. Y estando mi madre una noche en la aceña preñada de mí, tomóle el parto y parióme allí. De manera que con verdad me puedo decir nacido en el río. ...

molienda de una aceña: grain mill; *molinero:* grain mill worker

A. ¿Comprendió Ud.? Ponga una *X* al lado de la mejor idea principal de la lista de alternativas a continuación.

_______ **1.** Lázaro habla de sus padres y su nacimiento.

_______ **2.** Lázaro habla de su vida como molinero cuando era joven.

_______ **3.** Lázaro habla de la vida de la gente que vivía al lado del río Tormes.

B. Más información. Conteste las siguientes preguntas.

1. ¿Cómo se llamaban los padres de Lázaro y de dónde eran?

2. ¿En que trabajaba su padre?

3. ¿Por qué se llamaba Lázaro así?

¿Necesita repasar un poco?

Al final de este capítulo, Ud. encontrará un breve resumen de las siguientes estructuras:

- la formación del imperfecto
- las preposiciones con sustantivos, pronombres, infinitivos y adverbios
- los adjetivos descriptivos

Repase esta información y complete los ejercicios en el ***Cuaderno de práctica.***

Enlace principal

VIDEO: Use *Programa 16, Juegos y diversiones,* in ***Mosaico cultural*** to extend discussion of childhood activities presented in this chapter. Consult the ***Cuaderno de práctica*** for corresponding activities for this segment.

Cultura en vivo

La novela picaresca

En el año 1554, se publicó en España un libro anónimo titulado *Lazarillo de Tormes.* Esta obra llegó a ser muy popular en España y en todo el resto de Europa. Es el modelo, o mejor dicho, el prototipo, de la novela picaresca, una de las primeras formas novelescas en el mundo. La novela picaresca es muy popular porque a la gente le gusta leerla. Generalmente, trata de un solo personaje, joven, pobre, huérfano/a *(orphaned)* o abandonado/a por su familia, que se gana la vida trabajando como mozo/a para varios jefes. La característica más importante del personaje es que usa su inteligencia para sobrevivir, es decir, para dominar sus circunstancias económicas y sociales. Este personaje puede ser masculino o femenino y se llama un(a) pícaro/a; por eso, la forma de novela se llama **novela picaresca.**

A *pícaro/a* is someone who has been forced by social conditions to make his/her own way in the world. Literary works have often recognized the ways in which the *pícaro/a* has successfully managed life.

Además del personaje principal, hay otras características que hacen a la novela picaresca entretenida. Los episodios son cortos, concisos, chistosos y contienen burlas a la sociedad. Por ejemplo, los jefes de Lázaro representan un nivel social o un oficio, sea un ciego *(blind man),* un fraile *(monk)* o un escudero *(shield carrier, for a nobleman).* Así, Lázaro aprende varias lecciones a través de los episodios con sus jefes. Hay jefes deshonestos que lo usan para beneficiarse, y también hay jefes buenos que lo tratan bien. En general, la novela revela que la vida es difícil para todos, tanto para el jefe como para el pícaro. Además, en cada episodio, se encuentran refranes, o dichos, que son frases coloquiales o proverbios de sabiduría *(wisdom)* popular. Los refranes narran lo que Lázaro aprende. En este capítulo, Ud. leerá varias selecciones de *Lazarillo de Tormes.*

Piense en los personajes de Tom Sawyer o Huckleberry Finn, que son pícaros norteamericanos. Con un(a) compañero/a de clase, haga una descripción de ellos y de algunas de sus aventuras.

Función 1

Conversar sobre actividades familiares en el pasado

Repaso del pretérito

Con un(a) compañero/a de clase, repase las reglas para la formación del tiempo pretérito.

¿Qué actividades hizo Ud. con su familia?

Celebramos el aniversario de bodas de mis tíos. Mi padre sacó muchas fotos de la familia y mis tíos nos contaron muchos chistes.

Asistimos a la boda de mi prima en la iglesia. La boda fue maravillosa y todos lloraron durante la misa.

contaron chistes: told jokes

Fuimos a la iglesia para bautizar a mi sobrino. Los padrinos, los abuelos y muchos miembros de la familia asistieron.

jubilación: retirement

Tuvimos una fiesta sorpresa para celebrar la jubilación de mi tío. A mi tío le sorprendió mucho cuando entró a casa y le gritamos «¡Sorpresa!».

a. Ío y George se enamoraron.
b. Nos reunimos para asistir a la boda de ellos.
c. Se casaron en una iglesia muy bonita en el campo.
d. Me di cuenta de que Ío y George eran una pareja perfecta.
e. Nos divertimos mucho en la boda.
f. Los novios se mudaron a Virginia.

¿Qué tienen en común todos los verbos que se usan en el cuento anterior?

Meanings of some familiar verbs in the reflexive form	
casarse con	*to get married to*
darse cuenta de que	*to realize that*
divertirse	*to have a good time, enjoy oneself*
enamorarse de	*to fall in love with*
mudarse	*to move (to a new place)*
reunirse	*to meet (with others), get together*

¿Qué días feriados celebraban Uds. cuando eran niños?

Algunos días feriados para ciertas regiones del mundo hispano

In Spain, *El Día del Padre* is also called *El Día de San José.*

Los días feriados	**Las Fechas**
El Día de Año Nuevo	1 de enero
El Día de los Reyes Magos	6 de enero
El Día de San Valentín	14 de febrero
El Día del Padre	el 19 de marzo
La Semana Santa	en primavera
La Pascua de los Hebreos	en primavera
La Pascua	en primavera
El Día de la Madre	el primer domingo de mayo
El Día de la Independencia (Argentina)	9 de julio
El Día de la Raza [Hispanidad]	12 de octubre
La Víspera de los Santos	31 de octubre
El Día de Todos los Santos	1 de noviembre
El Día de los Difuntos	2 de noviembre
Chanukah	usualmente en diciembre
El Día de la Constitución (España)	6 de diciembre
El Día de la Virgen de Guadalupe	12 de diciembre
La Nochebuena	24 de diciembre
La Navidad	25 de diciembre
La Noche Vieja	31 de diciembre

¡Practiquemos!

A. El bautizo. Utilice la información dada para contar una historia en el pasado usando el pretérito.

Modelo: conocer a una pareja joven en una fiesta sorpresa
Conocí a una pareja joven en una fiesta sorpresa.

1. una semana después recibir una invitación a un bautizo
2. pedir ayuda a mis amigos para la compra del regalo para el bebé
3. trabajar mucho antes de ir al bautizo
4. el día del bautizo tener que salir temprano para llegar a tiempo
5. esa mañana dormir demasiado
6. conducir mi coche muy rápidamente
7. ir a tiempo a la ceremonia
8. después de la ceremonia ir a hablar con la pareja

B. Los días feriados. Describa lo que hizo Ud. el año pasado para celebrar los días feriados a continuación.

El Día de Acción de Gracias: Thanksgiving Day (a North American holiday only)

1. La Navidad, La Nochebuena o El Chanukah
2. El Día de Acción de Gracias
3. El Año Nuevo / La Noche Vieja
4. El Día de la Independencia
5. El Día de la Madre y El Día del Padre
6. El Día de San Valentín
7. La Pascua Florida o La Pascua de los Hebreos

C. Entrevista: Los acontecimientos familiares. Hable con un(a) compañero/a de clase sobre un acontecimiento que celebró recientemente su familia (una fiesta de cumpleaños, una boda, un bautizo, una graduación, una jubilación, etc.). Pídale la siguiente información. Después, permita que su compañero/a entreviste a Ud.

1. ¿Cuándo fue el evento?
2. ¿Dónde fue el evento?
3. ¿Quiénes fueron los invitados?
4. ¿Quiénes asistieron?
5. ¿Qué pasó?
6. ¿A qué hora terminó el evento?

acontecimiento = evento

D. Su carpeta personal. En una carpeta *(portfolio),* Ud. va a recopilar datos de algunos eventos importantes que le pasaron en su vida. Primero, busque una fotografía de un evento especial que celebró con su familia cuando Ud. era más joven. Escriba un párrafo de por lo menos diez oraciones, en el cual describa lo que ocurrió, usando el pretérito. Segundo, busque otra fotografía de un evento especial que celebró más recientemente con su familia, amigos o con los compañeros de clase. Escriba otro párrafo de por lo menos diez oraciones y describa el acontecimiento en el pasado. Después, comparta su carpeta con otros compañeros de clase.

Función 2

Compartir información sobre la juventud

El uso del imperfecto

¿Cómo se forma el tiempo imperfecto?

¿Cómo era Ud. cuando tenía seis años, Maite?

Yo era baja y no muy gorda. Tenía cabello corto y muy rizado. Mis padres me llamaban «la gordita» y me decían que era mona.

mona: cute

¿Cómo era el hermano de Eliana cuando tenía seis años?

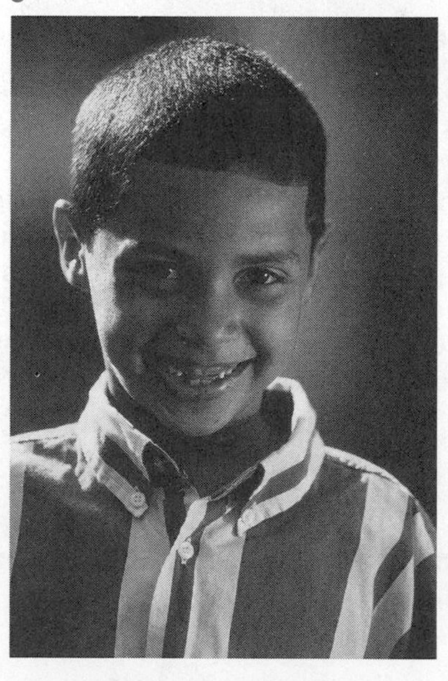

Era flaquito y un poco travieso.

flaquito: slender; *travieso:* mischievous

¿Qué le gustaba hacer cuando era niño/a?
Me gustaba...

a. mirar dibujos animados como *Mickey Mouse* en la televisión.
b. leer tiras cómicas como *Mafalda* y cuentos de hadas como *La Cenicienta*.
c. jugar con mis amigos, mi perro, mis muñecas y mis camiones.
d. pelear con mi hermano/a.

a. saltar a la cuerda.
b. subir a los árboles.
c. jugar a la rayuela.
d. jugar a la goma.

La goma is a child's game for 3 to 5 players that uses a large rubber band about 6′ in diameter. The children who are not "it" stand inside the band, with their ankles stretching it taut in the shape of a triangle or polygon. The child who is "it" jumps in and out of the band, straddling it at times.

Other children's games: *el paco ladrón* (cops and robbers); *el escondite* (hide-and-seek); *el marro* (tag); *los juguetes:* toys

¿Cómo se usa el tiempo imperfecto en los dibujos anteriores?

¿Cómo era Ud. cuando era adolescente, George?

Era alto, flaco y tenía el cabello de un largo mediano, lacio, frenillos en los dientes y granos en la cara.

In Spain, *baloncesto* is used to mean *básquetbol.*

veranear = pasar el verano

nos llevábamos muy bien: we got along well

¿Qué hacía Ud. cuando tenía 15 años, Juan Cruz?

> **Asistía** al colegio y **estudiaba** mucho. **Salía** al cine o a los bailes con mis amigos y **jugaba** al básquetbol con un equipo. **Veraneaba** en la playa y en las montañas y **daba** paseos con mi familia. Mi hermano y yo **nos llevábamos** muy bien.

In Juan Cruz's response, the imperfect tense is used to describe past activities that were habitual or routine.

¡Practiquemos!

A. ¿Cómo era Ud. de niño/a? Describa cómo era Ud. de niño/a mientras que su compañero/a de clase hace un dibujo, según su descripción. Después, su compañero/a tiene que describirse a sí mismo/a mientras que Ud. hace el dibujo. Luego Uds. tienen que mostrarle los dibujos a la clase y dar las descripciones en forma oral. Use por lo menos cuatro oraciones.

Modelo: *Era alto/a, y tenía el pelo en cola de caballo.*

B. ¿Qué hacía Ud. cuando era joven? Haga una lista de cinco cosas que Ud. hacía (o no hacía) cuando era joven y diga con qué frecuencia las hacía.

Modelo: *Jugaba con mi perro todos los días.*

C. Entrevista: La adolescencia. Entreviste en español a un(a) compañero/a de clase sobre lo que hacía cuando tenía 16 años. Pídale la información a continuación. Luego comparta la información con toda la clase.

1. what he/she looked like
2. where he/she lived
3. what his/her home/neighborhood was like
4. what his/her family was like
5. what he/she did during the week and on weekends
6. what games he/she played with friends
7. what he/she did on holidays
8. how well he/she got along with parents, friends, or siblings

D. Su carpeta personal. Ahora, Ud. le va a añadir más información a su carpeta. Primero, busque una foto de sí mismo/a cuando tenía entre cinco y diez años. Escriba un párrafo de por lo menos seis oraciones en el que describa cómo era, dónde vivía, qué hacía, etc., usando el imperfecto. Segundo, busque otra foto de sí mismo/a de hace tres o cuatro años. Escriba otro párrafo de por lo menos seis oraciones en el que dé la misma información. Comparta su carpeta con el resto de la clase.

Función 3

Narrar en el pasado

Los usos del pretérito e imperfecto

a. Había una vez tres osos que vivían en una casa en el bosque: el Papá Oso, la Mamá Osa y el Osito.
b. La silla del Papá Oso era grande, la de la Mamá Osa era mediana y la del Osito era pequeña. El plato del Papá Oso era grande, el de la Mamá Osa era mediano y el del Osito era pequeño. La cama del Papá Oso era grande, la de la Mamá Osa era mediana y la del Osito era pequeña.
c. Un día, la Mamá Osa preparó una sopa deliciosa pero no se la podían comer porque estaba muy caliente. Por eso, los tres osos salieron a dar un paseo por el bosque mientras la sopa se enfriaba.
d. Mientras no estaban en casa, entró una niña a la que llamaban Ricitos de Oro porque su pelo era rubio y rizado.
e. Ricitos de Oro vio los tres platos, las tres sillas y las tres camas. Como tenía mucha hambre, probó la sopa de cada plato, pero sólo le gustó la sopa del Osito y... ¡se la comió toda! Como estaba muy cansada, se sentó en las tres sillas, pero sólo le gustó la del Osito porque era muy cómoda, pero... cuando se sentó en esa silla, se le rompió y Ricitos de Oro se cayó al suelo. Luego, ella tenía mucho sueño. Se subió a las tres camas, pero se durmió en la cama del Osito.
f. Después de un rato, los tres osos volvieron a casa y vieron los tres platos y las tres sillas. El Papá Oso y la Mamá Osa dijeron: «¡Alguien probó mi sopa!» El Osito gritó: «¡Alguien probó mi sopa y se la comió toda!» El Papá Oso y la Mamá Osa dijeron: «¡Alguien se sentó en mi silla!» El Osito gritó: «¡Alguien se sentó en mi silla y la rompió!»
g. Después de ver las tres camas, el Papá Oso y la Mamá Oso dijeron: «¡Alguien se subió a mi cama!» El Osito gritó: «¡Alguien se subió a mi cama y todavía está ahí!»
h. El grito de los osos despertó a Ricitos de Oro. Con mucho miedo, se fue corriendo de la casa y nunca más regresó.

Con un compañero/a de clase, estudie los verbos del cuento *Ricitos de Oro y los tres osos* de la página anterior. Hagan una lista de los verbos en el pretérito y otra lista de los verbos en el imperfecto. ¿De qué depende la selección de un tiempo u otro?

Speakers of Spanish make choices about which past tense to use depending upon the meaning they wish to convey to their listeners.

Preterite: Focus on beginning/ending aspects

As you reviewed in Chapter 1, the preterite tense is used to:

- talk about events or conditions which the speaker considers to have been completed at a specific point in time or within a specific period of time in the past. The preterite focuses on the beginning and/or ending aspects of the event or condition being described. Contextual clues such as *ayer, esta mañana,* or *el lunes a las tres,* may accompany the preterite in these circumstances.

  Anoche **preparé** la comida, **cené, hice** la tarea y **me acosté** temprano.

  Juan Cruz **trabajó** de director de un colegio privado por dos años.

  Rocío **estuvo** en casa el lunes por la mañana.

  Hizo sol ayer.

Imperfect: Focus on continuing/habitual aspects

As you saw in the previous function in this chapter, the imperfect tense is used to:

- describe activities or conditions that habitually occurred in the past. Contextual clues such as *todos los días, siempre, generalmente,* or *cada verano* often accompany the imperfect in these circumstances. The beginning and/or ending aspects of the activities and conditions are not mentioned.

  Todos los días, **jugábamos** a la rayuela.

  Generalmente, mis hermanos no **peleaban** los domingos.

- set the stage and provide background information, again with no mention of the beginning and/or ending aspects of the activities and conditions.

  Eran las tres de la tarde y nadie **estaba** en casa.

Hours of the day and age are always described in the past with the imperfect tense.

- describe activities that were in progress when another activity happened or was happening.

  Cuando María Alba **tenía** once años, su familia **vivía** en Argentina.

Preterite and imperfect used together

Compare how the preterite and imperfect tenses are used to clarify aspects in the following sentences. Note that the imperfect describes an action or condition in progress or gives background information, while the preterite focuses on the beginning or ending aspects of actions.

Era la una cuando **llegué.**

Tenía cuatro años cuando **nos mudamos.**

Cuando ella **llegó,** yo **estaba hablando** por teléfono.

Because of the different focus on the aspects of verbs when used in the preterite or imperfect, the English translations of some verbs change.

Imperfecto	Significado	Pretérito	Significado
tenía	*I possessed*	tuve	*I had or got*
tenía que + *infinitive*	*I was supposed to; I had the obligation to*	tuve que + *infinitive*	*I was supposed to and did*
podía	*I was capable of*	pude	*I could and did*
no podía	*I was not capable of*	no pude	*I tried and could not*
quería	*I wanted*	quise	*I tried*
no quería	*I did not want*	no quise	*I refused*
sabía	*I knew* (information)	supe	*I found out*
conocía	*I was acquainted with (something/someone)*	conocí	*I met (someone)*

The preterite and imperfect are also used to report what others said. Compare the following:

Direct discourse: Roberto dice: «Estoy enfermo.»

Indirect discourse: Roberto **dijo** que **estaba** enfermo.

¿En qué tiempo están los verbos de la primera frase? Al cambiar la frase al pasado, ¿qué cambios ocurren en los tiempos de los dos verbos?

¡Practiquemos!

A. La boda de Marta. Marta, la prima de Eliana, se casó. Usando las claves dadas, describa la boda usando el pasado. Utilice el pretérito o el imperfecto de cada infinitivo según el contexto.

Modelos: hacer / muy buen tiempo el día de la boda
Hacía muy buen tiempo el día de la boda.

Marta / casarse / en una iglesia grande
Marta se casó en una iglesia grande.

1. Marta / querer / una ceremonia tradicional
2. el día de la boda / Marta / vestirse / con un vestido largo decorado con perlas blancas
3. el novio / hablar / nerviosamente con sus amigos / cuando / ver / a Marta en su vestido de novia
4. durante la ceremonia / el novio / darle / un anillo a la novia
5. después de la ceremonia / todos / divertirse / en el banquete de bodas / y luego / el matrimonio *(couple)* / despedirse / para ir a España

B. Los comentarios durante la boda. Describa lo que dijeron las siguientes personas que estaban en la boda de Marta. Siga los modelos.

Modelos: Marta: Estoy muy contenta hoy.
Marta dijo que estaba muy contenta.

La madre de Marta le pregunta a su esposo: ¿Estás nervioso?
La madre de Marta le preguntó a su esposo si estaba nervioso.

1. Marta le pregunta a su padre: ¿Están aquí todos los invitados?
2. Los parientes comentan: ¡El pastel es enorme!
3. Un amigo les pregunta a los novios: ¿Adónde van a pasar la luna de miel *(honeymoon)?*
4. El padre del novio le pregunta al novio: ¿Tienes suficiente dinero para el viaje?
5. Todos dicen: La boda es un evento inolvidable.
6. Ahora, invente Ud. otros dos comentarios que se hicieron durante la boda.

C. **Entrevista: Un evento inolvidable.** En español, entreviste a un(a) compañero/a de clase acerca de un evento inolvidable de su vida: una boda, un bautizo, un baile/una fiesta, una graduación, una jubilación, un aniversario, etc. Pídale los siguientes detalles.

1. when and where the event took place
2. a description of the people who were there
3. what the people who were there said
4. what the people did during the event
5. his/her impressions of the event

D. **Algunas situaciones en el pasado.** Con un(a) compañero/a de clase, dramatice las siguientes situaciones en español. ¡Sea creativo/a!

Situación #1

Estudiante A

You have missed an important oral exam in your Spanish class. Talk to the teacher/professor to explain in detail why you were unable to take the exam. Be convincing! Ask the teacher/professor to give you a chance to make up the exam.

Estudiante B

You are a teacher/professor of Spanish. One of your students missed an important oral exam. As he/she gives his/her excuse, be suspicious and ask for details. Make sure that you feel convinced that you should allow the student to schedule a make-up exam.

Situación #2

Estudiante A

While you were in an evening class, your house/apartment was robbed. You call the local police to report the crime. Explain that a window was broken and you are missing some valuables. You are afraid that the thief might still be in the area. Ask the police to come right over.

Estudiante B

You are a police officer who receives a phone call from someone who reports that his/her house/apartment has been robbed. As he/she explains, be sure to ask for details: how did the thief get in? What kinds of things were stolen? Address any concerns the person may have and state what will happen next.

E. Su carpeta personal. Ud. le va a añadir más información a su carpeta. Escriba un párrafo sobre un acontecimiento inolvidable (puede ser chistoso, triste, o feliz) que Ud. recuerde bien. Escriba por lo menos 10 oraciones en el pretérito e imperfecto. Incluya muchos detalles. Trate de encontrar una foto del evento o haga un dibujo.

¡Escuchemos un poco más!

Ud. va a escuchar una conversación entre Juan Cruz y Rocío, quienes hablan sobre el crecimiento de los niños.

Antes de escuchar: Establecer un objetivo

In preparation for listening to this segment, answer the following questions.

1. What children's games can you recall from your childhood?
2. What family ceremonies or important events can you recall?
3. Why might you be interested in hearing this conversation?
4. Brainstorm a list of Spanish words and expressions you already know that you expect to hear in this selection.

sonreír: to smile, What do you think *sonrientes* means?; *nenes = bebés; la comba = la goma; chilló:* she screamed; *le pinchabas tú con los alfileres:* you pricked her with the pins; *muñecas = niñas; palos:* sticks, clubs; *consentirlos:* to spoil them

Después de escuchar: Identificar las ideas principales y los detalles importantes

A. ¿Comprendió Ud.? Escuche la conversación y busque la información a continuación.

1. los familiares que están en las fotos
2. los juegos a que jugaban los niños
3. lo que le hizo Rocío a Maite para el día de su primera comunión
4. cómo celebraban el cumpleaños de Ignacio cuando era niño

B. ¿Qué opina Ud.? Conteste las siguientes preguntas.

1. ¿Qué emociones sintieron Rocío y Cruz al ver las fotos?
2. Imagínese que Ud. está enseñándole una foto especial a un(a) compañero/a de clase. ¿Qué pasaba ese día y quiénes estaban ahí? Cuéntele otros detalles.

¡Leamos un poco más! Selección de Lazarillo de Tormes

Antes de leer: Establecer un objetivo

Skim the excerpt and answer the following questions.

1. Look at the first two words of the reading and try to predict what conditions this short selection might describe.
2. What kinds of work do you think a person could do in the 1500s?

se viese: found herself; *arrimarse = acercarse; vínose = vino; metíase = se dedicaba; guisar de comer = cocinar comidas; Comendador de la Magdalena:* public official of a specific neighborhood

Mi viuda madre, como sin marido y sin abrigo se viese, determinó arrimarse a los buenos por ser uno dellos, y vínose a vivir a la ciudad, y alquiló una casilla, y metióse a guisar de comer a ciertos estudiantes, y lavaba la ropa a ciertos mozos de caballos del comendador de la Magdalena.

Después de leer: Identificar las ideas principales y los detalles importantes

A. ¿Comprendió Ud.? Indique si las siguientes oraciones son verdaderas (V) o falsas (F).

_______ **1.** La madre de Lazarillo era viuda.
_______ **2.** Ella quería acercarse a la gente buena.
_______ **3.** Para ganarse la vida, ella vendía frutas y legumbres.
_______ **4.** La madre cocinaba para algunos estudiantes.

Ahora, escriba cada verbo e indique si está en el pretérito o el imperfecto. Explique cómo el cambio en la vida de la madre se refleja en el aspecto verbal.

B. ¿Qué opina Ud.? Con un(a) compañero/a, discuta la siguiente pregunta: con base en las acciones de la madre, ¿cree Ud. que para ella la expresión **los buenos** se refiere al carácter o a la situación económica de la gente? Explique.

Enlace de todo

Para hacer esta sección, recuerde la gramática de repaso y la gramática funcional de este capítulo: la formación del imperfecto; las preposiciones con sustantivos, pronombres, infinitivos y adverbios; los adjetivos descriptivos; los usos del pretérito e imperfecto. También es buena idea repasar el vocabulario presentado en este capítulo antes de empezar.

¡Imaginemos!

A. Dramatizaciones. Prepare las siguientes dramatizaciones según las instrucciones.

1. Ud. recientemente conoció a un(a) estudiante nuevo/a. Ya hablaron sobre sus familias. Ahora, hablen de sus rutinas diarias: lo que hacen antes de salir de la casa y después de llegar a casa por la noche.
2. Ud. está hablando con un(a) amigo/a sobre el fin de semana pasado. Describa lo que Ud. hizo con detalles (a qué hora, con quién(es) hizo cada actividad, qué hizo para divertirse, etc.). Pídale la misma información a su amigo/a.
3. Ud. está hablando con un(a) amigo/a sobre sus recuerdos de niño/a. Describa su niñez: dónde vivía, cómo era, que le gustaba hacer, cómo eran sus padres, hermanos, amigos, etc. Pídale la misma información a su amigo/a.
4. Ud. está hablando con un(a) amigo/a sobre sus últimas vacaciones. Describa lo que Ud. hizo, cómo era el lugar y la gente, cómo estaba el tiempo, cómo se sentía Ud. y algo interesante que le pasó. Pregúntele a su amigo/a sobre sus últimas vacaciones.

Refer to Chapter 2, page 50, for a model announcement.

B. Anuncio de un nacimiento o de un bautizo. Escriba el anuncio del nacimiento o del bautizo de un personaje pícaro.

ATAJO: Use the computer program to assist you in your writing. Search for the following key words:

Grammar: Verbs: preterite; Verbs: imperfect; Verbs: preterite & imperfect; Verbs: reflexives

Phrases: Describing the past; Holiday greetings

Vocabulary: Fairy tales & legends; Family members; Religious holidays

C. Un día feriado inolvidable. Describa una celebración inolvidable de un día feriado (la Navidad, el Día de la Independencia, etc.). Incluya los siguientes detalles: quiénes estuvieron allí, cómo eran las personas, qué hizo la gente, qué dijo la gente, cuáles fueron sus impresiones sobre el evento.

¡Leamos más!
Selección de *Lazarillo de Tormes*

Ud. va a leer algo más sobre las aventuras de *Lazarillo de Tormes* en la selección a continuación. Porque la madre de Lazarillo era tan pobre (como Ud. leyó en la selección anterior), Lazarillo tuvo que salir de la casa para ganarse la vida. Él trabajó de ayudante a un hombre ciego.

Antes de leer: Establecer un objetivo

In preparation for reading this selection, review the *¡LEAMOS!* and *¡LEAMOS UN POCO MÁS!* sections of this chapter. Then answer the following questions.

1. What kind of relationship do you think Lazarillo would have with his employer?
2. Do the first two readings in this chapter support your answer to Question 1? Explain.
3. Why might you be curious about reading this selection?

A Como estuvimos en Salamanca algunos días, pareciéndole a mi amo que no era la ganancia a su contento, determinó irse de allí. Y cuando nos hubimos de partir, yo fui a ver a mi madre y, ambos llorando, me dio su bendición y dijo:

A1 —Hijo, ya sé que no te veré más. Procura de ser bueno, y Dios te guíe. Criado te he y con buen amo te he puesto. ¡Válete por ti!

B Y así me fui para mi amo, que esperándome estaba.

C Salimos de Salamanca y, llegando a la puente, está a la entrada de ella un animal de piedra que casi tiene forma de toro, y el ciego mandóme que llegase cerca del animal; y allí puesto, me dijo:

C1 —Lázaro, llega el oído a este toro, y oirás gran ruido dentro dél.

D Yo simplemente llegué, creyendo ser así. Y como sintió que tenía la cabeza par de la piedra, afirmó recio la mano y dióme una gran calabazada en el diablo del toro, que más de tres días me duró el dolor de la cornada, y díjome:

D1 —Necio, aprende que el mozo del ciego un punto ha de saber más que el diablo.

E Y rió mucho la burla. Parecióme que en aquel instante disperté de la simpleza en que, como niño dormido estaba.

A *amo* = *jefe; hubimos de partir:* we were supposed to leave; **A1** *procura* = *trata de; ¡Válete por ti!:* Show your worth!; **D** *calabazada:* blow to the head, making a sound like a blow to a pumpkin; *diablo:* devil; *cornada:* an injury caused by a bull's horn; **D1** *necio:* silly one; *ha de saber:* is supposed to know

Después de leer

Identificar las ideas principales. Lea rápidamente cada párrafo de la selección en la página anterior. ¿A qué párrafo se refiere cada idea principal a continuación? Escriba la letra de cada párrafo al lado de su idea principal.

_______ **1.** Llegan al toro de piedra.
_______ **2.** El hijo se da cuenta de que ya no puede ser un niño cualquiera.
_______ **3.** El amo decide irse de Salamanca.
_______ **4.** El amo le da instrucciones al mozo.
_______ **5.** El hijo deja a su madre.
_______ **6.** El amo le da una calabazada al hijo.
_______ **7.** El refrán cita la moraleja del episodio.
_______ **8.** La madre bendice al hijo.

Identificar los detalles importantes. Lea toda la selección con más cuidado y busque los detalles a continuación.

1. Párrafo A: ¿Por qué el amo quiso salir de Salamanca?
2. Párrafo A1: Cuando el hijo y la madre se despidieron, ¿qué hicieron?
3. Párrafo B: ¿En qué consiste la bendición de la madre?
4. Párrafo C1: Según el ciego, ¿qué podría oír el mozo al acercarle la oreja al toro?
5. Párrafo D: ¿Qué hizo el ciego?
6. Párrafo D1: Cite el refrán que dijo el ciego.

Y la gramática...

7. Párrafo A: ¿Cómo se dice *to his liking*?
8. Párrafos A y D: Identifique todos los verbos en el pretérito y todos los verbos en el imperfecto. ¿Por qué usó el autor cada forma verbal?
9. Párrafos C y C1: El uso de **della** y **dél** proviene del español antiguo. ¿Cómo se escriben estas palabras hoy? ¿A qué se refieren?
10. Párrafos A y D1: ¿Cómo se dice *we were supposed to* y *is supposed to*? ¿Cuál es el infintivo del verbo conjugado? ¿Qué preposición se usa? Escriba una fórmula que se puede emplear: _______ + ___ + infinitivo = *is/are/was/were supposed to + infinitive.*
11. Párrafo E: ¿Cómo se escribe hoy la forma antigua **parecióme?** ¿Cómo se escribe hoy **desperté?**

Crear un esquema. Después de leer toda la selección, haga un esquema, usando una palabra para representar a cada párrafo.

Párrafo A: _______________
  Párrafo A1: _______________
Párrafo B: _______________
Párrafo C: _______________
  Párrafo C1: _______________
Párrafo D: _______________
  Párrafo D1: _______________
Párrafo E: _______________

Escribir un resumen. Ahora escriba un resumen de la selección con sus propias palabras en español. Use por lo menos tres expresiones y/o palabras nuevas que acaba de aprender. Escriba unas 6 a 8 oraciones. Revise el contenido y la gramática con un(a) compañero/a antes de entregarle el resumen al profesor / a la profesora.

ATAJO: Use the computer program to assist you in your writing. Search for the following key words:

Grammar: Verbs: preterite; Verbs: imperfect; Verbs: preterite & imperfect

Phrases: Describing the past; Encouraging; Reassuring; Requesting or ordering; Saying good-bye

Vocabulary: Family members; Working conditions; Upbringing

¿Qué opina Ud.? Conteste las siguientes preguntas.

1. ¿A qué clase social o económica pertenece Lazarillo? Justifique sus opiniones con evidencia del texto.
2. Haga una tira cómica para representar gráficamente los eventos de la vida de Lazarillo.

Temas para composiciones/conversaciones

1. Haga un comentario sobre los métodos pedagógicos del ciego.
2. Describa la primera vez que Ud. empezó a trabajar fuera de casa.

¡El gran premio! ¿Puede Ud. hacerlo?

Ud. va a escuchar un informe del Departamento de Agricultura (from the *Hispanic Information Service*) sobre una celebración anual y cómo afecta las emociones de la gente.

Antes de escuchar: Establecer un objetivo

In preparation for listening to this segment, answer the following questions.

1. What possible celebrations might be discussed in this report?
2. What types of information might be given with respect to the emotions people have during annual celebrations?
3. Why might you be interested in hearing this report?
4. Brainstorm a list of Spanish words and expressions you already know that might be heard in this selection.

Después de escuchar

Primer paso: Identificar las ideas principales

Escuche el informe por primera vez y escoja las respuestas que completen las siguientes frases.

1. El informe trata de
   - **a.** las Pascuas.
   - **b.** el Día de Acción de Gracias.
   - **c.** las Navidades.
   - **d.** el Día de la Independencia.
2. Muchas de las personas que se sienten deprimidas son/están
   - **a.** locas.
   - **b.** solas.
   - **c.** alegres.
   - **d.** adictas al alcohol o a las drogas.
3. A veces, la causa de la depresión durante esta época es
   - **a.** la apatía.
   - **b.** el consumo de muchas comidas y bebidas en fiestas familiares.
   - **c.** la familia.
   - **d.** las preparaciones necesarias para la celebración.

Segundo paso: Identificar los detalles importantes

Escuche el informe otra vez y conteste las preguntas.

1. ¿Qué emociones sienten algunas personas?
2. ¿Qué es necesario recordar durante las Navidades, según el locutor?

Tercer paso: Crear un esquema

Escuche el informe por última vez y haga un esquema que represente las ideas principales y los detalles importantes del informe.

A. Escribir un resumen. Ahora escriba un resumen del informe en sus propias palabras en español. Use por lo menos tres expresiones y/o palabras nuevas que acaba de aprender en este informe. Escriba unas 4 a 6 oraciones. Revise el contenido y la gramática con un(a) compañero/a de clase antes de entregarle el resumen al profesor / a la profesora.

ATAJO: Use the computer system to assist you in your writing. Search for the following key words:

Grammar: Verbs: present

Phrases: Describing people

Vocabulary: Family members; Personality; Religious holidays

B. ¿Qué opina Ud.? Conteste las preguntas.

1. ¿Qué preparativos hace Ud. antes de las Navidades?
2. ¿Cómo celebran Ud. y su familia los días feriados?
3. ¿Cómo se siente Ud. durante esa época?
4. ¿Se sintió Ud. deprimido/a alguna vez durante alguna celebración? ¿Por qué?
5. Describa el último día feriado que celebró Ud. con su familia.

You should be able to understand and use the following words and expressions. Add other words that you learn or may need to your personal vocabulary list in the ***Cuaderno de práctica.***

Conversar sobre actividades familiares en el pasado

el aniversario *anniversary*
la boda *wedding*
la fiesta sorpresa *surprise party*
la iglesia *church*
la jubilación *retirement*

bautizar *to baptize*
casarse (con) *to get married (to)*
celebrar *to celebrate*
contar chistes *to tell jokes*
darse cuenta (de que) *to realize (that)*
enamorarse (de) *to fall in love (with)*
gritar *to scream, shout*
llorar *to cry*
mudarse *to move (to a new place)*
reunirse *to meet (with others), get together*
sorprender *to surprise*

Los días feriados *(Holidays)*

Chanukah *Hanukkah*
El Día de Acción de Gracias *Thanksgiving*
El Día de Año Nuevo *New Year's Day*
El Día de la Constitución (España) *Day of the Constitution*
El Día de la Independencia *Independence Day*
El Día de la Madre *Mother's Day*
El Día de la Raza (Hispanidad) *Hispanic Nationality Day*
El Día de la Virgen de Guadalupe *Day of the Virgin of Guadalupe*
El Día de los Difuntos *Day of the Dead*
El Día de los Reyes Magos *Day of the Three Kings*
El Día de Todos los Santos *All Saints' Day*
El Día de San Valentín *Valentine's Day*
El Día del Padre *Father's Day*
La Navidad *Christmas*
La Noche Vieja *New Year's Eve*
La Nochebuena *Christmas Eve*
La Pascua *Easter*
La Pascua de los Hebreos *Passover*
La Semana Santa *Holy Week*
La Víspera de los Santos *Eve of the Saints' Day*

Compartir información sobre la juventud

el camión *truck*
los cuentos de hadas *fairy tales*
los dibujos animados *cartoons*
el equipo *team*
el escondite *hide-and-seek*
los frenillos *braces (on teeth)*
la goma *rubber band (game)*
los juguetes *toys*
el marro *tag*
la muñeca *doll*
el paco ladrón *cops and robbers*
la rayuela *hopscotch*
las tiras cómicas *comic strips*

llevarse bien/mal *to get along well/poorly*
pelear *to fight*
saltar a la cuerda *to jump rope*
subir a los árboles *to climb trees*
veranear *to spend the summer*

flaquito/a *slender*
mono/a *cute*
travieso/a *mischievous*

Narrar en el pasado

el bosque *forest; woods*
el grito *scream*
el oso *bear*

caliente *hot (temperature)*
mediano/a *medium-sized*

enfriar *to cool*
probar *to taste, try*
subirse a *to climb onto*

¿Necesita repasar un poco?

La formación del imperfecto (verbos regulares)

-ar	-er	-ir
and**aba**	le**ía**	viv**ía**
and**abas**	le**ías**	viv**ías**
and**aba**	le**ía**	viv**ía**
and**ábamos**	le**íamos**	viv**íamos**
and**ábais**	le**íais**	viv**íais**
and**aban**	le**ían**	viv**ían**

There are only three irregular verbs in the imperfect:
ser: era, eras, era, éramos, erais, eran
ir: iba, ibas, iba, íbamos, ibais, iban
ver: veía, veías, veía, veíamos, veíais, veían

Las preposiciones con sustantivos, pronombres, infinitivos y adverbios

Prepositions in Spanish (such as *de, en, por, para, delante de, detrás de, con, sin,* etc.) are followed by nouns, pronouns, infinitives, and sometimes adverbs.

With nouns:

Los estudiantes **de la clase de español** *(from/of Spanish class)* salieron temprano.

Mucha gente fue al trabajo **en autobús** *(by bus).*

With pronouns:

La secretaria está **detrás de ti** *(behind you).*

No hay secretos **entre nosotros** *(between us).*

Me encanta viajar **contigo** *(with you).* ¿Quieres ir **conmigo** *(with me)?*

With infinitives:

Estudié mucho **para sacar** *(in order to get)* una A.

Después de vender *(After selling)* mi coche, tuve que caminar mucho.

With adverbs:

Pregunta **por allí** *(over/around there).*

¿Para dónde *(To/Toward where)* vas?

Los adjectivos descriptivos

Descriptive adjectives may precede or follow the nouns they modify.
The adjective **precedes** the noun if it...

- describes inherent or typical characteristics of the noun that do not distinguish it from others of the same group:

  La **blanca nieve** cubrió el paisaje. *(snow is inherently white)*

  La **joven chica** era médica. *(not distinguished from other girls)*

- describes admirable qualities that are seen as inherent in the person:

  Es un placer presentarles a la **distinguida científica,** Ana María Vásquez. *(an inherent quality that is not used to differentiate her from other scientists)*
- is used in exclamatory expressions without *más* or *tan:*

  ¡Qué **buena idea!**

The adjective **follows** the noun if it...

- distinguishes the noun it modifies from others of the same group by indicating such qualities as color, size, nationality, or religious or political affiliation:

  Nos habló un **profesor argentino.**

  El chico que se desapareció llevaba **pantalones azules.**

  Hubo un **baile fabuloso** anoche para los Ochoa.
- is modified by an adverb:

  Era un **cuento muy interesante.**
- is a past participle used as an adjective:

  La gente trataba de entrar por la **puerta cerrada.**
- is used in exclamatory expressions with *más* or *tan:*

  ¡Qué partido **más emocionante!**

Changes in meaning depending on placement of adjective

The English translation of some adjectives varies with different placement. The more detailed meaning is associated with placement **after** the noun:

When placed before singular nouns, the following nouns have shortened forms:
grande → gran
bueno → buen
malo → mal

Adjective	**Meaning before noun**	**Meaning after noun**
antiguo	*former*	*old (age)*
gran	*great, famous*	*big, large*
medio	*half*	*average*
mismo	*same*	*himself, herself, itself, themselves*
nuevo	*new, another, different*	*brand new*
perfecto	*sheer, mere* fig.	*without error or blemish*
pobre	*unfortunate*	*without money*
propio	*own*	*characteristic*
único	*only*	*unique*
viejo	*long-standing*	*elderly*

Ella vendió su **antigua** *(former)* **casa** para comprar una **casa antigua** *(old, in age).*

Plácido Domingo es un **gran** *(great)* **hombre grande** *(big).*

La **gerente,** que era **media** *(half)* **española,** ganaba un **sueldo medio** *(average)* de setenta mil dólares.

Los **mismos** *(same)* **periodistas** iban a hablar con el **presidente mismo** *(himself).*

Gonzalo no compró un **nuevo** *(different)* **coche;** tenía mucho dinero y se compró un **coche nuevo** *(new).*

Es una **perfecta** *(sheer)* **coincidencia** que Memo tenga una **historia perfecta** *(without blemish, error)* como bombero, ya que sabemos lo travieso que es.

Las **pobres** *(unfortunate)* **familias** que perdieron sus casas en el huracán ahora son **familias pobres** *(without money)*.

Mi **propia** *(own)* **tía** me dijo que los **vientos propios** *(characteristic)* de un huracán son violentísimos.

Es la **única** *(only)* **solución** para tal **problema único** *(unique)*.

Memo le escribió a su **viejo** *(long-standing)* **vecino** para decirle que un **amigo viejo** *(elderly)* había muerto.

Capítulo 5

¡Me encanta viajar!

Contexto: Los planes para viajar y los viajes

Objetivos funcionales

- hacer planes para viajar al extranjero
- comunicarse con el personal de la línea aérea
- hablar de planes y condiciones circunstanciales
- pedir alojamiento en un hotel

Objetivos culturales

- usar el plano de Madrid
- identificar algunos sitios de interés en Madrid
- leer y discutir sobre las alternativas de alojamiento

Gramática funcional

- la formación y el uso del tiempo futuro
- el uso del subjuntivo con expresiones adverbiales
- los usos de **por** y **para** en la conversación

Enlace inicial

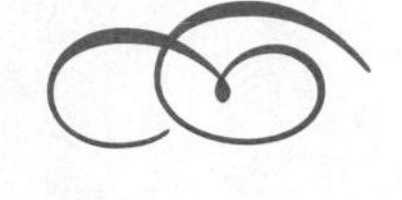

¡Escuchemos!

Ud. va a escuchar una conversación entre Maite, quien regresa de México, y el empleado de una línea aérea.

A. ¿Qué oyó Ud.? ¿Qué información oyó Ud. de la siguiente lista? Ponga una ***X*** al lado de cada detalle.

_______ **1.** el número del vuelo
_______ **2.** el número del asiento
_______ **3.** la comida que se sirve en el avión
_______ **4.** el destino del vuelo
_______ **5.** el número de maletas que tiene la pasajera

B. ¿Comprendió Ud.? ¿Son las siguientes oraciones verdaderas (V) o falsas (F)? Si son falsas, dé la información correcta.

_______ **1.** El vuelo es directo.
_______ **2.** El empleado le da a Maite su tarjeta de embarque.
_______ **3.** Maite quiere sentarse en la sección de fumar.
_______ **4.** Maite no tiene equipaje de mano.

¡Leamos! «Aeroméxico»

ptas. = pesetas

Lea el anuncio de la página anterior y conteste las preguntas.

1. ¿Para qué es este anuncio?
2. ¿Qué incluyen los precios?
3. Mire los precios. ¿Cuánto cuesta un viaje de México a Yucatán, en dólares americanos? ¿Y un viaje de México al Caribe?
4. Mire la diferencia en precio según la clase de hotel. ¿Cuál puede ser la diferencia entre un hotel **de primera** y un hotel **de lujo?**
5. ¿Qué debe hacer uno si quiere hacer reservaciones?
6. La palabra **alas** significa *wings*; el verbo **soñar** significa *to dream*. ¿Qué quiere decir, **«Aeroméxico da alas a sus sueños»?**

¿Necesita repasar un poco?

Al final de este capítulo, Ud. encontrará un breve resumen de las siguientes estructuras:

- **ir** + **a** + infinitivo
- el presente progresivo y el imperfecto progresivo

Repase esta información y complete los ejercicios en el ***Cuaderno de práctica.***

Enlace principal

VIDEO: Use *Programa 8, Pasajeros a bordo,* in ***Mosaico cultural*** for additional discussion of modes of transportation and traveling. Consult the ***Cuaderno de práctica*** for corresponding activities for this segment.

Cultura en vivo

El plano de Madrid

Mire el plano de Madrid de la página 130 y busque los siguientes sitios de interés:

a. **La Puerta del Sol.** Está en el centro de la ciudad. De esta plaza popular salen las seis carreteras nacionales. ¿Puede Ud. encontrarlas en el plano?

b. **La Plaza Mayor.** Está a algunas cuadras de la Puerta del Sol. Aquí hay muchos restaurantes y cafés al aire libre donde la gente se reúne para comer tapas, tomar bebidas y charlar.

c. **La Zona de Gran Vía.** Es una avenida de cines, teatros, restaurantes, grandes cafeterías, tiendas, salas de fiestas y bares tradicionales.

d. **La Fuente de la Cibeles.** Es la fuente *(fountain)* más conocida de Madrid, situada en La Plaza de la Cibeles.

e. **La Plaza de España.** Esta plaza se destaca por su monumento a Miguel de Cervantes, el gran autor español. ¿Sabe Ud. el nombre de una obra famosa que escribió este autor?

f. **El Museo del Prado.** Es uno de los museos más conocidos del mundo, y está localizado en un espléndido edificio del siglo XVIII. Tiene

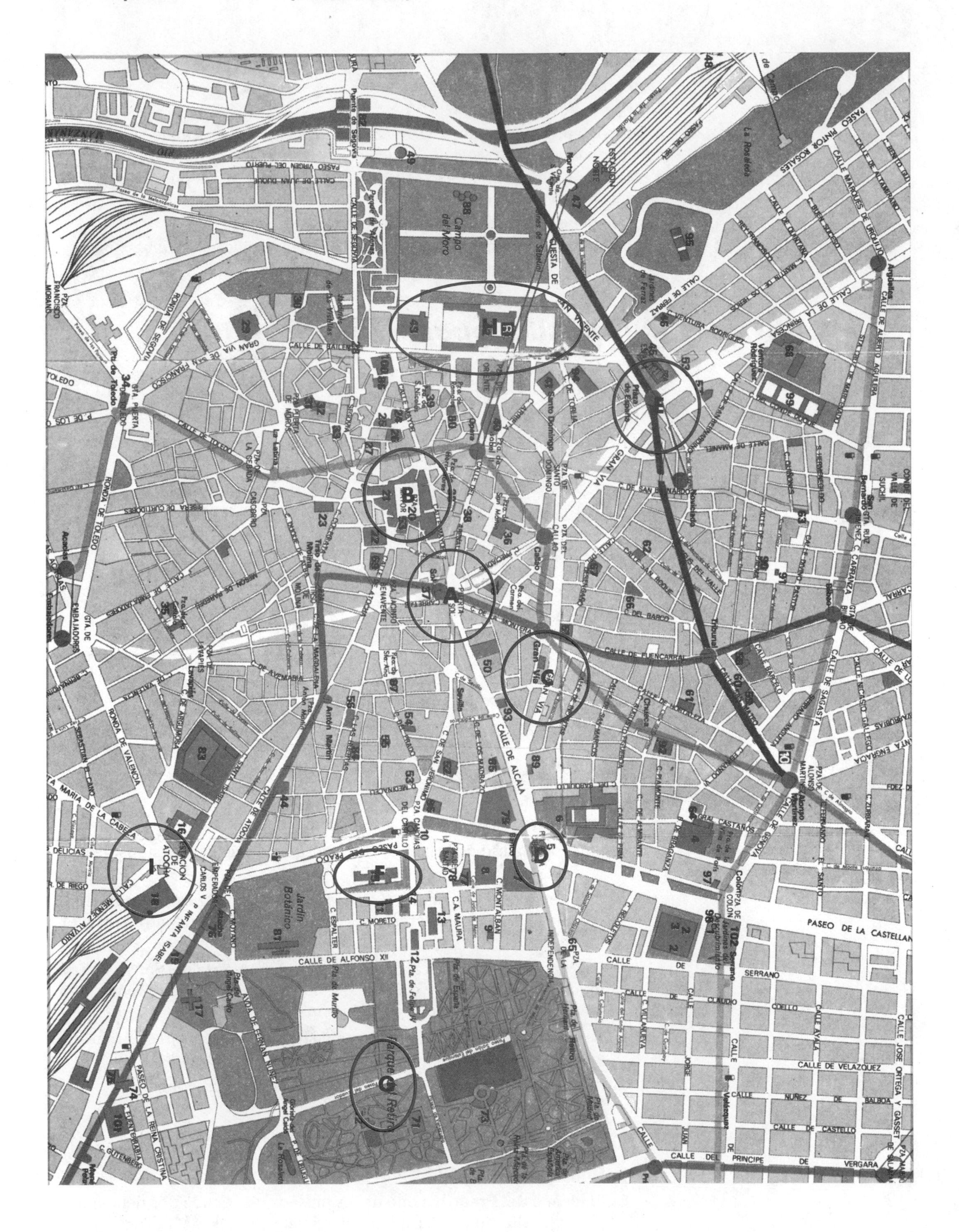

PASEO DE LA CASTELLAN
CALLE DE ALFONSO XII
CALLE DE VELAZQUEZ
CALLE DEL PRINCIPE DE VERGARA
CALLE DE ALCALA
GRAN VIA
CALLE DE FUENCARRAL
CALLE DE SAGASTA
CALLE DE BAILEN
CALLE DE TOLEDO
RONDA DE TOLEDO
RONDA DE VALENCIA
CALLE DE SERRANO
CLAUDIO
COELLO
CALLE AYALA
CALLE JOSE ORTEGA Y GASSET
CALLE NUÑEZ DE BALBOA
CALLE DE CASTELLO
Jardín Botánico
Campo del Moro
ESTACION DE ATOCHA
C. MORETO
C. MONTALBAN
C. ESPALTER
C.A. MAURA
PASEO DEL PRADO
CUESTA DE SAN VICENTE
PASEO PINTOR ROSALES
CALLE DE PRINCESA
CALLE DE FERRAZ
CALLE DE SEGOVIA
RONDA DE SEGOVIA
Parque del Retiro

pintura española de los siglos XII al XVIII y obras de artistas como El Greco, Velázquez, Ribera, Murillo y Goya. ¿Conoce Ud. otros museos de arte?

g. El Parque del Retiro. Es uno de los parques más bonitos de Madrid. La gente que visita el parque puede gozar de los muchos jardines y monumentos.

h. El Palacio Real. Dos siglos de historia se reflejan en este Palacio, que es uno de los más visitados de Europa. Tiene porcelana, tapices, muebles, armaduras y cuadros. Fue inaugurado por El Rey Carlos III en 1764.

i. La Estación de Atocha. Es una de las estaciones de trenes. ¿Hay una estación de trenes cerca de su casa?

Infinitives of these verbs are *doblar, seguir, tomar, cruzar, subirse,* and *bajarse.*

¿Cómo llego a... ?
↰ Doble a la izquierda en...
↱ Doble a la derecha en...
↑ Siga derecho por dos cuadras.
Tome la segunda calle a la...
Cruce la calle.
Súbase al autobús en...
Bájese del autobús en...

¿Conoce Ud. las formas de los verbos que están en la lista anterior? ¿En qué función anterior ha visto Ud. estas formas?

Imagínese que Ud. está de viaje en España con un grupo de estudiantes. Uno(a) de sus amigos/as está en la Puerta del Sol y quiere ir a otros sitios. Use el plano y explíquele cómo puede llegar a cada sitio a continuación.

Modelo: a la Gran Vía
Siga derecho en la Calle de la Montera y doble a la izquierda en la Gran Vía.

1. a la Estación de Atocha
2. al Museo del Prado
3. a la Fuente de la Cibeles
4. al Palacio Real
5. a la Plaza de España

Función 1

Hacer planes para viajar al extranjero

La formación y el uso del tiempo futuro

Ud. ya sabe hablar de eventos que van a pasar en el futuro. ¿Qué expresión verbal ya aprendió para expresarlo? ¿Hay otras maneras de expresar el tiempo futuro?

¿Qué hará Ud. en preparación para hacer un viaje, Maite?

de antemano: in advance

In Mexico, you will hear *boleto* instead of *pasaje.*

U.S. citizens who travel to Mexico are only required to have a tourist card *(la tarjeta de turista)* that can be obtained at the border or on the airplane. Travel to most other Spanish-speaking countries requires a passport, which may be retained by hotel management for identification and/or security purposes.

a. Ahorraré dinero.
b. Haré las reservaciones de antemano y compraré un pasaje de ida y vuelta en la agencia de viajes.
c. Conseguiré un pasaporte y cheques de viajero.
d. Haré las maletas.

¿Qué hará el día del viaje?

equipaje = maletas

You might also hear *facturar* or *registrar,* which are synonyms of *chequear.*

a. Haré cola para confirmar mis reservaciones.
b. Chequearé mi equipaje.
c. Iré a la puerta número 14 y esperaré el vuelo en la sala de espera.
d. Le diré «adiós» a mi familia.
e. Abordaré el avión.

¿Cómo será el vuelo?

a. Los pasajeros podrán escuchar música o leer.
b. Los pasajeros pondrán el equipaje de mano debajo del asiento de enfrente.
c. Habrá un asistente de vuelo que vendrá a cada uno de estos asientos para servirnos bebidas.
d. Los asistentes de vuelo querrán ayudar a los viajeros.

ayudar: to help

Mire las oraciones anteriores que están en el tiempo futuro. ¿Puede Ud. adivinar cómo se forma el tiempo futuro?

The simple present tense can be used to express future time and is often accompanied by an adverbial expression: *Nos vemos mañana; Trabajo a la una.*

In the *¿NECESITA REPASAR UN POCO?* section, you practiced using *ir* + *a* + infinitive to express future actions; this is perhaps the most frequently used expression for describing future events, particulary those that will occur in the immediate future.

The verbs you have seen in this section are in the future tense, which is also used to express future actions. It is commonly used in news and informational programs that are broadcast on television and radio, as well as in formal written expression.

Future tense: Add these endings to the infinitive			
yo	***-é***	nosotros	***-emos***
tú	***-ás***	vosotros	***-éis***
él/ella/Ud.	***-á***	ellos/as/Uds.	***-án***

caber: to fit

Infinitive	Irregular future stems	*Yo* forms
caber	cabr-	cabré
decir	dir-	diré
haber	habr-	habré
hacer	har-	haré
poder	podr-	podré
poner	pondr-	pondré
querer	querr-	querré
saber	sabr-	sabré
salir	saldr-	saldré
tener	tendr-	tendré
venir	vendr-	vendré

The future tense is also used in sentences with *si* clauses to describe future events that might occur under certain conditions. The present tense is used in the *si* clause and the future is generally used in the main clause.

Iremos al partido en coche **si llueve.** *We'll go to the game by car if it rains.*

Si este autobús **pasa** por la Plaza de España, **veremos** el monumento a Cervantes. *If this bus goes by the Plaza de España, we'll see the monument to Cervantes.*

¡Practiquemos!

A. ¿Qué haremos? El profesor Echeverría está haciendo una lista de las cosas que él y sus estudiantes tienen que hacer en preparación para su viaje a España. Ayúdelo a escribir la lista.

Modelo: nosotros / ahorrar dinero para comprar el pasaje
Ahorraremos dinero para comprar el pasaje.

1. yo / llamar por teléfono a la agencia de viajes
2. otra profesora / confirmar las reservaciones
3. cada uno / pagar el pasaje
4. nosotros / hacer las maletas
5. Roberto / llevar una cámara
6. los estudiantes / leer mucha información sobre España
7. nosotros / salir muy temprano por la mañana
8. los padres / decirles adiós a sus hijos

B. Lo que hice y lo que haré. El profesor Echeverría está repasando su lista de cosas que ya hizo y las que todavía necesita hacer para su viaje a España. Ayúdelo a organizar sus quehaceres. Diga oraciones lógicas utilizando varias expresiones adverbiales como: **dentro de dos minutos, más tarde, muy pronto, a eso de las tres, mañana, pasado mañana, la semana próxima,** etc.

Modelo: hacer las reservaciones / comprar los boletos
Ya hice las reservaciones y mañana compraré los boletos.

averiguar: to find out

1. confirmar las reservaciones / averiguar el número de los asientos
2. recibir los pasajes / hacer reservaciones en un hotel

3. hacer las maletas / poner el cepillo de dientes en la maleta
4. conseguir los pasaportes / pedir cheques de viajero

Ahora, el profesor está en el aeropuerto. Diga lo que hará antes de salir.

1. chequear el equipaje
2. pedir un asiento en la sección de no fumar
3. esperar en la sala de espera
4. abordar el avión

C. **En el aeropuerto.** ¿Qué cosas hicieron el profesor Echeverría y sus estudiantes en el aeropuerto el día de su viaje a España? Haga una lista de diez actividades en un orden lógico.

Modelo: *Hicieron cola.*

D. **¡Levántese y hable!** En esta actividad Ud. y sus compañeros de clase van a hacer una encuesta. Todos tienen que levantarse, caminar por el aula y hablar en español el uno con el otro. Tiene cinco minutos para pedirles a los demás la información a continuación. ¿Qué cosas harán sus compañeros después de este semestre/trimestre? Hable Ud. con tantos compañeros como pueda. No se olvide de escribir el nombre de la persona que contesta cada pregunta en la última columna. Luego compartan las respuestas para ver lo que Uds. tienen en común.

Modelo: viajar a otro estado
Estudiante A: *¿Viajarás a otro estado?*
Estudiante B: *Sí, viajaré a otro estado.* o
No, no viajaré a otro estado.

Actividad	Sí/No	Nombre
1. ir de vacaciones		
2. visitar a unos parientes		
3. hacer muchos ejercicios		
4. ver películas		
5. decir oraciones en español		
6. salir con amigos		
7. dormir hasta muy tarde por la mañana		
8. mirar la televisión		

E. **Planes para un viaje.** Imagínese que Ud. piensa viajar a México en seis meses. ¿Qué cosas tendrá que hacer en preparación para el viaje? Haga una lista de seis oraciones.

Modelo: *Compraré un pasaje de ida y vuelta.*

F. **¿Qué hará Ud. si... ?** ¿Qué hará Ud. si ocurren las cosas a continuación?

Modelo: Si Ud. sale bien en este curso...
Si salgo bien en este curso, tomaré otro curso de español.

1. Si Ud. tiene más tiempo después de este semestre/trimestre...
2. Si Ud. termina su tarea temprano esta noche...
3. Si Ud. conoce al hombre / a la mujer ideal muy pronto...
4. Si Ud. va a casa para las vacaciones...

5. Si Ud. se queda en el campus este fin de semana...
6. Si Ud. tiene dinero después de este semestre/trimestre...

Función 2

Comunicarse con el personal de la línea aérea

¿Qué palabras o expresiones ya sabe Ud. para poder comunicarse con los empleados de una línea aérea?

Al principio de este capítulo, Ud. oyó la siguiente conversación entre Maite y el empleado de la línea aérea.

Empleado: Buenas tardes, señorita.
Maite: Buenas tardes, señor.
Empleado: Su destino, por favor.
Maite: Sí. Voy a Nueva York, Estados Unidos.
Empleado: Muy bien. ¿Me permite su pasaporte?
Maite: Claro que sí, un segundo. Aquí tiene.
Empleado: Muy bien. Sí, todo está en regla. ¿Me pasa su boleto?

todo está en regla: everything's in order

Maite: Sí, aquí está.
Empleado: Sí. ¿Éste es un viaje directo a Nueva York?
Maite: Sí, es directo. Eso me lo dijeron por teléfono.
Empleado: Muy bien.
Maite: Sin embargo, mire, yo deseo la tarjeta de embarque porque no la tengo.
Empleado: Sí, cómo no, ya, ya se la tengo lista.
Maite: Bien... mmh.
Empleado: Aquí se la preparo. Ya, aquí está. Mire, va a tener su asiento, uh... es el asiento 27A. Aquí lo tiene. Es un asiento que está al lado de la ventanilla.

Passengers might also sit in *la sección de no fumar* and *al lado del pasillo* (beside the aisle). They might fly *en primera clase* or *en clase turista.* They might be taking *un vuelo sin escala* (non-stop flight).

Maite might also ask: *¿Hay una tardanza?* (Is there a delay?) or *¿Cuáles son las horas de salida y de llegada?*

Maite: Bien. OK, 27A, al lado de la ventanilla. Espero que ésta sea una sección de no fumar, ¿verdad?
Empleado: Sí, cómo no, es la sección de no fumar.
Maite: Claro, es que no soporto el humo del cigarrillo.

no soporto el humo del cigarrillo: I cannot put up with cigarette smoke

Empleado: Cómo no, entiendo, sí.
Maite: Muy bien...
Empleado: Bueno, ¿qué maletas tiene?
Maite: Tengo dos maletas de mano, y todo lo demás, que son cuatro más, ah... van, van con el equipaje. Las voy a revisar, las voy a chequear.
Empleado: Bueno, ¿Ud. sabe que la maleta de mano va debajo del asiento?
Maite: Sí, sí, lo sé perfectamente.
Empleado: Muy bien, bueno, ya está. Aquí se registra todo, ya... Ud. está lista para...
Maite: ¿Y la salida? ¿Es hacia la derecha?
Empleado: Eso es, hacia la derecha. Muy bien.
Maite: Muchas gracias, señor. Encantada.
Empleado: Por nada. Adiós.

tarjeta de embarque | número del asiento, fila | comprobante del equipaje

Lo que dice el/la asistente de vuelo:
Buenos días a los pasajeros del vuelo número 213 con destino a Madrid.
Por favor, pongan su equipaje de mano debajo del asiento de enfrente.
Abróchense el cinturón de seguridad para el despegue y el aterrizaje. Les serviremos bebidas pronto. Despegaremos en unos minutos.

el cinturón de seguridad | el despegue | el aterrizaje

demora: delay; *adelantados:* early; *atrasados:* late; *a tiempo:* on time; *la aduana:* customs

Un poco antes del aterrizaje...
Aterrizaremos pronto. No habrá ninguna demora.
Llegaremos un poco adelantados.
Cuando salgan del avión, reclamarán el equipaje y pasarán por la aduana.

¡Practiquemos!

A. Un diálogo en la línea aérea. El profesor Echeverría le habla al empleado / a la empleada de la línea aérea para conseguir su pasaje. Tenga un diálogo con un(a) compañero/a de clase utilizando la información a continuación. Haga el papel del empleado / de la empleada y su compañero/a puede hacer el papel del profesor.

Modelo: **Empleado/a:** ¿destino?
¿Cuál es su destino?
Profesor: Madrid
Voy a Madrid.

El/La empleado/a de la línea aérea	**El profesor Echeverría**
1. ¿reservación?	**1.** de antemano
2. ¿primera clase o clase turista?	**2.** clase turista
3. ¿sección de fumar o de no fumar?	**3.** sección de no fumar
4. ¿asiento al lado de la ventanilla o al lado del pasillo?	**4.** asiento al lado de la ventanilla
5. ¿equipaje de mano?	**5.** chequear el equipaje

B. ¡Tengo unas preguntas! Imagínese que Ud. está en el aeropuerto para tomar un vuelo a México. ¿Qué preguntas le haría Ud. al empleado / a la empleada de la línea aérea? Use las claves dadas.

Modelo: pasaporte
¿Necesita Ud. ver mi pasaporte ahora?

1. comprobantes de equipaje
2. asiento al lado de la ventanilla
3. equipaje de mano
4. cinturón de seguridad
5. bebidas
6. reclamar el equipaje
7. la hora de llegada
8. tardanza

C. Entrevista: preferencias en los viajes. Imagínese que Ud. va de viaje con un(a) compañero/a de su clase de español. Pídale la información a continuación para averiguar cómo prefiere viajar.

Modelo: if he/she prefers to fly in the morning or at night and why
Estudiante A: *¿Prefieres volar en avión por la mañana o por la noche? ¿Por qué?*
Estudiante B: *Prefiero volar por la noche porque puedo dormir.*

1. how he/she prefers to travel (plane, train, car, bus, etc.) and why
2. which class of airline travel he/she prefers (first, tourist) and why
3. in which section of the plane he/she prefers to sit (smoking, no smoking) and why
4. which seat he/she prefers (window, aisle) and why
5. if he/she prefers to use carry-on luggage or check his/her luggage and why
6. if he/she prefers to get his/her tickets in advance or at the airport the day of the flight and why

Función 3

Hablar de planes y condiciones circunstanciales

El uso del subjuntivo con expresiones adverbiales

Con un(a) compañero/a de clase, repase la formación del presente del subjuntivo y su uso con las expresiones impersonales que indican emociones o percepciones. Si es necesario, repase la función 3 del Capítulo 3.

En la conversación entre Eliana y su madre, ¿qué verbos están en el presente del subjuntivo? ¿Qué expresión precede cada verbo? ¿Qué tienen en común las dos expresiones?

We often talk about our plans in terms of conditions under which things might happen; for example, **We will go on vacation provided we can save enough money** or **I will buy my ticket in advance so that I can get a lower air fare.** In Spanish, the subjunctive is used in clauses that describe conditions under which something might happen:

Either clause may appear first. For example, the first sentence could also be: *A menos que nieve, saldremos de viaje mañana.*

Saldremos de viaje mañana...	*We will leave for vacation tomorrow...*
a menos que nieve.	*unless it snows.*
Me abrocharé el cinturón de seguridad...	*I'll fasten my seat belt...*
antes de que el avión despegue.	*before the plane takes off.*

As shown in these examples, clauses introduced by conjunctions such as *a menos que* (unless) and *antes (de) que* (before) always require the use of the subjunctive since the meaning of the conjunction sets up the condition requiring the subjunctive. Other conjunctions that always require the subjunctive include:

In this chapter, you will be practicing the present subjunctive with these expressions. In subsequent chapters, you will practice using the imperfect subjunctive when these expressions are used to denote past actions.

con tal (de) que	*provided that*
en caso (de) que	*in case*
para que	*so that*
sin que	*without*

An important concept to grasp regarding this use of the subjunctive is whether an event is expected to happen, generally happens, or already happened. Compare the following examples:

EVENT EXPECTED TO HAPPEN → → → → →
Cuando vaya a Chile, llevaré una maleta extra con los regalos.
When I go to Chile, I will take an extra suitcase with gifts.

EVENT GENERALLY HAPPENS - - - - - - -
Cuando voy a Chile, siempre llevo una maleta extra con los regalos.
When I go to Chile, I always take an extra suitcase with gifts.

EVENT ALREADY HAPPENED ← ← ← ← ←
Cuando fui a Chile, llevé una maleta extra con los regalos.
When I went to Chile, I took an extra suitcase with gifts.

If the context in which you are speaking refers to an indefinite or anticipated action in the future, use the present subjunctive after the following conjunctions. If the context refers to definite actions in the present or past, use the indicative after these conjunctions:

aunque	*even though, even if*
cuando	*when*
después (de) que	*after*
en cuanto	*as soon as*
hasta que	*until*
mientras	*while*
tan pronto como	*as soon as*

The following expressions are followed by an infinitive and are used without *que* when there is no change of subject: *antes de, con tal de, después de, en caso de, hasta, sin, para.* Example: *Saldremos ahora* ***para*** *no* ***llegar*** *tarde.* (We will leave now in order not to arrive late.) *Saldré ahora* ***para que*** *nosotros no* ***lleguemos*** *tarde.* (I will leave now so that we don't arrive late.)

Voy a viajar a España mañana. Mi familia esperará **hasta que el avión despegue.** *(event anticipated to happen)*

Tengo que viajar frecuentemente. Mi familia siempre espera **hasta que el avión despega.** *(event generally happens)*

Viajé a España el mes pasado. Mi familia esperó **hasta que el avión despegó.** *(event already happened)*

Aunque may also take either the indicative or the subjunctive depending on the degree of certainty or doubt the speaker wishes to convey.

Viajaré este verano **aunque tengo** poco dinero. *I will travel this summer even though I have little money. (present situation, no doubt)*

Viajaré este verano **aunque tenga** poco dinero. *I will travel this summer even if I have little money. (future prediction, uncertainty)*

¡Practiquemos!

A. Al volar. En la sala de espera, una estudiante del profesor Echeverría trata de calmar a un pasajero nervioso. ¿Qué dice ella? Complete las siguientes oraciones con el indicativo o el subjuntivo cuando sea apropiado.

Modelos: El avión siempre sube rápidamente cuando... (despegar).
El avión siempre sube rápidamente cuando despega.
Abróchese el cinturón antes de que nosotros... (salir).
Abróchese el cinturón antes de que nosotros salgamos.

1. Generalmente, salimos al aeropuerto unos minutos después de que el avión... (aterrizar).
2. En caso de que la línea aérea... (perder su equipaje), Ud. tendrá que quejarse con el empleado encargardo.
3. El asistente de vuelo les sirve bebidas a los pasajeros para que ellos... (no tener sed).
4. Llegaremos dentro de dos horas con tal de que... (hacer buen tiempo).
5. Tendrá que abrocharse el cinturón de seguridad hasta que el avión... (aterrizar).
6. En el último viaje que hice, tuvimos que abordar el avión a las 2:00 aunque no... (despegar hasta las 4:00).

B. Tomás y el viaje. Tomás, uno de los estudiantes que viaja a España, habla con sus compañeros durante el viaje por avión. Complete sus oraciones utilizando el subjuntivo, el indicativo o un infinitivo.

Modelo: Llegaremos a tiempo con tal de que la línea aérea...
Llegaremos a tiempo con tal de que la línea aérea no tenga ninguna demora.

1. Cenaremos esta noche antes de...
2. Es importante tener cuidado adondequiera *(wherever)* que nosotros...
3. Reclamaremos el equipaje después de...
4. Saldremos del aeropuerto tan pronto como...
5. Pasaremos por la aduana aunque...
6. Visitaremos varios sitios con tal de que...
7. Siempre llevo cheques de viajero cuando...
8. Es buena idea cambiar dinero en el hotel para que...

C. ¿Y Ud.? Complete cada oración, utilizando el subjuntivo, el indicativo o el infinitivo.

1. Siempre salgo de la casa cuando...
2. Iré de vacaciones tan pronto como...
3. Quiero viajar sin que mis padres...
4. Prefiero ir a clase antes de (que)...
5. Viajé por avión el año pasado aunque...
6. No puedo salir hasta (que)...
7. Quiero conocer a mucha gente cuando...
8. Saldré con unos amigos este fin de semana a menos que...

D. Actividad en parejas: Algunas recomendaciones. Imagínese que un(a) compañero/a de clase irá de vacaciones a España. Déle una recomendación de la lista a continuación. ¡No se olvide de usar el subjuntivo con expresiones impersonales como **es importante que...** ! Su compañero/a debe responder usando una de las respuestas de la lista a continuación.

Las recomendaciones

1. Es importante que / comprar / el pasaje de antemano.
2. Es necesario que / tener / un pasaporte.
3. Es recomendable que / hacer / las reservaciones en el hotel pronto.
4. Es mejor que / llevar / poco equipaje.

Las respuestas

1. Sí, con tal de (que)...
2. Sí, antes de (que)...
3. Sí, para (que)...
4. Sí, a menos que...

Función 4

Pedir alojamiento en un hotel

Los usos de **por** y **para** en la conversación

cobran: charge (a price); *tarifa:* rate, fee; *baño particular* = *baño privado; impuestos:* taxes; *desocupar:* to vacate; *botones:* bellboy; *servicio de habitación:* room service; *a un cargo adicional:* at an extra charge; *estacionamiento:* parking lot; *esquina:* corner

Empleado: Buenas noches. ¿En qué puedo servirles?

El profesor: Nos gustaría una habitación doble por dos noches. Ya hicimos las reservaciones de antemano. ¿Cuánto cobran por las habitaciones?

Empleado: La tarifa es 15.000 pesos por noche. Para registrarse, hay que llenar esta ficha de registro.

El profesor: ¿Tiene la habitación un baño particular y aire acondicionado?

Empleado: Claro que sí. Y los impuestos están incluídos en la tarifa. Aquí tiene la llave. Uds. tendrán que desocupar la habitación a la una de la tarde. El botones puede llevar las maletas.

El profesor: ¿Tienen Uds. servicio de habitación?

Empleado: Sí, a un cargo adicional.

El profesor: ¿Podría Ud. decirme dónde está el estacionamiento del hotel?

Empleado: Puede estacionar su coche en la esquina al lado del hotel.

HOTEL XALAPA
FICHA DE REGISTRO

POR FAVOR - LETRA DE MOLDE - GRACIAS

NOMBRE
DIRECCION
CIUDAD ESTADO PAIS
CODIGO POSTAL TELEFONO
FECHA DE SALIDA
FORMA DE PAGO EFECTIVO TARJETA CREDITO CARTA GARANTIA
OBSERVACIONES:
ESTOY DE ACUERDO EN DESOCUPAR ESTA HABITACION EL: DIA MES AÑO
FIRMA

FACTURA No
HABITACION
NO PERSONAS
TARIFA
LLEGADA
SALIDA
AUTOMOVIL
PLACAS
SEGMENTO
RESERVO
REGISTRO

FACTURA No
HABITACION
NO PERSONAS
TARIFA
LLEGADA
SALIDA
AUTOMOVIL
PLACAS
¿ DEJO UD. SU LLAVE ?
ENVIELA A ESTA DIRECCION

IMPORTANTE:
NOTA PARA SU CONVENIENCIA Y PROTECCION FAVOR DE DEPOSITAR SUS VALORES EN LAS CAJAS DE SEGURIDAD. CON EL CAJERO DE RECEPCION
LA GERENCIA NO SE HACE RESPONSABLE POR DINERO EN EFECTIVO. JOYAS U OTROS VALORES NO DEPOSITADOS
HORA DE SALIDA 13 HRS

HOTEL XALAPA
VICTORIA ESQ.
BUSTAMANTE
TEL.8-22-22
XALAPA, VER.

HOX.55-114

ESTACIONAMIENTO

MARCA ______ MODELO ______ COLOR ______ PLACAS ______
FECHA DE ENTRADA ______ FECHA DE SALIDA ______
HOX. 55-066 FOLIO No. ______
hotel Xalapa

hotel Xalapa
ESTACIONAMIENTO
MARCA ______
MODELO ______
COLOR ______
PLACAS ______
ENTRADA ______
SALIDA ______
FECHA ______
IMPORTE $ ______
FOLIO No. ______

¿Nos puede ayudar? Los Echeverría tienen muchos problemas en su habitación. ¿Qué le dicen al empleado del hotel?

a. ¿Podrían Uds. darnos más papel higiénico? Se nos acabó.
b. Muchísimas gracias por habernos traído más toallas y almohadas.
c. ¿Podrían Uds. arreglar el inodoro / la calefacción? No funciona.
d. ¿Tienen otra bombilla? Esa está fundida.

se nos acabó: we ran out; *arreglar:* to fix; *la calefacción:* heat; *no funciona:* it does not work (function); *fundida:* burned out

You might also need *revisar:* to check, examine.

You might also need *aire acondicionado:* air conditioning.

Ud. ya sabe usar las preposiciones **por** y **para** en algunos contextos. Con un(a) compañero/a de clase, hable de los usos que Uds. han aprendido.

When we make hotel and other travel arrangements, we often use the prepositions *por* and *para* in describing spatial and temporal details.

¿Puede Ud. identificar un uso de **para** en la conversación anterior entre el profesor y el empleado del hotel?

Para often points to the future and is used to describe purpose, direction, destination, and deadlines. It is also used to designate the recipient of an action or item.

- Purpose, "in order to" (used with infinitive)
  Para llegar a la ciudad de Toledo, tienen que cruzar un puente.
- Direction, destination
  Vamos **para** Santiago el 6 de abril.
- Deadline, approximate time reference
  Para mañana, estudien el plano de la ciudad.
  Regresamos **para** la Navidad.
- Recipient
  Este boleto de avión es **para** mi yerno.
  Trabaja **para** la agencia de viajes. *(He works for...)*

¿Puede Ud. identificar los usos de **por** en la conversación entre el profesor y el empleado del hotel?

Por often looks back to the past and is also used to express the following:

- Reasons, motives, explanations, justifications
  ¿Por qué tomaste la línea 7? Sabes que necesitamos la línea 8.
  Por la tardanza del autobús, llegamos tarde al bautismo.
- Duration of time
  Viví en Chile **por** seis años.
- Exchange
  Compré ese libro **por** $40.
- Equivalence, "per"
  En la Argentina, los hoteles cobran aproximadamente 100 pesos **por** una habitación doble.
  ¿Cuánto cobran Uds. **por** noche?
- Location, "through," "by means of," imprecise location
  Paseamos **por** el Parque Retiro.
  Viajamos **por** tren.
  Vive **por aquí.** *(around here)*
- Adverbial expressions
  Por casualidad, ¿tienes cambio de un dólar? *(By [any] chance, do you have change for a dollar?)*

Me quedaré en México **por lo menos** seis días. *(I will stay in Mexico for at least six days.)*

Nos divertimos mucho en España, **por supuesto.** *(We enjoyed ourselves a lot in Spain, of course.)*

por desgracia *(unfortunately)*
por ejemplo *(for example)*
por eso [por lo tanto] *(therefore)*
por fin [por último] *(finally)*
por lo general *(generally)*

¡Practiquemos!

A. Información, por favor. Cuando está de viaje en México, Maite le hace varias preguntas al empleado / a la empleada del hotel. Las respuestas del empleado / de la empleada están a continuación. ¿Cuáles son las preguntas de Maite?

Modelo: Cobramos 45.000 pesos por una habitación simple.
¿Cuánto cobran Uds. por una habitación simple?

1. No, el servicio de habitación no está incluído en la tarifa.
2. Tiene que llenar esta ficha de registro.
3. El restaurante abre a las seis de la mañana.
4. Ud. debe desocupar la habitación a las doce.
5. El botones puede llevar sus maletas.
6. El museo está a unas tres cuadras de aquí.
7. Para llegar al parque, tiene que seguir por tres cuadras y doblar a la izquierda en la Calle Sexta.
8. Puede estacionar su coche en el garaje debajo del hotel.

B. Maite en México. Después de regresar de su viaje a México, Maite les habla a sus amigos de lo que hizo ella durante el viaje. ¿Qué les dijo ella? Use el pretérito y **por** o **para** como sea adecuado.

Modelo: nosotros / salir / México muy temprano en la mañana
Nosotros salimos para México muy temprano en la mañana.

1. nosotros / viajar / avión
2. nosotros / ir a México / aprender mucho de la cultura
3. nosotros / quedarse / dos semanas
4. yo / ir a la librería / unos libros en español
5. yo / pagar / 6000 pesos / un libro de gramática
6. mi amigo / comprar / muchos recuerdos / su familia
7. un día, unos estudiantes / dar un paseo / el parque
8. nosotros / salir de México el domingo pasado / la noche

C. Actividad en parejas: el registro. Trabaje con un(a) compañero/a de clase. Haga el papel del empleado / de la empleada del hotel y su compañero/a el papel de un(a) cliente que quiere registrarse. Pídale la información que aparece en la ficha de registro en la página 143, y llene la ficha con cada respuesta.

D. ¿Cómo se explica en español... ? Ud. se queda en un hotel en México y necesita ayuda con varias cosas. Explíquele los siguientes problemas al gerente del hotel. ¡Con cortesía, por favor!

Modelo: The television does not work. Ask someone to check it.
Creo que el televisor no funciona. ¿Pudiera Ud. revisarlo cuando tenga tiempo, por favor?

1. You need another pillow. Ask someone to bring you one.
2. There is no hot water. Ask someone to check it.
3. The air conditioning is not working. Ask someone to check it.
4. The light bulb in the bathroom burned out. Ask someone to replace it.
5. You ran out of shampoo. Ask if they sell it in the hotel.
6. Thank the clerk for bringing you more toilet paper. Ask if you could have another towel.

E. Actividad en parejas: un viaje. Imagínese que Ud. y un(a) compañero/a de clase van a hacer un viaje. Uds. tienen que tomar algunas decisiones antes de viajar.

1. el propósito del viaje
2. su destino final
3. por qué escogieron ese destino final
4. sus medios de transporte
5. los lugares por los cuales viajarán
6. la duración del viaje

F. Ud. está de viaje. Describa un viaje desastroso (verdadero o imaginario) que Ud. hizo últimamente. Construya una serie de oraciones utilizando las siguientes expresiones.

Modelo: por fin
Esperamos en el aeropuerto por cinco horas; por fin, abordamos el avión.

1. por lo general
2. por supuesto
3. por lo menos
4. por casualidad
5. por desgracia
6. por lo tanto
7. por ejemplo
8. por fin

¡Escuchemos un poco más!

Ud. va a escuchar una conversación entre los Echeverría, los cuales hablan sobre la parte de México donde van a visitar durante sus vacaciones y dónde van a quedarse.

Antes de escuchar: Establecer un objetivo

por el rumbo de: in the direction of; *pinares:* pine groves; *de lujo:* luxurious

The Echeverrías mention a type of lodging called a *parador* (an *albergue* in Mexico). You will learn about this in the next reading selection.

In preparation for listening to this segment, answer the following questions.

1. What are some possible regions of Mexico the Echeverrías might talk about visiting?
2. What types of lodging might they consider?
3. What might you find out by listening to their conversation?
4. Brainstorm a list of Spanish words and expressions you already know that might be heard in this selection.

Después de escuchar: Identificar las ideas principales y los detalles importantes

A. ¿Comprendió Ud.? Escuche la conversación. ¿Quién expresa cada preferencia, Rocío (R) o Juan Cruz (JC)?

_______ **1.** Quiere ir a las montañas.
_______ **2.** Prefiere ir a la costa.
_______ **3.** Prefiere quedarse en una cabaña.
_______ **4.** Prefiere quedarse en un hotel de lujo.
_______ **5.** Quiere estar cerca a la naturaleza.

B. ¿Qué opina Ud.? Conteste las siguientes preguntas.

1. ¿A qué parte de México decidieron viajar los Echeverría finalmente? ¿A Ud. le gustaría viajar a la misma región? ¿Por qué?
2. ¿Dónde prefiere Ud. pasar las vacaciones: en las montañas, en la costa o en otro lugar? ¿Por qué?
3. ¿Se quedó Ud. en un hotel alguna vez? ¿Le gustó? Explique.
4. Cuando Ud. viaja, ¿prefiere quedarse en un hotel o alquilar una casa o una cabaña?
5. ¿Cuáles son las ventajas y desventajas de quedarse en un hotel? ¿De alquilar una casa o una cabaña?

Un **parador** es un hotel establecido en un lugar histórico o pintoresco en España. A veces son castillos o monasterios convertidos en hoteles. Otras veces, hay un parador donde no sería posible establecer un hotel comercial. Hay paradores también en Puerto Rico y en otros países, pero las selecciones a continuación son de España.

¡Leamos un poco más! «Los parador

Antes de leer: Establecer un objetivo

Look at the key for the symbols that are used to describe the *paradores* (page 149). Next, look at the symbols that appear below each of the three descriptions of *paradores.* Then, answer the following questions.

1. How do these types of lodging differ from regular hotels?
2. From this reading, what kinds of information can you get about staying in a *parador*?
3. Which *parador* do you think is the most luxurious? Why?

Look at the number of asterisks after the hotel's name.

The Moors, of Muslim faith, lived in Spain from 711 until 1492. In 1492, the Alhambra, their last stronghold in Granada, fell to Ferdinand and Isabella, the Catholic monarchs *(Fernando e Isabel, los reyes católicos).* The influence of the Moors is found throughout Spain, but most abundantly in the architecture of the south (arches and wide spans within buildings), in Spanish decor (geometric ceramic mosaic tile and white-washed buildings), and in the language (words like *alfombra* for **rug,** and *alcalde* for **mayor.** This *parador* is located on the site of an Arab palace.

Parador de GRANADA ****

El Parador está instalado en lo que fue un palacio árabe (Nazarita) que data de 1302, construido por Muhammad III y reconstruido por Yúsuf I (1334-1354) y por Muhammad V (1354-1359). En el siglo XV (1494) los Reyes Católicos lo convirtieron en convento franciscano. Situado dentro del recinto de la Alhambra, próximo al alcázar árabe y al palacio de Carlos V, se abre a panoramas de inigualable encanto: el Generalife, el Albaicín y, al fondo, la silueta de Sierra Nevada.

Alhambra 18009 GRANADA
Tel.: (958) 22 14 40 Fax: (958) 22 22 64
Telex: 78792

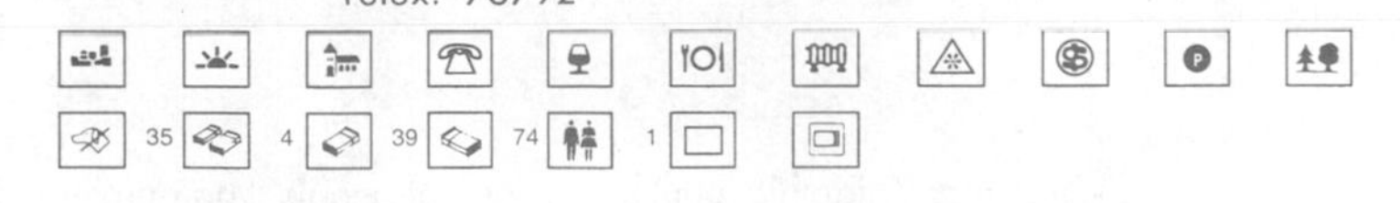

recinto: enclosure

El Hierro is the smallest of the Canary Islands and is ideal for hiking, scuba diving, and relaxing.

Parador de EL HIERRO ***

Situado frente al Roque de la Bonanza, el Parador es un buen punto de partida para conocer esta isla, la más pequeña de las islas Canarias, en cuyas cumbres se cuentan más de mil crácteres volcánicos. El valle de «El Golfo», los Roques de Salmor, Tiñor y Sabinosa, son algunos de los lugares que merecen visitarse en la isla.

38900 ISLA DE EL HIERRO (Santa Cruz de Tenerife)
Tel.: (922) 55 80 36 Fax: (922) 55 80 86

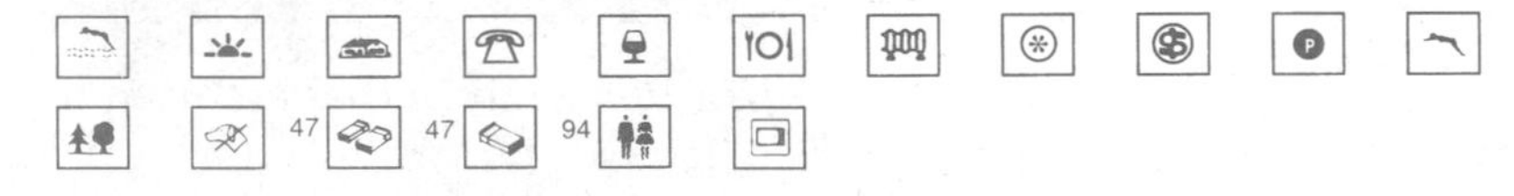

cráteres: craters (note the typographical error in the description)

Sigüenza is a beautiful town just east of Madrid. In its cathedral is the Chapel of the Doncel, which is mentioned in the description of this *parador.* The chapel is a memorial and sepulcher for Don Martín Vázquez de Arca, who was a page in the service of Queen Isabella. The Queen commissioned this chapel in his honor when he died at an early age in 1486.

Parador de SIGÜENZA ****

El actual Parador fue castillo visigótico, luego alcazaba árabe y, tras su reconquista en el año 1112 fortaleza episcopal. Hoy se conservan el salón del trono y la capilla románica, donde pervive el recuerdo de los más ilustres huéspedes del castillo, los Reyes Católicos, los cardenales Mendoza y Cisneros y Doña Juana la Loca. En Sigüenza, entre iglesias románicas y casas nobles, es visita obligada su Catedral y el sepulcro del Doncel.

19250 SIGÜENZA (Guadalajara)
Tel.: (949) 39 01 00 - Fax: (949) 39 13 64
Telex 22517

visigótico: Visigothic (built by a group of people who dominated Spain after the Romans and before the Moors, 419–711); *alcazaba:* dungeon; *románica:* Romanesque

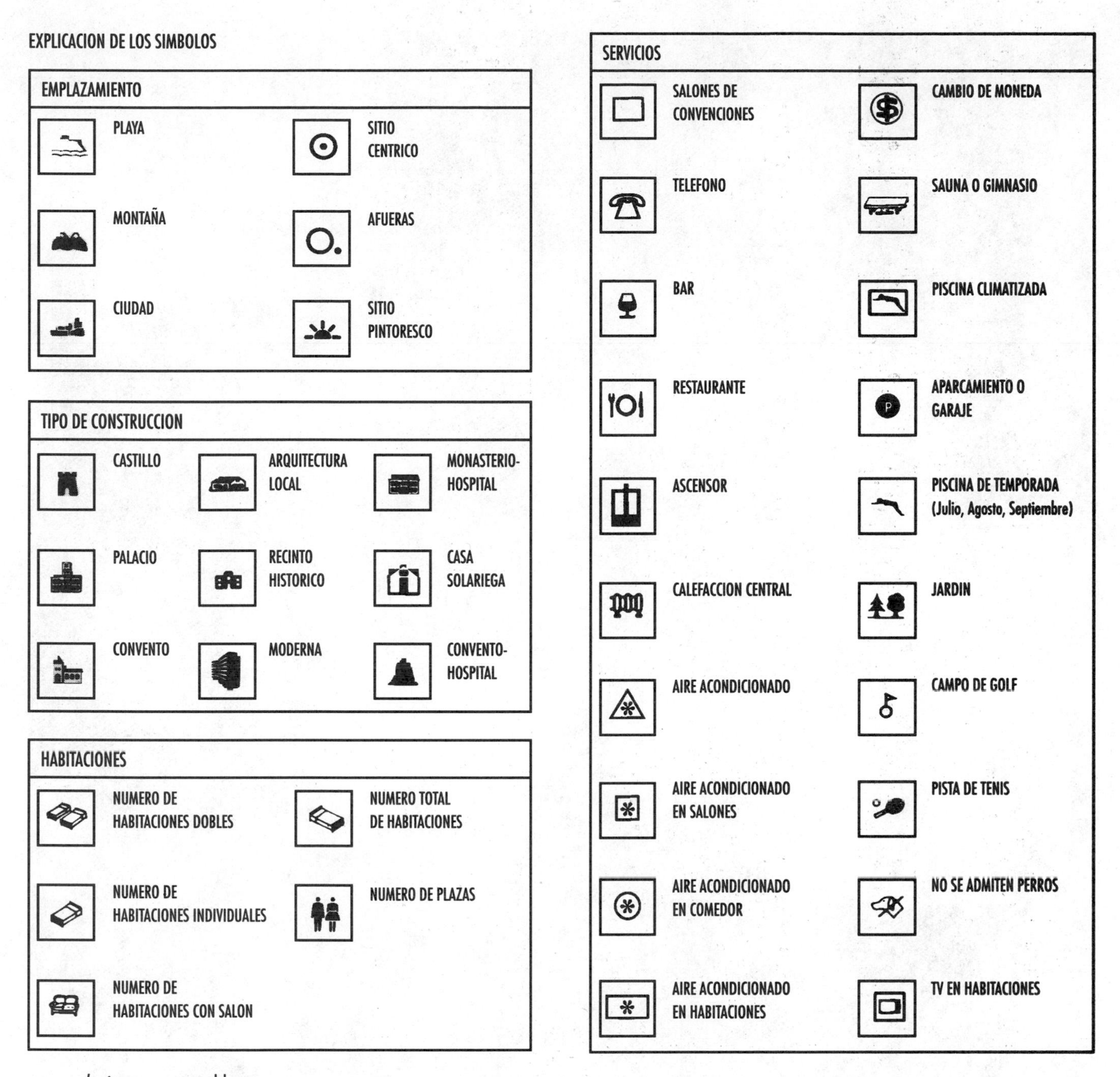

casa solariega: ancestral home

Después de leer: Identificar las ideas principales y los detalles importantes

A. ¿Comprendió Ud.? Lea las descripciones de los paradores y mire el mapa de España en la página 150. Luego indique si las siguientes oraciones son verdaderas (V) o falsas (F).

_______ **1.** Hay solamente veinte paradores en España.

_______ **2.** Los paradores están situados en lugares de interés histórico.

_______ **3.** En los paradores se ve la influencia de los romanos, los visigodos y los moros.

_______ **4.** No hay paradores en las Islas Canarias.

_______ **5.** En las Islas Canarias hay cráteres volcánicos.

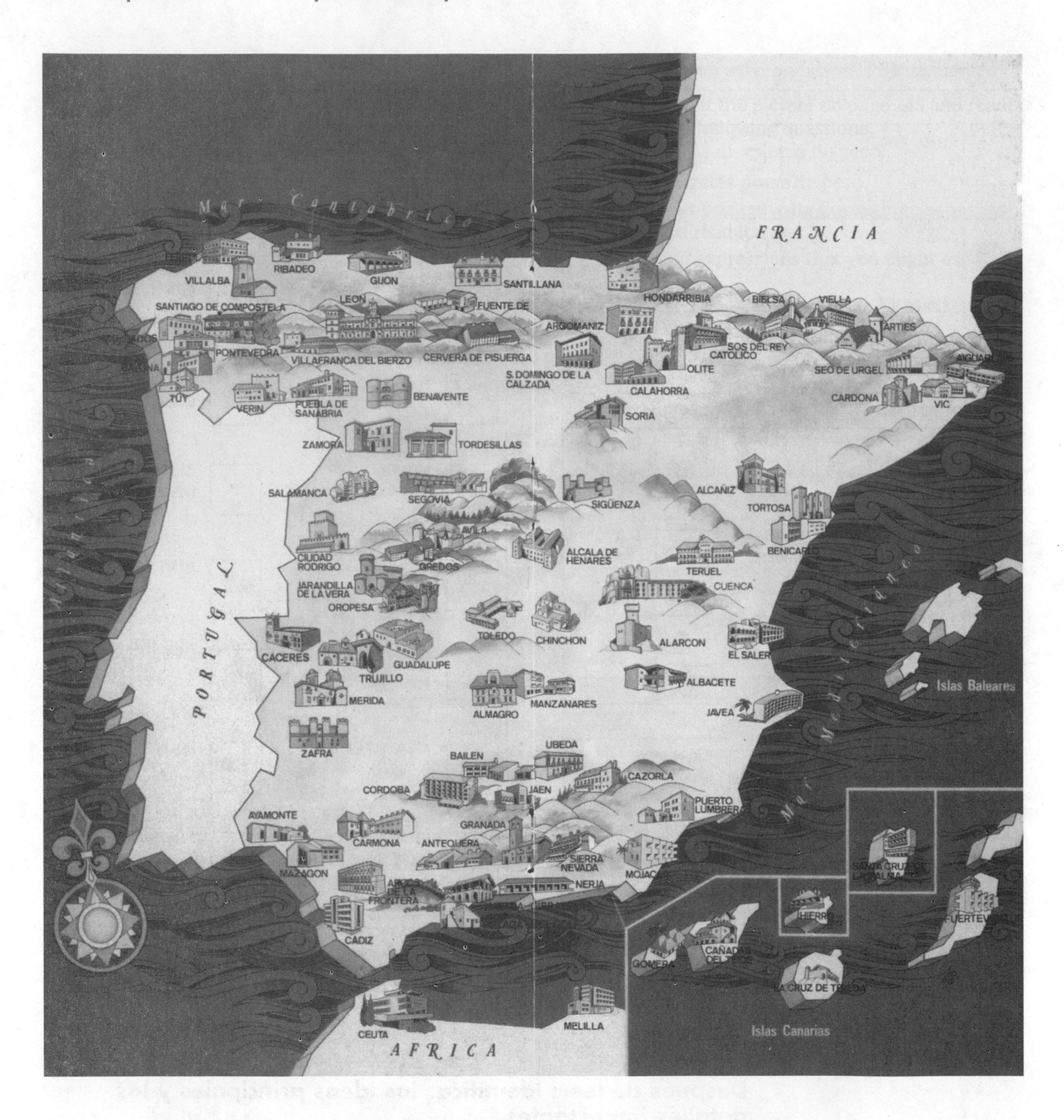

B. ¿Qué opina Ud.? Conteste las siguientes preguntas.

1. Imagínese que Ud. va de vacaciones a España con su abuelo/a, a quien le cuesta subir escaleras. ¿Visitarán uno, dos o los tres paradores? Explique.
2. Imagínese que Ud. va a ir de vacaciones a España. ¿En qué parador de las páginas 147 a 148 prefiere quedarse y por qué? Describa el parador usando los símbolos que están debajo de la descripción.

le cuesta: it's difficult for him/her; *escaleras:* stairs

Enlace de todo

Para hacer esta sección, recuerde la gramática de repaso y la gramática funcional de este capítulo: **ir** + **a** + infinitivo; el presente progresivo y el imperfecto progresivo; la formación y el uso del tiempo futuro; el uso del subjuntivo con expresiones adverbiales; los usos de **por** y **para** en la conversación. También es buena idea repasar el vocabulario presentado en este capítulo antes de empezar.

¡Imaginemos!

A. Dramatizaciones. Prepare las siguientes dramatizaciones según las instrucciones.

1. Ud. está en el aeropuerto y tiene que confirmar su vuelo, obtener el boleto, chequear el equipaje y encontrar la puerta. Otro/a estudiante es el empleado / la empleada de la línea aérea, que le presenta dos problemas. (Por ejemplo, uno de los problemas puede ser que no hay asientos.) Después de resolver los problemas, el empleado / la empleada tiene que darle el número de su asiento e instrucciones para llegar a la puerta apropiada.
2. Ud. va en un avión con destino a Santiago de Chile. Puesto que es un vuelo de 14 horas, Ud. tiene la oportunidad de hablar con otros pasajeros. Un(a) compañero/a de clase hará el papel de otro/a pasajero/a. Hablen por cinco minutos sobre: su familia, su profesión o trabajo, lo que le gusta hacer en su tiempo libre y sus planes para el viaje.
3. Un(a) amigo/a suyo/a está de visita en su pueblo o ciudad por una semana y está alojado/a en un hotel cercano. Por teléfono, Uds. se ponen de acuerdo para que su amigo/a vaya a ir a la casa suya. Explíquele a su amigo/a cómo puede encontrar su casa, residencia o apartamento. Su amigo/a tiene que escribir las instrucciones y repetirlas, ya que son un poco complicadas.
4. Un(a) estudiante boliviano/a ha llegado a Nueva York para pasar sus vacaciones. Piensa alojarse en un hotel, pero al registrarse, hay problema tras problema. Haciendo el papel del hotelero / de la hotelera, Ud. tiene que hablar con el/la estudiante para resolver los siguientes problemas: no tiene reservaciones, no quiere pagar más por un baño particular y se estacionó enfrente del hotel donde es prohibido.

B. Diálogo original. Imagínese que Ud. y sus amigos piensan viajar a Madrid. Con dos compañeros de clase, planee Ud. el viaje. Hablen Uds. de cuándo irán, dónde se alojarán, qué actividades harán, y qué sitios visitarán. Usen el plano de Madrid y la información sobre los paradores. Traten de usar el tiempo futuro, el subjuntivo para expresar planes y condiciones y **por** y **para.**

C. *Lolita.* Trabaje con un(a) compañero/a. Miren la tira cómica *Lolita* a la izquierda. Inventen una conversación entre las personas que se ven en la tira cómica. Usen el tema del viajar con el vocabulario y la gramática que acaban de estudiar en este capítulo.

D. Su carpeta personal. Ud. va a añadir más información a la carpeta que empezó en el Capítulo 4.

1. **Información, por favor.** Ud. y sus amigos piensan alojarse en un parador en España, pero necesitan más información. Escriba una carta en la que pida información específica (por ejemplo, cómo son las habitaciones, las tarifas, etc.). Use esta dirección: Paradores de España, Central de Reservas, Velázquez 18 - Apartado de Correos 50043, 28001 MADRID - Tel.: (91) 435 97 00.
2. **Su alojamiento en un parador.** Imagínese que Ud. y sus amigos hicieron un viaje a España y que se alojaron en un parador. Ya regresaron a los EE.UU. después de haber pasado dos semanas en España. Escríbale una carta a un(a) amigo/a en la que describa su viaje al extranjero. Hable de:

- su alojamiento en el parador (cómo era, un poco de información histórica, etc.)
- lo que hicieron Uds. durante el viaje
- un acontecimiento interesante que les pasó
- sus planes para regresar en el futuro

Escriba por lo menos 12 oraciones y use el pretérito e imperfecto, **por** y **para,** el tiempo futuro y el subjuntivo cuando sea adecuado.

¡Leamos más! «Alternativas de alojamiento»

Antes de leer: Establecer un objetivo

In preparation for reading this article, quickly skim over the title and the boldface subtitles. Then answer the following questions:

1. What do you think the article is about?
2. Where might you expect to find this article?
3. Why might you be interested in reading this article?
4. What types of lodging might one consider while planning a trip?
5. Brainstorm a list of Spanish words and expressions you already know that might be found in this reading.

Después de leer

Identificar las ideas principales. Lea rápidamente el artículo de la página siguiente. ¿A qué parte del artículo corresponde cada idea a continuación? Escriba la letra de cada sección (B, C, D, E) al lado de la idea correspondiente.

_______ **1.** co-owning property with friends, relatives, or business associates

_______ **2.** renting homes

_______ **3.** owning property for a certain time period each year

_______ **4.** exchanging residences

Alternativas de alojamiento...

Por KAREN CALDWELL

Copley News Service

A **Cabaña en isla privada de 12 acres, equipada con cocina, baño, para cuatro personas en la playa. La mejor playa del mundo para bucear, pescar y nadar. Agua clara como el cristal. Tarifa: desde $325 a la semana.**

Disponible todo el año. Stann Creek Island, Caribe Oriental". Así lee uno de los anuncios atractivos en el directorio "World-wide Rental Guide" de alquiler a corto plazo para vacaciones o viajeros de negocio. (142 Lincoln Ave., Suite 652, Santa Fe, NM 87501).

B Compartir

Este plan le provee los arreglos de viaje y le permite permanecer dentro de su presupuesto anual para vacaciones.

Usted compra un periodo de tiempo, medido en semanas. Luego, puede usar esa propiedad cada año durante ese mismo periodo de tiempo casi siempre.

Hay dos tipos de plan: uno en el que usted es en parte dueño y por lo tanto tiene más control. El otro le da el derecho tan solo de hacer uso del lugar durante dicho periodo de tiempo.

Le resulta mejor si su plan pertenece a una red internacional permitiéndole así cambiar su periodo de vacaciones por uno en un lugar distinto y quizás en una fecha distinta.

C Propiedad fraccionada

En vez de comprar una pequeña fracción de un lugar vacacional, considere compartir la propiedad con 10 ó 12 personas más –quizás amigos, parientes o socios de negocios.

Este plan es ideal para la persona interesada en algo más que un lugar vacacional por una semana a un costo de $8 mil, pero que no puede mantener una casa para vacacionar que cuesta $250 mil. De esta manera, tiene la oportunidad de usar la propiedad durante un periodo más largo de tiempo también, dependiendo del acuerdo hecho con los otros dueños.

D Intercambio de residencias

Imagínese: Usted intercambia su casa (y todo lo que hay en ella junto con todo lo que el vecindario le ofrece) por una casa en un lugar que usted desea visitar.

Al intercambiar residencias usted se ahorra miles de dólares en tarifas de hotel. "Pero lo mejor de todo no es eso", dice un matrimonio de Fort Lauderdale, "usted llega a conocer lo que es vivir en un vecindario distinto, desde comprar en el colmado hasta llevar los niños al parque".

Por una tarifa anual modesta de membresía hay un número de organizaciones que se hacen cargo de detalles tales como de anunciar su casa, de parearlo a usted con la situación de intercambio adecuada y ayudarlo con los arreglos finales.

E Alquiler de casas

Es fácil ver por qué la fiebre de alquilar casas está ganando momentum. Una muestra de esto es The World Wide Home Rental Guide en el que aparecen villas, apartamentos y hasta castillos para alquiler en distintos lugares del mundo.

Por ejemplo en Carmel, California, una cabaña de dos habitaciones completamente amueblada con chimenea, piano, lavadora y secadora de ropa, horno microhondas, ropa de cama y lavadora de platos vale aproximadamente $500 a la semana, dependiendo de la época del año.

C: The word *ó* has a written accent so that is is not confused with the number zero, since a number precedes and follows it.

alojamiento: lodging; **A** *disponible:* available; **B** *presupuesto:* budget; *medido:* measured; *dueño:* owner; *pertenece:* belongs to; *red*: network; **C** *socios de negocios:* business associates; *acuerdo:* agreement; **D** *vecindario:* neighborhood; *colmado:* grocery store (Puerto Rico); *se hacen cargo de:* are responsible for; *parearlo:* match up with clients; *arreglos:* arrangements; **E** *fiebre:* fever; *amueblada:* furnished

Identificar los detalles importantes. Lea todo el artículo con más cuidado y conteste las siguientes preguntas.

1. Sección A: ¿Cómo es la residencia que se describe en el primer párrafo del artículo?
2. Sección A: ¿Qué podría hacer Ud. para divertirse si se aloja en esta casa?
3. Sección B: ¿Cómo puede uno compartir una propiedad para ir de vacaciones durante el año?
4. Sección C: ¿Qué ventaja hay para la persona que comparte una propiedad con 10 ó 12 personas más?

5. Sección D: ¿Cuáles son las ventajas de intercambiar su casa por otra?
6. Sección E: ¿Qué tipos de casa se puede alquilar?

Y la gramática y el vocabulario...

7. Busque un ejemplo de nominalización.
8. Busque tres usos de **para** y cinco usos de **por** y explique por qué se usa cada preposición.
9. ¿Cuál es la diferencia entre **alquiler** y **alquilar?**
10. Encuentre las siguientes palabras en español en el artículo:

to share:	exchange:
rate:	property:
provides:	membership:
to remain, stay:	

Crear un esquema. Trabajando con un(a) compañero/a de clase, haga un esquema con las cuatro alternativas de alojamiento, la idea principal de cada una y dos detalles importantes de cada una.

Ejemplo:

Alternativas de alojamiento	*Ideas principales*	*Detalles importantes*
compartir		
propiedad fraccionada		
intercambio de residencias		
alquiler de casas		

Escribir un resumen. Ahora escriba un resumen del artículo con sus propias palabras en español. Use por lo menos cuatro expresiones y/o palabras nuevas que acaba de aprender en esta lectura. Escriba unas 8 a 10 oraciones. Revise el contenido y la gramática un(a) compañero/a antes de entregarle el resumen al profesor / a la profesora.

¿Qué opina Ud.? Conteste las siguientes preguntas con un grupo de compañeros/as, compartiendo sus opiniones.

1. ¿Ha alquilado Ud. alguna vez una casa vacacional? Descríbala.
2. De los cuatro planes descritos en el artículo, ¿cuál le parece mejor a Ud.? ¿Por qué?
3. Imagínese que Ud. tiene el mismo período (año tras año) en que puede irse de vacaciones. ¿Qué plan escogería? ¿Qué haría para las vacaciones?
4. Si Ud. quiere ser dueño/a durante un período, ¿qué alternativas escogería?

ATAJO: Use the computer program to assist you in your writing. Search for the following key words:

Grammar: Prepositions *para;* Prepositions *por;* Verbs: future

Phrases: Comparing & contrasting; Comparing & distinguishing; Planning a vacation

Vocabulary: House; Traveling

Temas para composiciones/conversaciones

1. Las ventajas y desventajas de alquilar una casa vacacional
2. Un anuncio que aparece en el *World Wide Rental Guide* anunciando una casa para alquilar durante las vacaciones
3. Las ventajas y desventajas de alojarse en un hotel

¡El gran premio! ¿Puede Ud. hacerlo?

Ud. va a escuchar un anuncio de una línea aérea.

Antes de escuchar: Establecer un objetivo

In preparation for listening to the segment, answer the following questions.

1. What kinds of information might this type of advertisement give to travelers?
2. Why might you be interested in listening to the ad?
3. Brainstorm a list of Spanish words and expressions you already know that might be heard in this selection.

Después de escuchar

Primer paso: Identificar las ideas principales

Escuche el anuncio por primera vez y escoja las respuestas que completen las siguientes frases.

1. Esta línea aérea te puede llevar a varios destinos en
   - **a.** Chile.
   - **b.** México.
   - **c.** España.
   - **d.** Puerto Rico.
2. El servicio incluye
   - **a.** comidas baratas.
   - **b.** películas muy buenas.
   - **c.** bebidas de cortesía.
   - **d.** dulces y periódicos.

Segundo paso: Identificar los detalles importantes

Escuche el anuncio otra vez y complete las siguientes frases.

1. Desde Houston, la línea aérea ofrece vuelos a destinos como ______________, ______________, y ______________.
2. La clase «Premier» es para los pasajeros que quieren ______________ y ______________.
3. Para reservaciones, llama a tu ______________ o puedes llamar al número ______________.

ATAJO: Use the computer program to assist you in your writing. Search for the following key words:

Grammar: Verbs: present

Phrases: Persuading; Writing a news item

Vocabulary: Traveling

Tercer paso: Crear un esquema

Escuche el anuncio por última vez y haga un esquema que represente la información importante del anuncio.

A. Escribir un anuncio. Imagínese que Ud. es el/la encargado/a de relaciones públicas de Aeroméxico. Escriba su propio anuncio de radio, incluyendo muchos detalles sobre lo que se ofrece a los pasajeros. Use por lo menos tres expresiones y/o palabras nuevas que acaba de aprender en este anuncio. Escriba unas 5 a 7 oraciones. Discuta el contenido y la gramática con un(a) compañero/a de clase antes de entegarle el resumen al profesor / a la profesora. ¡Sea creativo/a!

¿Qué opina Ud.? Conteste las siguientes preguntas.

1. Después de escuchar este anuncio, ¿tiene Ud. interés en viajar por Aeroméxico? Explique.
2. Si Ud. ha viajado por avión, ¿cómo fue el servicio? Explique.
3. ¿Qué tipo de servicio le gustaría tener a Ud. en un avión?

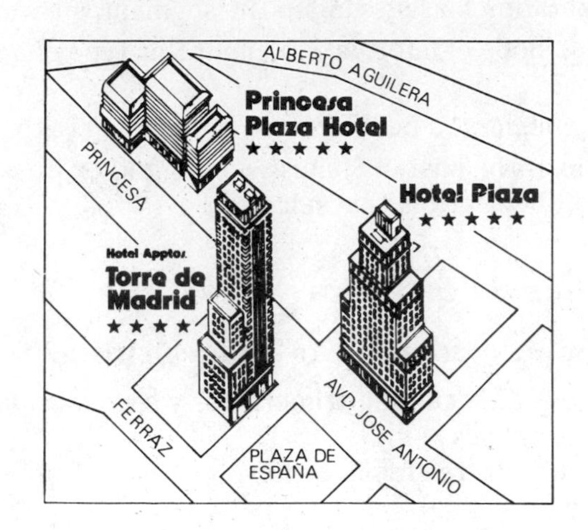

VOCABULARIO

You should be able to understand and use the following words and expressions. Add other words that you learn or may need to your personal vocabulary list in the ***Cuaderno de práctica.***

Hacer planes para viajar al extranjero

la agencia de viajes *travel agency*
el/la asistente de vuelo *flight attendant*
los cheques de viajero *traveler's checks*
el equipaje de mano *carry-on luggage*
el pasaje [boleto] de ida y vuelta *round-trip ticket*
el/la pasajero/a *passenger*
el pasaporte *passport*
la puerta *gate*
la sala de espera *waiting room*
la tarjeta de turista *tourist card*

abordar *to board the plane*
ahorrar *to save (money)*
ayudar *to help*
caber *to fit*
chequear [facturar, registrar, revisar] el equipaje *to check in luggage*
confirmar las reservaciones *to confirm the reservations*
hacer cola *to stand in line*
hacer las maletas *to pack (suitcases)*

Comunicarse con el personal de la línea aérea *(airline)*

la aduana *customs*
el asiento al lado del pasillo *aisle seat*
el asiento al lado de la ventanilla *window seat*
la clase turista *tourist class*
el comprobante de equipaje *baggage claim check*
el destino *destination*
la fila *row*
la hora de llegada *arrival time*
la hora de salida *departure time*
la primera clase *first class*
la sección de fumar/de no fumar *smoking/no smoking section*
la tardanza [demora] *delay*
la tarjeta de embarque *boarding pass*
el viaje [vuelo] directo *direct flight*
el vuelo sin escala *nonstop flight*

abrocharse el cinturón de seguridad *to fasten one's seatbelt*
aterrizar (el aterrizaje) *to land (the landing)*
despegar (el despegue) *to take off (the takeoff)*
reclamar el equipaje *to claim the luggage*

a tiempo *on time*
adelantado/a *early*
atrasado/a *late*

Hablar de planes y condiciones circunstanciales

a menos que *unless*
antes (de) que *before*
aunque *even though, even if*
con tal (de) que *provided that*
cuando *when*
después (de) que *after*
en caso (de) que *in case*
en cuanto *as soon as*
hasta que *until*
mientras *while*
para que *so that*
sin que *without*
tan pronto como *as soon as*

Pedir alojamiento en un hotel

el aire acondicionado *air conditioning*
las almohadas *pillows*
el baño particular/privado *private bath*
la bombilla *light bulb*
el botones *bellboy*
la calefacción *heat (furnace)*
la esquina *corner*
el estacionamiento *parking lot*
la ficha de registro *registration card*
la habitación simple/doble *single/double room*
los impuestos *taxes*
el inodoro *toilet*
la llave *key*
el papel higiénico *toilet paper*
el servicio de habitación *room service*
la tarifa *rate, fee*
las toallas *towels*

acabársele a uno/a *to run out, finish*
arreglar *to fix, arrange*
cobrar *to charge (a price)*
desocupar [salir de] la habitación *to vacate the room*
estar lleno *to be full (hotels, garages)*
funcionar *to function, work (equipment)*
fundir *to burn out (light bulb)*
registrarse *to register*
revisar *to check, examine*

a un cargo adicional *at an extra charge*
de antemano *in advance*
por casualidad *by chance*
por desgracia *unfortunately*
por ejemplo *for example*
por eso *therefore*
por fin *finally*
por lo general *generally*
por lo menos *at least*
por lo tanto *therefore*
por supuesto *of course*
por último *finally*

Otras palabras y expresiones útiles

la cuadra *block*
cruzar la calle *to cross the street*
doblar *to turn*
seguir derecho *to continue straight ahead*
subirse al/bajarse del autobús *to get on/off the bus*

a la izquierda/derecha *to the left/right*

¿Necesita repasar un poco?

Ir + a + infinitivo

A common way to talk about future events, particularly those that will occur in the immediate future, is to use *ir* + *a* + an infinitive.

ir	**a**	**infinitive**
voy		estudiar
vas		viajar al Perú
va		aterrizar
vamos		
vais		
van		

Voy a estudiar en la biblioteca esta noche. *I'm going to study in the library tonight.*

Vamos a viajar a Perú para visitar a nuestros primos. *We're going to travel to Peru to visit our cousins.*

El presente progresivo y el imperfecto progresivo

The present and past progressive tenses are used to draw attention to an activity being done at a specific moment. However, they are not used as frequently in Spanish as they are in English, since Spanish often uses the present and imperfect tenses instead to refer to actions in progress. Nevertheless, to emphasize the immediacy of actions in progress at this very moment, use the present tense of *estar* followed by the present participle. To emphasize actions in progress at a moment in the past, use the imperfect tense of *estar* followed by the present participle. To form the present participle, add ***-ando*** to the stem of ***-ar*** verbs and ***-iendo*** to the stem of ***-er*** and ***-ir*** verbs.

En este momento **estoy estudiando.** *I'm studying right now.*

Estaba comiendo cuando yo llegué. *He was eating when I arrived.*

-Ir stem-changing verbs change ***e*** → ***i*** and ***o*** → ***u*** in the present participle form.

venir	**viniendo**
sentir	**sintiendo**
pedir	**pidiendo**
dormir	**durmiendo**
morir	**muriendo**

The present progressive of *ir (yendo)* and *poder (pudiendo)* are seldom used. The simple present indicative tense is used instead.

-Er and ***-ir*** verbs that have stems ending in vowels change the ***i*** of the ending to a ***y***.

creer	**creyendo**
leer	**leyendo**
oír	**oyendo**

Capítulo 6

¿Qué me recomienda?

Contexto: Las compras: comida y ropa

Objetivos funcionales

- pedir comida en un restaurante
- hablar de la ropa en un almacén
- comprar ropa en un almacén

Objetivos culturales

- describir la cocina hispana

Gramática funcional

- los complementos directos e indirectos pronominales
- los adjetivos posesivos
- el subjuntivo en las cláusulas adjetivales

Enlace inicial

¡Escuchemos!

Ud. va a escuchar una conversación entre Maite y Roberto, los cuales hablan de comida típica. Escuche la conversación y conteste las preguntas.

A. ¿Comprendió Ud.? Ponga una ***R*** al lado de los platos que menciona Roberto y una ***M*** al lado de los platos que menciona Maite.

_______	**1.** caldo gallego	_______	**7.** ensalada
_______	**2.** enchiladas	_______	**8.** pastel
_______	**3.** paella valenciana	_______	**9.** café
_______	**4.** agua	_______	**10.** sangría
_______	**5.** tacos	_______	**11.** fabada
_______	**6.** mole poblano	_______	**12.** tortilla de patatas

La fabada is an Asturian stew made of pork and beans. *El caldo gallego* is a soup made of white beans, turnip greens, potatoes, ham, pork, and sausage.

B. Más detalles. Conteste las siguientes preguntas en español.

1. ¿Qué planes tiene Maite para el fin de semana?
2. ¿Qué planes tiene Roberto?
3. ¿Qué opinión tiene Roberto sobre el restaurante que menciona?

¿En qué consiste la sangría? ¿Cómo representa la unión de la cultura americana y la española?

¡Leamos! Los anuncios

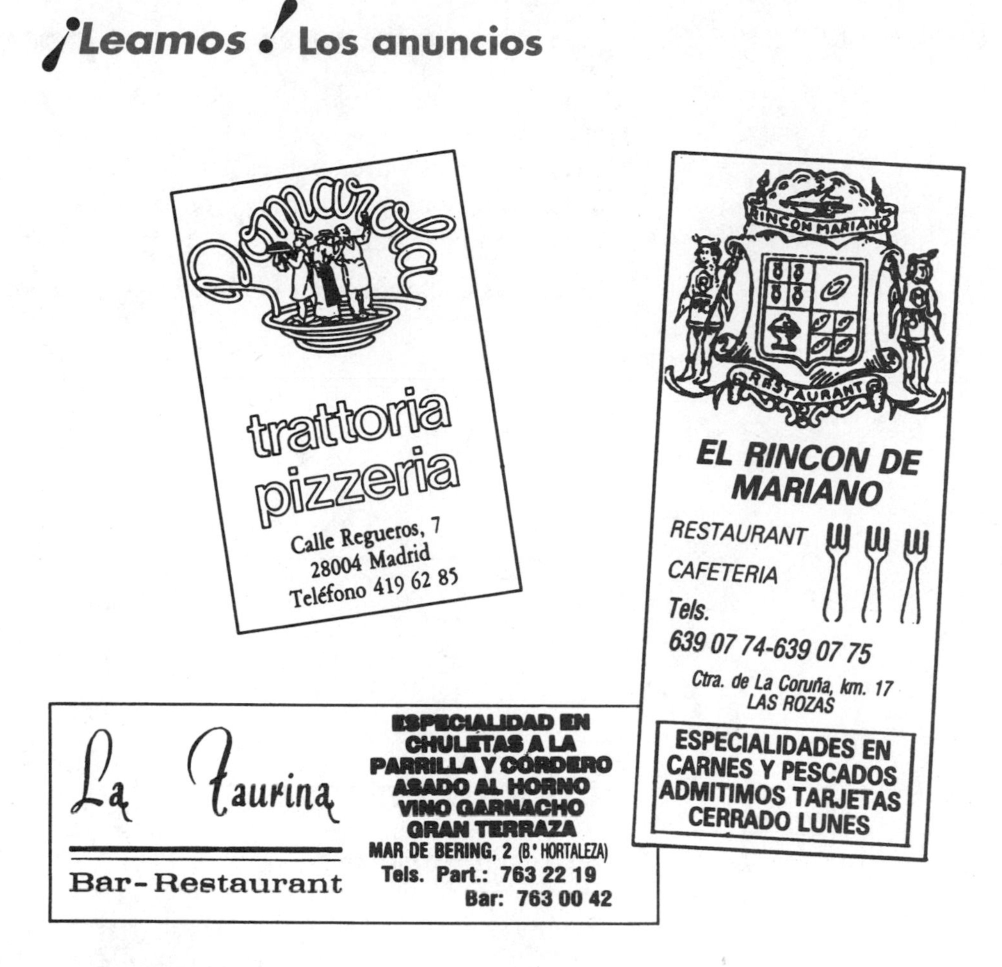

A. ¿Comprendió Ud.? Lea los anuncios y conteste las preguntas en español.

1. ¿Qué se vende?
2. Ponga una *X* al lado de cada tipo de información que Ud. encuentra en los anuncios.

_______	**a.** número de teléfono	_______	**e.** dirección
_______	**b.** grupo musical	_______	**f.** días/horas de servicio
_______	**c.** precios	_______	**g.** tipos de comida
_______	**d.** código de vestirse	_______	**h.** formas de pago

B. ¡A comer! Conteste las siguientes preguntas en español.

1. ¿Adónde debe ir uno si quiere carne a la parrilla?
2. ¿Cuál es el restaurante más elegante? ¿Cómo sabe? ¿Y el menos elegante?
3. ¿En qué restaurante se puede comer afuera?
4. ¿Hay algún restaurante que se especialice en pescado?
5. ¿En qué restaurante le gustaría comer a Ud.? ¿Por qué?

This is review grammar practice.

¿Necesita repasar un poco?

Al final de este capítulo, Ud. encontrará un breve resumen de las siguientes estructuras:

- los adjetivos y pronombres demostrativos
- los complementos directos pronominales
- las comparaciones

Repase esta información y complete los ejercicios en el ***Cuaderno de práctica.***

Enlace principal

Cultura en vivo

La cocina hispana

VIDEO: Use *Programa 7, Ricos sabores,* in ***Mosaico cultural*** in order to explore a variety of Hispanic foods. Consult the ***Cuaderno de práctica*** for corresponding activities for this segment.

La paella valenciana es un plato español muy conocido que consta de mariscos, arroz, legumbres, pollo y carne. En la costa de España, la paella tiene más mariscos y pescado. En las regiones del interior del país, la paella se prepara con pollo y otras carnes. El ingrediente más famoso de la paella es el azafrán, que es el condimento que produce el color amarillo típico de la paella.

El mole poblano es una comida típica de México. Es una salsa que lleva chocolate, ingrediente que se originó en México, y unos 20 o 30 frutas, nueces y chiles. El mole se sirve con pollo o pavo.

Mire las fotos y conteste las preguntas.

1. ¿Alguna vez ha comido Ud. alguno de estos platos? ¿Le gustó?
2. ¿Conoce Ud. otros postres hispanos? ¿Bebidas hispanas?
3. ¿Qué platos típicos de otros países hispanos sabe Ud. preparar? ¿Quién le enseñó?

Función 1

Pedir comida en un restaurante

Los complementos directos e indirectos pronominales

En esta sección, Ud. aprenderá sobre la comida que se sirve en un restaurante elegante. ¿Cuáles son algunas características de un restaurante elegante? ¿Quiénes trabajan allí? ¿Cómo se visten? ¿Cuánto cuesta la comida? ¿Qué diferencias hay entre un restaurante elegante y McDonald's?

En el restaurante

el/la mesero/a = el/la camarero/a = el/la mozo/a

el menú = la carta

El/La mesero/a también puede decir **¿Qué les apetece?** (What appeals to your appetite?) o **¿Quisieran probar... ?** (Would you like to try...?)

a. Buenas tardes. ¿Cuántos son Uds.?
b. Somos dos. Quisiéramos una mesa cerca de la ventana.
c. Síganme, por favor.
d. Aquí tienen el menú.
e. ¿Qué les gustaría pedir? Las gambas están muy ricas/frescas hoy. Les sugiero...
f. Me muero de hambre. ¿Hay un plato del día?
g. ¿Les traigo... una bebida o una ensalada?

El/La mesero/a también puede decir **Que aproveche.**

sabroso = delicioso

Most Hispanic restaurants indicate on their menu that *El servicio está incluido,* meaning that the tax and tip are included in the price, and you do not have to leave money on the table. If you do not see this notation, you should leave a tip.

Sinónimos para **recibo** son **nota** y **factura.**

h. Tráiganos gambas y una ensalada mixta, por favor.
i. Buen provecho.
j. Todo está sabroso. Claro, está riquísimo.
k. ¿Les traigo... un café o un postre?
l. Sí, quisiéramos un café con leche.
m. Estamos satisfechos. La cuenta, por favor. ¿Están incluidos los impuestos y la propina? ¿Aceptan tarjetas de crédito o cheques personales?
n. ¿Me podría dar un recibo, por favor?

¿Qué hay de comer?

Filete se refiere más frecuentemente a pescado, pero se puede usar para referirse a carne.

Las carnes: carne de res *(beef),* carne de cerdo *(pork),* chuletas de ternera *(veal chops),* pavo *(turkey),* filete a la parrilla [plancha] *(grilled steak or fish)*

Las frutas y las legumbres: ensalada con pepino *(cucumber),* apio *(celery)* y aceitunas *(olives);* sandía *(watermelon),* cerezas *(cherries),* fresas *(strawberries),* melocotones [duraznos] *(peaches),* ciruelas *(plums),* plátanos *(plantains: banana-like green fruit typically fried)*

Otras variedades de plátanos son: plátano de la isla, plátano de seda, plátano-manzana, plátano de freír. Todas las variedades son de Centroamérica o Sudamérica.

El postre: dedos de novia *(ladyfingers)*

Las bebidas: café con leche *(a lot of hot milk mixed with a small amount of very strong coffee),* café *(black coffee),* capuchino, exprés *(espresso)*

La Cocina de *Sant Millán,* restaurante segoviano

En la página 166, Ud. va a estudiar el menú del restaurante La Cocina de Sant Millán de Segovia, España. Por medio del menú y las actividades a continuación, aprenderá mucho sobre las comidas y bebidas típicas. Al final del capítulo, hay una lista de las palabras nuevas que necesita saber.

◆ **EXTRA VOCABULARY:** The following expressions are used to handle problems in a restaurant. The underlined expressions are ways to avoid confrontational speech: *Perdone, señor/señorita camarero/a, pero este... es que me falta una cucharita.* (I need a teaspoon.) *Perdón, si Ud. me permite, creo que hay un error.* (Excuse me, if you'll permit me, I think there's been a mistake.) *Pedí un bistec al punto/poco asado* (a medium steak/rare steak) *y este es un bistec bien asado* (a well-done steak). *¿Me podría cambiar esto, por favor?* (Could you send this back for me, please?) *Se lo agradezco mucho.* (I'm very grateful to you.) The suggestions for softening a complaint can be used with other statements about problematic situations in restaurants, such as: *No hay sal en la mesa. La carne está dura* (tough). *El pan está viejo* (stale). *El café está frío.*

Piense un momento en la siguiente frase en inglés: *John orders a lemonade for Sally.* La persona que hace la acción es *John* (el sujeto); la acción es *orders* (el verbo); lo que pide es *a lemonade* (el objeto directo); la persona para quien John pide la limonada es *Sally* (el objeto indirecto). Ahora diga Ud. la oración en inglés sin usar las palabras *a lemonade* y *for Sally.* (Busque la respuesta correcta al pie de esta página.) ¿Qué palabra se usa para *a lemonade*? ¿Para *for Sally*?

The first word in each pair is typical of Spain, while the second word is typical of Central and South America:

gambas = camarones

zumo = jugo

champiñones = hongos

judías verdes = habichuelas

melocotones = duraznos

If you need to review the object pronouns, consult the *¿NECESITA REPASAR UN POCO?* section of Chapter 3 for indirect object pronouns and the *¿NECESITA REPASAR UN POCO?* section of this chapter for direct object pronouns.

You have already learned how to use direct object pronouns and indirect object pronouns separately in Spanish. We often use direct and indirect object pronouns together to avoid repeating the names of people or things previously mentioned. Particularly in a restaurant setting, we may find ourselves repeatedly referring to foods or drinks and to the people at the table with us.

Trabaje con un(a) compañero/a de clase. Hagan una lista con los complementos directos pronominales y los complementos indirectos pronominales. Hablen de lo que Uds. ya saben sobre dónde aparecen estos complementos pronominales en la oración.

Pedí una limonada. → El mesero no la trajo todavía.
(limonada: objeto directo) (la: complemento directo pronominal)

John pidió un café para Sally. → El mesero le trajo un café con leche.
(para Sally: objeto indirecto) (le: complemento indirecto pronominal)

In this function, we will use the direct and indirect object pronouns together, as a kind of "pronoun package." In the package, indirect object pronouns always come before direct object pronouns.

She bought ***the dessert for me.*** → Ella **me lo** compró.
(Direct, Indirect → I D)

I gave ***the appetizers to you.*** → Yo **te los** di.
(Direct, Indirect → I D)

They brought ***the salads to me.*** → Ellos **me las** trajeron.
(Direct, Indirect → I D)

The indirect object pronouns *le/les* change to *se* when used before any third person direct object pronoun *(lo/la/los/las).*

Le compré **el café con leche a ella.** → **Se lo** compré (a ella).
(I D I → I D I)

El cliente **les** trajo **las bebidas a ellas.** → **Se las** trajo (a ellas).
(I D I → I D I)

John orders it for her.

The *Vocabulario básico* in the Appendix lists foods that are considered to be review. (These words are not contained in the end-of-chapter vocabulary list for Chapter 6.) You may find it helpful and/or necessary to review this material before proceeding with the new vocabulary.

verduras = legumbres

◆ **EXTRA VOCABULARY:** (Words from the menu **not** included in the end-of-chapter vocabulary list): *judiones de la granja:* large green farm beans; *acelgas con piñones y almendras:* swiss chard with piñon nuts and almonds; *escalopines:* fried veal; *brocheta de solomillo:* shishkabob with meat similar to filet mignon; *osso buco:* Italian dish of veal shanks; *entrecotte de choto:* sirloin; *steak tártaro:* steak tartare (raw seasoned steak); *besugo a la espalda:* type of fish served with two filet sides opened flat on plate; *merluza cosquera:* Basque hake; *rape al ajo arriero:* angler fish in garlic sauce.

Notice the two forks on the menu. This is a system for ranking restaurants. A two-fork restaurant serves good food at moderate prices in a pleasant atmosphere. A four-fork restaurant serves international cuisine or special regional dishes in an elaborately-decorated atmosphere, where the prices are usually high.

Additional words you may need: *hervido:* boiled; *horneado [asado]:* baked; *quemado:* burned; *salado:* salty; *crudo:* raw.

Names for types of food vary by country or region. For instance, a *tortilla* is the flat pancake-like basis of a taco in Mexico, but in Spain, a *tortilla* is an omelette.

agua del grifo: tap water. *Agua gaseosa* is carbonated while *agua mineral* is a little heavier. In Spain and Chile and other parts of South America, this distinction is made by saying *agua mineral con gas* or *sin gas*.

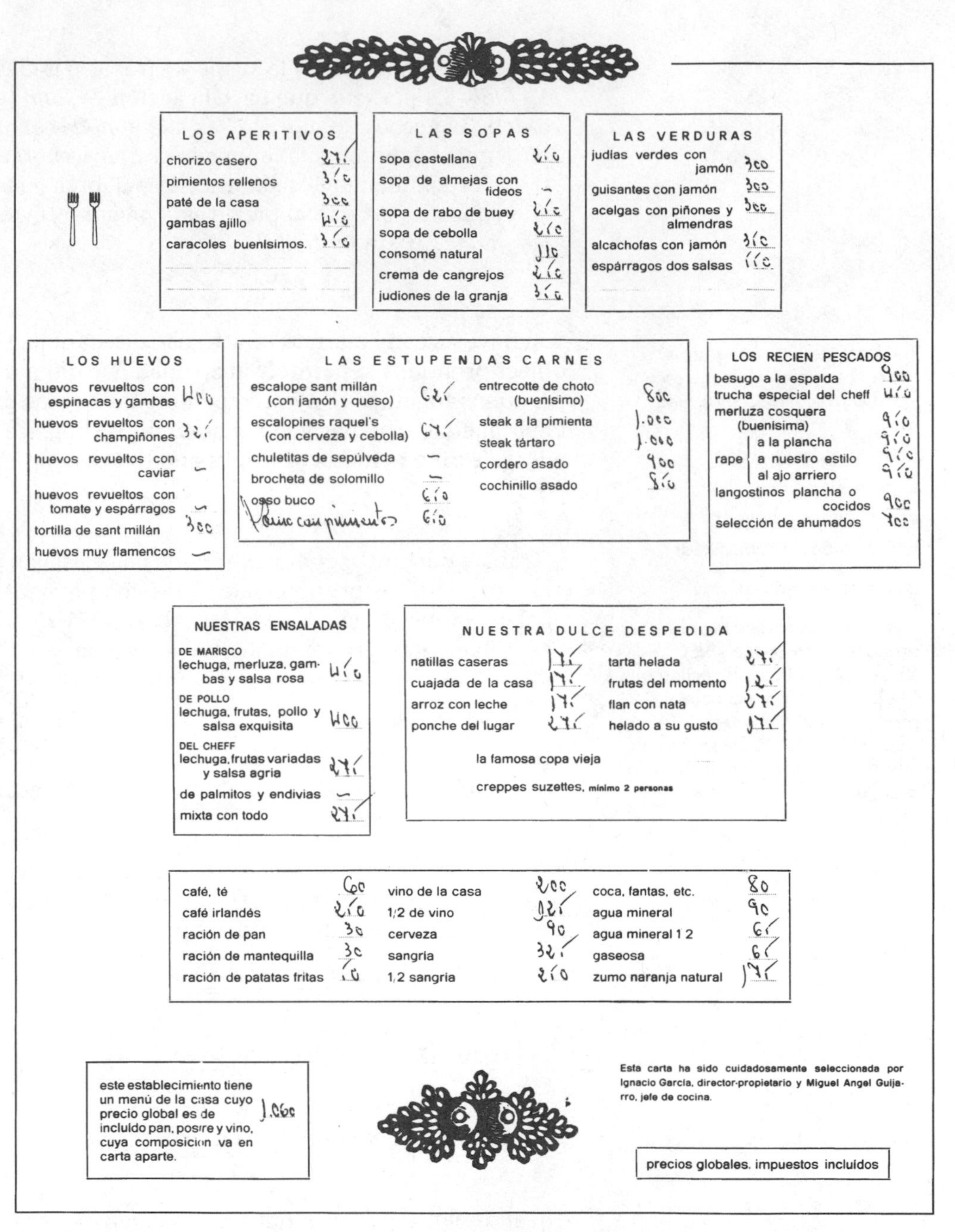

LOS APERITIVOS

chorizo casero	275
pimientos rellenos	350
paté de la casa	300
gambas ajillo	450
caracoles buenísimos.	350

LAS SOPAS

sopa castellana	250
sopa de almejas con fideos	—
sopa de rabo de buey	250
sopa de cebolla	250
consomé natural	150
crema de cangrejos	250
judiones de la granja	350

LAS VERDURAS

judías verdes con jamón	300
guisantes con jamón	300
acelgas con piñones y almendras	300
alcachofas con jamón	350
espárragos dos salsas	550

LOS HUEVOS

huevos revueltos con espinacas y gambas	400
huevos revueltos con champiñones	325
huevos revueltos con caviar	—
huevos revueltos con tomate y espárragos	—
tortilla de sant millán	300
huevos muy flamencos	—

LAS ESTUPENDAS CARNES

escalope sant millán (con jamón y queso)	625	entrecotte de choto (buenísimo)	800
escalopines raquel's (con cerveza y cebolla)	675	steak a la pimienta	1.000
chuletitas de sepúlveda	—	steak tártaro	1.000
brocheta de solomillo	—	cordero asado	900
osso buco	650	cochinillo asado	850
[illegible]	650		

LOS RECIEN PESCADOS

besugo a la espalda	900
trucha especial del cheff	450
merluza cosquera (buenísima)	950
rape a la plancha	950
rape a nuestro estilo	950
rape al ajo arriero	950
langostinos plancha o cocidos	900
selección de ahumados	700

NUESTRAS ENSALADAS

DE MARISCO lechuga, merluza, gambas y salsa rosa	450
DE POLLO lechuga, frutas, pollo y salsa exquisita	400
DEL CHEFF lechuga, frutas variadas y salsa agria	275
de palmitos y endivias	—
mixta con todo	275

NUESTRA DULCE DESPEDIDA

natillas caseras	175	tarta helada	275
cuajada de la casa	175	frutas del momento	125
arroz con leche	175	flan con nata	275
ponche del lugar	275	helado a su gusto	175

la famosa copa vieja

creppes suzettes, mínimo 2 personas

café, té	60	vino de la casa	200	coca, fantas, etc.	80
café irlandés	250	1/2 de vino	125	agua mineral	90
ración de pan	30	cerveza	90	agua mineral 1 2	65
ración de mantequilla	30	sangria	325	gaseosa	65
ración de patatas fritas	50	1/2 sangria	250	zumo naranja natural	175

este establecimiento tiene un menú de la casa cuyo precio global es de 1.060 incluido pan, postre y vino, cuya composición va en carta aparte.

Esta carta ha sido cuidadosamente seleccionada por Ignacio García, director-propietario y Miguel Angel Guijarro, jefe de cocina.

precios globales. impuestos incluidos

Use the phrase ***a*** **+ person** at the end of the sentence if you want to clarify or emphasize to whom the indirect object pronoun refers. Usually this will happen when the indirect pronoun is the third person *se*, since this word can refer to more than one person. In the following examples, the ***a*** **+ person** phrase tells us specifically who the *se* is.

Se lo pidió **a Eliana.** — I D ... I

Se lo trajo **a ellos.** — I D ... I

Use the acronym "ID" to help you remember which comes first, Indirect before Direct.

Examine Ud. los siguientes ejemplos y circule la palabra que indica dónde están los pronombres.

Con verbos conjugados, los pronombres van (antes / después) del verbo.

Graciela **se lo** sirvió.

El mesero siempre **me la** trae sin hielo.

Con mandatos afirmativos, los pronombres van (antes / después) del mandato.

¡Dé**mela**!

¡Pída**sela**!

Con mandatos negativos, los pronombres van (antes / después) del mandato.

¡No **me la** dé!

¡No **se la** pida!

When you attach two pronouns to an infinitive, a present participle, or an affirmative command, be sure to place a written accent on the vowel of the syllable that was stressed before you attached the pronouns.

Con un verbo conjugado al lado de un infinitivo o participio presente, Ud. puede decidir dónde poner los pronombres. Las dos posiciones son correctas.

Se los voy a pedir. o Voy a pedír**selos.**

I D I D

Me la está comprando. o Está comprándo**mela.**

I D I D

¡Practiquemos!

A. En el restaurante Sant Millán. Ud. está en el restaurante y tiene muchas preguntas sobre las comidas y bebidas que sirven hoy. ¿Cómo va a responder la camarera a sus preguntas? Use el menú de la página 166 como guía. Ud. puede ser el/la cliente y un(a) compañero/a de clase puede ser el/la mesero/a.

Modelo: ¿Sirven Uds. ensalada mixta?
Sí, servimos ensalada mixta con todo o ensalada del cheff.

1. ¿Qué jugos tienen?
2. ¿Qué tipos de agua sirven?
3. ¿Sirven ensaladas con carne?
4. ¿Qué carnes tienen hoy?
5. ¿Qué verduras hay?
6. ¿Sirven algún aperitivo con pescado o mariscos?
7. ¿Qué bebidas calientes tienen? ¿Qué bebidas frías?
8. ¿Qué hay de postre?

B. ¿Y Ud.? En general, ¿qué pide Ud. en un restaurante? Use las frases a continuación para guiarse en cada situación. Trate de no repetir palabras.

Modelo: si tiene mucha sed
¡Mire Ud., señor mesero, me muero de sed! Me gustaría pedir una limonada, y puede Ud. preparármela rápidamente?

1. si tiene veinte minutos para comer
2. si come a las cinco de la tarde

3. si quiere tener una comida elegante con su novio/a
4. si quiere celebrar el fin de semestre
5. si tiene solamente $5
6. si quiere un aperitivo para 6 personas

C. En el restaurante. Ud. y un(a) amigo/a van a cenar en un restaurante elegante. Con un(a) compañero/a de clase, responda a las siguientes preguntas que les hace el camarero.

In this context, the waiter brings one cup of coffee to each person; the indirect object pronoun *nos* is used to express **to us.**

Modelo: ¿Les traigo una bebida?
Ud.: *Sí, tráiganos un café por favor.*
El/La amigo/a: *Sí, y también para mí unos dedos de novia, por favor.*

1. ¿Cuántos son Uds.?
2. ¿Dónde prefieren sentarse?
3. ¿Qué desean pedir?
4. Les recomiendo los camarones. Están muy frescos. ¿Les gustaría probarlos?
5. ¿Cómo están las comidas?
6. ¿Quisieran pedir un postre?

D. El camarero. Memo consiguió empleo como mesero en un restaurante elegante. Este empleo le servirá para pagar sus gastos personales. Ahora está hablando con Maite y le explica lo difícil que es su trabajo. Maite le hace varias preguntas sobre lo que hizo hoy en el restaurante. Contéstelas según el modelo.

Remember, Maite is talking to Memo, using the **familiar** form of address.

Modelo: ¿Les serviste comida a los clientes?
Sí, se la serví (a los clientes).

1. ¿El/La dueño/a les leyó los platos del día a los clientes?
2. ¿Alguien te pidió un vaso de agua?
3. ¿Le llevaste los pedidos al cocinero?
4. ¿El cocinero te trajo los platos?
5. ¿Alguien te cambió el pedido?
6. ¿Les diste a los clientes el cambio correcto?
7. ¿El/La dueño/a les dijo a ti y a los otros camareros el precio del plato del día?

TAMBIEN SE LLAMAN ASI...

AGUACATE	Palta
ALBARICOQUE	Damasco, chabacano
APIO	Sédano
BONIATO	Camote, batata
BROCULI	Brócoli, brécol
CALABACIN	Zapallito, *zucchino*
CALABAZA	Auyama
CEBOLLINO	Ajo moruno, cebolleta
CEREZA	Guinda
CIRUELA	Pruna
COL	Repollo
CULANTRO	Cilantro
CURCUMA	Azafrán de la India, batatilla
CHAMPIÑON	Hongo, seta, callampa
CHICHARO	Guisante, arveja, *petit pois* seco
CHILE	Ají, pimiento, *chili*
DURAZNO	Melocotón
ESCALONIA	Cebolla escalonia, cebolleta
FRESA	Frutilla
FRIJOL	Poroto, caraota
GRIÑON	Nectarino
GROSELLA	Pasa de Corinto
GUINEO	Cambur
HABICHUELA	Ejote, chaucha, porotito verde
HINOJO	Cáñamo de la India
JUDIA	Alubia, frijol blanco, chaucha
MAIZ	Choclo, elote
MANI	Cacahuete
MELOCOTON	Durazno
NARANJA CHINA	*Kumquat, quinoto*
OLIVA	Aceituna negra
PAPA	Patata
PAPAYA	Fruta bomba, lechosa
PEPINO	Cohombro
PIMIENTO	Ají, chile dulce
PIMENTON	*Paprika,* achiote
PIÑA	Ananás
REMOLACHA	Betabel, betarraga
PUERRO	Ajo puerro, ajo porro
SANDIA	Melón de agua
SESAMO	Ajonjolí
TOMATE	Jitomate
TORONJA	Pomelo

E. En el restaurante. Eliana le da varios mandatos a una nueva camarera, quien le contesta que sí va a hacer las cosas en seguida. Dé las respuestas usando **ir + a + infinitivo** según el modelo.

Modelo: Tráigale un menú a este hombre.
*¡Voy a traér**selo** en seguida!*

1. Dígales los platos del día a los clientes.
2. Contésteles sus preguntas a los clientes.
3. Tráigale un vaso de agua a esa mujer.
4. Muéstreles un menú a ellos.
5. Llévele el dinero al cajero.
6. Deles cambio a los clientes.
7. Búsquele otro tenedor a ese niño porque perdió el suyo.

F. ¿Y Ud.? Conteste las siguientes preguntas sin repetir las palabras. Dé algunos detalles para aclarar su respuesta.

1. La última vez que Ud. fue a un restaurante, ¿le dijo el/la camarero/a los platos del día?
2. ¿Le dio un menú inmediatamente?
3. ¿Le sirvió agua?
4. ¿Cómo fue el servicio?
5. ¿Le dejó Ud. una buena propina al camarero / a la camarera la última vez que comió en un restaurante? Explique.

G. ¿Qué puede Ud. identificar? Mencione y escriba los nombres de las comidas que Ud. puede identificar de la lista a la derecha de la página anterior.

Función 2

Hablar de la ropa en un almacén

Los adjetivos posesivos

Con un(a) compañero/a de clase, haga una lista con todas las palabras que saben en español para describir **ropa.**

Las prendas de vestir: ¿Está Ud. a la moda?

pantalones vaqueros = bluyines

unos pantalones vaqueros, un cinturón, una camisa de algodón, de cuadros, manga larga, un bolsillo, unas botas de cuero

un vestido de lino, de rayas, manga corta, botones, cuello de encaje, los zapatos de tacón alto, el impermeable, el paraguas

una falda de lana, el cierre, una blusa de seda, la bufanda de seda, estampada de flores, los zapatos de tacón bajo

You might also need *el traje:* suit.

sandalias

pulseras de plata

zapatillas [pantuflas]

collares de oro

aretes

pendientes

zapatos deportivos

Zapatillas = zapatos para correr = zapatos de tenis en algunos países de Centro- y Sudamérica. **Zapatos deportivos:** casual shoes.

el/la dependiente: sales clerk

En el almacén, el/la dependiente y el/la cliente pueden decir:

La cliente también puede decir **Quisiera/Necesito...**

estar de moda: to be stylish; *estar pasado/a de moda:* to be out of style

Sales clerk could respond *Aceptamos cambios con tal de que tenga el recibo.*

La cliente también puede decir **Me queda mal/largo.**

Spanish uses *el, la, los,* or *las* to refer to items of clothing if it's clear whose it is: *Me puse la blusa de seda hoy porque...*

You might also wish to describe various shades of colors for clothing: *de un solo color/color liso:* solid color/plain; *celeste:* sky blue; *azul marino:* navy blue; *verde oscuro:* dark green; *café claro:* light brown. You can apply ***oscuro*** and ***claro*** to any color to modify your description of its shade.

apretados = estrechos

está en liquidación = es una ganga (a bargain)

◆ **EXTRA VOCABULARY:** The following expressions are used to complain about purchases: *Tengo una pequeña queja—hay una mancha/agujero* (stain/hole) *en este vestido. Creo que hay un error/se han equivocado.* (I think there is/there has been a mistake.) *Equivocado* is much stronger, even confrontational. Some extra words for *la ropa interior: los calzoncillos:* men's undershorts; *las bragas:* women's underpants; *la combinación:* full slip; *las enaguas:* half-slip.

estilo: style; *vistoso:* dressy; *escaparate:* (store window); *hacer juego con:* to match, go with; *vale = cuesta* (in this context); *llevarme:* to take (with me) *(llevar* also means to wear); *cambiar:* exchange; *devolver:* return

El/La cliente también puede decir:

¿Lo/Los/La/Las tiene en otro color/estilo?

¿Podría enseñarme algo más barato/más económico/más vistoso/un poco más elegante/de mejor calidad/que está en el escaparate?

¿Tiene algo que haga juego con esta blusa mía?

¿Cuánto vale? ¡Es una fortuna!

Voy a llevarme esto. / Voy a pensarlo.

¿Se puede cambiar o devolver esto?

En el dibujo, ¿qué palabras usa Maite para identificar la blusa? ¿Y Eliana?

In distinguishing ownership, we often use possessive adjectives. You have already learned how to use the short possessive adjectives in Spanish that precede the noun: *mi/mis, tu/tus, su, sus, nuestro(a)/nuestros(as),* and *vuestro(a)/vuestros(as).*

Es **mi** libro.

Son **nuestros** compañeros.

We can also use possessive adjectives in order to clarify or emphasize. English uses word stress or the expressions **(of) mine/yours/his/hers/ours/theirs.** Spanish uses longer possessive adjectives and placement of these adjectives after the noun.

*It's not **his**; it's **mine**!* ¡No es **suyo**; es **mío**!

*She has a sweater **of mine**.* Ella tiene un suéter **mío.**

The following are the long possessive adjectives in Spanish that always follow the noun and agree with it in gender and number:

mío / mía / míos / mías	(of) mine
tuyo / tuya / tuyos / tuyas	(of) yours (familiar, singular)
suyo / suya / suyos / suyas	(of) his, hers, theirs, yours (formal, singular and plural)
nuestro / nuestra / nuestros / nuestras	(of) ours
vuestro / vuestra / vuestros / vuestras	(of) yours (familiar, plural, used mostly in Spain)

Since **suyo** can mean **(of) his, hers, yours,** or **theirs,** prepositional phrases may be substituted to clarify meaning, for example, *¿Están aquí los hermanos* ***de Ud./de él/de ella,*** etc.

When using a long form of the possessive adjective, the definite article is usually omitted after the verb *ser:* —¿Es **suya** esa cartera? *(Is that wallet* ***yours****?)* —Sí, es **mía.** *(Yes, it's* ***mine.****)*

¿De qué color es la blusa **tuya?** *What color is* ***your*** *blouse/that blouse of* ***yours?***

¿Están aquí los hermanos **suyos?** *Are* ***your*** *brothers/those brothers* ***of yours*** *here?*

The long forms of the possessive adjectives can also be used as pronouns (nominalized) to avoid repetition. The number and gender of the pronoun reflects that of the noun being replaced.

—¿Cuánto costó el impermeable **tuyo?** *How much did* ***your*** *raincoat cost?*

—**El mío** costó $85. ***Mine*** *cost $85.*

¡Practiquemos!

A. El baile. Eliana y Maite hacen planes para ir a un gran baile y hablan de la ropa que van a llevar las otras chicas. Eliana le hace a Maite muchas preguntas sobre las prendas de las otras. Dé las respuestas de Maite según el modelo.

Modelo: Eliana: ¿De qué color es el vestido favorito de Marta? (azul)
Maite: El vestido favorito suyo es azul celeste.

1. ¿Qué diseño tiene el vestido nuevo de Ana? (de rayas)
2. ¿De qué están hechos los guantes de Eliana? Parecen muy finos. (seda)
3. ¿De qué tela es esa blusa vistosa de Graciela? (lino)
4. ¿De qué color son tus medias favoritas, Maite? (negro)
5. ¿De qué están hechas las sandalias de Ana y Luisa? (cuero)
6. ¿De qué metal es la pulsera de Eliana? (oro)

B. Un juego: ¿Tiene Ud. buena memoria? Ud. va a trabajar con otros compañeros en un grupo. Una persona describe una cosa de la lista a continuación; después, la segunda persona repite la descripción de la primera persona y hace su propia descripción. Cada persona tiene que repetir todas las descripciones anteriores y añadir la suya. Usen los adjetivos y complementos posesivos según el modelo.

Modelo: camisa
Estudiante A: *La camisa mía es roja y de manga corta.*
Estudiante B: *La camisa suya es roja y de manga corta. La mía es azul y tiene dos bolsillos.*
Estudiante C: *La camisa suya es roja y de manga corta. La suya es azul y tiene dos bolsillos. La mía es blanca y de manga larga., etc.*

1. pantalones
2. zapatos
3. comida favorita
4. postre preferido
5. almacén preferido
6. carne menos favorita

C. La lavandería. Con tres compañeros de clase, imagínense que Uds. están en la lavandería *(laundry room)* de su residencia. Como un truco *(trick)* alguien ha sacado toda la ropa de las máquinas y Uds. tienen que decidir qué prendas son de quién. Usen las formas de los adjetivos o pronombres que aprendieron antes para distinguir la ropa y para identificarla.

Modelo: una camisa
—¿Es ésta tu camisa?
—No, la mía es negra y es de seda. o
—Sí, es mía porque es roja y de algodón.

1. un pijama
2. unos calcetines de algodón
3. cinco toallas de varios colores
4. ropa interior
5. una chaqueta
6. una blusa vistosa
7. unos pantalones vaqueros muy viejos
8. una bufanda

D. Ud. va a ayudar. La cuñada de Rocío no sabe hablar bien español y necesita comprar varias cosas. Rocío la ayuda, explicándole a la dependiente qué cosas busca su cuñada según los siguientes dibujos. ¿Qué dice Rocío? Incluya muchos detalles.

En Santiago de Chile en junio, la temperatura oscilará entre 30 y 50 grados F. y es posible que un poco de nieve caiga. Las montañas cercanas estarán cubiertas de nieve y la temporada de esquiar empezará en el pueblo de Portillo, que queda a una hora de Santiago.

E. Ud. va de vacaciones. Ud. tiene planes de ir a una conferencia en Santiago de Chile en el mes de junio y después tomar dos semanas de vacaciones. ¿Qué cosas llevará? Piense en sus propias prendas de vestir y haga una lista con por lo menos seis actividades que piensa hacer durante el viaje y la ropa que necesitará para cada ocasión.

Modelo: ir a la conferencia
Pienso ir primero a la conferencia. Llevaré el traje de lino que compré en el verano.

Actividades posibles: asistir a una presentación de ballet folklórico, ir a la playa cerca de Viña del Mar, visitar a mis amigos que tienen una cancha de tenis, solicitar un empleo y tener una entrevista, visitar el desierto Atacama, ir a bailar a una discoteca, montar a caballo, ir a misa / a la iglesia / a la sinagoga, esquiar en las montañas en Portillo

F. Ud. es diseñador(a) de ropa. Ud., un(a) diseñador(a) famoso/a, necesita crear nuevos diseños para su colección. Ud. va a trabajar con otra persona de la clase que será su asistente. Describa cinco prendas nuevas para su colección mientras su asistente las dibuja. Dé muchos detalles para que él/ella pueda crear bien los diseños. Después, comparen los dibujos con los de sus compañeros.

G. En el almacén. Dramatice la siguiente situación en español con un(a) compañero/a de clase.

Dependiente:

1. Greet the client, saying such things as, "May I help you?"
2. Ask the client what size he/she wears.
3. Suggest a particular item to try on.
4. Comment on how well the clothing fits.
5. Convince the client to buy the item.
6. Ask how the client prefers to pay for the purchase.
7. Say thank you and good-bye.

Cliente:

1. Tell the clerk what you want.
2. Tell the clerk what size you wear.
3. Tell him/her you'd like to try on the outfit.
4. Remark about how you think it fits.
5. Express your interest in buying the item.
6. Decide how you will pay for it.
7. Say good-bye.

The *peso* is the most common monetary unit, used in Mexico, Colombia, and Argentina. Its value varies according to the economy of each country. Other monetary units are: *bolívar* (Venezuela), *peseta* (Spain), *guaraní* (Paraguay), *el sol* (Peru).

Función 3

Comprar ropa en un almacén

El subjuntivo en las cláusulas adjetivales

In Chapters 3 and 5, you practiced using the present subjunctive to express perceptions and to describe conditions under which something might happen:

Es posible que ***vayamos*** *al Corte Inglés hoy.*

Cuando ***tenga*** *suficiente dinero, me gustaría comprar una blusa de seda.*

Study Roberto's conversation with the sales clerk and the sample sentences that follow it; then answer the questions in the box.

1. *—Necesito unos zapatos que tengan tacón bajo.*
2. *—En este almacén no hay dependientes que sean descorteses.*
3. *—¿Venden Uds. suéteres que se puedan lavar en lavadora?*

lavadora: washing machine

En la conversación y las frases anteriores, ¿puede Ud. identificar los verbos en el subjuntivo? ¿Puede Ud. explicar por qué se usa el subjuntivo en este contexto?

As we contemplate making purchases in a store, we usually describe the items we're looking for and ask the sales clerk if the store has these particular items. To complete this linguistic function, we often use the subjuntive with adjective clauses. We use the subjunctive in clauses that describe people, places, or things to refer to unknown (sample sentence #1) or nonexistent (sample sentence #2) people, places, or things. We also use the subjunctive for people, places, or things to convey our uncertainty about whether or not they exist (sentence #3). These are called adjective clauses.

Cuando sabemos que algo existe, usamos el indicativo.

Compare the following:

Busco un libro que tiene mapas. Lo vi en esta librería la semana pasada pero ahora no lo encuentro. *I'm looking for a (particular) book that has maps. I saw it in this bookstore last week but now I can't find it.*

Busco un libro que tenga mapas. *I'm looking for a book that has maps. (I don't know if it exists or if I'll find it.)*

The personal *a* is always used with *alguien* and *nadie* whether the existence of the noun is certain or not: Conozco **a alguien** que **sabe** francés. No conozco **a nadie** que **sepa** francés.

With *tener* and *hay,* the personal *a* is not used: **Tengo** alguien aquí que me puede ayudar. No **hay** nadie aquí que hable francés.

The personal *a* is often omitted when the existence of the noun is uncertain and the subjunctive is used. Compare the following:

Busco una/la persona que **sepa** hacerlo. *(existence or identity uncertain)*

Busco **a** una/la persona que **sabe** hacerlo. *(existence or identity certain)*

¡Practiquemos!

A. En el almacén. Rocío está haciendo compras en el almacén y está buscando varias cosas. Con un(a) compañero/a de la clase, haga las preguntas que ella le hace al dependiente y las respuestas afirmativas del dependiente.

Modelo: falda / ser de cuero
Rocío: *¿Hay una falda que sea de cuero?*
Dependiente: *Sí, tenemos una falda que es de cuero.*

1. bufanda / ser de algodón blanco
2. vestido / costar menos
3. camisa / no tener bolsillos
4. blusa / ser de mi talla
5. pantalones / ser de un solo color
6. falda / quedarme mejor
7. guantes / ser de cuero azul
8. corbata / ser de seda

B. En parejas. Ud. es cliente de su almacén favorito. Un(a) compañero(a), haciendo el papel del/de la dependiente, le muestra varias cosas. Ud. le dice que busca otras cosas. Tengan una conversación según el modelo.

Modelo: camisas / costar menos de $20

Cliente: *¿Tienen camisas que cuesten menos de $20?*

Dependiente: *No, las nuestras cuestan más de $20.*

Cliente: *Lo siento. No puedo pagar tanto. ¿Ud. me puede recomendar una tienda que venda camisas más baratas?*

Dependiente: *No, pero puedo ofrecerle estos suéteres que son una ganga por $15.* o *Sí, el almacén de la esquina las vende más baratas.*

1. camisas / ser de lino
2. pantalones / ser de algodón
3. trajes / estar rebajados en un 15%
4. suéteres / tener un cierre
5. botas / ser de plástico
6. varios estilos de zapatos / ser de color café claro
7. cinturones / estar en liquidación

C. ¿Puede Ud. adivinar? Trabaje con un(a) compañero/a de clase. A continuación hay dos columnas, una con una lista de frases y otra con dibujos. Mire solamente la columna A (ponga la mano sobre la otra columna). Su compañero/a va a mirar solamente la columna B. Utilizando las frases de la columna A, pregúntele a su compañero/a si hay ciertas cosas en la columna B. Su compañero/a tiene que contestarle **sí** o **no** con oración completa. Sigan el modelo.

Modelo: una camisa / tener bolsillos

Ud.: *¿Hay una camisa que tenga bolsillos?*

Su compañero/a: *Sí, hay una camisa que tiene bolsillos.* o *No, no hay una camisa que tenga bolsillos.*

Columna A

una chaqueta / ser caro

una camisa / tener manga larga

zapatos / tener tacón alto

unos pantalones vaqueros / costar $100

una bufanda / tener un estampado de flores

unos pantalones / estar pasado de moda

una prenda / hacer juego con zapatos de tenis

Columna B

D. ¿Y Ud.? Complete las siguientes frases, usando el subjuntivo o indicativo según el caso.

1. No hay nadie en nuestra clase que... mucho.
2. Tengo un amigo/a que...
3. Busco un(a) novio/a que...
4. Conozco un restaurante que...
5. No hay ningún restaurante cerca que...
6. No conozco un almacén que...

¡Escuchemos un poco más!

Ud. va a escuchar una conversación entre Maite y Roberto, quienes hablan acerca de ropa en un almacén. Ellos mencionan las prendas que están muy de moda hoy en día y comparten sus opiniones.

Antes de escuchar: Establecer un objetivo

In preparation for listening to this segment, answer the following questions.

1. What are some popular trends in fashion that you know of?
2. Which items of clothing seem to change most frequently in response to fashion trends?
3. Why might you be interested in hearing this conversation?
4. Brainstorm a list of words you might hear in a conversation about the latest colors and styles.

Después de escuchar: Identificar las ideas principales y los detalles importantes

auge: popularity, being in vogue; *ala:* brim of a hat

A. ¿Comprendió Ud.? Escoja las respuestas que completen las siguientes oraciones.

1. Antes de encontrarse con Maite, Memo buscaba algo
   - **a.** de rayas.
   - **b.** de cuadros.
   - **c.** barato.
   - **d.** con un estampado de flores.
2. Maite busca algo
   - **a.** que sea de un solo color.
   - **b.** que sea de un color crudo y neutro.
   - **c.** para modernizar su ropa.
   - **d.** que haga juego con su falda.
3. Maite le recomienda a Memo que compre algo de algodón puro, de lino o de la lana porque
   - **a.** este material no hay que plancharlo tanto.
   - **b.** las fibras naturales están muy de moda.
   - **c.** tienen una gran oferta en este almacén.
   - **d.** este material es más versátil.

4. Memo también piensa comprar un sombrero
 a. que sea de fibras naturales.
 b. que tenga ala grande.
 c. que tenga un estampado de flores.
 d. aunque se le vea pasado de moda.

5. Lo que deciden hacer es
 a. comprar lo de Memo primero y después lo que quiere Maite.
 b. comprar primero lo de Maite y después lo de Memo.
 c. irse del almacén sin comprar nada.
 d. comprar un sombrero, pantalones, una falda larga y un suéter que hace juego con la falda.

B. ¿Qué opina Ud.? Conteste las siguientes preguntas en español.

1. ¿Cómo son las últimas modas que han salido para mujeres? ¿Para hombres?

2. ¿A Ud. le gusta la última moda de hoy? Explique.

3. ¡Ud. es diseñador(a)! Con un(a) compañero/a de clase, diseñe Ud. su propia moda del año. ¡Sean Uds. creativos! Después, descríbanle la moda a la clase.

¡Leamos un poco más! Crítica de «Como agua para chocolate», la película

Antes de leer: Establecer un objetivo

In preparation for reading the review of a film on the next page, skim through the entire review and answer the following questions.

1. What is being reviewed?

2. Put an ***X*** next to each piece of information that can be found in the review.

_______ **a.** ames of theaters featuring the movie
_______ **b.** amount of money made by the movie
_______ **c.** names of actors
_______ **d.** plot summary
_______ **e.** price of book
_______ **f.** names of main characters
_______ **g.** length of movie

Nuestra destacada

Como agua para chocolate

Tita de la Garza (Lumi Cavazos) y Pedro Muzquiz (Marco Leonardi), dos jóvenes habitantes del pequeño poblado mejicano de Piedras Negras, se enamoran. Pero su amor no puede bendecirse porque Tita, al ser la hija menor, debe quedarse en casa para cuidar a su madre.

Para estar cerca de su amada, Pedro se casa con su hermana mayor y se queda a vivir en el rancho de la familia. A partir de ese momento, Tita sólo tiene una manera de demostrar su amor a Pedro: prepararle deliciosos platos que, de un modo mágico, transmiten sus sentimientos a quien los prueba.

«Como agua para chocolate». Director: Alfonso Arau. Intérpretes: Lumi Cavazos, Marco Leonardi, Regina Torné, Mario Iván Martínez y Ada Carrasco.

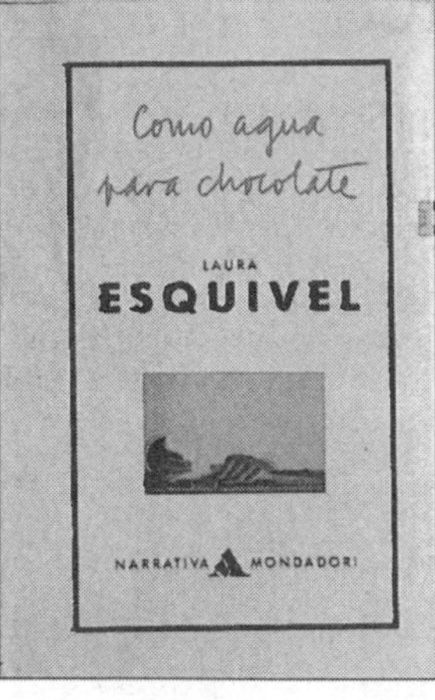

Antes o después de ver esta película no te pierdas la lectura de la novela: «Como agua para chocolate». Capítulo a capítulo, Laura Esquiel nos descubre los cálidos fogones del rancho, las mágicas recetas cocinadas por Tita, el aroma de la cebolla picada, del orégano molido, de las almendras tostadas... Todo un placer para los sentidos.

Laura Esquivel. Como agua para chocolate. Narrativa Mondadori. 173 páginas. P.V.P. 2.200 ptas.

Note the typo in the author's last name in this reading.

Después de leer: Identificar las ideas principales y los detalles importantes

A. ¿Comprendió Ud.? Ahora lea la selección con más cuidado y conteste las preguntas a continuación en español.

1. ¿Quiénes son los protagonistas de la película/novela?
2. ¿Dónde viven?
3. ¿Cuál es el problema que tienen ellos?
4. ¿Cómo lo resuelven?
5. ¿Cómo se comunican?

B. ¿Qué opina Ud.? Repase la selección una vez más. Escriba una descripción de una película que esté basada en una novela que Ud. conoce.

Enlace de todo

Para hacer esta sección, recuerde la gramática de repaso y la gramática funcional de este capítulo: los adjetivos y pronombres demostrativos; los complementos directos pronominales; las comparaciones; el uso de los complementos directos e indirectos pronominales; el uso de los adjetivos posesivos; el subjuntivo en las cláusulas adjetivales. También es buena idea repasar el vocabulario presentado en este capítulo antes de empezar.

¡Imaginemos!

A. Dramatizaciones. Prepare las siguientes dramatizaciones según las instrucciones.

1. Ud. y un(a) amigo/a van a cenar al restaurante La Cocina de Sant Millán. Otro/a compañero/a de clase es el/la camarero/a. Al entrar al restaurante, dígale al camarero / a la camarera cuántos son Uds. y dónde quieren sentarse. Utilizando el menú de la página 166, pidan algo de cada categoría. Háganle preguntas al camarero / a la camarera si es necesario. No se olviden de pedir la cuenta cuando terminen de comer.
2. Ud. y su amigo/a van de compras a un almacén. Quieren comprar varias prendas de vestir. Otro(a) compañero/a de clase es el/la dependiente. Uds. le hacen muchas preguntas al/a la dependiente sobre los diseños, colores, telas y tallas de la ropa. El/La dependiente les muestra muchas prendas y les sugiere que se las prueben. Finalmente, Uds. compran dos prendas cada uno/a.

B. Diálogo original. Imagínese que Ud. y su mejor amigo/a fueron de compras a dos diferentes almacenes durante una gran oferta. Después, Uds. comparan los precios que pagaron. Hablen sobre la diferencia de precios y comparen la calidad de las prendas.

	Una blusa/ camisa de seda	**Pantalones vaqueros**	**Un sombrero de cuero**
Estudiante A	$15.00	$10.00	$50.00
Estudiante B	$ 8.00	$15.00	$35.00

C. Su nueva prenda. Imagínese que Ud. necesita comprar una nueva prenda de vestir, pero no puede comprarla en un almacén. Escríbale una carta a un(a) diseñador(a) famoso/a para que él/ella se la diseñe. Incluya descripciones de la tela, la talla y el estilo que prefiere. No se olvide de incluir el precio que puede pagar.

D. Su propia dieta. A continuación hay tres recomendaciones de un médico sobre el peso. Seleccione una y escriba su propia dieta para siete días para cumplir con la recomendación.

Recomendación 1: Ud. necesita rebajar unas diez libras de peso.

Recomendación 2: Ud. necesita subir unas diez libras de peso.

Recomendación 3: Ud. necesita reducir la cantidad de colesterol que consume.

¡Leamos más! Selección de «Como agua para chocolate», por Laura Esquivel

Words that are glossed are those whose meanings are judged to be of importance to your comprehension. There may be other words that you don't know, but they haven't been glossed because their meaning is not crucial to comprehension of the selection.

38

CANTIDADES PARA EL FONDANT

800 gramos de azúcar granulada
60 gotas de limón el al agua suficiente
para que remoje el azúcar

Manera de hacerlo:

A Se ponen en una cacerola, el azúcar y el agua al fuego sin dejar de moverla, hasta que empieza a hervir. Se cuela en otra cacerola y se vuelve a poner al fuego agregándole el limón hasta que tome punto de bola floja, limpiando de vez en cuando los bordes de la cacerola con un lienzo húmedo para que la miel no se azucare; cuando ha tomado el punto anteriormente indicado se vacía en otra cacerola húmeda, se rocía por encima y se deja enfriar un poco.

Después, con una espátula de madera, se bate hasta que empaniza.

Para aplicarlo, se le pone una cucharada de leche y se vuelve a poner al fuego para que se deslíe, se le pone después una gota de carmín y se cubre con él únicamente la parte superior del pastel.

B Nacha se dio cuenta de que Tita estaba mal, cuando ésta le preguntó si no le iba a poner el carmín.

—Mi niña, se lo acabo de poner, ¿no ves el color rosado que tiene?

—No . . .

—Vete a dormir niña, yo termino el turrón. Sólo las ollas saben los hervores de su caldo, pero yo adivino los tuyos, y ya deja de llorar, que me estás mojando el fondant y no va a servir, anda, ya vete.

39

C Nacha cubrió de besos a Tita y la empujó fuera de la cocina. No se explicaba de dónde había sacado nuevas lágrimas, pero las había sacado y alterado con ellas la textura del turrón. Ahora le costaría doble esfuerzo dejarlo en su punto. Ya sola se dio a la tarea de terminar con el turrón lo más pronto posible, para irse a dormir. El turrón se hace con 10 claras de huevo y 500 gramos de azúcar batidos a punto de hebra fuerte.

D Cuando terminó, se le ocurrió darle un dedazo al fondant, para ver si las lágrimas de Tita no habían alterado el sabor. Y no, aparentemente, no alteraron el sabor, pero sin saber por qué, a Nacha le entró de golpe una gran nostalgia. Recordó uno a uno todos los banquetes de boda que había preparado para la familia De la Garza con la ilusión de que el próximo fuera el suyo. A sus 85 años no valía la pena llorar, ni lamenterse de que nunca hubieran llegado ni el esperdo banquete ni la esperada boda, a pesar de que el novio sí llegó, ¡vaya que había llegado! Sólo que la mamá de Mamá Elena se había encargado de ahuyentarlo. Desde entonces se había conformado con gozar de las bodas ajenas y así lo hizo por muchos años sin repelar. No sabía por qué lo hacía ahora. Sentía que era una reverenda tontería, pero no podía dejar de hacerlo. Cubrió con el turrón lo mejor que pudo el pastel y se fue a su carto, con un fuerte dolor de pecho. Lloró toda la noche y la mañana siguiente no tuvo ánimos para asistir a la boda.

E Tita hubiera dado cualquier cosa por estar en el lugar de Nacha, pues ella no sólo tenía que estar presente en la iglesia, se sintiera como se sintiera, sino que tenía que estar muy pendiente de que su rostro no revelara la menor emoción. Creía poder lograrlo siempre y cuando su

B *fondant:* icing for the top of a cake; *ollas:* cooking pots, sometimes ceramic; *hervores de su caldo:* boiling points; *mojando:* wetting; **C** *empujó:* pushed; *lágrimas:* tears; *turrón:* kind of nougat icing for the sides of the cake; **E** *rostro = cara*

Antes de leer: Establecer un objetivo

Look at the pictures from the book's cover and the title page (p. 182). Then answer these questions.

1. What do you think the reading is about?
2. What do you think the title of the novel means? The title of the chapter?
3. To what kind of readers do you think this novel might appeal?
4. Brainstorm a list of words you already know in Spanish that you might find in this chapter of the novel.

In preparation for reading this excerpt from *Como agua para chocolate,* review the *¡LEAMOS UN POCO MÁS!* section on page 180. Then, quickly skim parts A–E of the excerpt presented here. Complete the following statements based on what you learned from both readings.

1. Los personajes principales: la enamorada es ______________; el enamorado es ______________; la prometida futura esposa es ______________ y es la hermana de Tita; la madre se llama ______________; la querida cocinera es ______________.
2. Tita y Pedro no pueden casarse porque ______________.
3. El escenario de la novela es la revolución mexicana, en el pueblo de ______________.

mirada no se cruzara con la de Pedro. Ese incidente podría destrozar toda la paz y tranquilidad que aparentaba.

Sabía que ella, más que su hermana Rosaura, era el centro de atención. Los invitados, más que cumplir con un acto social, querían regodearse con la idea de su sufrimiento, pero no los complacería, no. Podía sentir claramente cómo penetraban por sus espaldas los cuchicheos de los presentes a su paso.

F —¿Ya viste a Tita? ¡Pobrecita, su hermana se va a casar con su novio! Yo los vi un día en la plaza del pueblo, tomados de la mano. ¡Tan felices que se veían!

—¿No me digas? ¡Pues Paquita dice que ella vio cómo un día, en plena misa, Pedro le pasó a Tita una carta de amor, perfumada y todo!

—¡Dicen que van a vivir en la misma casa! ¡Yo que Elena no lo permitía!

—No creo que lo haga. ¡Ya ves cómo son los chismes!

G No le gustaba nada esos comentarios. El papel de perdedora no se había escrito para ella. ¡ Tenía que tomar una clara actitud de triunfo! Como una gran actriz representó su papel dignamente, tratando de que su mente estuviera ocupada no en la marcha nupcial ni en las palabras del sacerdote ni en el lazo y los anillos.

Se transportó al día en que a los 9 años se había ido de pinta con los niños del pueblo. Tenía prohibido jugar con varones, pero ya estaba harta de los juegos con sus hermanas. Se fueron a la orilla del río grande para ver quién era capaz de cruzarlo a nado, en el menor tiempo. Qué placer sintió ese día al ser ella la ganadora.

Otro de sus grandes triunfos ocurrió un tranquilo día domingo en el pueblo. Ella tenía 14 años y paseaba en

carretela acompañada de sus hermanas, cuando unos niños lanzaron un cohete. Los caballos salieron corriendo espantadísimos. En las afueras del pueblo se desbocaron y el cochero perdió el control del vehículo.

Tita lo hizo a un lado de un empujón y ella sola pudo dominar a los cuatro caballos. Cuando algunos hombres del pueblo a galope las alcanzaron para ayudarlas, se admiraron de la hazaña de Tita.

H Estas y otras muchas remembranzas parecidas la tuvieron ocupada durante la ceremonia, haciéndola lucir una apacible sonrisa de gata complacida, hasta que a la hora de los abrazos tuvo que felicitar a su hermana. Pedro, que estaba junto a ella, le dijo a Tita:

—¿Y a mí no me va a felicitar?

—Sí, cómo no. Que sea muy feliz.

Pedro, abrazándola más cerca de lo que las normas sociales permiten, aprovechó la única oportunidad que tenía de poder decirle a Tita algo al oído:

—Estoy seguro de que así será, pues logré con esta boda lo que tanto anhelaba: estar cerca de usted, la mujer que verdaderamente amo . . .

I Las palabras que Pedro acababa de pronunciar fueron para Tita como refescante brisa que enciende los restos de carbón a punto de apagarse. Su cara por tantos meses forzada a no mostrar sus sentimientos experimentó un cambio incontrolable, su rostro reflejó gran alivio y felicidad. Era como si toda esa casi extinguida ebullición interior se viera reavivada de pronto por el fogoso aliento de Pedro sobre su cuello, sus ardientes manos sobre su espalda, su impetuoso pecho sobre sus senos . . . Pudo haberse quedado para siempre así, de no ser por la mirada que Mamá Elena le lanzó y la hizo separarse de él

E *aparentaba:* she was giving the appearance of; *cuchicheos:* whispers; **F** *chismes:* gossip; **G** *papel:* role; *marcha nupcial:* wedding march; *sacerdote:* priest; *lazo:* lover's knot; *anillos:* rings; *varones:* young men; *orilla:* bank (of river); *cruzarlo a nado:* cross it swimming; *carretela:* carriage; *cohete:* firecracker; *espantadísimos:* very frightened; *se desbocaron:* ran away; **H** *lucir:* to shine; *apacible:* peaceful; *anhelaba = fuertemente deseaba;* **I** *apagarse:* to extinguish; *experimentó:* experienced; *alivio:* relief; *ebullición:* excitement; *aliento:* breath; *senos:* breasts rápidamente. Mamá Elena se acercó a Tita y le preguntó:

--¿Qué fue lo que Pedro te dijo?

--Nada, mami.

--A mí no me engañas, cuando tú vas, yo ya fui y vine, así que no te hagas la mosquita muerta. Pobre de ti si te vuelvo a ver cerca de Pedro.

Después de estas amenazantes palabras de Mama Elena, Tita procuró estar lo más alejada de Pedro que pudo. Lo que le fue imposible fue borrar de su rostro una franca sonrisa de satisfacción. Desde ese momento la boda tuvo para ella otro significado.

Ya no le molestó para nada ver cómo Pedro y Rosaura iban de mesa en mesa brindando con los invitados, ni verlos bailar el vals, ni verlos más tarde partir el pastel. Ahora ella sabía que era cierto: Pedro la amaba. Se moría por que terminara el banquete para correr al lado de Nacha a contarle todo Con impaciencia esperó a que todos comieran su pastel para poder retirarse. El manual de Carreño le impedía hacerlo antes, pero no le vedaba el flotar entre nubes mientras comía apuradamente sue rebanada.

J Sus pensamientos la tenían tan ensimismada que no le permitieron observar que algo raro sucedía a su alrededor. Una inmensa nostalgia se adueñaba de todos los presentes en cuanto le daban el primer bocado al pastel. Inclusive Pedro, siempre tan propio, hacía un esfuerzo tremendo por contener las lágrimas. Y Mamá Elena, que ni cuando su esposo murió había derramado una infeliz lágrima, lloraba silenciosamente. Y eso no fue todo, el llanto fue el primer síntoma de una intoxicación rara que tenía algo que ver con una gran melancolía y frustración que hizo presa de todos los invitados y los hizo terminar en el patio, los corrales y los baños añorando cada uno al

amor de su vida. Ni uno solo escapó del hechizo y sólo algunos afortunados llegaron a tiempo a los baños; los que no, participaron de la vomitona colectiva que se organizó en pleno patio. Bueno, la única a quien el pastel le hizo lo que el viento a Juárez fue a Tita. En cuanto terminó de comerlo abandonó la fiesta. Quería notificarle a Nacha cuanto antes que estaba en lo cierto al decir que Pedro la amaba sólo a ella. Por ir imaginando la cara de felicidad que Nacha pondría no se percató de la desdicha que crecía a su paso hasta llegar a alcanzar niveles patéticamente alarmentes.

Rosaura, entre arqueadas, tuvo que abandonar la mesa de honor.

K Procuraba por todos los medios controlar la náusea, ¡pero ésta era más poderosa que ella! Tenía toda la intención de salvar su vestido de novia de las deposiciones de los parientes y amigos, pero al intentar cruzar el patio resbaló y no hubo un solo pedazo de su vestido que quedara libre de vómito. Un voluminoso río macilento la envolvió algunos metros, provocando que sin poderse resistir más lanzara como un volcán en erupción estruendosas bocanadas de vómito ante la horrorizada mirada de Pedro. Rosaura lamentó muchísimo este incidente que arruinó su boda y no hubo poder humano que le quitara de la mente que Tita había mezclado algún elemento en el pastel.

Tita nunca la pudo convencer de que el único elemento extraño en él fueron las lágrimas que derramó al prepararlo. Nacha no pudo atestiguar en su favor, pues cuando Tita había llegado a buscarla el día de la boda la había encontrado muerta, con los ojos abiertos, chiqueadores en las sienes y la foto de un antiguo novio en las manos.

I *engañas:* trick or fool; *hagas la mosquita muerta:* feign innocence; *alejada = lejos de; brindando:* toasting; *manual de Carreño:* handbook of proper social behavior; **J** *se adueñaba:* overtook her; *derramado:* spilled, shed; *hizo presa de:* made prisoners of; *añorando:* feeling homesick for; *hechizo:* spell; *en pleno patio:* right there in the patio; *se percató = consideró; desdicha:* unfortunate event; *arqueadas:* retches; **K** *procuraba = trató de; resbaló:* slipped; *macilento:* rotting; *arrastró:* dragged; *le quitara de la mente:* took from her mind; *chiqueadores:* small tortoise shells used for feminine adornment; *sienes:* temples

Después de leer

Identificar las ideas principales. Lea rápidamente los párrafos introductorios (parte A). Ponga una ***X*** al lado de cada ingrediente que aparece en la lectura.

_______	**a.** azúcar	_______	**e.** leche
_______	**b.** huevos	_______	**f.** agua
_______	**c.** limón	_______	**g.** almendras
_______	**d.** carmín	_______	**h.** chocolate

Lea rápidamente todas las partes (A–K) de la selección en las páginas 183 a 185. Ponga la letra correspondiente a la parte que narra las siguientes ideas principales.

Parte _______ describe los sentimientos de Tita antes de la boda.

Parte _______ describe cuando Nacha amina el sabor del fondant y siente una gran nostalgia.

Parte _______ incluye lo que Pedro le dice a Tita durante los abrazos.

Parte _______ describe cómo se hace el fondant.

Parte _______ describe la reacción física de la gente que comió pastel.
Parte _______ describe cuando Nacha examina la textura del turrón.
Parte _______ describe los comentarios de los invitados a la boda.
Parte _______ da la explicación del ingrediente extraño.
Parte _______ describe cuando Nacha se da cuenta de que Tita está mal.
Parte _______ describe los recuerdos, los triunfos, de Tita como niña y como adolescente.
Parte _______ describe la reacción de Tita y de Mamá Elena a lo que le dijo Pedro a Tita durante los abrazos.

Identificar los detalles importantes. Encuentre los detalles de la novela a los que se refiere cada párrafo indicado.

1. Parte B: ¿Por qué estuvo mal Tita? ¿Cómo lo sabía Nacha?
2. Parte C: ¿Qué efecto tuvieron las lágrimas de Tita en la textura del turrón?
3. Parte D: ¿Qué efecto tuvieron sus lágrimas en el sabor del fondant? Describa dos aspectos de la nostalgia que le entró a Nacha. ¿Cómo se sintió Nacha al acostarse?
4. Partes E y F: ¿Quién fue el centro de atención durante la boda? ¿Por qué?
5. Parte H: ¿Qué le dijo Pedro a Tita durante los abrazos de felicitación?
6. Parte I: Busque palabras que comparen los sentimientos de Pedro y Tita con un incendio. Para obedecer a su mamá, ¿qué hizo Tita?
7. Parte J: Mientras Tita estuvo ocupada con sus pensamientos, ¿qué les pasó a los invitados? ¿Qué sentimientos sintieron? ¿Qué les pasó físicamente? ¿Qué le pasó a Rosaura?
8. Parte K: ¿Cuál fue el ingrediente extraño?

Y la gramática y el vocabulario... Conteste las siguientes preguntas sobre la gramática y el vocabulario que se encuentran en la lectura.

9. Parte D: Subraye los verbos en el pretérito y los verbos en el imperfecto; trate de identificar la razón por la cual la autora usa cada uno.
10. Parte E: ¿A qué expresión inglesa corresponden las palabras **penetraban por sus espaldas los cuchicheos?**
11. Parte G: **Ganar** significa *to win;* **perder** significa *to lose;* ¿cómo se dice *winner? ¿loser?*

Vea la página 144 en el Capítulo 5 para repasar **por** y **para.**

12. Parte I: *Por* o *para* aparece seis veces en esta parte. Identifique la razón de cada uso.
13. Parte K: En el primer párrafo de la parte K, busque la palabra **ésta.** ¿A qué se refiere?
14. Parte K: En el primer párrafo de la parte K, busque las palabras **la envolvió** y **la arrastró.** ¿A qué se refieren los complementos directos pronominales?

Crear un esquema. Después de leer todo el artículo, haga un esquema *(chart)* para explicar las emociones y los efectos físicos en los siguientes eventos de este capítulo de la novela. Siga el ejemplo.

Evento	Emoción	Efecto físico
Tita, al ayudarle a Nacha a preparar el fondant y el turrón	tristeza	lágrimas, cambian la textura del turrón y el sabor del fondant
Nacha, en la cocina y en su cuarto la noche antes de la boda		
Tita, en la iglesia durante la boda		
Tita, cuando niña de 9 años		
Tita, cuando adolescente de 14 años		
Tita, durante y después del abrazo		
Tita, con las amenazas de Mamá Elena		
Los invitados, en el patio		
Rosaura, en el patio		
Nacha, al final		

Escribir un resumen. Ahora escriba un resumen de la selección con sus propias palabras en español. Use por lo menos cinco expresiones y/o palabras nuevas que acaba de aprender en esta selección. Escriba unas 6 a 8 oraciones. Revise el contenido y la gramática con un(a) compañero/a antes de entregarle el resumen al profesor / a la profesor/a.

¿Qué opina Ud.? Conteste las siguientes preguntas en español.

1. Tita y Pedro pueden comunicarse por medio de lo que cocina ella. ¿Qué piensa Ud. acerca de esta manera de comunicarse?
2. Pedro hizo lo único que pudo para estar cerca de la mujer que amaba. ¿Qué piensa Ud. acerca de sus acciones? ¿Qué haría Ud. en las mismas circunstancias?

Temas para composiciones/conversaciones

1. El efecto de las emociones en lo físico
2. El amor frustrado
3. La personalidad de Tita

ATAJO

ATAJO: Use the computer program to assist you in your writing. Search for the following key words:

Grammar: Demonst. adj. *este, ese, aquel;* Demonst. neuter *esto, eso, aquello;* Demonst. pron. *éste, ése, aquél;* Personal pronoun indirect *le, les, se;* Personal pronoun direct/indirect; Comparisons: adjectives; Comparisons: equality; Comparisons: inequality; Comparisons: irregular; Possessive adj.: emphatic forms, Possessive pronouns; Verbs: subjunctive agreement; Verbs: subjunctive with a relative; Verbs: subjunctive with *que*

Phrases: Agreeing & disagreeing; Disapproving; Encouraging; Expressing a need; Expressing compulsion & obligation; Expressing conditions; Expressing irritation; Linking ideas; Making transitions; Writing about characters; Writing about theme, plot, or scene

Vocabulary: Food; People; Personality; Upbringing; Dreams & aspirations; Family members

¡El gran premio! ¿Puede Ud. hacerlo?

Ud. va a escuchar un anuncio de un almacén en España. Antes de escuchar, repase los nombres de las prendas de vestir y los diseños de telas.

Antes de escuchar: Establecer un objetivo

In preparation for listening to this segment, answer the following questions.

1. What kinds of information do clothing advertisements usually provide?
2. How do these commercials persuade the listener to come to the store?
3. Brainstorm a list of some Spanish words for clothing items, designs, and fabrics that you might hear.

Después de escuchar

Primer paso: Identificar las ideas principales

Escuche el anuncio por primera vez y escoja las respuestas correspondientes a las siguientes frases o preguntas.

1. Este anuncio es para
   - **a.** telas.
   - **b.** muebles.
   - **c.** ropa.
   - **d.** joyería.
2. ¿Cuántas combinaciones de prendas hay, según el locutor?
   - **a.** cien
   - **b.** mil
   - **c.** un millón
   - **d.** sesenta
3. Según el anuncio, ¿qué cosas se pueden comprar allí? Ponga una ***X*** al lado de cada una.
   - _______ **a.** camisas
   - _______ **b.** blusas
   - _______ **c.** zapatos
   - _______ **d.** faldas
   - _______ **e.** pantalones
   - _______ **f.** calcetines
   - _______ **g.** abrigos
   - _______ **h.** vestidos

Segundo paso: Identificar los detalles importantes

Escuche el anuncio otra vez y conteste las siguientes preguntas en español.

1. ¿Cómo se llama el almacén?
2. ¿Cuáles son los dos diseños de telas que tienen?
3. ¿Cuáles son los tres colores de ropa que mencionan?
4. ¿Cómo son los precios, según el locutor?
5. ¿Qué significa «Combínate lo último»?

Tercer paso: Crear un esquema

Escuche el anuncio por última vez y haga un esquema que represente la información importante del anuncio.

Ejemplo:

Las ideas principales	**Los detalles importantes**
las prendas	
los colores	
los diseños	
las telas	

ATAJO: Use the computer program to assist you in your writing. Search for the following key words:

Grammar: Personal pronoun indirect *le, les, se;* Personal pronoun indirect/direct; Comparisons: adjectives; Comparisons: equality; Comparisons: inequality; Comparisons: irregular; Possessive adj.: emphatic forms; Possessive pronouns; Verbs: subjunctive agreement; Verbs: subjunctive with a relative; Verbs: subjunctive with *que*

Phrases: Asking in a store; Asking the price; Asserting & insisting; Describing objects; Encouraging; Persuading; Stating a preference; Weighing alternatives

Vocabulary: Clothing; Colors; Fabrics; Media: television & radio; Stores; Stores & products

Escribir un anuncio. Imagínese que Ud. es el/la dueño/a de un almacén de ropa. Escriba su propio anuncio de radio de unas 5 a 8 oraciones en español. Incluya muchos detalles y use por lo menos tres expresiones y/o palabras nuevas que acaba de aprender en este anuncio. Revise el contenido con un(a) compañero/a de la clase antes de entregarle el resumen al profesor / a la profesora. ¡Sea creativo/a!

¿Qué opina Ud.? Conteste las siguientes preguntas.

1. El locutor dice que los precios son «muy interesantes». ¿Qué piensa Ud. que significa esto?
2. ¿Cree Ud. que éste es un anuncio efectivo? Explique.
3. ¿Qué otra información se puede incluir en este anuncio para ayudar a los radioyentes?

Crédito: U.S. Department of Agriculture

En abril de este año, el Departamento de Agricultura de los Estados Unidos dio a conocer un nuevo concepto de la buena alimentación, utilizando una pirámide para que el público lo comprendiera mejor. En ella se han distribuido de forma inteligente todos los grupos de alimentos, con sus respectivas raciones diarias, de acuerdo con los nuevos cánones de nutrición. Como base se encuentran las harinas, los cereales y las pastas, seguidos por los vegetales y las frutas. Luego vienen los grupos de las carnes, los huevos, los granos y las nueces, así como los lácteos. Finalmente, en el vértice, están las grasas, los aceites y el azúcar. En el diagrama de la pirámide que le mostramos aquí, encontrará también pequeños cuadraditos que simbolizan el azúcar y triangulitos que representan las grasas. Ambas figuras indican las cantidades adicionales de estas sustancias que son permitidos añadir a los alimentos de cada categoría.

VOCABULARIO

You should be able to understand and use the following words and expressions. Add other words that you learn or may need to your personal vocabulary list in the ***Cuaderno de práctica.***

Pedir comida en un restaurante

el/la camarero/a [el/la mesero/a / el/la mozo/a] *waiter/waitress*
la cuenta *restaurant check, bill*
el menú [la carta] *menu*
riquísimo/a *very good, tasty*
sabroso/a [delicioso/a] *delicious*
Buen provecho. [Que aproveche.] *Enjoy your meal.*
¿Cuántos son Uds.? *How many are there (in your party)?*
Estamos satisfechos. *We're full.*
¿Están incluidos los impuestos y la propina? *Are tax and tip included?*
¿Hay un plato del día? *Is there a daily special?*
Les sugiero... *I suggest . . .*
¿Les traigo... ? *Can I bring you . . .?*
Las gambas están muy ricas/ frescas hoy. *The shrimp are very good/fresh today.*
Me muero de hambre. *I'm dying of hunger.*
Me podría dar un recibo [una nota, una factura], por favor? *Could you give me a receipt, please?*
¿Qué les apetece? *What appeals to you?*
Quisiéramos una mesa cerca de la ventana. *We'd like a table near the window.*
¿Quisieran probar... ? *Would you like to try . . .?*
Síganme, por favor. *Follow me, please*
Somos dos. *There are two of us.*

Los aperitivos (Appetizers)

los caracoles *snails*
el chorizo casero *homemade sausage*
las gambas ajillo *shrimp in garlic sauce*
los pimientos rellenos *stuffed peppers*

Las bebidas *(Drinks)*

el agua del grifo *tap water*
el agua gaseosa *carbonated water*
el agua mineral *mineral water*
el café con leche *strong coffee with milk*
el capuchino *cappuccino (coffee)*
el exprés *espresso coffee*
la sangría *drink of red and white wine, sherry, and fruit*
el zumo [España] / el jugo [Centro-/Sudamérica] *juice*

Las carnes *(Meats)*

la carne de cerdo *pork*
la carne de res *beef*
las chuletas de ternera *veal chops*
las chuletitas *small chops*
el cochinillo asado *roasted suckling pig*
el cordero asado *roasted lamb*
el escalope *baked and fried cut of beef*
el filete a la parrilla [plancha] *grilled steak or fish*
el pavo *turkey*

Las frutas *(Fruits)*

las cerezas *cherries*
las ciruelas *plums*
las fresas *strawberries*
los melocotones [España] / los duraznos [Centro-/Sudamérica] *peaches*
los plátanos *bananas (green fruit, usually fried)*
la sandía *watermelon*

Las legumbres [verduras] *(Vegetables)*

las aceitunas *olives*
las alcachofas *artichokes*
el apio *celery*
los champiñones [España] / los hongos [Centro-/Sudamérica] *mushrooms*
los espárragos *asparagus*
las espinacas *spinach*
los guisantes *peas*
las judías verdes [España] / las habichuelas [Centro-/Sudamérica] *green beans*
el pepino *cucumber*

Los pescados y mariscos *(Fish and shellfish)*

los ahumados *smoked fish*
las gambas [España] / los camarones [Centro-/Sudamérica] *shrimp*
los langostinos *crawfish*
la trucha *trout*

Los postres *(Desserts)*

la cuajada *dessert with curdled milk, similar to cottage cheese*
los dedos de novia *ladyfingers*
el flan *baked custard with caramel sauce*
la nata *cream*
las natillas *cream custard*
el ponche *punch*
la tarta helada *ice cream cake*

Las sopas *(Soups)*

la crema de cangrejos *cream of crab soup*
la sopa castellana *soup with eggs, meat, pieces of bread, garlic, and oil*
la sopa de almejas con fideos *clam soup with noodles*
la sopa de cebolla *onion soup*
la sopa de rabo de buey *oxtail soup*

Otras palabras que pertenecen a la comida

el ajo *garlic*
los huevos revueltos *scrambled eggs*
la salsa *dressing, sauce*
crudo *raw*
hervido *boiled*
horneado [asado] *baked*
quemado *burned*
salado *salty*

Hablar de la ropa en un almacén

La ropa: las prendas de vestir *(Clothing items)*

las botas *boots*
la bufanda *scarf*
el cinturón *belt*
el impermeable *raincoat*
los pantalones vaqueros [los bluyines] *jeans*
el paraguas *umbrella*
las sandalias *sandals*
el traje *suit*
las zapatillas [las pantuflas] *slippers*
los zapatos de tacón alto/bajo *high heels/low heels (flats)*
los zapatos de tenis [los zapatos para correr] *tennis shoes, sneakers*
deportivos *casual shoes*

La ropa: telas, diseños, colores y otras características

el algodón *cotton*
el cuero *leather*
el encaje *lace*
la lana *wool*
el lino *linen*
la seda *silk*

de cuadros *checkered*
de rayas *striped*
estampado/a de flores *flowered*
azul marino *navy blue*
celeste *sky blue*
claro *light colored*
color liso *plain*
de un solo color *solid color*
oscuro *dark colored*
el bolsillo *pocket*
el botón *button*
el cierre *zipper*
el cuello *collar*
la manga (corta/larga) *sleeve (short/long)*

La joyería *(Jewelry)*

los aretes *earrings (usually ones that do not hang)*
el collar *necklace*
los pendientes *hanging earrings*
la pulsera *bracelet*

el oro *gold*
la plata *silver*

En el almacén

el/la dependiente *sales clerk*
¿Cómo le queda? *How does it fit you?*
¿En qué puedo servirle? *How can I help you?*
¡Es una ganga! *It's a bargain!*
Está en liquidación. *It's on sale.*
Está (muy) de moda. *It's (very) stylish.*
Está pasado/a de moda. *It's out of style.*
¿Qué número calza Ud.? *What size shoe do you wear?*
¿Quiere Ud. probarse esto? *Would you like to try this on?*
¿Qué talla usa Ud.? *What size do you wear (in clothing)?*
¿Se ha decidido? *Have you decided?*
Aceptamos cambios con tal de que tenga el recibo. *We accept exchanges provided you have the receipt.*

el/la cliente *client, customer*
el estilo *style*
vistoso *dressy*
de mejor calidad *of better quality*
Uso talla... *I wear size . . . (in clothing)*
Calzo número... *I wear size . . . shoes.*
¿Cuánto vale? *How much does it cost?*
¡Es una fortuna! *It's a fortune!*
Me queda bien/mal. *It fits me fine/poorly.*
Me queda corto/largo. *It's too short/long.*
Me quedan apretados [estrechos] / anchos. *They (the shoes) are too tight (small)/big for me.*
¿Podría enseñarme algo que está en el escaparate [vitrina, ventana]? *Could you show something that's in the window?*
¿Tiene algo que haga juego con...? *Do you have something that matches/goes with . . .?*
¿Se puede cambiar o devolver esto? *Can I exchange or return this?*
Voy a llevarme esto. *I'll take this.*
Voy a pensarlo. *I'm going to think about it.*

Los adjetivos y pronombres posesivos

mío / mía / míos / mías *(of) mine*
tuyo / tuya / tuyos / tuyas *(of) yours (familiar, singular)*
suyo / suya / suyos / suyas *(of) his, hers, theirs, yours (formal, singular and plural)*
nuestro / nuestra / nuestros / nuestras *(of) ours*
vuestro / vuestra / vuestros / vuestras *(of) yours (familiar, plural, used mostly in Spain)*

¿Necesita repasar un poco?

Los adjetivos y pronombres demostrativos

Demonstrative adjectives and pronouns are used to point out and refer to people, places, and things. Demonstrative adjectives normally precede the noun and agree with it in gender and number.

This (near speaker)	That (far from speaker, near listener)	That (far from both speaker and listener)
este / estos	ese / esos	aquel / aquellos
esta / estas	esa / esas	aquella / aquellas

¿Cuánto cuesta **este** vestido?

Prefiero **esa** bebida.

¿Están ocupados **aquellos** asientos?

The difference between the *ese* and *aquel* forms is not obligatory; usually the *ese* forms fulfill both uses.

When demonstrative adjectives are used to replace nouns, they are called demonstrative pronouns (nominalized). The noun is replaced by a demonstrative pronoun that carries a written accent mark on the stressed vowel: *éste, ésas, aquél, aquéllas.*

¿Cuánto cuesta **éste?** (este vestido)

Prefiero **ésa.** (esa bebida)

¿Están ocupados **aquéllos**? (aquellos asientos)

To refer to a thing, idea, or statement that has not been specifically identified, three neuter demonstrative pronouns can be used. They do not take written accent marks: *esto, eso,* and *aquello.*

¿Qué es **esto/eso/aquello?** *What is this/that/that thing over there?*

Los complementos directos pronominales

In Spanish, direct object pronouns replace nouns that receive the direct action of the verb. They answer the questions **what?** or **whom?**

me	*me*
te	*you (familiar, singular)*
lo	*him, you (formal, singular, masc.); it (masc.)*
la	*her, you (formal, singular, fem.); it (fem.)*
nos	*us*
os	*you (familiar, plural)*
los	*them, you (formal, plural, masc.)*
las	*them, you (formal, plural, fem.)*

The verbs *esperar* (to wait for), *mirar* (to look at), *buscar* (to look for), and *escuchar* (to listen to) take direct object pronouns.

Direct object pronouns, like indirect object pronouns, are placed before conjugated verbs of statements and questions, and before direct negative commands. Like indirect object prounouns, direct object pronouns are attached to direct affirmative commands, and may either precede or follow infinitives and present participles.

—¿Dónde está la blusa?

*—**La** lavé esta mañana. Le expliqué a mamá que **la** estoy lavando. (Estoy lavándo**la.**)*

*—¿Cree Ud. que debo comprar este vestido? No sé si voy a compra**rlo** o no. (No sé si **lo** voy a comprar o no.)*

*—¡Cómpre**lo!** / ¡No **lo** compres!*

When pronouns are attached to infinitives, present participles, or affirmative commands, spoken stress on the verb is maintained. This sometimes requires a written accent on the vowel of the syllable where the stress falls **before** the addition of the pronoun.

*Quiero escrib**i**rlas esta noche.*

*Está busc**á**ndola en la tienda de ropa.*

Las comparaciones

To describe characteristics of people and things, use the words *más* (more) or *menos* (less) + adjective + *que* (than) for unequal comparisons, and the word *tan* (as) + adjective + *como* (as) for equal comparisons.

Este platillo es **más** rico (richer, more tasty) **que** ése.

La camarera es **menos** agradable (less pleasant) **que** la cajera.

Esta falda es **tan** cara (as expensive) **como** ésa.

To express the superlative form **(the most/least),** use the definite article *(el/la/los/las)* + noun (optional) + *más/menos.*

El apartamento Torres es **el** (apartamento) **más** alto de la ciudad.

The following are irregular comparative and superlative forms:

Adjetivo	Forma comparativa	Forma superlativa
bueno/a	mejor	el/la mejor
malo/a	peor	el/la peor
joven	menor	el/la menor
viejo/a	mayor	el/la mayor

To compare quantities, use *más/menos* + noun (optional) + *que* for unequal comparisons, and *tanto* + noun (optional) + *como* for equal comparisons. *Tanto* agrees in gender and number with the noun it describes *(tanto, tanta, tantos, tantas).*

Yo tengo **menos** (dinero) **que** Ud.

Este avión lleva **tantas** (maletas) **como** el otro.

Capítulo 7

¡Es para contarlo!

Contexto: El reportaje

Objetivos funcionales
- describir sucesos personales
- reportar información
- expresar emociones, sentimientos y duda

Objetivos culturales
- leer y discutir sobre la tertulia
- compartir opiniones sobre las noticias

Gramática funcional
- **hace y desde hace** con expresiones de tiempo
- la voz pasiva
- el presente del subjuntivo con expresiones de emoción, sentimiento y duda

Enlace inicial

¡Escuchemos!

Ud. va a escuchar una breve conversación entre los Echeverría, los cuales hablan de algunas noticias interesantes del periódico.

A. ¿Comprendió Ud.? Complete las siguientes frases según lo que han dicho Rocío y Juan Cruz.

semáforos: traffic lights; *le dieron alcance:* they caught up with him; *multa:* traffic ticket

morder: to bite, *¿Cómo se dice* the bite? *(Hay dos palabras que son sinónimos.)*

1. Un hombre le mordió la mano a un ____________.
2. El hombre había pasado unos semáforos ______ ____________.
3. El policía le puso al hombre una ____________.
4. Es posible que la mordida sea ____________.
5. La ____________ de un hombre es tan peligrosa como la de un perro.

B. Un resumen. Ahora cuéntele a un(a) compañero/a de clase el suceso anterior con sus propias palabras en español.

¡Leamos!

Las noticias: Lo bueno y lo malo

Lea la tira cómica y los dos artículos cortos de abajo y de la página siguiente. Luego conteste las preguntas a continuación.

UNA BODA de gran simpatía se efectuó recientemente en la ciudad de Morovis, Puerto Rico, cuando se produjo la unión de Juan Carlos Jiménez Negrón y Olga Rivera Rosado. Ella, natural de Morovis, y él de Toa Alta. La feliz pareja disfruta de amplias consideraciones en las dos ciudades mencionadas, y además pertenecen al círculo de amistades del matrimonio integrado por Ángel F. Matos —gerente de Operaciones de Agencia de Publicaciones de Puerto Rico—, y su distinguida esposa, Georgina Rodríguez de Matos. La recepción posterior a la boda tuvo lugar en el Club de Leones de Morovis. ¡Felicitaciones a Olga y a Juan Carlos!

VIDEO: Use *Programa 1, A caballo,* in ***Mosaico cultural*** to spark interest in narrative and documentary reporting. Consult the ***Cuaderno de práctica*** for corresponding activities for this segment.

SECUESTRO

Una mujer identificada como Dina Taha, fue arrestada y acusada por haber intentado secuestrar a la niña Anne Marie, hija del presidente de la Cámara de Representantes del Puerto Rico, José Ronaldo Jarabo y de su esposa Teresa Bengoa.

El hecho se produjo en el vestíbulo del World Trade Center de Nueva York. Se informó que la sospechosa Dina Taha, de 21 años, residente en Princeton, Nueva Jersey, prometió a la señora Bengoa que llevaría a su hija hasta donde se hallaba el padre, pero cuando la señora Bengoa vio que la mujer trató de huir fuera del edificio con la niña, la denunció a la policía. La mujer fue arrestada minutos después. Los agentes policiales creen que la sospechosa no está bien de sus facultades mentales.

secuestrar: to kidnap; *se hallaba:* was found; *huir:* to flee; *la denunció:* reported her (the suspect)

A. La tira cómica.

1. ¿Qué ideas tiene Fred sobre las noticias?
2. ¿Por qué prefiere él leer las tiras cómicas?
3. ¿Qué opina Ud. sobre las noticias de hoy en día?

B. Lo bueno y lo malo.

1. ¿Cuál de los artículos tiene buenas noticias? ¿malas noticias?
2. Escriba un resumen corto de estos dos sucesos. Incluya lo siguiente:
   - **a.** las personas principales en el suceso
   - **b.** dónde ocurrió
   - **c.** cuándo ocurrió
   - **d.** el resultado
   - **e.** sus reacciones a cada suceso

¿Necesita repasar un poco?

Al final de este capítulo, Ud. encontrará un breve resumen de las siguientes estructuras:

- el uso del **se** en lugar de la voz pasiva
- el presente perfecto
- el pluscuamperfecto

Repase esta información y complete los ejercicios en el ***Cuaderno de práctica.***

Enlace principal

Cultura en vivo

La tertulia

Hablando del último chisme en una tertulia.

el chisme: gossip

¿Cómo se puede escuchar chismes y hablar de las noticias del día? ¡Muy sencillo! Esto se puede hacer por medio de **la tertulia,** la cual es una costumbre muy común en diferentes partes del mundo hispano. Grupos de amigos se reúnen frecuentemente en un café u otro lugar donde beben algo y conversan por un rato. Además de contar chismes, comparten sus opiniones sobre varios temas relacionados con las últimas noticias, la política y los deportes. Si Ud. está de visita en un país hispano y pasa por un café, es probable que oiga frases como **¡No me digas!** o **¡No lo creo!**

1. ¿Qué hace la gente hispana en una tertulia?
2. ¿A Ud. le gusta esta costumbre? Explique.
3. ¿Cómo puede Ud. escuchar chismes?

Función 1

Describir sucesos personales

Hace y *desde hace* con expresiones de tiempo

a. Maite chocó con su coche.
b. El policía le puso a Roberto una multa porque manejaba con exceso de velocidad y no paró en la señal de alto.
c. La señora González dio a luz a su cuarta niña.
d. Los obreros se declararon en huelga.
e. Hubo una manifestación de protesta en el centro.

señal de alto: stop sign. In the *¡ESCUCHEMOS!* section, you heard *semáforos en rojo* (red traffic lights).

Otro chisme:

Manuel se jubiló y ahora le encanta la jubilación.

Los Oviedo ganaron la lotería.

Note the difference between *despedirse* (to say goodbye, take leave of) and *despedir* (to fire, lay off).

Despidieron al señor Carranza; debe ser parte de una despedida colectiva.

Los Paz se mudaron a la Florida porque el papá cambió de empleo.

La señora Ochoa se divorció de su esposo y tiene una relación amorosa con su vecino.

Otras expresiones usadas para dar un reportaje o contar algo que pasó

Se dice [Cuenta] que...	*They say that . . .*
Dicen [Cuentan] que...	*They say that . . .*
Alguien me dijo que...	*Someone told me that . . .*
He oído decir que...	*I've heard people say that . . .*
Te voy a contar algo increíble/inolvidable.	*I'm going to tell you something unbelievable/unforgettable.*
Una vez...	*One time . . .*
No me vas a creer.	*You won't believe me.*
¿Sabes lo que me pasó?	*Do you know what happened to me?*

Expresiones usadas para reaccionar a un reportaje, un cuento o un chisme

No exagere.	*Don't exaggerate.*
¡Mentiras!	*Lies!*
Me está tomando el pelo, ¿no?	*You're pulling my leg [kidding me], right?*
No sea tonto/a.	*Don't be silly.*
¡Quién sabe!	*Who knows!*
¡No me digas!	*You're kidding!*
¡Es para contarlo!	*That's really something to talk about!*
¡No (me) lo creo!	*I don't believe it!*
¡No lo puedo creer!	*I can't believe it!*
¡Ya lo creo!	*I believe it!; I'll say!*
Siempre hay que tener en cuenta el qué dirán.	*You always have to keep in mind what people will say.*
¡Dios mío!	*My goodness!*
¡Qué horror!	*How awful!*
¡Qué chistoso/espantoso!	*How funny/scary!*
¡Qué lío!	*What a mess!*
Y luego, ¿qué pasó?	*And then what happened?*

En la conversación entre Memo y Roberto, ¿qué pregunta significa *how long* ***have you been*** *living . . . ?* ¿Qué pregunta significa *how long* ***ago*** *did you come to . . . ?* ¿Qué diferencia nota Ud. entre los verbos principales de las dos preguntas?

Often as we talk about things that happen to us and to other people, we talk about how long ago the event occurred or how long an activity has been happening. To express these ideas, we use the expressions *hace* and *desde hace.*

Hace y el uso del pretérito

To talk about how long ago something happened, use:

hace + time expression + *que* + preterite tense

The question may also be stated as *¿Cuánto tiempo hace que... ?*

¿Hace cuánto tiempo (que) empezó la huelga? — *How long ago did the strike begin?*

Hace tres días que empezó la huelga.

or

La huelga **empezó hace tres días.** — *The strike began three days ago.*

or

Hace tres días, empezó la huelga.

Hace y *desde hace* y el uso del presente

To ask or indicate the length of time a past event **has** been going on and continues to go on into the present, use:

hace + time expression + *que* + present tense

The question may also be stated as *¿Cuánto tiempo hace que... ?*

¿Hace cuánto tiempo que están en huelga? — *How long have they been on strike?*

Hace una semana que están en huelga. — *They've been on strike for a week.*

or

present tense + *desde hace* + time expression

Están en huelga **desde hace una semana.** — *They've been on strike for a week.*

Hace y *desde hace* y el uso del imperfecto

To ask or indicate the length of time a past event **had** been going on at a point in the past when some other past event occurred, follow the same models as indicated for the present tense, but substitute *hacía* for *hace* and the imperfect tense for the present tense.

¿Cuánto tiempo hacía que trabajaba su tío cuando ganó la lotería?

How long had your uncle been working when he won the lottery?

Hacía 30 años que trabajaba cuando ganó la lotería.

He had been working for 30 years when he won the lottery.

or

Trabajaba desde hacía 30 años cuando ganó la lotería.

He had been working for 30 years when he won the lottery.

¡Practiquemos!

A. ¡No me digas! Maite le cuenta a Ío muchos chismes sobre lo que ha pasado en su pueblo. ¿Qué dice Maite y cómo reacciona Ío? Trabajen en parejas y cuenten lo que dicen ellas según el modelo.

Modelo: Los obreros se declararon en huelga.
Estudiante 1: *He oído decir que los obreros se declararon en huelga.*
Estudiante 2: *¡No me digas! Pues, deben tener un aumento de sueldo.*

1. Un pobre ganó el premio de diez millones en la lotería.
2. El señor Salinas se divorció otra vez.
3. Despidieron a cinco profesores de la universidad.
4. El policía le puso a Roberto otra multa.
5. La familia Ochoa se mudó a California.
6. Nuestra vecina se fue a vivir con un hombre más joven.
7. La decana tuvo un choque con su coche.
8. La madre de Graciela dio a luz a un niño.

B. Actividad en parejas: El chisme. Trabaje con un(a) compañero/a de clase. Reporte algún chisme para cada categoría a continuación. Su compañero/a tiene que reaccionar a lo que Ud. dice.

Modelo: una boda
Estudiante 1: *Se dice que Memo va a casarse con María Alba.*
Estudiante 2: *¡No lo creo!*

1. una despedida en el trabajo
2. una jubilación
3. una relación amorosa

4. una multa que recibió alguien
5. un choque
6. un(a) estudiante que ganó dos millones de dólares en la lotería

C. ¿Hace cuánto tiempo... ? Según la señora de Echeverría, ¿cuándo ocurrieron los siguientes sucesos en su pueblo? Trabaje con un(a) compañero/a y sigan el modelo. La persona que contesta las preguntas tiene que dar detalles.

Modelo: haber una manifestación / dos meses
Estudiante 1: *¿Hace cuánto tiempo que hubo una manifestación en su pueblo?*
Estudiante 2: *Hubo una manifestación hace dos meses cuando los obreros de la fábrica de acero se declararon en huelga.*

1. nacer un bebé / dos meses
2. haber una despedida colectiva / un año
3. ganar mucho dinero en la lotería / un mes
4. mudarse un vecino / dos años
5. ocurrir algo muy bueno / seis meses
6. pasarle algo interesante a un(a) político/a / tres semanas

D. La telenovela. ¿Qué hicieron los personajes durante el último episodio de nuestra telenovela favorita, *Cómo cambia el mundo?* Invente detalles sobre la vida de Rafael, un personaje principal del programa. Siga el modelo.

Modelo: diez años / trabajar de ingeniero / cuando...
Hacía diez años que trabajaba de ingeniero cuando conoció a Inés.

1. ocho años / haber estado casado por tercera vez / cuando...
2. cinco años / ser millonario / cuando...
3. cuatro meses / vivir en Valladolid, España / cuando...
4. diez minutos / jugar al golf / cuando...
5. quince años / buscar a la mujer soñada / cuando...
6. ¿_______?

la mujer soñada: woman of his dreams

E. *Cómo cambia el mundo.* Imagínese que Ud. es escritor/a para la telenovela *Cómo cambia el mundo.* Trabajando con tres compañeros de clase, escriba un episodio que tenga tres o cuatro personajes, y mucha acción y emoción. ¡Sean creativos/as! Incluyan una variedad de hombres y mujeres y personas de diversos orígenes. Escojan a una persona del grupo que sea **reportero/a;** esta persona tiene que tomar buenos apuntes y narrar el episodio a la clase entera.

Función 2

Reportar información

La voz pasiva

In the previous function, you learned how to report personal happenings. Another way we report information is to talk about events of nature, weather, and criminal acts.

¿Qué pasó? Hubo....

un terremoto

un incendio

una inundación

un tornado

un robo

Otros acontecimientos:

una explosión de bomba
un huracán
un asalto
un ahogo

un ahogo: a drowning

Lo bueno es que:

- las bombas no estallaron porque fueron desactivadas.
- no hubo ningún herido.
- capturaron al ladrón.
- no se escaparon los criminales.
- el niño que se estaba ahogando fue salvado.

desactivadas: disarmed; *estallar:* to explode; *herido:* hurt, wounded person; *ladrón:* thief

◆ **EXTRA VOCABULARY:** Your own reporting of events may require additional vocabulary such as *detener* (to detain); *el prisionero* (prisoner); *la cárcel* (jail); *condenar* (to convict); *el asesinato* (murder); *el suicidio* (suicide); *el difunto* (the deceased).

¿Qué tiempo hará hoy? Se pronostica....

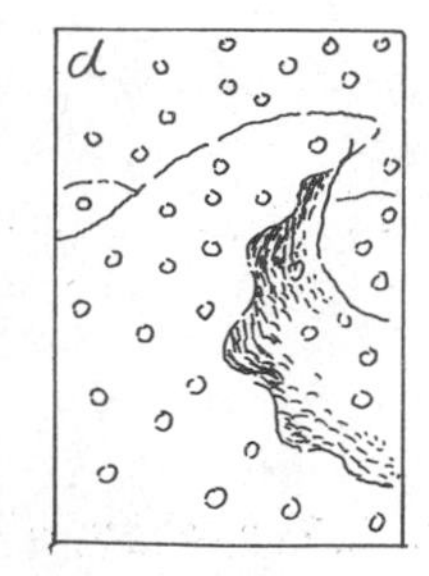

a. aguaceros
b. una ventisca
c. mucho hielo en las carreteras
d. un ventisquero

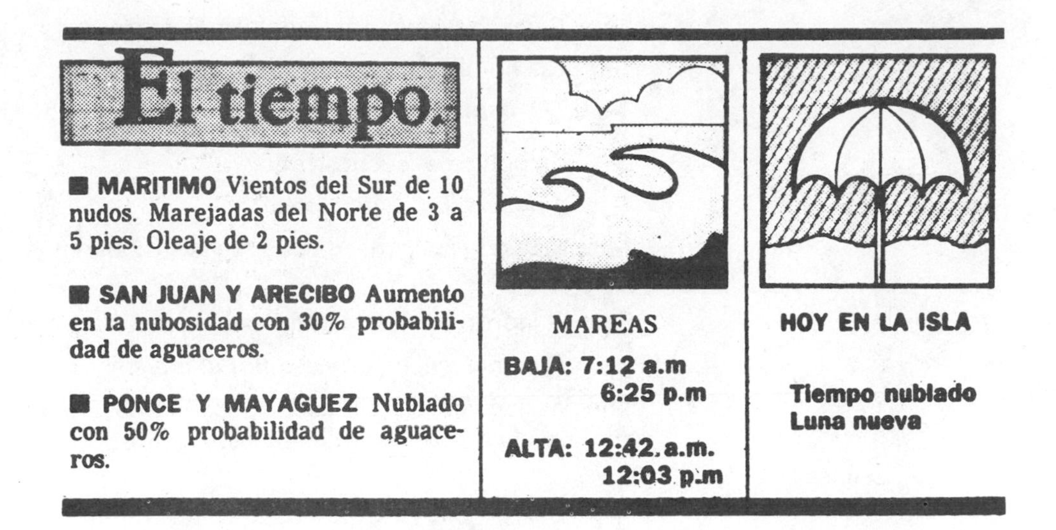
El tiempo.

■ **MARITIMO** Vientos del Sur de 10 nudos. Marejadas del Norte de 3 a 5 pies. Oleaje de 2 pies.

■ **SAN JUAN Y ARECIBO** Aumento en la nubosidad con 30% probabilidad de aguaceros.

■ **PONCE Y MAYAGUEZ** Nublado con 50% probabilidad de aguaceros.

MAREAS

BAJA: 7:12 a.m
6:25 p.m

ALTA: 12:42 a.m.
12:03 p.m

HOY EN LA ISLA

Tiempo nublado
Luna nueva

Según esta noticia, ¿qué tiempo hará hoy en la isla de Puerto Rico?

En la sección *¿NECESITA REPASAR UN POCO?,* Ud. repasó una estructura gramatical que se usa para describir un suceso sin mencionar el agente de la acción. Ejemplos: **Se vendió el coche. Se mandaron las cartas.** ¿Qué estructura se usa en ambas oraciones en lugar de la voz pasiva?

In reporting past events, we often use the passive voice in order to place more emphasis on the receiver of the action than on the agent.

You already know how to form the active voice, used in sentences in which the subject or agent performs an action:

La policía arrestó al ladrón.

The police arrested the thief.

Mire el ejemplo a continuación. ¿Quién es el agente o la persona que lleva a cabo la acción? ¿Quién recibe la acción? ¿Cuál es el primer verbo que se usa en la oración? ¿En qué forma verbal está el segundo verbo? (Ud. repasó esta forma en la gramática de repaso de este capítulo.)

El ladrón **fue arrestado por** la policía.

The thief was arrested by the police.

The passive voice is formed by using *ser* + **a past participle** that agrees in gender and number with the subject of *ser.* The agent is often expressed, following *por.*

El ladrón **fue capturado por** el agente de policía.

The thief was caught by the police officer.

Las casas **habían sido destrozadas por** el terremoto.

The houses had been destroyed by the earthquake.

Estar is used to express the condition or state resulting from an action. The agent is not expressed: El hombre **está herido.** *(The man is in **the state of being injured.** [no action or agent is expressed]);* La bomba **estaba desactivada** cuando llegó la policía. *(The bomb **was disarmed** when the police arrived. [no agent is expressed])*

Sometimes, however, the agent is not expressed.

Las bombas **fueron desactivadas.**

The bombs were disarmed.

Un policía **es secuestrado.**

A policeman is kidnapped.

Note that *ser* can be used in any tense, though it is most commonly used in the preterite.

El ladrón **será arrestado** esta tarde.

The thief will be arrested this afternoon.

The passive voice is not used in Spanish as much as in English and is most common in formal, written Spanish.

¡Practiquemos!

A. ¡Tiene que ser optimista! El profesor Echeverría se pone muy preocupado al leer los sucesos del día. Su esposa, una persona muy optimista, responde con un comentario más positivo para cada suceso. Diga lo que dice ella según el modelo.

Modelo: un huracán
¡Tranquilo, mi amor! Aunque el huracán destrozó muchas casas, nadie murió y no hubo muchos heridos.

1. un robo en el banco
2. un asalto en la calle anoche
3. una inundación
4. un incendio
5. un secuestro
6. un terremoto

B. Ud. es reportero/a. Hay una lista de noticias a continuación. Trabajando con un(a) compañero/a de clase, dé algunos detalles adicionales sobre cada suceso. Su compañero/a tiene que reaccionar de una manera muy emocional al escuchar cada reportaje.

Modelo: Hubo un asesinato anoche en la capital.
Estudiante A: *La víctima, un periodista, murió en el hospital María del Rosario.*
Estudiante B: *¡Dios mío! ¡Qué horror!*

1. Hubo una inundación en las afueras de la ciudad hoy.
2. Radio México cuenta esta mañana que la capital ha sufrido un gran terremoto, de 7.5 en la escala Richter.
3. En los EE.UU., un estudio hecho por dos profesores dice que aumentó el número de asaltos el año pasado.
4. Una huelga de controladores de tráfico aéreo causó tardanzas de hasta seis horas en el aeropuerto de Palma de Mallorca.
5. Había mucho hielo en las carreteras esta mañana.
6. Una bomba fue encontrada hoy en un edificio de apartamentos.

C. Algunas noticias. Ud. y un(a) amigo/a hablan sobre las siguientes noticias que leyeron en el periódico. Cambie las oraciones de la voz activa a la pasiva.

Modelo: La policía encontró una bomba en una oficina esta mañana.
Una bomba fue encontrada por la policía en una oficina esta mañana.

1. Dos hombres secuestraron a una mujer rica.
2. El tornado destrozó unas casas anoche.
3. Un ladrón robó unas joyas de un almacén ayer.
4. La policía arrestó a una mujer que manejaba con exceso de velocidad.
5. Un chico salvó a un niño que se estaba ahogando en una piscina.
6. Dos agentes municipales capturaron a dos criminales anoche.

D. ¡Es para contarlo! Imagínese que Ud. y tres compañeros/as de clase acaban de leer el periódico. Trabajando en grupo, hagan un resumen con sus propias palabras de algún suceso verdadero o imaginario que se reportó. Incluyan la siguiente información y añadan otros detalles: ¿Qué pasó? ¿Dónde ocurrió? ¿Qué lo causó? ¿Qué hizo la gente? ¿Qué dijo la gente? Usen la voz pasiva donde sea posible. Luego repórtenle el acontecimiento a la clase entera.

Función 3

Expresar emociones, sentimientos y duda

El presente del subjuntivo con expresiones de emoción, sentimiento y duda

Otro episodio de la telenovela *Cómo cambia el mundo*

En el episodio anterior, ¿cómo reacciona la novia a lo que ve en el comedor? Encuentre los dos verbos en el presente del subjuntivo. ¿Puede Ud. adivinar por qué se usa el subjuntivo en estas oraciones?

When we talk about the news or about events that have happened to us and others, we often react with expressions of emotion or doubt. In Spanish we use the subjunctive to express these reactions.

You have already practiced using the present subjunctive in the following ways.

1. with impersonal expressions, to express perceptions: *Es necesario que ayudemos a las víctimas.* (Capítulo 3)
2. with adverbial clauses, to describe conditions under which something might happen: *Sabremos más detalles cuando llegue el periodista.* (Capítulo 5)
3. with adjective clauses, to describe unspecific or non-existent referents: *Busco un periódico que tenga el artículo sobre el robo.* (Capítulo 6)

The verbs *alegrarse de que, enfadarse de que, horrorizarse de que, molestarse de que,* and *sorprenderse de que* can also be used without *de* with the third person form of the verb, similar to the use of *gustar:* ***Me alegra que no haya*** *muchos heridos.*

Use the subjunctive after expressions of emotional reaction or doubt	
alegrarse de que...	*to be happy that . . .*
enfadarse de que...	*to be angry that . . .*
horrorizarse de que...	*to be horrified that . . .*
molestarse de que...	*to be bothered that . . .*
sentir que...	*to be sorry, regret that . . .*
ser lógico/terrible/natural que...	*to be logical/terrible/natural that . . .*
sorprenderse de que...	*to be surprised that . . .*
temer [tener miedo de] que...	*to fear, be afraid that . . .*
¡Qué lástima/pena/vergüenza que... !	*What a shame/pity/disgrace that . . . !*

Me alegro de que no haya muchos heridos. ***I'm happy that*** *there aren't many injured.*

Es lógico que la señora cambie de empleo. ***It's logical that*** *the woman is changing jobs.*

Se horroriza de que el policía no arreste al ladrón. ***He's horrified that*** *the policeman isn't arresting the thief.*

Use the indicative when stating relative certainty	
creer	*to think, believe*
pensar	*to think*
no dudar	*to not doubt*
no negar	*to not deny*

The expressions *menos mal que...* (fortunately) and *a lo mejor...* (perhaps, maybe) are followed by the indicative: **Menos mal que** Roberto no **recibe** muchas multas. *(Fortunately, Roberto doesn't get a lot of traffic tickets.);* **A lo mejor** no **llega** la ventisca. *(Maybe the snowstorm won't come.)*

Use the subjunctive when expressing doubt	
no creer	*to not think, not believe*
no pensar	*to not think*
dudar	*to doubt*
negar	*to deny*

Pienso que lo que **dices** es verdad.

I ***think*** *what you say* ***is*** *true.*

No creo que **tengas razón**.

I ***don't think*** *that you* ***are*** *right.*

When used in questions, the verbs *creer, pensar, dudar,* and *negar* may take either the indicative or subjunctive depending on whether or not doubt exists in the mind of the speaker.

¿Crees que los maestros **tienen** el derecho de declararse en huelga?

(The speaker is neutral on the question of whether or not teachers have the right to strike.)

¿Crees que los maestros **tengan** el derecho de declararse en huelga?

(The speaker wishes to cast doubt or expects a negative reply.)

The expressions *quizá(s)* and *tal vez* (which both mean **perhaps** or **maybe)** take the subjunctive if the speaker is in doubt, and the indicative if no doubt is conveyed.

Se dice que la policía encontró al ladrón. **Quizás está** en la cárcel.

They say the police found the thief. ***Perhaps he's*** *in jail. (I think he is.)*

No se sabe si la policía encontró al ladrón o no. **Quizás esté** en la cárcel.

They don't know if the police found the thief or not. ***He might be*** *in jail. (I'm not sure.)*

¡Practiquemos!

A. ¡No me digas! Ignacio y su esposa Marilyn hablan de las noticias del día y de los últimos chismes. ¿Cómo le responde Ignacio a Marilyn? Responda usando el presente del subjuntivo o del indicativo, según el caso.

Modelo: Los pilotos se declaran en huelga. / enfadarse de que
Me enfado de que los pilotos se declaren en huelga.

1. Se pronostica una ventisca para esta noche. / sí / creer que
2. Hay otra despedida en la fábrica. / sentir que
3. Nuestra vecina piensa irse a vivir con su hija. / ¡Dios mío! / sorprenderse de que
4. El señor Rodríquez cambiará de empleo. / claro / ser lógico que
5. He oído decir que dos de nuestros vecinos tienen una relación amorosa. / ¡Ay! / no dudar que
6. El hijo de los Paz se casará en la primavera. / alegrarse de que
7. Ana no recibe malas notas. / menos mal que
8. ¿Hay mucha nieve en las carreteras esta mañana? / no pensar que

B. Las reacciones. Ud. habla con un(a) amigo/a en una tertulia. ¿Cómo reacciona a lo que dice él/ella? Responda usando una variedad de expresiones con el presente del subjuntivo o del indicativo, según el modelo.

Modelo: Se pronostica unos aguaceros para hoy.
¡Es terrible que tengamos tanta lluvia este año!

1. No me vas a creer. Los Oviedo ganaron la lotería otra vez.
2. Según el periódico, hay muchos asaltos en la ciudad.
3. La hija del profesor Echeverría dará a luz a un niño en mayo.
4. He oído decir que los Trujillo piensan divorciarse.
5. Se dice que Eliana se graduará con altos honores.
6. Alguien me dijo que la decana está buscando otro puesto.

C. ¿Qué cree Ud.? Dé sus opiniones acerca de los temas a continuación. Comparta sus opiniones con otros/as compañeros/as de clase.

Modelo: la violencia en las escuelas: Creo que...
Creo que la violencia en las escuelas es un problema serio.

1. la lotería: A lo mejor...
2. las huelgas de los profesionales: No pienso que...
3. las multas: ¡Qué lástima que...!
4. el presidente de los EE.UU.: Menos mal que...
5. los robos: Me horrorizo de que...
6. los desastres naturales: Quizás...
7. los chismes: Temo que...
8. las telenovelas: Creo que...

D. Ud. y su mundo. Hable de las emociones y dudas de su mundo personal. Complete las frases a continuación.

1. Me alegro de que esta semana...
2. En cuanto a mis clases este semestre/trimestre, dudo que...
3. En el próximo examen, a lo mejor...
4. En el campus este semestre/trimestre, es terrible que...
5. ¡Qué lástima que mi amigo/a (no)... !
6. En cuanto a mi compañero/a de cuarto, ¡qué pena que...!
7. En cuanto a mi familia, me sorprendo de que...
8. En cuanto a mis estudios, no niego que...

E. Sus reacciones. Repase el artículo *Secuestro* que leyó en *¡LEAMOS!* en la página 197. Luego complete las frases a continuación con sus propias reacciones y opiniones.

1. Creo que la mujer acusada...
2. Me alegro de que los agentes policiales...
3. Es lógico que la madre ahora...
4. ¡Qué lástima que los niños de hoy... !
5. No dudo que la mujer acusada...
6. Menos mal que la niña...

¡Escuchemos un poco más!

Ud. va a escuchar una conversación entre los Echeverría, los cuales hablan de las noticias del día.

Antes de escuchar: Establecer un objetivo

In preparation for listening to this segment, answer the following questions.

1. What are some possible news events about which the professor and his wife might be talking?
2. When might this discussion be taking place?
3. As an eavesdropper to the conversation, what do you hope to find out?
4. With a partner, brainstorm a list of Spanish words and expressions you already know that you expect to hear in this conversation.

demandando: suing, bringing lawsuit against; *daños:* damages; *susto:* frightened surprise

Después de escuchar: Identificar las ideas principales y los detalles importantes

Escuche la conversación y conteste las siguientes preguntas.

A. ¿Comprendió Ud.? Ponga una *X* al lado de cada oración verdadera, según la conversación.

_______ **1.** Un ladrón robó un millón de dólares de una casa.
_______ **2.** Un gato mató al ladrón.
_______ **3.** El ladrón fue mordido por el gato.
_______ **4.** El ladrón está demandando a los dueños de la casa.

¿Cuál de las cuatro oraciones representa la idea principal de la conversación?

B. ¿Qué opina Ud.?

1. Con un compañero/a, haga un resumen de este reporte con sus propias palabras.

2. ¿Cómo reacciona Ud. a lo que pasa en este suceso? Complete cada oración.

- **a.** Me sorprendo de que...
- **b.** ¡Es increíble que... !
- **c.** Menos mal que...
- **d.** Dudo que...
- **e.** Pienso que...

¡Leamos un poco más!

Más noticias

Antes de leer: Establecer un objetivo

Read the titles and look at the pictures that accompany the two short readings. Then answer the following questions.

1. What do you think the "news" is in each of these articles?

2. Why might you be interested in reading each of them?

El secreto de una mujer exitosa

Ellen Ochoa mide 5 pies 5 pulgadas y pesa 108 libras, pero en cuanto a inteligencia y determinación se refiere, el peso de esta mexicoamericana de 34 años, nacida en Los Angeles, se hace sentir donde quiera que está.

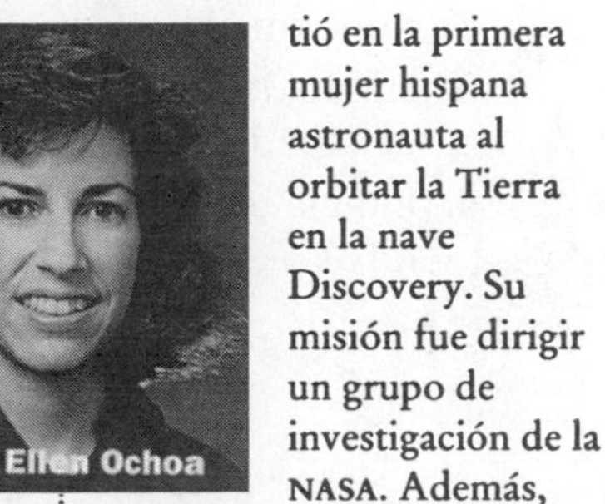
Ellen Ochoa

Es doctora en ingeniería eléctrica y una notable flautista clásica. El mes pasado, Ellen se convirtió en la primera mujer hispana astronauta al orbitar la Tierra en la nave Discovery. Su misión fue dirigir un grupo de investigación de la NASA. Además, disfruta cada vez que se reúne con grupos de estudiantes, en particular hispanos. A estos sabe transmitirles el secreto de todo éxito: trabajar y estudiar muy duro. ●

éxito: success, *¿Cómo se dice* successful?; *flautista = una persona que toca flauta*

Incredulidad canina

Un perro asombrado de la localidad austriaca de Linz aparece subido en un banco el cual está casi totalmente cubierto por las aguas del río Danubio, que se ha desbordado con motivo de las fuertes lluvias que afectan la zona desde el tres de agosto. Hasta el momento, dos personas han muerto y el gobernador de la provincia de Salzburgo ha proclamado la zona lugar de desastre. (Telefoto AFP)

banco: bench; *desbordado:* overflowed

Después de leer: Identificar las ideas principales y los detalles importantes

A. ¿Comprendió Ud.? Lea los artículos de la página anterior y esta página y conteste las siguientes preguntas.

1. ¿Por qué está en las noticias Ellen Ochoa?
2. ¿Qué otros talentos tiene ella?
3. Según ella, ¿cuál es el secreto para tener éxito?
4. En el artículo sobre el perro, ¿qué le pasa a él? Explique. ¿En qué país ocurrió esto y cómo sabe Ud.?

B. ¿Qué opina Ud.? Hable con un(a) compañero/a sobre los siguientes temas.

1. Además de ser inteligente, ¿qué otras características cree Ud. que tiene Ellen Ochoa para poder tener tanto éxito en varios campos?
2. Ellen Ochoa dice que uno tiene que trabajar y estudiar mucho para tener éxito. ¿Está Ud. de acuerdo con lo que dice ella? ¿Hay otras cosas que uno tiene que hacer también?
3. Hable de algunas posibles razones por las cuales el perro no se había escapado de esa zona.
4. Imagínese que Ud. es el perro en la foto. ¿En qué estará pensando Ud. en la foto?

Enlace de todo

Para hacer esta sección, recuerde la gramática de repaso y la gramática funcional de este capítulo: el uso del **se** en lugar de la voz pasiva; el presente perfecto; el pluscuamperfecto; **hace** y **desde hace** con las expresiones de tiempo; la voz pasiva; el presente del subjuntivo con las expresiones de emoción, sentimiento y duda. También es buena idea repasar el vocabulario presentado en este capítulo antes de empezar.

¡Imaginemos!

A. Dramatizaciones. Prepare las siguientes dramatizaciones según las instrucciones.

1. Imagínese que Ud. es reportero/a para la estación de televisión de su universidad. Tiene que investigar un incendio que ocurrió anoche en una residencia estudiantil. Entreviste a dos testigos *(witnesses)* que vieron todo lo que pasó y que reaccionan a lo que vieron. Presente el reporte y la entrevista a la clase. Utilice **hace** y **desde hace** y la voz pasiva.
2. Ud. estaba distraído cuando manejaba su coche y tuvo un choque. Hable con el/la policía para convencerlo/la de que la culpa no fue suya y cuéntele los sucesos antes del choque. Un(a) compañero/a de clase es el/la chofer del otro coche, y él/ella siempre presenta información contraria a la suya. Cuando sus compañeros de clase vean su dramatización, podrán juzgar quién tuvo la culpa.
3. Hable con un(a) compañero/a sobre un suceso inolvidable que le pasó a Ud. Dé muchos detalles sobre las personas, cada acción de interés y cómo terminó. Si es posible, muéstrele una foto del suceso. Su compañero/a tiene que hacerle algunas preguntas y reaccionar a lo que Ud. le cuenta.
4. Ud. va a hacer el papel de un(a) reportero/a y su compañero/a hará el papel de Ellen Ochoa, de quien Ud. leyó en *¡LEAMOS UN POCO MÁS!* en la página 211. Ud. tiene que entrevistar a Ellen sobre su misión para la NASA. Hable con ella sobre sus intereses como astronauta, ingeniera y flautista.

B. La escena del crimen. Mire el siguiente dibujo y escriba un artículo sobre lo que pasa en esta escena. Use el presente para narrar lo que ocurre entre la gente y el coche. Use expresiones con el presente del subjuntivo y del indicativo. Incluya muchos detalles.

C. Incredulidad canina. Repase el breve artículo que leyó en *¡LEAMOS UN POCO MÁS!* en la página 212. Después, escriba un párrafo en el que Ud. describa lo que le pasó al perro finalmente. Es decir, ¿se salvó o se ahogó en las aguas? ¿Cómo cambió este evento la vida del perro? Incluya muchos detalles en su descripción.

D. Su carpeta personal: Ser reportero/a. Ud. va a escribir un trabajo para su carpeta *(portfolio)* personal. Imagínese que Ud. acaba de ganar dos millones de dólares en la lotería. Escriba su propio artículo de periódico sobre lo que le pasó. Incluya tres párrafos cortos de la siguiente forma:

Párrafo 1: presentación de los hechos (qué, quién, cuándo)

Párrafo 2: elaboración y más detalles (por qué)

Párrafo 3: las reacciones suyas y las de sus amigos (sus propias palabras entre comillas «»)

Ponga este trabajo en su carpeta personal.

◆ **EXTRA VOCABULARY:** You may need the following vocabulary: *canasta de bizcochos:* basket of pastries; *sendero:* path; *el lobo:* wolf; *el cazador:* hunter; *el fusil:* gun; *disparar:* to shoot; *las piedras:* stones.

E. Un cuento de hadas. La primera parte del cuento de hadas *Caperucita Roja* está a continuación. Con un grupo de tres o cuatro compañeros/as de clase, escriba el resto del cuento. ¡Uds. pueden cambiar el cuento original si quieren!

Había una vez una casita blanca en el bosque donde vivía una niña muy guapa que se llamaba Caperucita Roja. Un día, su madre le dijo, «Caperucita Roja, llévale esta canasta de bizcochos a tu abuela porque ella está muy enferma. No hables con nadie y no salgas del sendero principal que pasa por el bosque». Caperucita Roja le respondió, «No te preocupes, Mami, iré de prisa sin detenerme hasta que llegue a la casa de la abuelita». Después de un rato, Caperucita Roja oyó una voz que decía, «¿Adónde vas solita por el bosque, guapa?»...

¡Leamos más! «Niña de 5 años con asombrosos poderes»

Antes de leer: Establecer un objetivo

In preparation for reading the following article, look at the picture and read the title. Then answer the following questions.

1. What do you think this article is about?
2. Why might you be interested in reading this article?
3. Write down at least three pieces of information you might learn from the reading.
4. Brainstorm a list of Spanish words and expressions that you might expect to find in this article.

Niña de 5 años con asombrosos poderes

A Una sorprendente niña de cinco años de edad ha asombrado a los expertos, debido a que posee extraordinarios poderes mentales, mediante los cuales es capaz de doblar objetos metálicos, así como desplazar un vaso de leche por la mesa y hasta mover las manecillas de un reloj, sin emplear para ello sus manos, ni parte alguna de su cuerpo.

B La pequeña se llama Helga y su madre dice que desea que pierda sus poderes antes de hallarse en edad escolar, ya que de otro modo, "caminaría por el mundo como un fenómeno de circo o algo así."

C El padre de la niña se mostró que la criatura era capaz de doblar utensilios metálicos y mover objetos, pero tal escepticismo dejó de existir cuando la muchacha, frente a sus asombrados ojos, movió las manecillas de un viejo reloj.

D El hombre, llamado Walter trajo a la casa al profesor Gehart Kessler, asociado del Paranormal Activity Research Institute.

E Luego de éste estudiar a Helga por espacio de dos semanas, declaró que "jamás había visto igual despliegue de energía psicoquinética."

F "Su nivel de concentratión es increíble —dijo el profesor— y creo que tiene mucho que ver con la hiperactividad. Ella, cuando está quieta, simplemente canaliza la ansiedad y la convierte en fuerza psicoquinética."

G Para que no existieran dudas sobre posibles maniobras de prestidigitación o trucos, fue invitado Rolf Jurgen Verlag, miembro de la European Masterful Magicians Association, y éste dijo que provisto de dos cámaras había hecho todas las pruebas, pero que no podía explicar naturalmente los poderes de la niña.

A *asombrado = sorprendido; debido a que:* due to the fact that; *mediante los cuales:* among which; *doblar:* to bend; *emplear = usar;* **B** *hallarse:* to be, find oneself; *algo así:* something like that; **C** *dejó de:* stopped; **E** *éste:* the latter (person mentioned); *despliegue:* display; **G** *maniobras de prestidigitación:* works of magic; *trucos:* tricks; *provisto de [from proveer]:* provided with, using

Después de leer

Identificar las ideas principales. Lea rápidamente el artículo y ponga una ***X*** al lado de la idea principal.

_______ **1.** La concentración de Helga hace que muchos objetos se desaparezcan.
_______ **2.** Helga puede mover cosas sin tocarlas con las manos.
_______ **3.** Helga tiene tanta energía que nunca puede dormir.
_______ **4.** Helga es capaz de moverse a sí misma de un sitio a otro.

Identificar los detalles importantes. Lea todo el artículo con más cuidado y busque los detalles a continuación.

1. Párrafo A: uno de los poderes de Helga
2. Párrafo B: por qué se preocupa la madre de Helga
3. Párrafo C: lo que hizo Helga enfrente de su padre
4. Párrafos D, E y F: lo que descubrió el profesor Kessler sobre los poderes de Helga
5. Párrafo G: por qué fue invitado Rolf Jurgen Verlag

Y la gramática y el vocabulario...

6. Busque:
   a. dos verbos que significan *to move*
   b. la palabra que significa *hands (of a clock)*
   c. por lo menos ocho palabras semejantes al inglés en el párrafo C
7. En el párrafo F, ¿qué forma del verbo se usa con **creo que?** ¿Por qué?
8. En el párrafo G, encuentre un ejemplo de la voz pasiva.

Crear un esquema. Trabajando con un(a) compañero/a de clase, haga un esquema de las ideas principales y los detalles importantes. Puede usar las cinco ideas que se presentan en *Identificar los detalles importantes.*

Ejemplo:

Ideas principales	Detalles importantes
I. los poderes de Helga	
II. la preocupación de su madre	
III.	
IV.	
V.	

Escribir un resumen. Ahora escriba un resumen del artículo con sus propias palabras en español. Use por lo menos cinco expresiones y/o palabras nuevas que acaba de aprender en este artículo. Escriba 8 a 10 oraciones. Incluya sus reacciones a este artículo usando el presente del subjunctivo con las expresiones de emoción y duda. Revise el contenido y la gramática con un(a) compañero/a antes de entregarle el resumen al profesor / a la profesora.

¿Qué opina Ud.? Conteste las siguientes preguntas con un grupo de compañeros/as, compartiendo sus opiniones.

1. ¿Piensa Ud. que la información en este artículo es verdadera? Explique.
2. ¿Duda Ud. de alguna parte del artículo? Explique.

3. ¿Es bueno o malo que Helga tenga estos poderes? ¿Por qué?
4. Si Ud. fuera el profesor Kessler, ¿cómo reaccionaría ante los poderes de Helga?
   - **a.** Es increíble que...
   - **b.** No dudo que...
   - **c.** Temo que...
   - **d.** ¡Qué pena que... !
   - **e.** Creo que...

ATAJO: Use the computer program to assist you in your writing. Search for the following key words:

Grammar: Verbs: reflexives; Verbs: subjunctive agreement; Verbs: subjunctive with *que*

Phrases: Weighing the evidence; Writing an essay

Vocabulary: Body; Fairy tales & legends

Temas para composiciones/conversaciones

1. Los poderes extraordinarios: ¿Es posible tenerlos o no?
2. El mundo de la magia
3. La tecnología de hoy y su efecto en la imaginación
4. Mi cuento de hadas favorito

¡El gran premio! ¿Puede Ud. hacerlo?

Ud. va a escuchar en la radio una noticia sobre un robo.

Antes de escuchar: Establecer un objetivo

In preparation for listening to this news item, answer the following questions.

1. What information related to a robbery might you expect to hear?
2. Why might you be interested in hearing this news item?
3. Brainstorm a list of Spanish words and expressions you already know that might be heard in this selection.

Después de escuchar

Primer paso: Identificar las ideas principales

casos insólitos: unusual events; *placa dental:* dental plate or bridge

Escuche la noticia por primera vez y escoja las respuestas correctas que completen las siguientes frases.

1. El exnovio fue acusado de
   - **a.** robar dinero de un banco.
   - **b.** robarle una placa dental a alguien.
   - **c.** robar computadoras de un almacén.
   - **d.** robar unas joyas valiosas.
2. Una lucha ocurrió entre
   - **a.** un hombre y su esposa.
   - **b.** dos amigos.
   - **c.** una mujer y su exnovio.
   - **d.** el ladrón y una policía.
3. En la lucha, la mujer sufrió
   - **a.** un ataque cardíaco.
   - **b.** unos dientes rotos.
   - **c.** una mano fracturada.
   - **d.** una herida en el cielo de la boca.

The following words will help you as you listen a second time: *tiró:* pulled; *cabello = pelo; logró:* managed to, succeeded in; *meter = poner; cortadura:* cut; *cielo de la boca-paladar,* roof of the mouth; *recuperar:* to recover; *pieza dental = placa dental*

Segundo paso: Identificar los detalles importantes

Escuche la noticia por otra vez y complete las siguientes frases.

1. Ernesto fue acusado de robar algo que valía...
2. Ernesto golpeó a Teresa porque ella...
3. Teresa logró recuperar...

Tercer paso: Crear un esquema

Escuche la noticia por última vez y haga un esquema que represente todas las partes importantes de la noticia.

Escribir una conclusión. Imagínese lo que pasó inmediatamente después de este suceso. ¿Qué hicieron Ernesto, Teresa y... ? Escriba por lo menos cuatro oraciones que describan lo que ocurrió. Use por lo menos tres expresiones y/o palabras nuevas que acaba de aprender en esta noticia. Revise el contenido y la gramática con un(a) compañero/a antes de entregar el trabajo al profesor / a la profesora.

ATAJO: Use the computer program to assist you in your writing. Search for the following key words:

Grammar: Relatives *el cual, la cual;* Verbs: preterite & imperfect

Phrases: Describing people; Describing the past; Writing about theme, plot, or scene

Vocabulary: Body: gestures; People

¿Qué opina Ud.? Hable con un(a) compañero/a sobre las preguntas a continuación.

1. ¿Es difícil creer esta noticia? Explique.
2. ¿De qué se sorprende Ud.?
3. ¿Cree Ud. que haya más detalles que no se presenten en la noticia? Explique.
4. ¿Qué debe pasarle al exnovio ahora?

Vocabulario

You should be able to understand and use the following words and expressions. Add other words that you learn or may need to your personal vocabulary list in the ***Cuaderno de práctica.***

Describir sucesos personales

el chisme *gossip*
el choque *car accident; fender-bender*
la despedida (colectiva) *firing (layoff)*
la manifestación de protesta *protest march*
la relación amorosa *love affair*
la tertulia *social gathering*

Alguien me dijo que... *Someone told me that . . .*
Dicen [Cuentan] que... *They say that . . .*
He oído decir que... *I've heard people say that . . .*
No me vas a creer. *You won't believe me.*
¿Sabes lo que me pasó? *Do you know what happened to me?*
Se dice [cuenta] que... *They say that . . .*
Te voy a contar algo increíble/inolvidable. *I'm going to tell you something unbelievable/unforgettable.*
Una vez... *One time . . .*

cambiar de empleo *to change jobs*
chocar *to have a car accident, crash*
dar a luz *to give birth*
declararse en huelga *to go (out) on strike*
despedir a alguien *to fire, lay off someone (from a job)*
divorciarse *to get divorced*
ganar la lotería *to win the lottery*
jubilarse *to retire*
manejar con exceso de velocidad *to drive over the speed limit*
mudarse *to move, relocate*
parar en la señal de alto *to stop at the stop sign*
ponerle a alguien una multa *to give someone a traffic ticket*

¡Dios mío! *My goodness!*
¡Es para contarlo! *That's really something to talk about!*
Me está tomando el pelo, ¿no? *You're pulling my leg [kidding me], right?*
¡Mentiras! *Lies!*
¡No exagere! [exagerar] *Don't exaggerate! [to exaggerate]*
¡No lo puedo creer! *I can't believe it!*
¡No me digas! *You're kidding!*
¡No (me) lo creo! *I don't believe it!*
No sea tonto/a. *Don't be silly.*
¡Qué chistoso/espantoso! *How funny/scary!*
¡Qué horror! *How awful!*
¡Qué lío! *What a mess!*
¡Quién sabe! *Who knows!*
Siempre hay que tener en cuenta el qué dirán. *You always have to keep in mind what people will say.*
Y luego, ¿qué pasó? *And then what happened?*
¡Ya lo creo! *I believe it!; I'll say!*

Reportar información

los aguaceros *downpours (of rain)*
el ahogo *drowning*
el asalto *assault*
la carretera *highway*
la explosión de bomba *bomb explosion*
el herido *hurt, wounded person*
el hielo *ice*
el huracán *hurricane*
el incendio *fire*
la inundación *flood*
el ladrón *thief*
el robo *robbery*
el secuestro *kidnapping*
el terremoto *earthquake*
el tornado *tornado*
la ventisca *blizzard, snowstorm*
el ventisquero *snowdrift*

ahogarse *to drown*
desactivar una bomba *to disarm a bomb*
escaparse *to escape*
estallar (una bomba) *to explode (a bomb)*
salvar *to save (a life)*
secuestrar *to kidnap*
Se pronostica... *They forecast . . .*

Expresar emociones, sentimientos y duda

alegrarse de que... *to be happy that . . .*
creer *to think, believe*
dudar *to doubt*
enfadarse de que... *to be angry that . . .*
horrorizarse de que... *to be horrified that . . .*
molestarse de que... *to be bothered that . . .*
negar *to deny*
pensar *to think*
sentir que... *to be sorry, regret that . . .*
ser lógico/terrible/natural que... *to be logical/terrible/natural that . . .*
sorprenderse de que... *to be surprised that . . .*
temer [tener miedo de] que... *to fear, be afraid that . . .*

A lo mejor... *Perhaps . . ./Maybe . . .*
Menos mal que... *Fortunately . . .*
¡Qué lástima/pena/vergüenza que... ! *What a shame/pity/disgrace that . . . !*
Quizá(s) [Tal vez]... *Perhaps . . . /Maybe . . .*

¿Necesita repasar un poco?

El uso de *se* en lugar de la voz pasiva

In reporting events, we often place more emphasis on the **receiver** of the action rather than on the agent (the person who performs the action). Function 2 of this chapter shows how to form the passive voice in order to place more emphasis on the person who receives the action.

Another way to place emphasis on the receiver is to use the pronoun *se* with the third person form of the verb. The verb agrees in number with the object. This method is commonly used when the agent who performs the action is not expressed.

Se desactivó la bomba. *The bomb was disarmed.*

Se escriben las respuestas. *The responses are being written.*

When the receiver of the action is a person, the impersonal *se* is used with a third person singular verb followed by the personal *a*.

Se capturó a varios delincuentes. *Various delinquents were captured.*

El presente perfecto

The present perfect is used to describe actions that have been completed recently. Since they have happened so recently, these actions may even continue into the present or have an effect on events in the present. In some countries, the present perfect is used instead of the preterite to describe any past action.

The present perfect is formed by using the present tense of *haber* + the past participle.

HABER (present)	
he	hemos
has	habéis
ha	han

The past participle for regular verbs is formed by dropping the infinitive ending and adding ***-ado*** for ***-ar*** verbs and ***-ido*** for ***-er/-ir*** verbs.

hablar	**hablado**
comer	**comido**
vivir	**vivido**

The following verbs have irregular past participles:

abrir	**abierto**
cubrir	**cubierto**
decir	**dicho**
describir	**descrito**
escribir	**escrito**
hacer	**hecho**
morir	**muerto**
poner	**puesto**
romper	**roto**
ver	**visto**
volver	**vuelto**

-Er and ***-ir*** verbs that have stems ending in a vowel have a written accent over the ***í*** in the ***-ido*** ending: leer → **leído.**

Note that the past participle, when used in any perfect tense, always ends in ***-o.***

All object pronouns must be placed immediately before the form of *haber.*

—**¿Has oído** el informe?	*Have you heard the report?*
—No, no lo **he oído.**	*No, I haven't heard it.*
—**¿Han leído** el periódico?	*Have they read the newspaper?*
—No, todavía no lo **han leído.**	*No, they still haven't read it.*

El pluscuamperfecto

The pluperfect (past perfect) in Spanish is used to refer to a past event that had been completed prior to another past event. The pluperfect is formed by using the imperfect of *haber* + the past participle.

HABER (imperfect)	
había	habíamos
habías	habíais
había	habían

Mi hermano ya **había hecho** la llamada cuando yo regresé.
*My brother **had** already **made** the call when I returned.*

Al hablarle, supe que tú la **habías invitado** a cenar.
*Upon talking to her, I found out that you **had invited** her to dinner.*

Capítulo 8

¿Podría acompañarme a...?

Contexto: Los eventos culturales

Objetivos funcionales
- hacer, aceptar y rechazar invitaciones
- hacer una llamada telefónica
- hacer planes para divertirse
- hablar del pasado reciente

Objetivos culturales
- leer y discutir sobre algunos eventos culturales del mundo hispano

Gramática funcional
- los mandatos familiares
- el presente perfecto del subjuntivo

Enlace inicial

¡Escuchemos!

Ud. va a escuchar una conversación telefónica entre Memo y Maite. Memo la llama para hacer algunos planes para divertirse.

A. ¿Qué hacer? Ponga una *X* al lado de la respuesta correcta: Memo invita a Maite a...

_______ **1.** asistir a una conferencia sobre el psicoanálisis.

_______ **2.** ir a un concierto de música romántica.

_______ **3.** ver una película de Fellini.

_______ **4.** visitar una exposición de pinturas en el Club Alemán de Equitación.

B. ¿Comprendió Ud.? Escriba las expresiones que usan Memo y Maite.

1. una expresión que usa Memo para invitar

2. una expresión que usa Maite para aceptar

3. una expresión que usa Memo para comentar los planes de la salida

4. una expresión que usa Maite para demostrar entusiasmo

¡Leamos! «Ballet mexicano nacido en Texas»

Lea el siguiente artículo y conteste las preguntas a continuación.

D A N Z A

BALLET MEXICANO NACIDO EN TEXAS

EL BALLET FOLKLORICO de Texas nació de una necesidad de su fundador, Roy Lozano: expresar sus raíces a través del arte. Su padre era beisbolista profesional y este niño de Corpus Christi viajaba con él a pueblos de México donde asistía a fiestas típicas con música folklórica y trajes tradicionales. Ya en la escuela secundaria, el joven Lozano se integró a un grupo de danza mexicana.

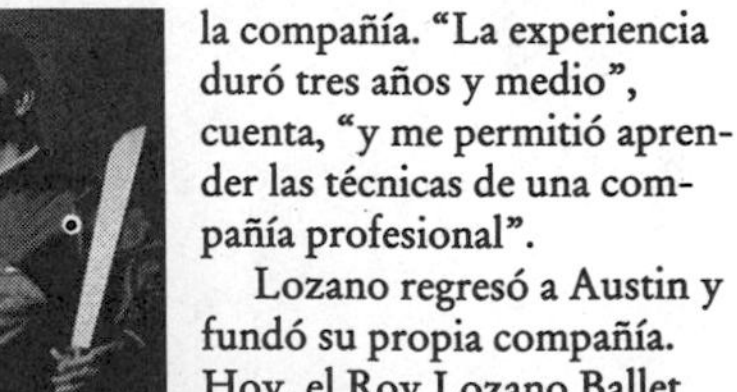

Dulce Madrigal y Roy Lozano

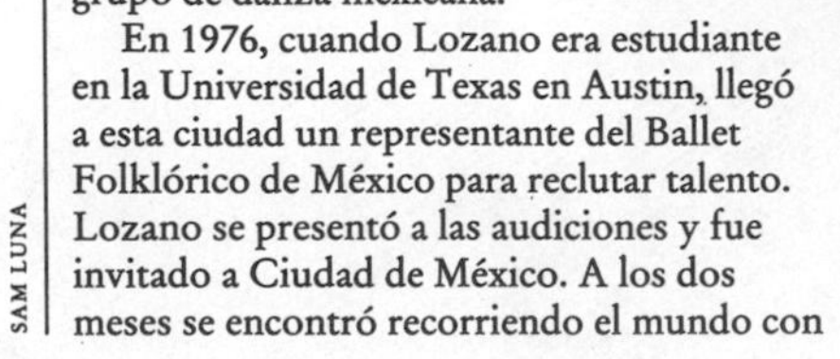

En 1976, cuando Lozano era estudiante en la Universidad de Texas en Austin, llegó a esta ciudad un representante del Ballet Folklórico de México para reclutar talento. Lozano se presentó a las audiciones y fue invitado a Ciudad de México. A los dos meses se encontró recorriendo el mundo con la compañía. "La experiencia duró tres años y medio", cuenta, "y me permitió aprender las técnicas de una compañía profesional".

Lozano regresó a Austin y fundó su propia compañía. Hoy, el Roy Lozano Ballet Folklórico de Texas cuenta con 24 miembros profesionales, una *troupe* de 20 jóvenes y una escuela de danza a la cual asisten 75 niños.

"Buscamos dar expresión visual a nuestra historia y cultura", dice Lozano. La compañía se presenta en Austin el 22 de mayo en el teatro Paramount y el 27 y 28 de agosto en el Zilker Hillside, así como en escuelas y beneficios. Para más información llame al (512) 320-0890 (en inglés).

—*Susana Tubert*

SAM LUNA

raíces: roots; *se integró:* joined; *reclutar:* recruit; *recorriendo:* traversing

1. Busque la siguiente información:
   a. el nombre del fundador del Ballet Folklórico de Texas
   b. lo que hizo por tres años y medio
   c. el propósito de su compañía de ballet
   d. dónde se originó la compañía
   e. cuántos miembros profesionales hay en el grupo
2. En las fiestas típicas de México, ¿cómo eran los trajes y la música?
3. ¿Ha visto Ud. un ballet tradicional o un ballet folklórico? Explique.

¿Necesita repasar un poco?

Al final de este capítulo, Ud. encontrará un breve resumen de las siguientes estructuras:

- el **se** impersonal
- los usos del infinitivo

Repase esta información y complete los ejercicios en el ***Cuaderno de práctica.***

VIDEO: Use *Programa 17, Detalles y colores,* in ***Mosaico cultural*** to describe the details and color of artistic expression. Consult the ***Cuaderno de práctica*** for corresponding activities for this segment.

Cultura en vivo

Algunos eventos culturales del mundo hispano

Agenda cultural

Conferencias

Entrada libre

"Tchaikowsky", por **Luis Camilión,** a las 19, en Perú 294.

"Los autores de televisión", por **Juan C. Cernadas Lamadrid, Nelly Fernández Tiscornia y Ricardo Halac,** a las 20, en Sarmiento 2233.

"Del psicoanálisis grupal al psicoanálisis compartido", por **Gerardo Stein,** a las 21.30, en Rodríguez Peña 1674.

Presentación de libros

"Guía para la identificación de las aves de Argentina y Uruguay", de Tito Narosky y Darío Yzurieta, a las 19, en Florida 460.

Música y danza

Clásica

Teatro Colón, Libertad 621, a las 21: **"La Bohème",** y en el Salón Dorado a las 17.30: **Motomu Itsuki,** canto, y **Akemi Minato,** piano.

Popular

Teatro Payró, San Martín 766, a las 21.30: **Liliana Vitale.**

Encotel, Sarmiento 151, piso 2º, a las 19: **Antigua Jazz Band.** Entrada libre.

Cine arte

Teatro Municipal General San Martín, Corrientes 1530, sala Leopoldo Lugones, a las 15, 17, 19, 21 y a las 23: **"Me hicieron criminal",** de Busby Berkeley.

Sala del Instituto, Rodríguez Peña 1062, a las 14, 16.30, 18.30, 20.30 y a las 22.30: **"Ginger y Fred",** de Federico Fellini.

Bellas artes

En exposición

Jorge L. Acha, pinturas, y **Colectiva, "Antes y después",** en DSG, Scalabrini Ortiz 1394; lunes a viernes, de 10 a 13, y de 16 a 21; sábado, de 10 a 13. Cierra el 29 de setiembre.

Claudia Balan, dibujos, en La Porte Ouverte, Billinghurst 1926; de 10 a 12, y de 15 a 21. Cierra el 27.

Alicia Binda, fotografías, en Fundación Banco de Boston, R. Sáenz Peña 567, piso 8º; de 10 a 19.30. Cierra el 28.

Tomás Yamada, pintura orienta, en Club Aleman de Equitación, Dorrego 4046; martes

Fina Dugó, esculturas, y **Colectiva,** pinturas, en Sisley Gallery, Arenales 834; lunes a viernes, de 10 a 21; sábado, de 10 a 13.

El mundo hispano le ofrece diferentes tipos de diversión a la gente. La «Agenda cultural» del periódico anuncia conferencias, seminarios, presentaciones de libros, conciertos y exposiciones de arte. ¡Que lo pase(n) bien!

1. De la lista de actividades en la Agenda cultural en la página 225, ¿cuáles serían las más populares en los EE.UU.? ¿Las menos populares? ¿Por qué?
2. De las actividades en la Agenda cultural, ¿cuál le interesa más a Ud.? ¿Por qué? ¿Cuál le interesa menos? ¿Por qué?

Función 1

Hacer, aceptar y rechazar invitaciones

¿Qué expresiones sabe Ud. para hacerle una invitación a alguien? ¿Para aceptar una invitación? ¿Para rechazar una invitación?

Para hacer una invitación

¿Quiere(s)/Quisiera(s)...?

¿Le/Te gustaría...?

Me gustaría invitarlo/la/te a...

Quiero invitarlo/la/te a...

¿Le/Te interesa ir a...?

¿Podría(s) acompañarme a...?

¿Qué le/te parece si...?

Un sinónimo para **¿Qué le/te parece si... ?** es **¿Qué tal si... ?**

¡De acuerdo!: OK!, Agreed!; *¡Vale!*: OK! (Spain); *pasar por mí*: to pick me up

Dos expresiones coloquiales son **¡Regio!** *(Fantastic!)* de Sudamérica y **¡Chévere!** *(Great!)* del Caribe.

Para aceptar una invitación

¡Claro!

¡De acuerdo!

¡Qué buena idea!

¡Con mucho gusto!

¡Vale!

¡Me parece una idea estupenda!

Sí. ¡Qué bien!

¡Sería un placer!

¿Cómo no?

¡Me gustaría/encantaría!

¿A qué hora vas a pasar por mí?

compromiso: commitment; *agradecer*: to thank for *(Te agradezco la invitación*: I thank you for the invitation.); *¡Que lo pasen bien!*: Have a good time!

Para rechazar una invitación

Me gustaría, pero desafortunadamente [lamentablemente] tengo otro compromiso/otros planes.

Estoy ocupado/a.

Lo siento, pero no estoy libre.

Muchas gracias, pero tengo que...

Se/Te lo agradezco mucho, pero tengo que...

Pero yo preferiría...

¡Que lo pasen bien!

Para persuadir a alguien

¿Seguro/a? Vamos a divertirnos mucho.

Todos nuestros amigos van a estar allí.

¡Por favor! Queremos que nos acompañe(s).

Estoy seguro/a que va(s) a divertirse/te mucho.

Hazme el favor de acompañarme.

Mira, ¿no puedes pensarlo?

Pero, ¿por qué no puedes cambiar sus/tus planes?

Trabaje con un(a) compañero/a de clase. Usando las expresiones presentadas, practiquen las siguientes conversaciones:

Estudiante A

1. Invítela/lo al cine.
2. Invítela/lo a una sinfonía.
3. Persuádalo/la para que venga a una fiesta.

Estudiante B

1. Acepte la invitación.
2. Rechace la invitación.
3. Rechace la invitación al principio y después acéptela.

Estudiante B

1. Invítela/lo al teatro.
2. Invítela/lo a un concierto.
3. Persuádalo/la para que venga a una fiesta sorpresa.

Estudiante A

1. Acepte la invitación.
2. Rechace la invitación.
3. Rechace la invitación al principio y después acéptela.

La diversión

Vamos a una discoteca/un club/una reunión para...

reunirnos con unos amigos/tomar unas copas/divertirnos/conocer a nuevas personas.

tomar unas copas: have (some) drinks (*copas* are drinks containing alcohol; *bebidas* are non-alcoholic drinks)

Un sinónimo para **exposición de arte** es **exhibición de arte.**

Vamos al museo/al centro cultural para ver...

una exposición de arte/las obras de arte/los cuadros [las pinturas]/los retratos/las esculturas/los murales.

estreno: premiere; *espectáculo:* show

Sinónimos para **las entradas** son **los billetes** y **los boletos.**

Un sinónimo para **la ventanilla** es **la taquilla.**

Tenemos que comprar las entradas en la ventanilla.

Vamos a ver...

una corrida de toros/los fuegos artificiales.

Remember that *gozar de* + noun means **to enjoy something.** *De* + *el* becomes *del.*

Gozamos de la sinfonía/del ballet folklórico/del concierto de rock.

la orquesta
los músicos

los bailarines

los cantantes
el conjunto

Otros eventos:

el concierto de jazz
el baile flamenco
la feria
las carreras
los concursos

las carreras: races; *los concursos:* contests

¡Practiquemos!

A. ¿Qué podemos hacer allí? Maite y Memo piensan en las actividades que pueden hacer durante el fin de semana. Memo sugiere que vayan a varios lugares, pero Maite quiere saber qué pueden hacer en cada lugar. Dé las respuestas de Memo.

Modelo: la playa
Vamos a la playa para tomar el sol y descansar.

1. el museo
2. el ballet folklórico
3. la feria
4. la discoteca
5. la sinfonía
6. el club
7. el estreno
8. el cine

B. ¿Cómo responde Ud.? Imagínese que Ud. y un(a) amigo/a están hablando de sus planes para el fin de semana. Él/Ella le dice a Ud. las siguientes cosas. Responda usando la idea entre paréntesis e incluyendo otros detalles.

Modelo: ¿Quieres ir al cine conmigo? (¡Claro!...)
¡Claro! Hay una película muy buena que me gustaría ver.

1. No quiero ir al teatro. (¿Seguro/a?...)
2. ¿Por qué no tomamos unas copas después del concierto? (¿Cómo no?...)
3. No me gustaría ir a la sinfonía mañana. (Mira, ¿no puedes pensarlo?...)
4. Podemos ir al concierto de jazz el domingo. (Lo siento, pero...)
5. Hay una exposición de arte en el museo. (¡Vale!...)
6. Me gustaría invitarte a un baile. (Te agradezco mucho la invitación, pero...)
7. No puedo salir con Uds. el domingo. (¡Por favor!...)
8. ¿Qué te parece si vamos a una discoteca esta noche? (Pero, yo preferiría...)

C. Una entrevista. Pídale la siguiente información a un(a) compañero/a de clase en español.

1. if he/she would like to go to a concert this evening
2. what he/she would prefer to do this weekend
3. if he/she is going to invite someone to do something
4. what interesting activities he/she has done over the past six months
5. if he/she would prefer to go to the ballet or to the bullfight and why
6. his or her favorite activity for entertainment
7. if he/she has a commitment for tomorrow night
8. what cultural activity he/she would like to attend

VIDEO: Additional Segment: *Programa 20, La fiesta brava,* presents the customs and traditions of the bullfight.

D. Ud. y sus planes con otros amigos. Ud. quiere hacer planes con un(a) amigo/a para el fin de semana. Converse en español con un(a) compañero/a de clase siguiendo las siguientes instrucciones.

Ud.:

1. Invite your friend to go to the museum with you on Saturday afternoon.
2. Persuade your friend to go to the theater Saturday evening.
3. Express your pleasure at your friend's acceptance and agree to buy the tickets even though you do not like to wait in line.
4. Tell your friend that you will pick him/her up at 7:00. Arrange plans for a light dinner after the show.

Su amigo/a:

1. Reject the invitation to the museum because you have other plans.
2. Accept the invitation to the theater provided that your friend gets the tickets.
3. Ask your friend what time he/she will pick you up.
4. Agree with the time and the dinner plans.

Función 2

Hacer una llamada telefónica

buscar el número en la guía telefónica

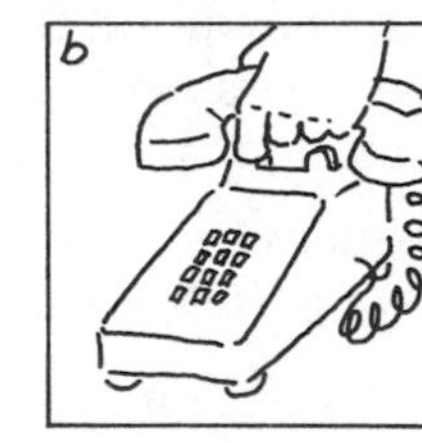

descolgar el teléfono; el auricular

escuchar la señal

marcar el número

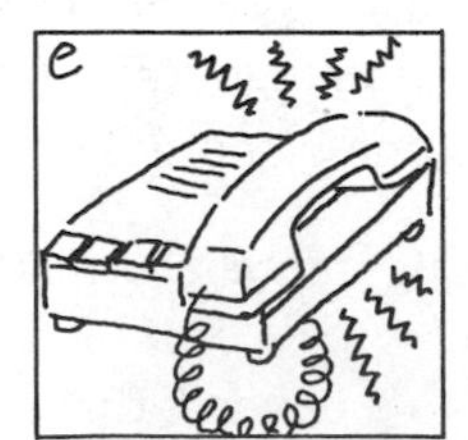

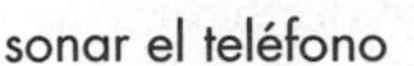

sonar el teléfono

dejar un recado en el contestador automático

colgar el teléfono

recado = mensaje

The verbs *descolgar, colgar,* and *sonar* have **-ue** stem changes in the present tense.

Imagínese que Ud. es amigo/a de un(a) estudiante de España. Él/Ella quiere saber cómo se hace una llamada de una cabina telefónica en los EE.UU. ¿Cómo se lo explicaría Ud.?

Roberto llama a la decana de la Facultad de Filosofía y Letras de la Universidad Latina para obtener información.

a *b*

1. Facultad de Filosofía y Letras.
2. Sí, ¿podría hablar con la decana Hernández, por favor?
3. ¿De parte de quién, por favor?
4. De parte de Roberto Sánchez Colón.
5. Lo siento. La decana no está.
6. Si no es molestia, ¿podría dejarle un recado?
7. Claro que sí.

molestia: bother

Memo llama a Maite.

1. ¡Diga!
2. Hola, profesor Echeverría, ¿está Maite en casa?
3. ¿Con quién hablo?
4. Le habla Memo, profesor.
5. ¡Hola, Memo! Sí, Maite está aquí. Un momento...

Se dice **¡Diga!** en España, **¡Bueno!** en México, y **¡Hola!** o **¡Aló!** en otras partes de Latinoamérica.

Memo could also respond *Soy Memo.*

You might also need to say: *¿Cuál es tu/su número de teléfono?* (What's your telephone number?); *Mi número de teléfono es el...* (My telephone number is . . .); *Le daré el recado.* (I'll give him/her the message.)

Los tipos de llamadas:

- locales
- de larga distancia
- a cobrar [a cobro revertido]
- de persona a persona

Lo que puede ocurrir cuando se hace una llamada:

- la línea está ocupada
- tiene un número equivocado
- el teléfono no suena
- no hay señal
- el teléfono está descompuesto

equivocarse: to be mistaken, *¿Cómo se dice* a wrong number?; *descomponer:* to break, *¿Cómo se dice* broken?

When calling abroad, you usually need a country code *(código del país)* and a city code *(código de la ciudad)*. The country code for Mexico is 52 and each city or region has its own code, which serves as an area code and is called the *LADA*. For example, the area code or *LADA* for the city of Monterrey is 83 and the *LADA* for the region including the city of Querétaro is 463. Some smaller countries, such as Costa Rica, use only the country code. Your area code in the U.S. is usually called the *zona telefónica.*

¿Qué tipos de llamadas ha hecho Ud. recientemente? ¿Ha tenido algún problema con el teléfono o con una llamada? Explique y comparta sus experiencias con sus compañeros/as de clase.

¡Practiquemos!

A. Una llamada a Maite. Memo llama a Maite para hablar más de sus planes para el fin de semana, pero ella no está en casa. Trabaje con un(a) compañero/a de clase y tengan una conversación en español entre Memo y la madre de Maite.

Lo que dice la madre de Maite:

1. Hello.
2. Who's calling, please?
3. Hi, Memo! She's not here right now.
4. Around 2:00.
5. Sure.
6. What's your phone number, Memo?
7. I'll give her the message.
8. You're welcome. Good-bye.

Lo que dice Memo:

1. Hello. Is Maite there?
2. It's Memo.
3. When do you think she'll be back?
4. If it's not too much trouble, could I leave her a message?
5. Would you tell her I called?
6. My phone number is 264-78-54.
7. Thank you very much.
8. Bye.

B. Ud. y las llamadas. A veces, las voces de las personas no se escuchan bien por teléfono, o es necesario clarificar la información. Trabaje con un(a) compañero/a de clase. Siéntese con su compañero/a, espalda a espalda. Ud. tiene que deletrearle su nombre y darle su dirección y número de teléfono a su compañero/a. Cuando le deletree su nombre y apellido, dele el nombre de una persona como ejemplo de cada letra. Su compañero/a tiene que escribir toda la información. Después, cambien de papeles y repitan la actividad.

Modelo: *Soy John Smith. Smith: S como en Susana, M como en María, I como en Inés, T como en Tomás, H como en Hortensia. Smith. Vivo en la calle Quinta 516; mi número de teléfono es el 555-28-92.*

C. Una encuesta. Entreviste a un/a compañero/a de clase. Pídale la siguiente información en español.

1. what he/she does if he/she doesn't know someone's phone number
2. what he/she does if the number isn't in the telephone book
3. what he/she says when he/she talks to the operator
4. how he/she finds area codes
5. when he/she makes collect calls
6. what he/she says when the person he/she is calling isn't in

D. La guía telefónica. Estudie esta página de la guía telefónica de Puerto Rico y conteste las preguntas.

HERRERA ALVAREZ ALEJANDRO ARQ
CJON DEL MANZANO S-N CP 75160 4-2167
HERRERA ARTEAGA CARMEN
PROLG CORREGIDORA SUR 34-103 4-3281
HERRERA ARTEAGA LUIS
L BALDERAS 13-1 4-4372
HERRERA CECILIA MENDEZ DE DRA
E CARRANZA 31 CP 76160 4-9734
HERRERA CARRASCO ARTURO
U M DE LAS CASAS CASA 41 CP 76150 4-5163
HERRERA CASTAÑEDA ALICIA
AV LA ACORDADA 302 4-1288
HERRERA CASTAÑEDA GUADALUPE
AV MIGUEL ANGEL 5 2-6341
HERRERA CASTAÑEDA JUAN RAMON
HDA CHICHIMEQUILLAS 123 CP 76180 6-4182
HERRERA CASTAÑON JUANA
AND TEATRO DE LA REPUBLICA 10 6-2432
HERRERA CASTRO JOSE ING
AVE DE LAS CASAS 13-8 CP 76030 4-3541
HERRERA CATALINA ORONA DE
PERU 10 CP 39120 6-4561
HERRERA CATALINA VALENCIA VDA DE
MAR DEL NORTE 29 ZP 76 4-1723
HERRERA CORNEJO JENARO DR
RIO PLATA 159 CP 76180 6-0161
HERRERA CORRAL JORGE
FRESNOS 1259 8-0425
HERRERA DE LA ROSA MA DEL PILAR
APALACHE 140-4 6-3874
HERRERA DIAZ JESUS LIC
V CARRANZA 6-2 ZP 76 2-8357

Vda. = viuda: widow; *CP = código postal:* zip code; *MA = María*

The use of *viuda* in lists such as the telephone directory is especially common if the woman's husband was a prominent figure.

1. En esta lista, ¿qué apellido aparece primero, el materno o el paterno?
2. ¿Cuál es el nombre completo...
   a. del ingeniero?
   b. de la viuda?
   c. del licenciado?
   d. del doctor?
   e. del arquitecto?
   f. de la doctora?
3. ¿Cuál es la dirección de las siguientes personas?
   a. Alicia Herrera Castañeda
   b. Cecilia Méndez de Herrera
   c. Luis Herrera Arteaga
   d. Catalina Orona de Herrera
4. Haga una comparación entre los números de teléfono que utilizamos en los EE.UU. y los de Puerto Rico.

Función 3

Hacer planes para divertirse

Los mandatos familiares

Roberto y su esposa hacen planes para salir esta noche.

En la conversación entre Roberto y Ashley, hay varios ejemplos de mandatos. ¿Puede Ud. encontrar los verbos que se usan como mandatos? ¿Ve algún patrón? Hay un mandato negativo: ¿en que forma está el verbo?

When we make plans with friends, we often use commands in sentences such as **Come with us!** and **Meet me at 7:00.** Direct commands are used to tell someone directly to do or not to do something. Since direct commands can often sound very assertive, it is advisable to use *por favor* or add *¿quieres?* as a tag question.

In Spanish, singular familiar *(tú)* commands have different forms in the affirmative and negative. The affirmative form is the same as the third person singular of the present indicative. These are commands you can use with friends or peers.

Eight irregular verbs have a shortened familiar command form in the affirmative.

decir	**di**	salir	**sal**
hacer	**haz**	ser	**sé**
ir	**ve**	tener	**ten**
poner	**pon**	venir	**ven**

Estudia conmigo ahora. ***Study*** *with me now.*

Lee este anuncio. ***Read*** *this announcement.*

Ven aquí, Memo. ***Come*** *here, Memo.*

The negative singular familiar command corresponds to the *tú* form of the present subjunctive.

No empieces a trabajar ahora. ***Don't begin*** *to work now.*

No compres las entradas. ***Don't buy*** *the tickets.*

In the American dialects of Spanish, the *Uds.* form of the present subjunctive is used to give the **you** plural affirmative or negative command, whether it is in a familiar or formal context.

In Spain, the *vosotros* command forms are used to refer to **you** plural in a familiar context. Affirmative: remove the **-r** from the infinitive and add **-d** *(hablar → **hablad;** venir → **venid;**)* Negative: use the *vosotros* form of the present subjunctive *(hablar → no **habléis;** venir → no **vengáis**)*

Vengan a mi casa a las seis. ***Come*** *to my house at 6:00.*

No lleguen muy tarde. ***Don't*** *arrive very late.*

As you learned in Chapter 6, all object pronouns are attached to the affirmative command forms; in this case, a written accent mark is often needed to retain the original verb stress. The pronouns precede the verb forms in negative commands.

Póntelo porque hace frío. ***Put*** *it on because it's cold.*

No se vayan ahora. ***Don't leave*** *now.*

As in English, we can express more polite commands in Spanish by using the infinitive with expressions such as: *debes, necesitas, tienes que, hay que, es necesario/recomendable/importante que, ¿por qué no?, ¿quieres?, ¿puedes?, ¿me haces el favor de?*

Debes llamar a tu madre.

¿Puedes ayudarme?

You will often see the infinitive used as a command on signs in public: *No fumar.*

¡Practiquemos!

A. Los planes para el fin de semana. María Alba y Graciela hacen sus planes para el sábado. María Alba quiere que Graciela haga varias cosas. Dele a Graciela los mandatos que le dice María Alba, dándole una razón por cada uno de ellos, según el modelo.

Modelo: preparar la cena
Prepárala porque tenemos hambre.

1. levantarte temprano
2. ir al supermercado por la mañana
3. hacer unas reservaciones
4. hacer cola
5. conseguir las entradas
6. ponerte un suéter
7. no salir tarde de tu casa
8. pasar por mí a las siete

B. Con cortesía, por favor. Ud. quiere darle mandatos a un(a) amigo/a, pero quiere ser cortés. Cambie los siguientes mandatos, usando una variedad de expresiones de cortesía.

Modelo: Ven conmigo a la sinfonía.
¿Por qué no vienes conmigo a la sinfonía?

1. Haz tu trabajo primero.
2. Sal temprano para ir al teatro.

3. Consulta la guía telefónica.
4. Compra las entradas.
5. No hagas cola por mucho tiempo.
6. Ve al café en la esquina.
7. No cambies tus planes.
8. Háblame un poco de tu problema.

C. **Ud. y sus planes para el fin de semana.** Ud. quiere hacer planes para el fin de semana. Déle tres mandatos afirmativos y tres mandatos negativos a su amigo/a o novio/a sobre estos planes.

Modelo: *Ven a mi casa a las ocho.*
No me llames temprano.

D. **¡Ya lo he hecho!** Los Echeverría están haciendo todos los preparativos para una fiesta que van a tener en su casa. Ahora, el profesor le está diciendo a Maite que haga ciertas cosas para ayudarles, pero ella ya ha hecho cada actividad. Complete lo que dicen según el modelo.

Modelo: Maite, limpia los baños.
Papi, ya los he limpiado.

1. Maite, haz tu tarea antes de que lleguen los invitados.
2. Maite, arregla tu cuarto.
3. Maite, pon la mesa.
4. Maite, dile a Tony que traiga más café.
5. Maite, busca la cafetera grande.
6. Maite, sirve los aperitivos porque los invitados están llegando ahora.

Función 4

Hablar del pasado reciente

El presente perfecto del subjuntivo

The *¿NECESITA REPASAR UN POCO?* section of Chapter 7 presents the present perfect indicative as a way to describe an action that was completed in the past and has some relationship to the present.

He hecho mucho trabajo esta semana y tengo mucho más que hacer.

In Exercise D in Function 3 (page 238) of this chapter, you practiced using the present perfect indicative tense.

En la conversación entre Maite y Memo, ¿qué verbo está en el presente perfecto del indicativo? ¿Qué verbo está en el presente del subjuntivo y por qué? ¿Puede explicar cómo se forma cada forma verbal?

You have already practiced using the present subjuntive in the following ways.

1. with impersonal expressions, to express perceptions: *Es posible que ella no esté aquí.* (Capítulo 3)
2. with adverbial clauses, to describe conditions under which something might happen: *Vamos al teatro cuando llegue Marta.* (Capítulo 5)
3. with adjective clauses, to describe unspecific or non-existent referents: *Necesito hacer algo que me guste.* (Capítulo 6)
4. with noun clauses, to express emotions, feelings, and doubt: *Me alegro de que vengas con nosotros.* (Capítulo 7)

The present perfect subjunctive is often used in such contexts to describe something that has recently occurred.

The same expressions that require the present subjunctive can also be used with the present perfect subjunctive; the difference in use is that the present perfect subjunctive describes an event that was completed in the **recent** past.

The present perfect subjunctive is formed by using the present subjunctive of *haber* + the past participle. The present perfect subjunctive is used in the subordinate clause of a sentence, especially when the verb in the main clause is in the present indicative tense or future tense.

HABER (subjunctive)	
haya	hayamos
hayas	hayáis
haya	hayan

Me alegro de que Uds. **hayan venido** con nosotros.

*I'm glad that you **have come** with us.*

Busco un lugar que tú no **hayas visitado** antes.

*I'm looking for a place that you **haven't visited** before.*

El negará que **haya salido** con otra mujer.

*He'll deny that he **has gone out** with another woman.*

¡Practiquemos!

A. Lo que ha hecho Roberto hoy. Nadie ha visto a Roberto hoy. Memo y Maite hablan de las posibles cosas que él ha hecho. Haga comentarios sobre sus actividades, utilizando expresiones de las dos columnas, según el modelo.

Modelo: *Es posible que haya trabajado.*

1. Es probable que...	pasear por el parque
2. No es seguro que...	ir a hacer una llamada telefónica
3. Es cierto que...	visitar el museo de arte moderno
4. Es imposible que...	tener muchos compromisos

5. Es verdad que...	quedarse en una feria admirando a los bailarines
6. Es posible que...	conseguir entradas para un estreno
7. Es una lástima que...	ver unos fuegos artificiales
8. No es verdad que...	trabajar mucho

B. Los Echeverría y el fin de semana. La señora Echeverría le sugiere a su esposo que hagan varias actividades durante el fin de semana. El señor Echeverría le dice que no podrán hacer cada actividad hasta que hayan hecho otras actividades primero. Dé las respuestas del señor según el modelo. ¡Sea creativo/a!

Modelo: No podemos ir al cine hasta que...
No podemos ir al cine hasta que mi hermano haya llegado a casa.

1. Asistimos a la conferencia tan pronto como...
2. Vemos una corrida de toros cuando...
3. No salimos a bailar hasta que...
4. Nos reunimos con nuestros amigos después de que...
5. Visitamos el museo cuando...
6. Vamos al ballet folklórico tan pronto como...
7. Tomamos unas copas y charlaremos después de que...
8. No compramos las entradas para el estreno hasta que...

C. Las posibilidades. Describa las cosas que tal vez hayan hecho las siguientes personas esta semana. Siga el modelo.

Modelo: no es verdad / yo
No es verdad que yo haya visto una exposición de arte.

1. es bueno / el presidente de los EE.UU.
2. es posible / el/la profesor(a) de español
3. es verdad / yo
4. es imposible / mi novio/a
5. es probable / mi cantante favorito
6. no es posible / mi madre
7. es seguro / mi mejor amigo/a
8. es una lástima / yo

D. Una encuesta en la clase de español. Entreviste a dos compañeros/as de clase para ver si ellos/as han hecho las siguientes actividades. Después, comparta la información con la clase entera. Hablen de los resultados de la encuesta según lo siguiente:

Hay alguien en la clase que ha...

No hay nadie en la clase que haya...

1. ir a una corrida de toros
2. tomar unas copas en España
3. visitar el Museo del Prado en Madrid
4. escribirle a alguien en México
5. hacer una llamada telefónica en un país hispano
6. sacar fotos en un jardín botánico en el extranjero
7. reunirse con jóvenes hispanos
8. gozar de un baile flamenco

E. ¡A compartir la información! Imagínese que Ud. y tres de sus compañeros/as de clase están en un centro cultural. Falta el quinto amigo, Pablo. Lo malo es que Pablo tiene las entradas para todo el grupo. Antes de ir a buscarlo, hagan hipótesis sobre lo que ha hecho o adónde ha ido Pablo. Usen el presente perfecto del subjuntivo. Cada persona en el grupo va a tener una letra (A, B, C o D).

Primero: A ↕ B C ↕ D

Los estudiantes A y B se hablan.
Los estudiantes C y D se hablan.

En parejas, hablen de lo que ha hecho Pablo. Cada persona tiene que recordar lo que le dice su compañero/a.

Modelo: (Estudiante A a Estudiante B)
Pues, es posible que se haya equivocado de lugar y que haya ido al teatro.

Segundo: A ↔ C Los estudiantes A y C se hablan.
B ↔ D Los estudiantes B y D se hablan.

Ahora, con su nueva pareja, comparta la información que obtuvo en el primer paso. ¡Trate de recordar lo que le dice su compañero/a! (Tomen apuntes si es necesario.) Cada pareja tiene que reportarle la información a la clase entera.

Modelo: (Estudiante B a Estudiante D)
Todd piensa que es posible que Pablo haya ido al teatro.

¡Escuchemos un poco más!

Ud. va a escuchar una conversación entre la señora Echeverría y Roberto, quienes están en un evento cultural.

Antes de escuchar: Establecer un objetivo

In preparation for listening to this segment, answer the following questions.

1. Brainstorm a list of the places *(eventos culturales)* in which this conversation could possibly occur.
2. Review the description of characters in the Preliminary Chapter and refresh your memory about where Roberto and Mrs. Echeverría are from. Speculate as to which cultural events they may remember from their native lands.
3. With a partner from your class, brainstorm a list of Spanish words and expressions you already know that you expect to hear in this conversation.

Después de escuchar: Identificar las ideas principales y los detalles importantes

A. ¿Comprendió Ud.? Escuche la conversación y ponga una ***X*** al lado de cada oración verdadera.

_______ **1.** Roberto y la señora Echeverría están en la sala de espera del cine y recuerdan cuando de niños iban al cine con sus familias todos los sábados por la tarde.

_______ **2.** Los dos hablan del Ballet Folklórico de México que vieron en la misma sala.

_______ **3.** Hacen cola para comprar entradas y hablan sobre las celebraciones del día de la independencia.

_______ **4.** Están en el entreacto de un concierto de la sinfonía y recuerdan los eventos culturales que han visto.

_______ **5.** Los dos fueron bailarines del ballet folklórico de México y bailaron en esa misma sala.

_______ **6.** Los dos recuerdan las ferias para celebrar los días de los santos que tenían en sus propios países.

¿Cuál de estas oraciones representa la idea principal de la conversación?

B. ¿Qué opina Ud.? Conteste las siguientes preguntas.

1. Haga una lista de cuatro eventos que mencionan Roberto y la señora Echeverría sobre la vida cultural que hay en México (Roberto) y en España (la señora Echeverría).
2. Con un(a) compañero/a, haga un resumen de esta conversación con sus propias palabras en español.
3. Haga una comparación entre la vida cultural de los países de Roberto y la señora y la de su país.

¡Leamos un poco más!

«La individualidad de nuestro arte moderno»

Antes de leer: Establecer un objetivo

Read the title and look at the pictures that accompany the reading. Then answer the following questions.

1. What impression do you get from the two pictures?
2. What period do you think these pieces represent?
3. Who might be interested in reading this article?

CULTURA

ARTE

LA INDIVIDUALIDAD DE NUESTRO ARTE MODERNO

El guerrillero, de Diego Rivera

CON FRECUENCIA EL enfoque estadounidense y europeo del arte latinoamericano ha sido puramente regionalista. Las obras se interpretan en un contexto folklórico sin reconocer su impacto en un contexto mayor. El entorno cultural en que una obra se crea es importante, pero se puede caer en clichés si uno se limita a esa visión y se descuida la individualidad de cada expresión artística. *Latin American Artists of the Twentieth Century* (*Artistas Latinoamericanos del Siglo Veinte*) es una exhibición decisiva porque se centra en los artistas individualmente y en su contribución a nivel internacional. Fue comisionada por la Comisaría de Sevilla para 1992 y llega al Museo de Arte Moderno en Nueva York el seis de junio.

CORTESIA THE MUSEUM OF MODERN ART

Uno de los famosos autorretratos de la mexicana Frida Kahlo

Esta es una de las muestras más completas de arte moderno latinoamericano. Revela la diversidad de casi 80 años del arte de la región, empezando con la generación de los primeros modernistas de 1914 hasta hoy. Para demostrar la contribución del arte latino a nivel internacional, las obras se han instalado en nueve secciones según el movimiento artístico al cual pertenecen, y no según su país de origen. Los artistas que se incluyen representan una gran variedad de contenido y estilo, que permiten al público ver la riqueza del arte latinoamericano de este siglo.

La exhibición tiene más de 300 piezas de más de 90 artistas, y alrededor de una tercera parte son contemporáneas. Entre los artistas más conocidos figuran Fernando Botero, Pedro Figari, Frida Kahlo, Diego Rivera, Guillermo Kuitca, Wifredo Lam, Matta, Ana Mendieta, Juan Sánchez, Jesús Rafael Soto y Tunga. Hay otros artistas cuyas obras se presentan por primera vez en una muestra internacional.

La exposición se complementa con conferencias, libros, películas y videos; parte del material está en español. Estará en el Museo de Arte Moderno de Nueva York hasta el siete de septiembre. Para más información, puede llamar al (212) 708-9480 (en inglés).

—*Christina Simon*

enfoque: focus; *entorno:* surroundings; *descuida:* fails to pay attention to; *nivel:* level; *muestras:* shows, exhibitions

Después de leer: Identificar las ideas principales y los detalles importantes

A. ¿Comprendió Ud.? Lea el artículo de la página anterior y conteste las siguientes preguntas.

1. ¿Cuál es el propósito del artículo? ¿Cómo se llama la exhibición?
2. ¿Qué perspectiva presenta esta exposición—regionalista o internacional?
3. ¿Cómo están instaladas las obras de arte?
4. Nombre dos artistas famosos cuyos nombres Ud. sabe.

B. ¿Qué opina Ud.? Conteste las siguientes preguntas con un(a) compañero/a.

1. En *El guerrillero,* ¿cómo presenta Rivera el tema de su arte?
2. Describa la personalidad de Frida Kahlo basándose en su autorretrato.
3. ¿De qué manera se enriquece la experiencia del visitante a la exposición? ¿A Ud. le gustaría visitarla? ¿Por qué?
4. ¿A qué otra exhibición le gustaría asistir y por qué?

Enlace de todo

Para hacer esta sección, recuerde la gramática de repaso y la gramática funcional de este capítulo: el **se** impersonal; los usos del infinitivo; los mandatos familiares; el presente perfecto del subjuntivo. También es buena idea repasar el vocabulario presentado en este capítulo antes de empezar.

¡Imaginemos!

A. Dramatizaciones. Prepare las siguientes dramatizaciones según las instrucciones.

1. Invite a un(a) amigo/a a hacer alguna actividad el sábado por la noche. Hablen de lo que pueden hacer (ir al cine, al teatro, a la discoteca, etc.). Definan sus planes para hacer eso (dónde van a encontrarse, a qué hora, si Ud. va a llevar al amigo/a la amiga a casa, etc.).
2. Un(a) amigo/a ha invitado a Ud. a ir al ballet el sábado. Después de hacer los planes, Ud. se da cuenta de que ya tiene un compromiso con otro/a amigo/a. Llame a su amigo/a por teléfono para rechazar la invitación al ballet. Dé su excusa y sugiera que salgan el domingo a hacer otra cosa.
3. Ud. está charlando por teléfono con un(a) amigo/a sobre otros dos amigos que han empezado a salir juntos. Nadie los ha visto esta semana y Uds. hablan de lo que es posible que ellos hayan hecho (Es posible que hayan...).
4. Ud. y su amigo/a van a ir a una feria el domingo. Su amigo/a no recuerda muchos detalles y Ud. tiene que llamarlo/la para decirle que haga varias cosas. Dele algunos mandatos familiares (comprar las entradas, pasar por su casa, etc.). Ud. habla con la madre de su amigo/a primero, puesto que ella contesta el teléfono.

B. Una invitación. Ud. quiere invitar a un(a) amigo/a a ir al museo de arte, pero hace mucho tiempo que Ud. no lo/la ve porque vive muy lejos. Escríbale una carta en la que Ud. 1) le cuente un poco sobre lo que Ud. ha hecho recientemente; 2) le pregunte sobre la vida de él/ella; y 3) lo/la invite a ir al museo y a cenar. Hable de las cosas que Uds. puedan hacer en el museo. Dígale que llame a Ud. para hablar más sobre los planes. Escriba por lo menos diez oraciones.

C. Su carpeta personal: La respuesta a una invitación. Imagínese que Ud. ha recibido una invitación especial a la exhibición de arte que aparece en la sección *¡LEAMOS UN POCO MÁS!* en la página 243. Para aceptar, Ud. necesita escribirle una carta al gerente del Museo de Arte Moderno de Nueva York con cinco preguntas sobre las pinturas de Rivera y de Kahlo. Escríbale una carta en la que Ud. 1) acepta la invitación; 2) explica por qué quiere ir; 3) hace sus 5 preguntas sobre el arte; y 4) le expresa su entusiasmo de ser aceptado para asistir. Ponga esta carta en su carpeta personal.

D. Su agenda cultural. Mire de nuevo la agenda cultural en la sección *CULTURA EN VIVO*. Escriba una lista con tres actividades que a Ud. le gustaría hacer y por qué, y tres actividades que no le interesan y por qué.

The title of this poem is *X* (as in the Roman numeral X), but it has become commonly known as *La bailarina española.*

¡Leamos más! «Poema X (La bailarina española)», por José Martí

José Martí, un escritor cubano, nació en 1853 en La Habana. Durante esa época, Cuba era una colonia de España. Como adolescente, Martí luchó contra el imperialismo español, incluso pasó un año encarcelado por sus actividades de rebelión. Vivió en el exilio en varios países, como abogado y periodista, pero siempre luchó por la libertad de Cuba y la dignidad del ser humano. Murió en Cuba en 1895, herido en una batalla contra las fuerzas militares españolas.

El flamenco se originó en el norte de Africa y es muy conocido en la región de Andalucía, al sur de España. El incidente que el autor describe en el poema ocurrió en España.

Antes de leer: Establecer un objetivo

In preparation for reading this poem, look at the picture on page 245 and read the student annotations. Then answer the following questions.

1. What do you think this poem is about?
2. Why might you be interested in reading this poem?
3. Based on what you already know about poetry, write down three aspects of the poem you expect to find when you read it.
4. Brainstorm a list of Spanish words and expressions that you might expect to find in this poem.

¿Recuerda Ud. el significado de **tacón** (Capítulo 6)? ¿Qué piensa Ud. que significa el verbo **taconea** que se usa en la estrofa K? ¿Qué parte del cuerpo taconea, según la estrofa K?

Mire el mapa de España en el Apéndice de este libro. Galicia es el terreno materno de los Echeverría y de esta bailarina.

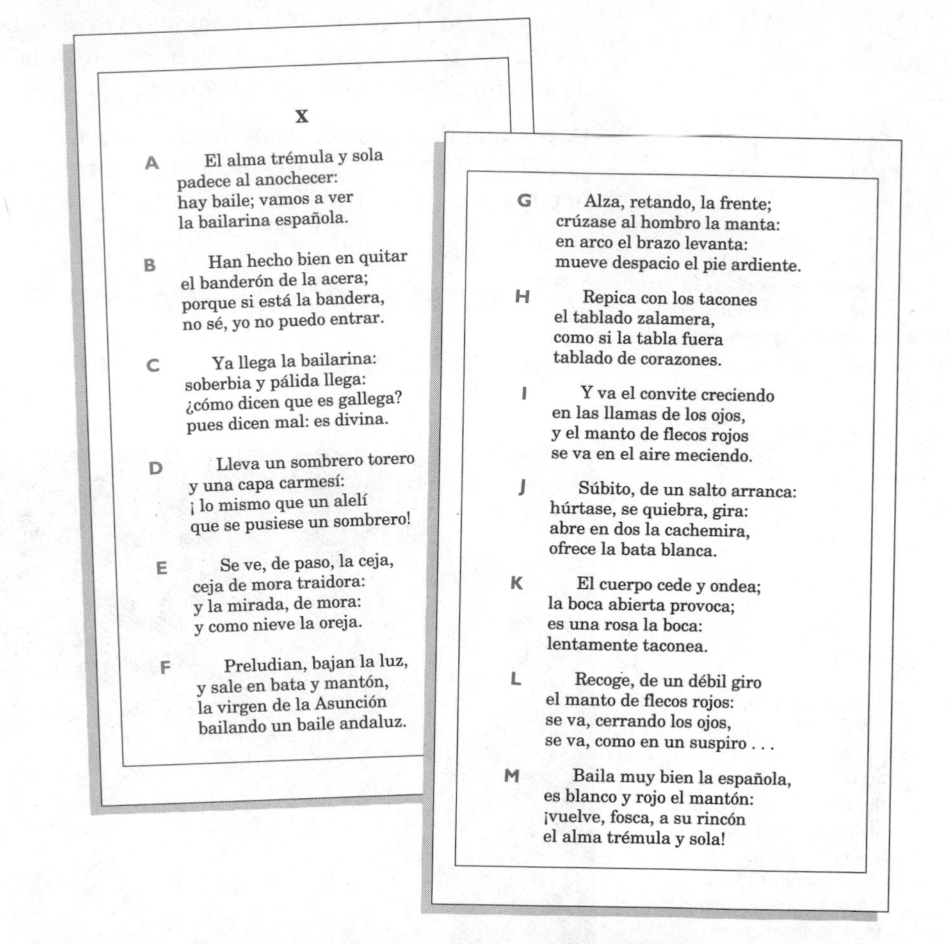

X

A El alma trémula y sola
padece al anochecer:
hay baile; vamos a ver
la bailarina española.

B Han hecho bien en quitar
el banderón de la acera;
porque si está la bandera,
no sé, yo no puedo entrar.

C Ya llega la bailarina:
soberbia y pálida llega:
¿cómo dicen que es gallega?
pues dicen mal: es divina.

D Lleva un sombrero torero
y una capa carmesí:
¡ lo mismo que un alelí
que se pusiese un sombrero!

E Se ve, de paso, la ceja,
ceja de mora traidora:
y la mirada, de mora:
y como nieve la oreja.

F Preludian, bajan la luz,
y sale en bata y mantón,
la virgen de la Asunción
bailando un baile andaluz.

G Alza, retando, la frente;
crúzase al hombro la manta:
en arco el brazo levanta:
mueve despacio el pie ardiente.

H Repica con los tacones
el tablado zalamera,
como si la tabla fuera
tablado de corazones.

I Y va el convite creciendo
en las llamas de los ojos,
y el manto de flecos rojos
se va en el aire meciendo.

J Súbito, de un salto arranca:
húrtase, se quiebra, gira:
abre en dos la cachemira,
ofrece la bata blanca.

K El cuerpo cede y ondea;
la boca abierta provoca;
es una rosa la boca:
lentamente taconea.

L Recoge, de un débil giro
el manto de flecos rojos:
se va, cerrando los ojos,
se va, como en un suspiro . . .

M Baila muy bien la española,
es blanco y rojo el mantón:
¡vuelve, fosca, a su rincón
el alma trémula y sola!

A *alma:* soul; *trémula:* trembling; *padece:* suffers; *anochecer:* dusk; **B** *el banderón:* la bandera de España; **C** *gallega: nacida en Galicia, provincia al noroeste de España;* **D** *carmesí:* crimson; *alelí (alhelí):* wallflower; **E** *la ceja:* eyebrow; *mora:* Moor; **F** *bata:* dressing gown; *mantón:* mantilla; **G** *alza, retando, la frente:* she raises her forehead in a challenging way; *ardiente:* burning; **H** *repica:* taps repeatedly; *tablado:* wooden floorboards of stage; *zalamera:* flattering; *como si... fuera:* as if (it) were; **I** *convite:* feast; *meciendo:* rocking, as in a cradle; **J** *súbito:* suddenly; *arranca:* wrests out; *húrtase = se hurta:* steals away; *se quiebra:* breaks; *gira:* twirls; *cachemira:* cashmere; **K** *cede:* gives way; *ondea:* undulate; **L** *recoge:* catches up; *débil:* weak; **M** *fosca:* frowning; *rincón:* corner

Después de leer

Identificar las ideas principales. Lea rápidamente el poema y escoja la oración que mejor describe la idea principal.

traición: betrayal

_______ **1.** Describe un baile español sobre amor y traición.
_______ **2.** Describe un baile folklórico sobre la muerte de un guerrillero.
_______ **3.** Describe la bandera española.
_______ **4.** Describe la música de la sinfonía.

Cada línea del poema se llama **un verso;** en este poema, un grupo de cuatro versos es **una estrofa.**

Una metáfora es una identificación de una cosa como otra cosa. Por ejemplo, «Sus ojos son dos estrellas» es una metáfora porque estamos identificando a los ojos con las estrellas.

Identificar los detalles importantes. Lea todo el poema con más cuidado y encuentre los detalles a continuación.

1. Estrofa A: ¿Adónde van las personas en el poema? Aproximadamente, ¿qué hora es?
2. Estrofa B y C: ¿Qué evidencia de patriotismo y de universalismo se nota en estas dos estrofas?
3. Estrofa D: ¿Cómo está vestida la bailarina?
4. Estrofa E: Describa la cara de la bailarina.
5. Estrofas F hasta L: ¿Cómo es el baile? ¿Puede Ud. describir cómo empieza, continúa y termina el baile?
6. Estrofa K: Describa la metáfora.

Y la gramática y el vocabulario...

7. Busque:
   a. dos adjetivos que se refieren a unas regiones de España.
   b. tres líneas que describen el movimiento de los pies.
8. ¿Qué tiempo verbal se usa más frecuentemente?
9. ¿Qué persona verbal se usa más? ¿para indicar la acción hecha por quién? ¿Qué otros actores hay en el poema? ¿Qué hacen ellos?

Crear un esquema. Trabajando con un(a) compañero/a de clase, haga un esquema de las ideas principales y los detalles importantes. Puede usar las ideas que se presentan en **Identificar los detalles importantes.**

	Cómo se viste	**La cara**	**El cuerpo**	**Cómo se mueve**
Descripción de la bailarina				

Escribir un resumen. Ahora escriba un resumen del poema con sus propias palabras en español. Use por lo menos cinco expresiones y/o palabras nuevas que acaba de aprender en este poema. Escriba 8 a 10 oraciones. Incluya sus reacciones a este poema usando el presente perfecto del subjunctivo. Revise el contenido y la gramática con un(a) compañero/a antes de entregarle el resumen al profesor / a la profesora.

¿Qué opina Ud.? Conteste las siguientes preguntas con un grupo de compañeros/as.

1. Compare la primera estrofa y la última. Discuta la unidad del poema que se ve en estas dos estrofas. ¿Por qué usa el autor las palabras **trémula** y **sola?**
2. Describa un baile popular que Ud. conoce, usando el esquema anterior.
3. Imagínese que Ud. es el/la director(a) de una escuela de baile español. Use los verbos del poema para darle mandatos familiares a su estudiante favorito/a.

Temas para composiciones/conversaciones

1. En la biblioteca, busque información sobre el baile flamenco, sus orígenes y desarrollo, o sobre el autor José Martí. Comparta la información con sus compañeros/as de clase.

ATAJO: Use the computer program to assist you in your writing. Search for the following key words:

Grammar: Verbs: reflexives; Verbs: subjunctive agreement; Verbs: subjunctive with *que;* Verbs: imperative *el imperativo;* Verbs: imperative *vosotros*

Phrases: Hypothesizing; Talking about the recent past; Writing about an author/narrator; Writing about theme, plot, or scene

Vocabulary: Countries; Cultural periods & movements; Musical instruments; poetry

2. ¿Qué referencias encuentra Ud. en el poema para Cuba y para Andalucía, y para los habitantes de estas regiones? Hable del uso de la palabra **traidora** desde la perspectiva histórica de España y desde el punto de vista del escritor cubano.

¡El gran premio! ¿Puede Ud. hacerlo?

Ud. va a escuchar el principio de la programación diaria de una emisora de radio.

Antes de escuchar: Establecer un objetivo

In preparation for listening to this announcement, answer the following questions.

1. When a programming day begins, what information might you expect to hear?
2. Brainstorm a list of Spanish words and expressions you already know that might be heard in this selection.

Después de escuchar

Primer paso: Identificar las ideas principales

Escuche el anuncio por primera vez y escoja las respuestas correctas.

1. ¿Cuántas voces oye Ud. en esta selección?
   a. una
   b. dos
   c. tres
   d. cuatro

2. Ordene correctamente las siguientes indicadas que se oyen en la selección. Use los números del 1 al 7. El primero se ha hecho como ejemplo.
   _______ **a.** un anuncio hecho con voz masculina
   _______ **b.** continuación de la canción
   _______ **c.** continuación de la canción por última vez
   _______ **d.** bienvenidas hechas con voz femenina
   _______ **e.** principio de una canción
   _______ **f.** una presentación filosófica hecha con voz femenina
   _______ **g.** anuncio hecho con voz femenina sobre la hora

3. ¿De quién es la voz masculina?

4. ¿De quién es la voz femenina?

You may want to play the tape again before answering questions #3 and #4.

The following words will help you as you listen again: *te dibujas:* you draw yourself; *emisora:* radio station; *bienvenida:* welcoming greeting; *mesa de sonidos:* electronic master controls; *Adriane Di Natali:* proper name; *Doña Jovita:* name of entertainer; *boletería habilitada:* tickets can be purchased; *Teatro Maipú:* name of theater in Buenos Aires, Argentina; *procura:* try

Segundo paso: Identificar los detalles importantes

Escuche el anuncio por segunda vez y conteste las siguientes preguntas.

1. ¿Cuándo se hace este anuncio: por la mañana, por la tarde o por la noche?

2. ¿Cuándo es la función de Doña Jovita? ¿Dónde?

3. ¿Cuál es la idea más importante del mensaje filosófico que presenta la mujer?

4. ¿Cómo se dice *wherever you happen to be?*

5. Según la primera línea de la canción, ¿cuál es el tema de la canción?

Tercer paso: Crear un esquema

Escuche el anuncio por última vez y haga un esquema que represente las partes importantes del anuncio, añadiendo una breve explicación de dos o tres palabras sobre cada parte. Puede utilizar la lista que Ud. usó en la pregunta #2 en *Identificar las ideas principales.*

Parte del anuncio	Palabras claves para explicar
I. el principio de una canción	
II.	
III.	
IV.	
V.	
VI.	
VII.	

ATAJO: Use the computer program to assist you in your writing. Search for the following key words:

Grammar: Verbs: subjunctive with *que;* Verbs: compound tenses

Phrases: Inviting, accepting, & declining; Persuading

Vocabulary: Dreams and aspirations; Leisure

Hacer una invitación. Imagínese que Ud. invita a un(a) amigo/a a un evento cultural. Su amigo/a tiene muchas cosas que hacer y, al principio, rechaza la invitación. Ud. lo/la persuade para que acepte. Escriba un diálogo de 12 a 15 oraciones.

¿Qué opina Ud.? Hable con un(a) compañero/a de los temas a continuación.

1. El efecto que le produce esta canción
2. El escuchar la radio como diversión
3. Tu filosofía de la vida hoy en día

Junior Cepeda, 'Quimbara'

Vocabulario

You should be able to understand and use the following words and expressions. Add other words that you learn or may need to your personal vocabulary list in the ***Cuaderno de práctica.***

Hacer una invitación

¿Quiere(s)/Quisiera(s)... ? *Do you want to . . . ?*
¿Le/Te gustaría... ? *Would you like to . . . ?*
Me gustaría invitarlo/la/te a... *I'd like to invite you to . . .*
Quiero invitarlo/la/te a... *I want to invite you to . . .*
¿Le/Te interesa ir a... ? *Would you like to go to . . . ?*
¿Podría(s) acompañarme a... ? *Would you accompany me to . . . ?*
¿Qué le/te parece si... ? [¿Qué tal si... ?] *What do you think about . . . ?*

Aceptar una invitación

¡Claro! [¡Encantado!] *Sure!*
¡De acuerdo! *OK!; Agreed!*
¡Qué buena idea! *What a great idea!*
¡Chévere! *Great! (Carribean)*
¡Con mucho gusto! *With pleasure!*
¡Vale! *OK! (Spain)*
¡Me parece una idea estupenda! *It seems like a great idea!*
¡Regio! *Fantastic! (South America)*
Sí. ¡Qué bien! *Yes. How great!*
¡Sería un placer! *It would be a pleasure!*
¿Cómo no? *Why not?; Of course!*
¡Me gustaría/ecantaría! *I'd like/love to!*
¿A qué hora vas a pasar por mí? *At what time are you picking me up?*

Rechazar una invitación

Me gustaría, pero desafortunadamente [lamentablemente] tengo otro compromiso/otros planes. *I'd like to, but unfortunately I have another commitment/other plans.*
Estoy ocupado/a. *I'm busy.*
Lo siento, pero no estoy libre. *I'm sorry, but I'm not free.*
Muchas gracias, pero tengo que... *Thanks a lot, but I have to . . .*
Se/Te lo agradezco mucho, pero tengo que... *I thank you very much, but I have to . . .*
Pero yo preferiría... *But I would prefer . . .*
¡Que lo pasen bien! *Have a great time!*

Persuadir a alguien

¿Seguro/a? Vamos a divertirnos mucho. *Are you sure? We're going to have a great time.*
Todos nuestros amigos van a estar allí. *All of our friends are going to be there.*
¡Por favor! Queremos que nos acompañe(s). *Please! We want you to come with us.*
Estoy seguro/a que va(s) a divertirse/te mucho. *I'm sure that you're going to have a great time.*
Hazme el favor de acompañarme. *Do me the favor of coming with me.*
Mira, ¿no puedes pensarlo? *Look, can't you think about it?*
Pero, ¿por qué no puedes cambiar sus/tus planes? *But, why can't you change your plans?*

La diversión

el/la bailarín/bailarina *dancer*
el/la cantante *singer*
la carrera *race*
el concurso *contest*
el conjunto *band*
la corrida de toros *bullfight*
el cuadro [la pintura] *painting*
la entrada [el billete, el boleto] *ticket*
la escultura *sculpture*
el espectáculo *show*
el estreno *premiere*
la exposición [exhibición] de arte *art exhibition*
la feria *fair; public celebration*
los fuegos artificiales *fireworks*
el mural *mural*
el/la músico/a *musician*
la obra de arte *work of art*
la obra de teatro *play*
el retrato *portrait*
la ventanilla [taquilla] *box office*

gozar de *to enjoy*
tomar unas copas *to have drinks*

Hacer una llamada telefónica

el auricular *telephone receiver*
la cabina telefónica *telephone booth*
el código del país / de la ciudad *country / city code*
el contestador automático *answering machine*
la guía telefónica *telephone book*
la llamada a cobrar [a cobro revertido] *a collect call*
la llamada de larga distancia *long-distance call*
la llamada de persona a persona *person-to-person call*
la llamada local *local call*
el número equivocado *wrong number*
la ranura *slot*
la señal *signal*
el/la telefonista [operador(a)] *telephone operator*
la zona telefónica *area code*

colgar el teléfono *to hang up the telephone*
dejar un recado [mensaje] *to leave a message*
descolgar el teléfono *to pick up the telephone receiver*
marcar *to dial*
meter la moneda [ficha] *to put in the coin [telephone token]*

¡Diga! [Bueno, ¡Hola!, ¡Aló!] *Hello.*
¿Podría hablar con..., por favor? *May I please speak with . . . ?*
¿Con quién hablo? *Who's this?*
Te/Le habla... [Soy...] *It's . . .*
¿Está... en casa? *Is . . . home/there?*
¿De parte de quién? *Who's calling?*

De parte de... *It's . . . (person who's calling)*

Si no es molestia... *If it's no trouble. . .*

¿Cuál es tu/su número de teléfono? *What's your telephone number?*

Mi número de teléfono es el... *My telephone number is . . .*

Le daré el recado [mensaje]. *I'll give him/her the message.*

El teléfono está descompuesto. *The telephone is out of order.*

El teléfono no suena. [sonar] *The telephone isn't ringing. [to ring]*

La línea está ocupada. *The line is busy.*

Hablar del pasado reciente

haber *to have (auxiliary verb)*

¿Necesita repasar un poco?

El *se* impersonal

In the *¿NECESITA REPASAR UN POCO?* section of Chapter 7, you reviewed the use of *se* as a way to avoid the passive voice. The pronoun *se* is also used to denote an impersonal subject of a verb without reference to a specific person or persons performing an action. In English, impersonal subjects are expressed with the words **one** (**One** should behave politely in public.), **you** (**You** should get your books early.), and **they** (**They** say it's easy to do.). In Spanish, *se* is used with a third person singular verb.

Aquí **se habla** español.	*They speak Spanish here.*
Se espera que llegue pronto.	*One hopes that he/she arrives soon.*
Se cree que este matador es el mejor del mundo.	*They think that this matador is the best in the world.*

Los usos del infinitivo

In Spanish, the infinitive is used in a variety of ways.

1. As the subject of the sentence:

(El) Ver la obra de teatro le encantó.	*Seeing the play delighted him.*
(El) Asistir al concierto de jazz nos relajó.	*Attending the jazz concert relaxed us.*

In the examples above, since the infinitive is used as a noun, the definite article *el* may be used with it.

2. As the object of a preposition:

Al ver a los bailarines, la audiencia aplaudió.	*Upon seeing the dancers, the audience applauded.*

The use of *al* to mean **upon** or **while doing something** shows that the two actions occur simultaneously.

3. To express a written impersonal command as found on public signs:

No **fumar.**	*No smoking.*

4. With verbs of perception *(mirar, oír, escuchar, ver, sentir, observar)*. The gerund form may also be used. Note the difference in word order between Spanish and English:

Vi entrar al actor.	*I saw the actor come in.*
Vi entrando al actor.	*I saw the actor coming in.*

5. After a conjugated verb:
   - **Verb + infinitive**

Prefiero ir a la sinfonía cuando tenga tiempo.	*I prefer to go to the symphony when I have time.*

   - **Verb + *a* + infinitive**

La gente **empezó a salir** del teatro.	*The people began to leave the theater.*

- **Verb + *de* + infinitive**

Acabo de conocer al esposo de la bailarina.	*I just met the ballerina's husband.*

- **Verb + *con* + infinitive**

Anoche **soñé con ser** músico famoso.	*Last night, I dreamed about being a famous musician.*

- **Verb + *por* + infinitive**

Nos preocupamos por llegar tarde.	*We worried about arriving late.*

Capítulo 9

¿Cómo se siente?

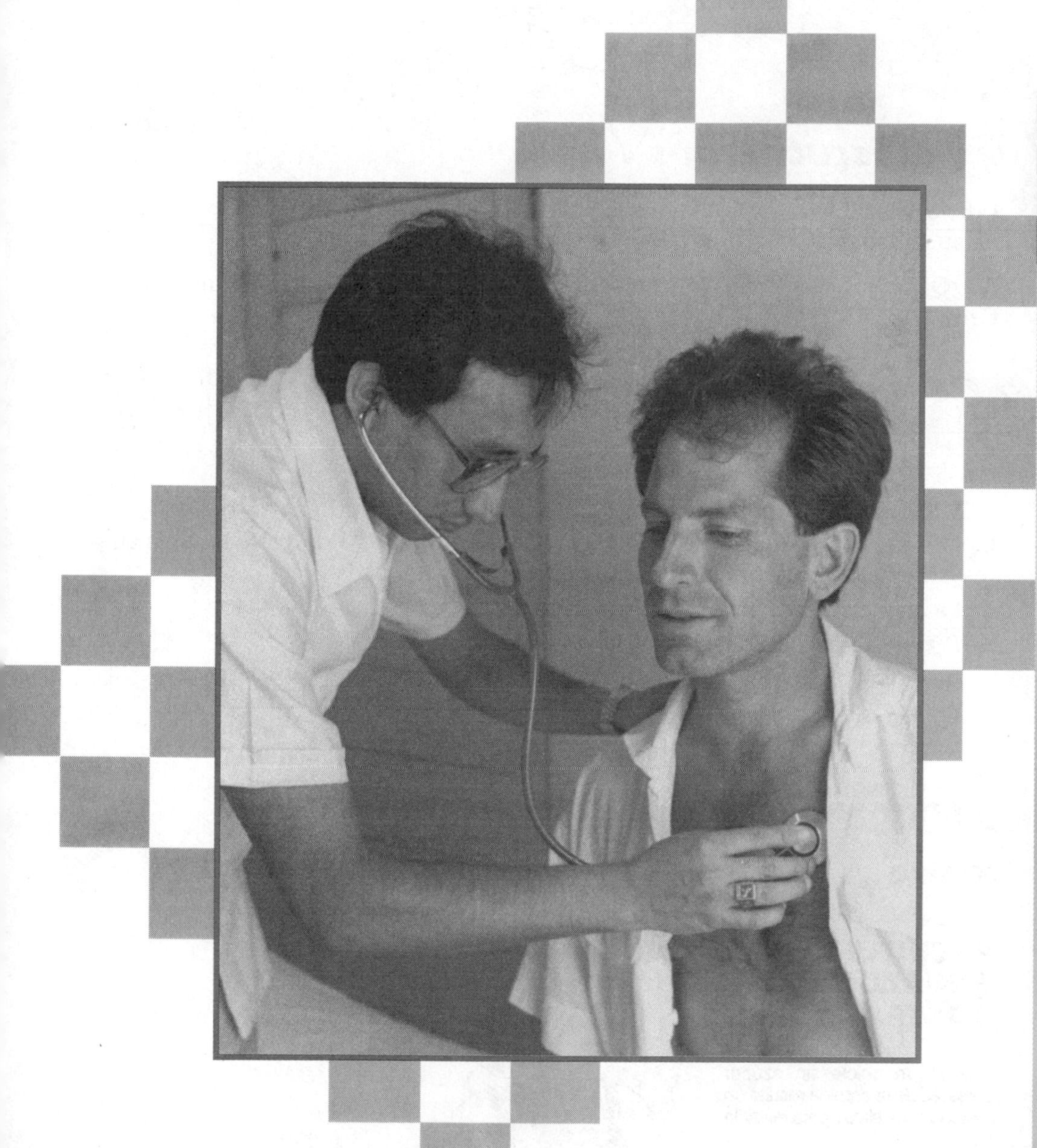

Contexto: La salud

Objetivos funcionales

- comunicarse con el/la médico/a en su consultorio
- convencer, expresar deseos y dar órdenes
- hablar de percepciones, condiciones circunstanciales y deseos en el pasado

Objetivos culturales

- leer y discutir sobre la medicina en el mundo hispano

Gramática funcional

- el presente del subjuntivo y las expresiones para convencer, expresar deseos y dar órdenes
- el imperfecto del subjuntivo

Enlace inicial

¡Escuchemos!

Ud. va a escuchar una conversación entre Roberto y la médica, quienes hablan en su consultorio.

A. ¿Qué síntomas tiene Roberto? Ponga una ***X*** al lado de cada síntoma que tiene Roberto.

_______ **1.** Sufre de insomnio.
_______ **2.** Le duele la garganta.
_______ **3.** Tiene dolor de cabeza.
_______ **4.** No puede caminar bien.
_______ **5.** Se siente resfriado.

B. ¿Comprendió Ud.? ¿Qué le dijo la médica a Roberto? Complete las siguientes frases con la información adecuada.

1. La médica le dice a Roberto que sufre del _______________.
2. Dos de las recomendaciones de la médica son:
Le recomienda que _______________________________.
Le recomienda que _______________________________.

¡Leamos! «El chicle sin azúcar, eficaz contra la caries»

EL CHICLE SIN AZUCAR, EFICAZ CONTRA LA CARIES

Mascar un chicle sin azúcar después de la comida resulta un método muy eficaz para evitar la caries.
Esta interesante conclusión es el resultado de un reciente estudio realizado por la Escuela de Dentistas de Indiana. Según dicha investigación, la saliva que se produce al mascar esta golosina neutraliza las cavidades producidas por los ácidos. Así, afirma el Doctor K.K. Park, «si no puede cepillarse los dientes después de una comida, lo mejor es masticar un poco de chicle sin azúcar».
Para obtener los mejores resultados deberá seguir la siguiente regla, bautizada por los científicos como *del 5 y del 15:* empiece haciendo una pompa de chicle sin azúcar 5 minutos tras terminar la comida y mastíquelo durante 15 minutos como mínimo.
La necesidad de respetar este tiempo ha sido establecido por los investigadores después de medir el nivel de acidez de la boca con un aparato específico.

la caries: cavity; *golosina* = *dulce*; *pompa:* bubble

A. ¿Qué se recomienda? Escoja la idea principal del artículo de la página anterior.

_______ **1.** Se recomienda que se mastique un chicle antes de comer.

_______ **2.** Se recomienda que se evite el chicle totalmente.

_______ **3.** Se recomienda que se mastique un chicle sin azúcar después de comer.

_______ **4.** Se recomienda que se evite el azúcar en las comidas.

B. ¿Comprendió Ud.? Conteste las siguientes preguntas.

1. Según el estudio, ¿qué efecto tiene el chicle sin azúcar en los dientes? ¿Cómo saben los investigadores esto?
2. ¿Cómo se pueden obtener mejores resultados con el chicle?
3. ¿Ha hecho Ud. lo que se recomienda en este artículo?
4. ¿Qué piensa Ud. acerca de esta recomendación?
5. ¿Qué otras recomendaciones tiene Ud. para evitar la caries?

¿Necesita repasar un poco?

Al final de este capítulo, Ud. encontrará un breve resumen de las siguientes estructuras:

saber y **conocer**

los mandatos con **Ud., Uds.** y **nosotros**

Repase esta información y complete los ejercicios en el ***Cuaderno de práctica.***

VIDEO: Use *Programa 12, Remedios tradicionales y modernos,* in ***Mosaico cultural*** to add interest to health terminology presented in this chapter. Consult the ***Cuaderno de práctica*** for corresponding activities for this segment.

Cultura en vivo

La medicina tradicional y moderna

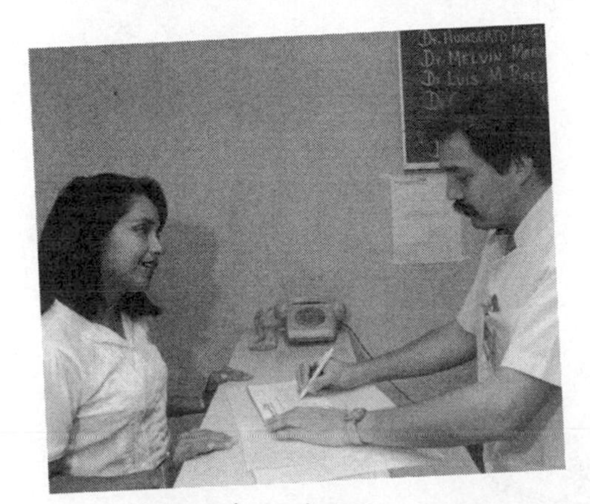

En un hospital mexicano

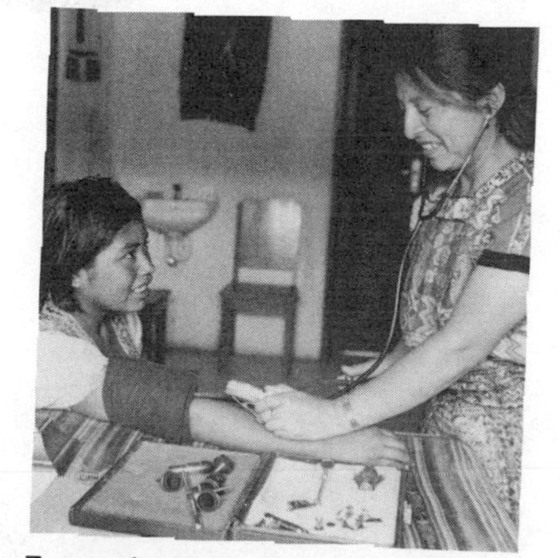

Tomándole la presión sanguínea en una clínica en Guatemala

En muchos países latinoamericanos, los estudiantes de medicina tienen que hacer un año de servicio social en las zonas rurales como parte de su programa de estudios. Viven en el campo o en las montañas y atienden a la gente. Tanto en las zonas rurales como en las ciudades de los países latinoamericanos, hay muchos médicos especializados.

También, en el mundo hispano hay médicos tradicionales que se llaman **curanderos.** Ellos ofrecen medicinas tradicionales como hierbas, remedios caseros *(home remedies)* y oraciones para curar las enfermedades de los pacientes. Los curanderos se encuentran especialmente en las zonas rurales donde la gente no tiene mucho acceso a los médicos profesionales. Los curanderos han llegado a ser populares también en las comunidades hispanas de los EE.UU. Además, en varias regiones hispanas, hay **parteras,** las cuales atienden a mujeres embarazadas durante el nacimiento de sus hijos.

1. ¿Qué opina Ud. del requisito que tienen los estudiantes de medicina en algunos países latinoamericanos?
2. ¿Hay un programa de servicio social en nuestro país?
3. ¿Conoce Ud. a alguien que prefiera usar la medicina tradicional a la moderna? ¿Usa Ud. algunos remedios caseros?

Función 1

Comunicarse con el/la médico/a en su consultorio

Las partes del cuerpo

¿Qué vocabulario para describir las partes del cuerpo sabe Ud.? Haga una lista con un(a) compañero/a de clase.

The basic vocabulary for parts of the body is in the Appendix.

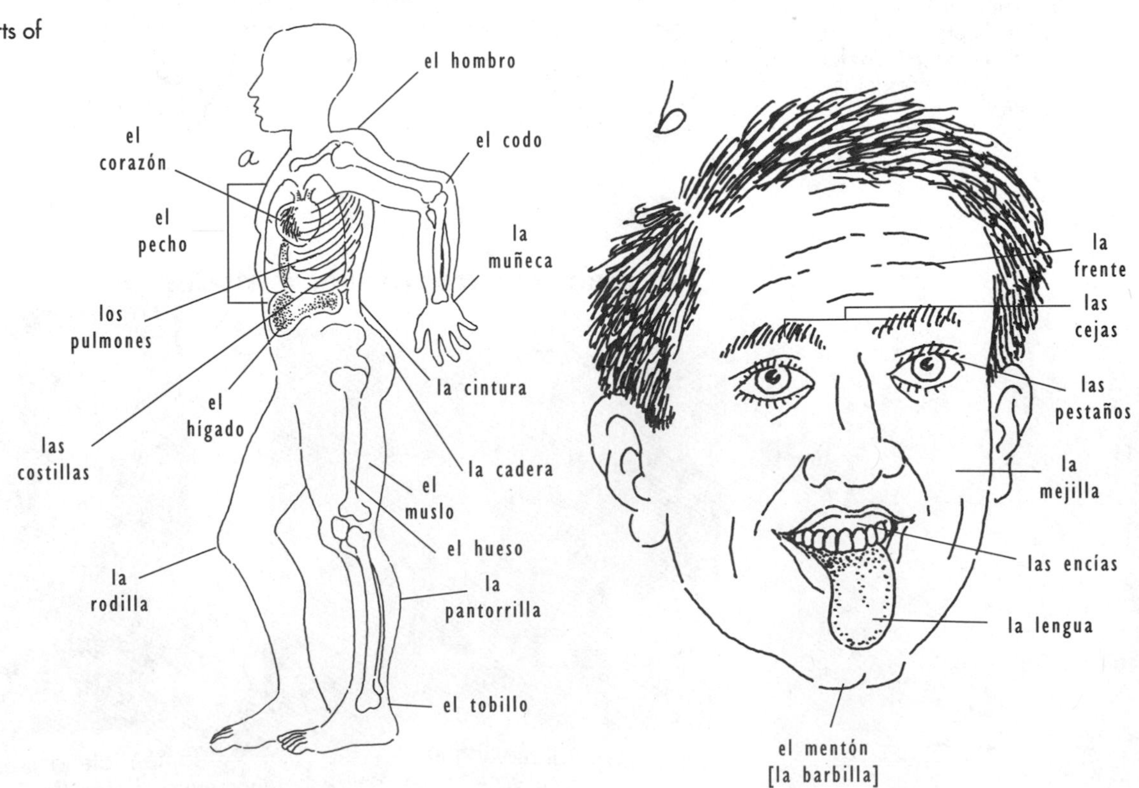

En el consultorio del médico / de la médica

tener buena/mala salud: to be in good/bad health

JUNTA DE ANDALUCIA
Consejería de Salud y Servicios Sociales
Servicio Andaluz de Salud
Hospital de la S.S. de La Línea de la Concepción

HISTORIA CLÍNICA

Nombre: ______________________ Dirección: ______________________

Peso: ________ Altura: ________ Grupo sanguíneo: ________

Estoy... ________ resfriado/a; ________ exhausto/a; ________ estreñido/a;
________ embarazada.

________ Estornudo mucho. ________ Toso mucho.

Me duele(n)... ________ la garganta; ________ los oídos.

Sufro de... ________ escalofríos; ________ insomnio.

Tengo... ________ dolor de cabeza; ________ fiebre; ________ fiebre de heno;
________ gripe; ________ catarro; ________ asma; ________ diarrea;
________ vómitos; ________ una nariz tapada; ________ glándulas hinchadas;
________ tos.

Tengo... ________ un dolor agudo en ______________________ ; un dolor intermitente en ______________________ .

Me siento... ________ débil; ________ mareado/a.

....

________ Soy diabético/a.

Soy alérgico/a ________ al polen; ________ al polvo.

He tenido... ________ sarampión; ________ paperas; ________ varicela;
________ viruela; ________ rubéola; ________ mononucleosis;
________ bronquitis; ________ sinusitis; ________ laringitis; ________ pulmonía;
________ infecciones intestinales/virales; ________ hepatitis; ________ indigestiones;
________ un ataque al corazón.

Me han sacado... ________ las amígdalas; ________ el apéndice.

En España, un sinónimo para **resfriado/a** es **constipado/a;** en Latinoamérica, **constipado/a** significa **estreñido/a.** Un sinónimo para **embarazada** es **encinta.**

sarampión: measles; *paperas:* mumps; *varicela:* chicken pox; *viruela:* small pox; *rubéola:* German measles; *amígdalas:* tonsils; *apéndice:* appendix

Un sinónimo para **ataque al corazón** es **infarto.**

En la sala de emergencia

Se puede decir también **se me torció el tobillo** *(my ankle twisted on me)* para dar énfasis al hecho de que fue un accidente.

a. Me torcí el tobillo.
b. Me lastimé la espalda.
c. Me corté el dedo.
d. Me quemé el brazo.
e. Mi herida está sangrando mucho.

En casos de emergencias, es posible que necesite las siguientes expresiones: **Pida una ambulancia o un(a) médico/a.; Alguien está inconsciente.; Ella se desmayó.** *(She fainted.);* **Ocurrió un accidente.; ¿Cuál es el nombre de su compañía de seguros** *(insurance company)*?

Los tratamientos: El/La médico/a puede....

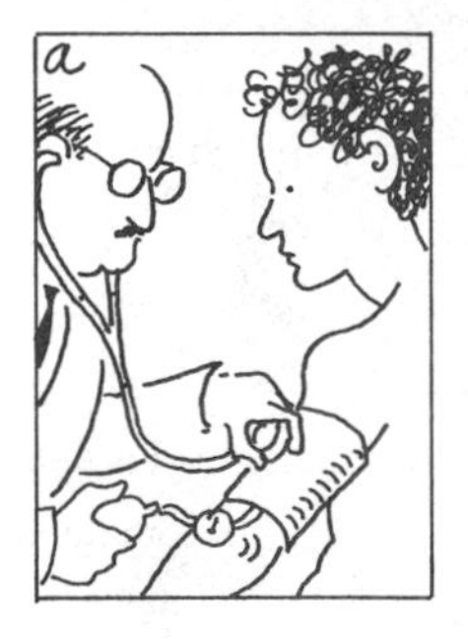

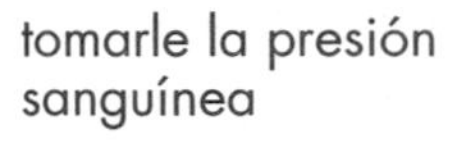

tomarle la presión sanguínea

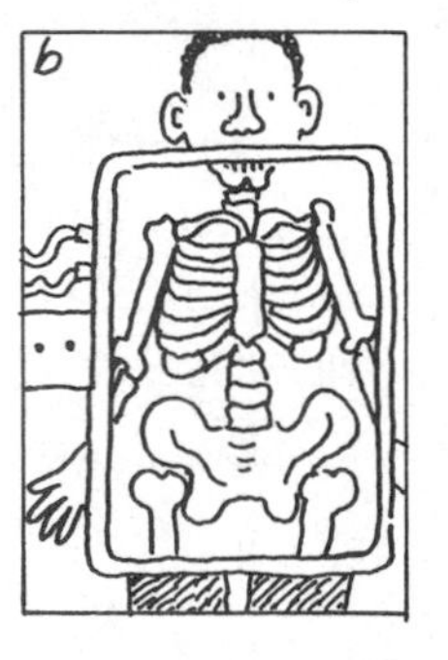

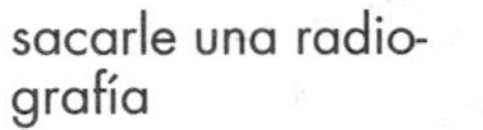

sacarle una radiografía

darle un electrocardiograma

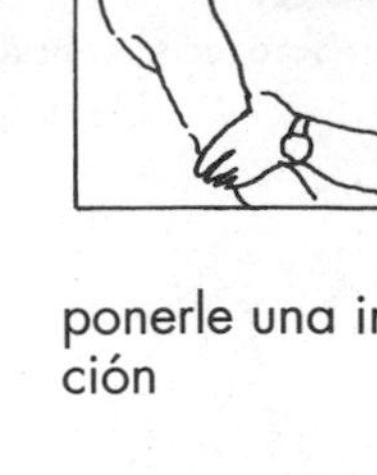

ponerle una inyección

recetarle una medicina

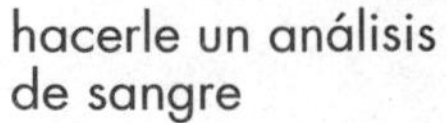

hacerle un análisis de sangre

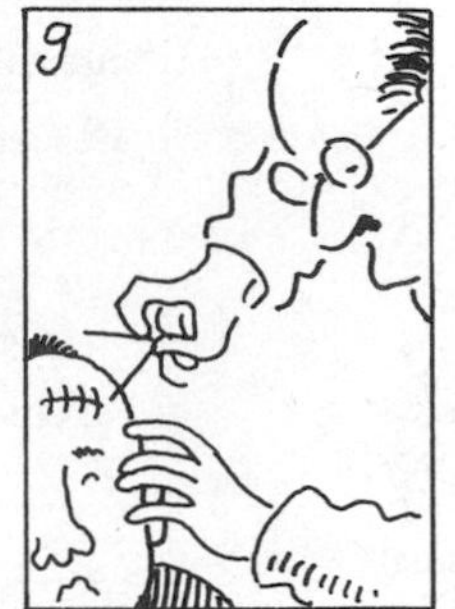

hacerle puntos

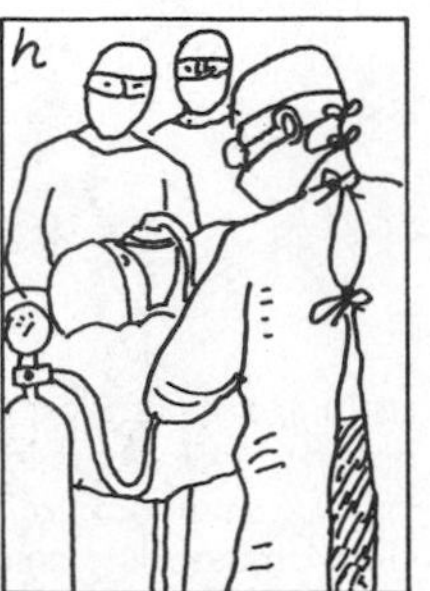

operarle

—¿Qué me recomienda, doctor/a?
—Guarde cama y cuídese. También, tome....

pastillas: tablets; *pomada* = *crema:* cream (to put on skin)

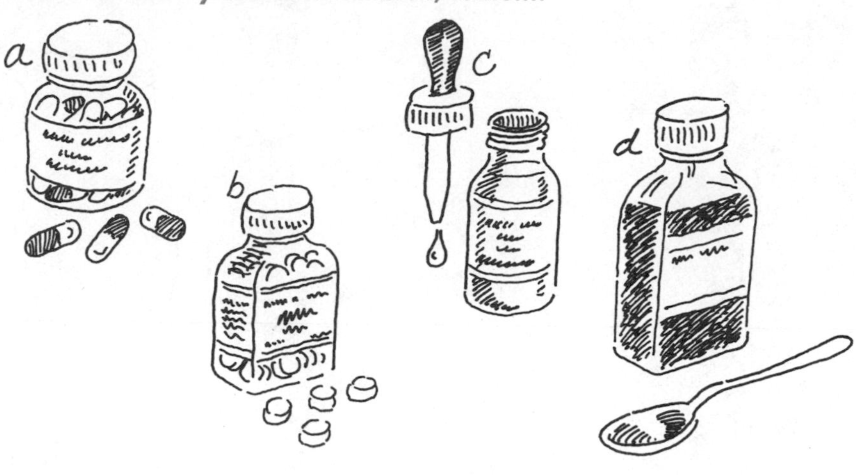

a. los antibióticos
b. las píldoras
c. las gotas
d. el jarabe para la tos

En el consultorio del/de la dentista: El/La dentista dice:

Ud. tiene una caries. Voy a empastarle el diente.
Tengo que ponerle novocaína.
Tendré que ponerle frenillos.

frenillos: braces

◆**Extra Vocabulary:** *la corona:* crown; *sacarle la muela del juicio:* to remove, take out the wisdom tooth; *cambiarle el empaste:* to replace the filling

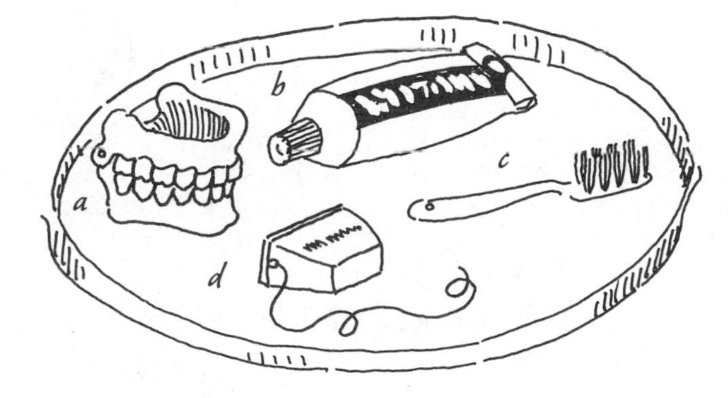

a. la dentadura postiza
b. la pasta dentífrica
c. el cepillo de dientes
d. el hilo dental

¡Practiquemos!

A. Las partes del cuerpo. Alberto, el hijo de Ignacio, está aprendiendo a nombrar las partes del cuerpo. Ayúdelo a identificar cada parte del siguiente dibujo a continuación.

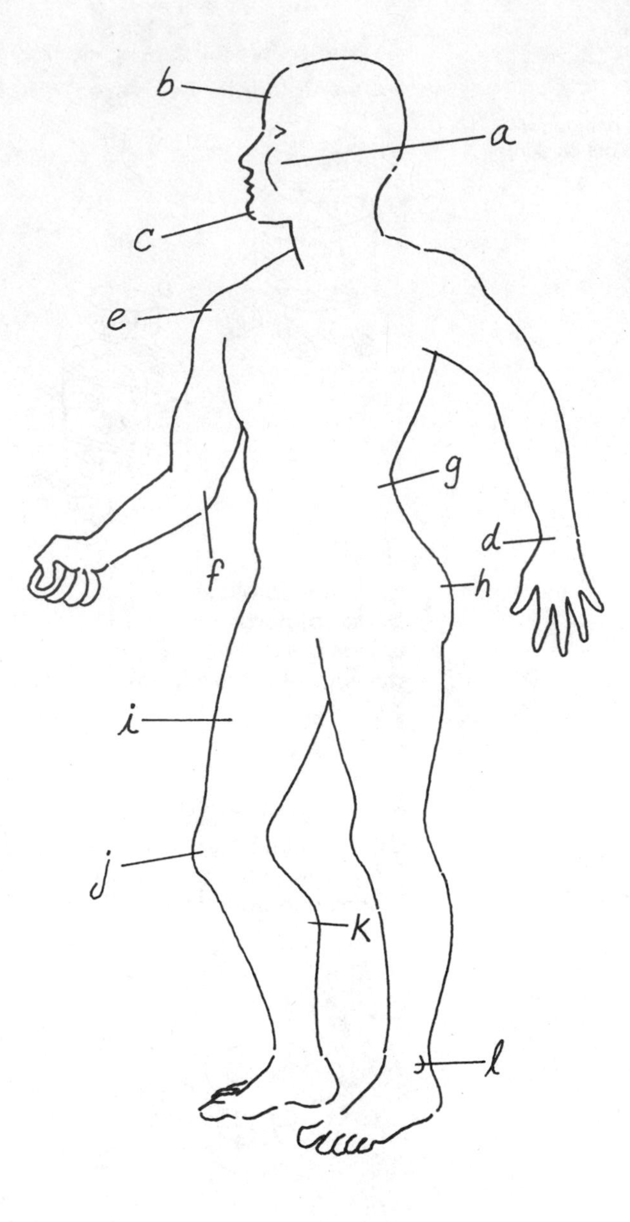

B. ¿Cuáles son los síntomas? Describa los síntomas de las siguientes enfermedades.

Modelo: el catarro
Le duele la garganta a la persona y él o ella tose y estornuda mucho. También tiene la nariz tapada.

1. la gripe
2. las indigestiones
3. el asma
4. la bronquitis
5. la alergia al polen
6. la laringitis

Refer to the *¿NECESITA REPASAR UN POCO?* section of this chapter if you need to review formal commands before doing **Ex. C.**

C. Ud. es médico/a. Varios pacientes tienen los síntomas que se especifican a continuación. ¿Qué va a hacerle Ud. al/a la paciente y qué consejos le va a dar para que se mejore? Siga el modelo.

Modelo: Me duele el estómago.
Le voy a poner una inyección. Coma solamente comidas sin grasa por dos semanas.

1. Tengo un dolor agudo en el pecho.
2. Me torcí el tobillo.
3. No puedo respirar bien.
4. Me duele la muela.
5. Tengo escalofríos.
6. Creo que tengo fiebre.
7. Tengo las glándulas hinchadas.
8. Me duelen los oídos.

D. Una entrevista. Entreviste a un(a) compañero/a de clase en español. Pídale la siguiente información. Después cambien de papeles.

1. Does he/she have any allergies? If so, to what?
2. Has he/she had his/her appendix or tonsils removed? A tooth? When?
3. Has he/she ever twisted or sprained anything?
4. When was the last time he/she had the flu? What did he/she do?
5. When was his/ her last visit to the doctor? For what? To the dentist? For what?
6. How often does he/she get sick? What kinds of illnesses does he/she often get?
7. Has he/she ever had stitches? For what?
8. What types of medicine has he/she taken? For what?

E. «Médico». Lea la tira cómica y conteste las preguntas con un(a) compañero/a de clase.

El paciente es un personaje chileno que se llama «Condorito».

1. ¿Quiénes son las dos personas y dónde están?
2. ¿Qué síntomas tiene el paciente?

3. ¿Qué le dice el médico que haga el paciente?
4. ¿Por qué dice el paciente «¡OOOHH!»?

¿Qué opina Ud.?

5. ¿Cuánto cuesta una consulta con un(a) médico/a hoy en día?
6. ¿Qué piensa Ud. de las tarifas?
7. Ahora, haga el papel del médico y su compañero/a puede ser el paciente. Invente otra conversación para cada parte de la tira cómica.

F. Una entrevista: las emergencias. Entreviste a un(a) compañero/a de clase sobre la última emergencia médica que él/ella tuvo o la última vez que él/ella o un(a) miembro/a de la familia fue al hospital. Obtenga la siguiente información en español y luego cambien de papeles.

1. when the emergency occurred
2. what kind of emergency it was
3. who helped get him/her to the hospital
4. what happened at the hospital
5. what happened the next day

Función 2

Convencer, expresar deseos y dar órdenes

El presente del subjuntivo y las expresiones para convencer, expresar deseos y dar órdenes

Doctora, ¿qué me recomienda Ud. que haga?

En la conversación entre Roberto y la médica, ¿qué verbos están en el presente del subjuntivo? ¿Con qué expresiones se usan? ¿Qué significan estas expresiones?

You have already practiced using the present subjunctive in the following ways.

1. with impersonal expressions, to express perceptions: *Es probable que ella esté enferma.* (Capítulo 3)
2. with adverbial clauses, to describe conditions under which something might happen: *Esperamos hasta que llegue el médico.* (Capítulo 5)
3. with adjective clauses, to describe unspecific or non-existent referents: *Necesito un médico que sepa mucho sobre alergias.* (Capítulo 6)
4. with noun clauses, to express emotions, feelings, and doubt: *Me alegro de que te sientas mejor.* (Capítulo 7)

La expresión **Ojalá...** *(If only . . ., I wish/hope . . .)* siempre requiere el uso del subjuntivo. Esta expresión es de origen árabe y significa *May Allah grant . . .* Ejemplo: **Ojalá que te sientas mejor.**

The subjunctive is also used in subordinate clauses with a change of subject to persuade and dissuade, and to express a desire or command. The following verbs always take the subjunctive in subordinate clauses:

aprobar *(to approve of)*	oponerse a *(to oppose, be opposed to)*
desear	preferir
esperar	querer

Prefiero que Ud. se quede en cama. *I prefer that you stay in bed.*

Se opone a que salgamos esta noche. *He's opposed to our going out tonight.*

The following verbs also use the subjunctive when followed by *que.* They are generally preceded by an indirect object pronoun that refers to the subject of the subordinate clause.

aconsejar que *(to advise that)*	prohibir que
exigir que *(to require that)*	proponer que
mandar que *(to order, demand that)*	recomendar que
pedir que	rogar que *(to beg that)*
permitir que	sugerir que *(to suggest that)*

Le recomiendo que Ud. descanse. *I recommend that you rest.*

Mis padres no **me permiten que vaya** a fiestas. *My parents don't permit me to go to parties.*

These verbs are often used with an infinitive instead of the subjunctive when there is no subordinate clause introduced by *que.* The indirect object pronoun indicates the person to whom the action is directed.

Te recomiendo tomar la medicina. *I recommend that you take the medicine.*

Me aconseja ir al médico. *He advises me to go to the doctor's.*

The verbs *decir, escribir, informar,* and *insistir en* are used with the indicative if a fact is stated. The same verbs can be used with the subjunctive if a command is given.

Insiste en que yo duermo mucho. *He insists that I sleep a lot. (reporting a fact)*

Insiste en que yo duerma mucho. *He insists that I should sleep a lot. (giving a command)*

El médico me dijo que como bien. *The doctor told me that I eat well. (reporting a fact)*

El médico me dijo que coma bien. *The doctor told me to eat well. (giving a command)*

¡Practiquemos!

A. Eliana va al consultorio. Eliana está exhausta. Diga qué recomendaciones le da la médica a Eliana.

Modelo: recomendar / no salir de la casa
Le recomiendo que no salga de la casa.

1. desear / acostarse temprano
2. preferir / dormir ocho horas cada noche
3. aconsejar / beber ocho vasos de agua al día
4. pedir / ir al laboratorio para un análisis de sangre
5. sugerir / no trabajar por una semana
6. querer / pedir otra cita en dos semanas
7. insistir en / no preocuparse mucho
8. ojalá / cuidarse más que ahora

B. ¿Y Ud.? Complete las siguientes frases utilizando el subjuntivo.

Modelo: Le sugiero a mi hermana que...
Le sugiero a mi hermana que se cuide más.

1. Prefiero que mi profesor(a)...
2. Mis padres quieren que yo...
3. Mi novio/a me ruega que...
4. Ojalá que mi amigo/a...
5. El/La profesor(a) nos exige que...
6. Insisto en que mi compañero/a de cuarto...
7. Mi consejero/a no me permite que...
8. Espero que mis padres...

C. El horóscopo del mes. Trabaje con un(a) compañero/a de clase. Imagínese que uno de los horóscopos a continuación es para su compañero/a mientras que el otro es para Ud. Lea el horóscopo de su compañero/a (¡sin que lo lea él/ella!) y hágale algunas recomendaciones. Luego su compañero/a tiene que leer el horóscopo suyo y hacerle a Ud. algunas recomendaciones.

Modelo:

ocioso = perezoso

> Durante las primeras dos semanas del próximo mes podrá tomar decisiones que le permitan mejorar en su trabajo. Deje el resto del mes para divertirse porque, intelectualmente, se sentirá ocioso.

Te recomiendo que tomes algunas decisiones durante las primeras dos semanas del próximo mes y que te diviertas durante el resto del mes.

Hasta el 16 puede manejar su vida con facilidad. A partir del 21, debe intentar relajarse mental y emocionalmente porque se encontrará muy tenso.

Hasta el 14 predomina el ciclo emocional. Por lo tanto, le dará prioridad a su vida personal. En cambio, del 16 al 23 estará muy activo en el trabajo o en los estudios. Los últimos días tendrá que descansar.

D. Ud. es consejero/a. Es probable que Ud. le haga recomendaciones a sus amigos/as de vez en cuando. Imagínese que su mejor amigo/a se siente un poco mal esta semana: está cansado/a, está resfriado/a, le duele la garganta y no puede dormir bien. Haga una lista de cinco recomendaciones o consejos para que su amigo/a se mejore. Use cinco expresiones variadas.

Modelo: *Te recomiendo que descanses.*

E. ¿Qué me recomienda que haga? Mire los siguientes dibujos, los cuales representan dos conversaciones. Trabajando con un(a) compañero/a, invente un diálogo para cada dibujo. Incluya algunos consejos, usando el presente del subjuntivo.

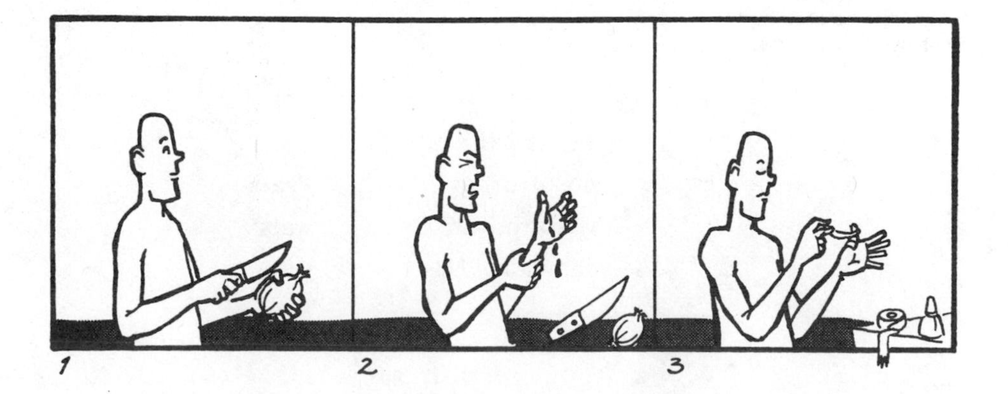

Función 3

Hablar de percepciones, condiciones circunstanciales y deseos en el pasado

El imperfecto del subjuntivo

¿Qué diferencias ve Ud. entre las dos oraciones que dice Roberto? ¿En qué tiempo está cada oración, en el presente o en el pasado? ¿Puede Ud. adivinar qué verbo está en el imperfecto del subjuntivo?

Throughout most of Spain, the imperfect subjunctive is formed by adding a different set of endings to the stem of the third-person plural preterite: *-se, -ses, -se, -´semos, -seis, -sen*. This form may also be used for literary or stylistic purposes.

La formación del imperfecto del subjuntivo

The imperfect subjunctive is formed by dropping the ***-ron*** of the third-person plural form in the preterite, and then adding the following endings:

yo	**-ra**
tú	**-ras**
él/ella/Ud.	**-ra**
nosotros/-as	**-´ramos**
vosotros/-as	**-rais**
ellos/ellas/Uds.	**ran**

tomar	tomaron	toma-	+ ra =	**tomara**
leer	leyeron	leye-	+ ras =	**leyeras**
vestir	vistieron	vistie-	+ ra =	**vistiera**
ir	fueron	fue-	+ ´ramos =	**fuéramos**
poner	pusieron	pusie-	+ rais =	**pusierais**
morir	murieron	murie-	+ ran =	**murieran**

Hay un acento escrito en la vocal que precede la terminación ***-ramos*****: nosotros tomáramos, nosotras fuéramos.**

Los usos del imperfecto del subjuntivo

You have used the present subjunctive to express perceptions, to describe conditions and unspecific referents, and to express emotions, feelings, doubts, desires, and commands. You will recall that, in sentences that have the subjunctive in a subordinate clause, the present or present perfect subjunctive is used when the main clause refers to the present or future.

Prefiero que tú **estés** aquí a las ocho. *I prefer that you be here at eight o'clock.*

Dudo que él **haya ido** a la fiesta. *I doubt that he has gone to the party.*

When these same ideas are expressed in the past, the imperfect (past) subjunctive is used. Generally, a main verb in a past tense (such as preterite, imperfect, pluperfect, or conditional) triggers the use of the imperfect or pluperfect subjunctive in the subordinate clause. Look at the examples that follow.

The imperfect subjunctive is, therefore, used to:

- express perceptions in the past (Chapter 3)

  Era importante que **llegáramos** a tiempo. *It was important that we arrived on time.*

  Era posible que ella no **estuviera** enferma. *It was possible that she wasn't sick.*

- express conditions under which something was to happen (Chapter 5)

  The adverbial expressions you learned previously require the subjunctive only if an event was **anticipated** in the past. Compare the following:

  Íbamos a cenar tan pronto como **llegara** Marta. *We were going to have dinner as soon as Marta arrived.* (anticipated action contingent on another event)

  Cenamos tan pronto como **llegó** Marta. *We had dinner as soon as Marta arrived.* (completed actions)

- describe unspecific or non-existent referents in the past (Chapter 6)

  Buscábamos una casa que **nos gustara.** *We looked for a house that we liked.*

  No **pude encontrar** un médico que **supiera** mucho sobre medicina alternativa. *I couldn't find a doctor who knew a lot about alternative medicine.*

- express emotions, feelings, and doubts in the past (Chapter 7)

  Me sorprendí de que Roberto no **viniera** a la fiesta. *I was surprised that Roberto didn't come to the party.*

  Dudaban que su amigo **sufriera** de insomnio. *They doubted that their friend was suffering from insomnia.*

- persuade and dissuade, and to express a desire or command in the past (Chapter 9)

  El médico **me había recomendado** que **me cuidara** más. *The doctor recommended that I take better care of myself.*

  Sería mejor que Ud. **guardara** cama por una semana. *It would be better for you to stay [that you stayed] in bed for a week.*

  Esperaba que mis padres no **llamaran** al médico. *I hoped that my parents wouldn't call the doctor.*

The imperfect subjunctive is always used with the expression *como si* (as if), regardless of which verb tense is used in the main clause.

Hablas como si **supieras** mucho sobre la medicina alternativa. *You talk as if you knew a lot about alternative medicine.*

Me **miraba** como si yo **estuviera** loco. *He was looking at me as if I were crazy.*

The imperfect subjunctive is used frequently to express polite requests; verbs often used for this purpose are *querer* and *poder.*

Quisiera hablar con el médico, por favor. *I would like to speak to the doctor, please.*

¿**Pudiera** ver a la médica? *Could I see the doctor, please?*

The imperfect subjunctive can also be used to give recommendations or advice, particularly when used with the verb *deber.*

Debiera guardar cama por una semana. *You should stay in bed for a week.*

Note that, although the imperfect subjunctive is usually used with a main verb that is in a past tense, sometimes the main verb expresses a comment or reaction in the present that refers to something that happened in the past. In this case, the imperfect subjunctive is still used, even though the main verb is in the present tense.

Me alegro de que **estuvieras** aquí ayer. *I'm happy that you were here yesterday.*

La formación del pluscuamperfecto del subjuntivo

The pluperfect subjunctive is formed with the imperfect subjunctive of *haber* plus the past participle.

hubiera	llegado
hubieras	comido
hubiera	visto
hubiéramos	dicho
hubierais	hablado
hubieran	leído

Los usos del pluscuamperfecto del subjuntivo

The pluperfect subjunctive *(pluscuamperfecto del subjuntivo)* is used to refer to an action in the subordinate clause that occurred prior to the past action of the main clause.

Dudaba que Lupe **hubiera estado** enferma. *I doubted that Lupe had been sick.*

Era triste ver que ella no **hubiera conocido** a sus abuelos. *It was sad to see that she had not known her grandparents.*

¡Practiquemos!

A. Eliana y los consejos de la médica. ¿Qué quería la médica que hiciera Eliana? Forme oraciones completas con el imperfecto del subjuntivo según el modelo.

Modelo: quería que / no salir de su casa
Quería que no saliera de su casa.

1. le sugirió que / beber ocho vasos de agua al día
2. le recomendó que / descansar mucho en casa
3. insistió en que / comer más frutas y legumbres
4. dudaba que / poder regresar al trabajo muy pronto
5. le pidió que / ir al laboratorio para un análisis de sangre
6. esperaba que / sentirse mejor

B. «10 maneras de prevenir el cáncer». Imagínese que Ud. acaba de visitar el consultorio de su médico/a y que él/ella le dio varios consejos en cuanto a la prevención del cáncer. Lea el breve artículo a la izquierda. Luego explique lo que le dijo el/la médico/a, según el modelo. Use una variedad de expresiones (**decir, recomendar, aconsejar,** etc.).

Modelo: Reduzca las calorías....
Me dijo que redujera las calorías...

C. Los problemas médicos. Imagínese que Ud. ha tenido un problema con su salud últimamente. Complete las siguientes frases con el imperfecto del subjuntivo.

Modelo: Fue bueno que yo...
Fue bueno que yo fuera al consultorio del médico.

1. Quería ir al consultorio antes que...
2. Buscaba un médico que...
3. Fui al consultorio sin que mi madre...
4. Fue necesario que yo...
5. El médico me dijo que... (mandato)
6. Fue una lástima que yo...
7. Yo dudaba que mis amigos/as...
8. El médico me dijo que podría trabajar con tal que...
9. La enfermera me recomendó que...
10. El médico me hablaba como si...

D. Para mantenerse en forma. Imagínese que una vez Ud. trató de cambiar su estilo de vida para empezar a mantenerse en mejor forma. ¿Qué pasó? Dé muchos detalles. Luego comparta sus experiencias con otros/as compañeros/as de clase.

1. Esperaba que...
2. Fue bueno que...
3. Perdí/Aumenté de peso aunque (no)...
4. Quería conocer a alguien que...

10 MANERAS DE PREVENIR EL CANCER

Hablamos del cáncer colorrectal, que afecta la zona del recto y el colon:

- *Reduzca las calorías que ingiere en un 25% aproximadamente.*
- *No consuma carnes rojas. Sustitúyalas por pollo (sin grasa) o pescado.*
- *Coma dos raciones de frutas y cuatro de vegetales al día.*
- *También cuatro porciones de alimentos ricos en fibra (pan integral o cereales) diariamente.*
- *Incluya en su menú verduras crudas: pepinos (cohombros), brócoli (bróculi, brécol), y coliflor.*
- *Coma vegetales y legumbres verdes: espinacas, lechuga, arvejas (guisantes, petit pois)...*
- *Prefiera la leche descremada, así como los productos lácteos que sean ricos en calcio.*
- *Dé una caminata de media hora al día.*
- *Si está pasada de peso, entonces baje hasta 5 Kg (10 lb) de su peso normal.*
- *Si pasa de los 40 años, hágase un chequeo para detectar posibles células carcinógenas.*

5. Mi amigo/a me sugirió que...
6. Hablé con otra persona que...

E. Su reunión anual de la escuela secundaria. Imagínese que Ud. fue a la reunión anual de sus compañeros de la escuela secundaria. Complete las siguientes frases con sus impresiones de esa reunión, empleando el pluscuamperfecto del subjuntivo.

Modelo: Era increíble que...
Era increíble que muchos no hubieran viajado fuera del país.

1. Me alegré de que...
2. Dudaba que...
3. No había nadie que...
4. Nos sorprendió de que...
5. No pude encontrar a nadie que...

¡Escuchemos un poco más!

Ud. va a escuchar una conversación entre el profesor Echeverría y Eliana, los cuales hablan del problema médico que tiene el abuelo de Eliana.

Antes de escuchar: Establecer un objetivo

In preparation for listening to this segment, answer the following questions.

1. What are some possible medical problems that Eliana's grandfather might have?
2. Why might Eliana be telling Professor Echeverría about this?
3. Brainstorm a list of Spanish words and expressions you already know that you might hear.

Después de escuchar: Identificar las ideas principales y los detalles importantes

padece...de: suffers from; *leve:* slight, not serious

A. ¿Comprendió Ud.? Escuche la conversación. Ponga una ***X*** al lado de cada oración verdadera.

_______ **1.** Eliana fue a la oficina del profesor porque necesita cambiar su reunión con él.
_______ **2.** El abuelo sufre del cáncer.
_______ **3.** Su abuelo vendrá a los EE.UU. para el tratamiento.
_______ **4.** Lo que le pasó al abuelo no es muy serio.
_______ **5.** El médico le dijo al abuelo que comiera frutas.

B. ¿Qué opina Ud.? Conteste las siguientes preguntas.

1. Imagínese que Ud. conoce al abuelo de Eliana.
   - **a.** ¿Dónde estaba él y qué estaba haciendo cuando sufrió el ataque?
   - **b.** ¿Qué le pasó después?
   - **c.** ¿Cómo lo ayudaron en el hospital?
   - **d.** ¿Qué le recomendó el médico que hiciera para evitar más ataques en el futuro?
   - **e.** ¿Por qué tiene el abuelo mucho estrés en su vida?

2. ¿Cómo respondió Ud. ante lo que le pasó al abuelo de Eliana?
   a. «Era triste que el abuelo...»
   b. «El abuelo iba a trabajar menos tan pronto como...»
   c. «El buscaba otro trabajo que...»
   d. «A lo mejor...»
   e. «¡Qué bueno que... !»
   f. «¡Ojalá que... !»

La palabra **anticuerpo** es una palabra compuesta. Mire las dos partes de la palabra. ¿Qué significa?

¡Leamos un poco más!

«Técnicas de la medicina alternativa»

Antes de leer: Establecer un objetivo

Read the boldface words, look at the photos, and skim the reading. Then answer the following questions.

1. What kinds of "techniques" do you think this article presents?
2. What clues do the two pictures offer?
3. What significance does the term "alternativa" have?
4. Skim the article and identify the names of illnesses and medical conditions.
5. Why might you be interested in reading this article?

SALUD

TECNICAS DE LA MEDICINA ALTERNATIVA

QUIROPRACTICA actúa sobre la columna vertebral para aliviar ciertas enfermedades, sobre todo las debidas a heridas sufridas en el cuello y la espalda, y las relacionadas con problemas nerviosos. No cura todas las enfermedades, pero sí alivia estos dolores crónicos.

HERBOLARIOS utilizan plantas y hierbas en lugar de medicamentos para curar síntomas de enfermedades. Se calcula que 1 de cada 4 medicinas aprobadas para su uso en EE UU contienen ingredientes provenientes de plantas.

BIORREACCION (*Biofeedback*) con una máquina, el paciente aprende a controlar funciones como la circulación, tensión de los músculos y ritmo del corazón. Efectivo para migrañas, asma, adicción a drogas y síntomas de epilepsia.

HOMEOPATIA trata al paciente con sustancias naturales que producen los mismos síntomas de la enfermedad que se trata. El objetivo es producir más anticuerpos para combatir la infección. Efectivo para la influenza, dolores de cabeza y alergias.

HIPNOSIS aplica el poder mental sobre el cuerpo para controlar el dolor y modificar el comportamiento. Se practica para ayudar a la gente a dejar de fumar. Algunos creen que la hipnosis puede fortalecer el sistema de inmunización y acelerar la curación.

ACUPUNTURA se practica en China desde hace más de dos mil años. Usa finas agujas que se clavan en áreas específicas del cuerpo para estimular la circulación del "qi",

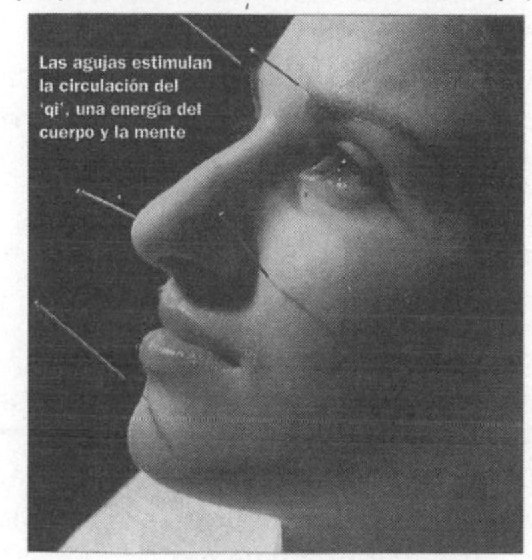

Las agujas estimulan la circulación del 'qi', una energía del cuerpo y la mente

energía físico-mental que es la base de la salud. Efectivo para aliviar dolor de espalda, reumatismo, artritis y dolores de parto.

EL MASAJE es efectivo para aliviar el dolor de los músculos y la tensión, con lo cual se pueden aliviar al mismo tiempo otras dolencias como el dolor de cabeza.

OSTEOPATIA es semejante a la técnica quiropráctica porque ambas actúan sobre la columna vertebral. Pero los osteópatas prestan atención al sistema completo de músculos, huesos y los nervios para ver cómo afectan el resto del cuerpo.

HIERBAS:GARY CRALLÉ; MASAJE:DANN COFFEY; AGUJAS:LAWRENCE FRIED/IMAGE BANK

agujas: needles; *se clavan:* are pierced into; *dolencias = dolores*

Después de leer: Identificar las ideas principales y los detalles importantes

A. ¿Comprendió Ud.? ¿A qué técnica se refiere cada oración a continuación?

1. La mente controla el dolor.
2. Usa el sistema de músculos, huesos y nervios.
3. Usa plantas y hierbas en vez de drogas.
4. El paciente recibe sustancias naturales que producen anticuerpos para combatir la enfermedad.
5. Usa la columna vertebral para aliviar los problemas con el cuello y la espalda.
6. Usa agujas en áreas específicas del cuerpo para estimular la energía físico-mental.
7. El paciente usa una máquina para controlar ciertas funciones del cuerpo.
8. Esta técnica alivia el dolor de los músculos y la tensión.

B. ¿Qué opina Ud.?

1. ¿Cuáles de estos tratamientos pueden ser efectivos en las situaciones a continuación y por qué?
   a. Ud. se lastimó el hombro.
   b. Ud. sufrió un ataque al corazón.
   c. Ud. tiene la presión alta.
   d. Ud. quiere perder peso.
   e. A Ud. le duele la cabeza todos los días.
2. ¿Qué opina Ud. de estas técnicas? ¿Hay una que le guste más?
3. Trabajando con un grupo de compañeros/as, invente una lista de cinco remedios caseros. En cada caso, explique por qué es efectivo el remedio.

Enlace de todo

Para hacer esta sección, recuerde la gramática de repaso y la gramática funcional de este capítulo: **saber** y **conocer;** los mandatos con **Ud., Uds.** y **nosotros;** el presente del subjuntivo y las expresiones para convencer, expresar deseos y dar órdenes; el imperfecto del subjuntivo. También es buena idea repasar el vocabulario presentado en este capítulo antes de empezar.

¡Imaginemos!

A. Dramatizaciones. Prepare las siguientes dramatizaciones según las instrucciones.

1. Ud. va al consultorio del médico porque cree que tiene gripe. Descríbale sus síntomas al médico / a la médica y pídale sus consejos. El/La médico/a le explicará lo que él/ella tiene que hacer antes de determinar el tratamiento (tomarle la presión, etc.) y le recomendará varias cosas para que se mejore. Reaccione a sus consejos.

2. Ud. es psicólogo/a y tiene un programa de radio. Una persona llama por teléfono para que le ayude con un problema muy serio. Escuche su problema, hágale unas preguntas para obtener más información y dele unos consejos para resolver el problema. La persona va a reaccionar a sus recomendaciones.
3. Ud. y su amigo/a hablan sobre maneras de cuidarse bien para mantenerse buena salud. Describan el estilo de vida que se debe tener y otras cosas que se pueden hacer para tener éxito.
4. Ud. acaba de regresar del consultorio del médico / de la médica porque tiene catarro. Su amigo/a va a hacerle preguntas sobre lo que le dijo el/la médico/a. Dígale a su amigo/a lo que él/ella le dijo que hiciera para mejorarse.

B. Querida Abby. Con un(a) compañero/a de clase, escríbale una carta corta a Querida Abby en la que describan un problema (verdadero o ficticioso) que Uds. tienen. Después, toda la clase va a intercambiar las cartas. Ud. y su compañero/a van a escribir sus consejos en otra carta, mientras que otra pareja va a darles consejos a Uds. Al final, lea su carta a la clase y diga lo que la otra pareja les recomendó que hicieran para resolver el problema.

C. El horóscopo de la semana. Trabaje con dos o tres compañeros de clase. Escriban un horóscopo para uno de los siguientes signos del zodíaco: **Acuario, Piscis, Aries, Tauro, Géminis, Cáncer, Leo, Virgo, Libra, Escorpio, Sagitario, Capricornio.** Escriban una recomendación para cada categoría a continuación, utilizando expresiones como **Les recomendamos que...** o **Les sugerimos que...** y los mandatos con Uds.

1. la salud
2. el amor
3. la vida intelectual
4. la diversión
5. la familia

D. Su carpeta personal: Excusas legítimas. En la vida de cada estudiante, a veces es necesario dar explicaciones por no haber completado una tarea o por haber estado ausente de la clase. Escríbale una nota a su profesor/a de español describiéndole un evento, un accidente o una enfermedad que tuvo Ud., y que lo/la hizo dar esta explicación. Use el pasado y expresiones como **Fue necesario que...** o **El médico me recomendó que...** con el imperfecto del subjuntivo. Ponga esta nota en su carpeta personal.

Modelo: *Lo siento profesor(a), pero no pude completar la tarea para hoy porque me torcí el tobillo. Fue necesario que yo fuera a la sala de emergencias del hospital...*

¡Leamos más! «La medicina alternativa»

Antes de leer: Establecer un objetivo

In preparation for reading this article, look at the title, caption, and the picture.

1. What type of information do you think will be presented regarding this topic?
2. What do you hope to learn from reading this article?
3. Brainstorm a list of Spanish words and expressions that you might find in this article.

Qué es la medicina Alternativa

Antes de elegir una terapia alternativa, conozca en qué consisten y cuáles son sus limitaciones *Por Chiori Santiago*

A Una vez, siendo pequeña, me caí en el parque y me hice una herida que necesitaba puntos. Mi mamá me llevó a un doctor japonés quien se negó a administrarme ningún tipo de anestesia. En su lugar, recurrió a la hipnosis y me cosió la herida sin que yo sintiera ningún dolor en absoluto.

B Hoy día millones de personas están descubriendo la eficacia de estas antiguas técnicas médicas. Un estudio publicado en el *New England Journal of Medicine* descubrió que cada año, uno de cada tres norteamericanos recurre a un tratamiento holístico y que para ello se gastan cerca de $14 billones, saliendo la mayoría del dinero de sus propios bolsillos, porque los seguros médicos no suelen cubrir este tipo de tratamientos. Asímismo, el estudio indicaba que terapias alternativas como la homeopatía, la acupuntura y las medicinas a base de hierbas constituyen una industria de $27 billones al año.

C De repente, parece que a todo el mundo le interesa la medicina alternativa, desde el Instituto Nacional de Salud, que el año pasado dedicó $2 millones para el estudio de tratamientos alternativos, hasta el periodista norteamericano Bill Moyers, quien ha logrado que su libro *Healing and the Mind (Curación y mente)* figure en las listas de *bestsellers*.

D Lo que tienen en común todos estos tratamientos, y de ahí que se llamen "holísticos," es que cuando se enfrentan a una enfermedad tienen en cuenta a la persona en su totalidad, tanto desde el punto de vista físico como mental. Según ellos, no se puede separar nunca el cuerpo del alma porque ambos están relacionados. Por tanto, para curar a un paciente habrá que estudiar ambas partes.

E Estos tratamientos en muchos casos pueden resultar tan efectivos como las más complejas tecnologías de la medicina convencional. Pero, también es cierto que si no conoce de antemano los beneficios de cada una de estas técnicas, sus limitaciones y los requisitos que deben reunir quienes las practican, fácilmente puede ser objeto

B *la eficacia:* effectiveness; *se gastan:* are spent; *no suelen cubrir:* don't usually cover; **C** *figure en:* appears on

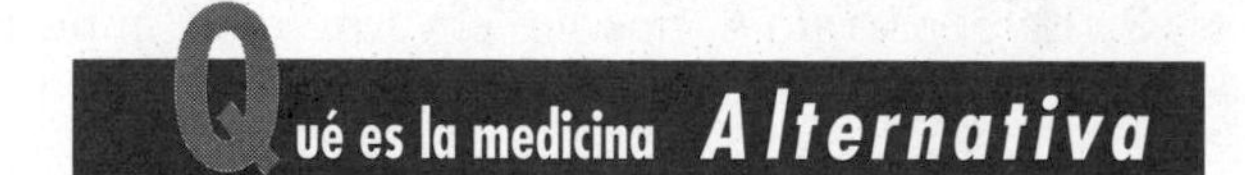

E de una estafa por parte de simples charlatanes interesados en su dinero.

F Manténgase siempre alerta cuando un supuesto profesional de medicina alternativa le presenta alguno de los siguientes argumentos:
*Trata de convencerle de que usted no puede vivir sin su producto.
*Asegura que tiene un remedio milagroso.
*No apoya sus métodos con investigaciones.
*No le enseña una licencia o un certificado de entrenamiento.

G ¿Son populares estas ténicas entre los médicos convencionales? A ciertas técnias como la acupuntura, quiropráctica, hipnosis y biorreacción se les reconoce al menos cierta efectividad dentro de la medicina convencional. Asímismo, cada vez es más frecuente encontrar doctores quiroprácticos como parte del personal médico en los grandes hospitales, y algunos planes de seguro médico están ya empezando a cubrir algunas de estas técnicas. Otras terapias, como la homeopatía y la llamada "imágenes guiadas" (en la que el paciente visualiza su enfermedad y así la controla hasta que desaparece) no han sido probadas científicamente y por tanto son rechazadas por la medicina convencional. Por último, de lo que la ciencia se aleja por completo o al menos no prueba su eficiencia es sobre los cristales mágicos, la cirugía psíquica, los brazaletes de latón y los curanderos. Todas estas prácticas pueden ayudarle a fortalecer la conexión entre su cuerpo y alma, pero su valor como medicina fiable no se ha establecido.

H Cuando quiera elegir un tratamiento de medicina alternativa, es importante saber qué terapias son eficaces según la enfermedad que tenga. La quiropráctica, por ejemplo, puede aliviarle el dolor de los músculos de la espalda, pero no es efectiva si alguno de los nervios está afectado. La acupuntura alivia el dolor crónico de la artritis, pero no previene el endurecimiento de las arterias. Las terapias alternativas serán efectivas si conoce sus limitaciones.

E *estafa:* trick; **G** *guiadas:* guided; *rechazadas:* rejected; *se aleja:* puts aside; *brazaletes de latón:* brass bracelets

Después de leer

Identificar las ideas principales. Lea rápidamente el artículo y escoja la idea principal correcta.

_______ **1.** La ciencia no ha probado la eficacia de las técnicas alternativas.

_______ **2.** Muchas personas escogerían un tratamiento alternativo si su seguro médico pagara los gastos.

_______ **3.** Hay que saber la eficacia y las limitaciones de la medicina alternativa.

Identificar los detalles importantes. Lea todo el artículo con más cuidado y busque los detalles a continuación.

1. Párrafo B: cuántos norteamericanos buscan un tratamiento alternativo y cuánto gastan
2. Párrafo D: otro nombre para **tratamiento alternativo** y qué significa
3. Párrafo E: las tres cosas que uno debe conocer sobre estos tratamientos
4. Párrafo F: bajo qué circunstancias debe uno tener dudas sobre un tratamiento
5. Párrafo G: lo que dicen los médicos convencionales sobre estos tratamientos alternativos

Y la gramática...

6. En el párrafo A, busque el verbo en el imperfecto del subjuntivo y explique por qué está en ese modo y tiempo.
7. En el párrafo F, busque el mandato formal.
8. En el párrafo H, busque el verbo en el presente del subjuntivo y explique por qué está en ese modo y tiempo.

Crear un esquema. Trabajando con un(a) compañero/a de clase, haga un esquema de las ideas principales y los detalles importantes. Puede usar las cinco ideas que se presentan en *Identificar los detalles importantes.*

Ejemplo:

Ideas principales	Detalles importantes
I. Hay personas que buscan tratamientos alternativos.	cuántas y cuánto gastan
II. El tratamiento alternativo es...	otro nombre
etc.	

Escribir un resumen. Ahora escriba un resumen escrito del artículo con sus propias palabras en español. Use por lo menos cinco expresiones y/o palabras nuevas que acaba de aprender en este artículo. Escriba 8 a 10 oraciones. Incluya sus reacciones a esta selección. Revise el contenido y la gramática con un(a) compañero/a antes de entregarle el resumen al profesor / a la profesora.

¿Qué opina Ud.? Discuta las siguientes preguntas con un grupo de compañeros/as.

1. ¿Qué información aprendió Ud. sobre la medicina alternativa al leer este artículo?
2. ¿Está Ud. convencido/a de la eficacia de estos tratamientos? Explique.
3. Complete las siguientes frases con sus reacciones a la información presentada en el artículo:
   a. Me opongo a que los médicos...
   b. En cuanto a la medicina alternativa, mi médico/a me dijo que...
   c. Según este artículo, es verdad que...
   d. La última vez que estuve enfermo/a, mi médico/a me recomendó que...
4. Haga un lista de cinco recomendaciones que Ud. pueda darle a alguien que piense buscar un tratamiento alternativo. Use los mandatos formales.

ATAJO: Use the computer program to assist you in your writing. Search for the following key words:

Grammar: Verbs: present; Verbs: preterite & imperfect; Verbs: subjunctive agreement

Phrases: Comparing & contrasting; Weighing the evidence

Vocabulary: People; Health: diseases & illnesses; Medicine

Temas para composiciones/conversaciones

1. La ciencia y la medicina alternativa
2. La medicina alternativa como un remedio milagroso: el cuento de lo que me pasó a mí
3. Los remedios caseros: un cuento para los escépticos

¡El gran premio! ¿Puede Ud. hacerlo?

agua bendita: holy, blessed water; *curativas:* healing

En la radio Ud. va a escuchar un informe desde la Argentina sobre el «agua bendita».

Antes de escuchar: Establecer un objetivo

In preparation for listening to this segment, answer the following questions.

1. Have you ever heard of water that cures illnesses? Explain.
2. What information about this water do you expect to hear in this segment?
3. Why might you be interested in hearing about this?
4. Brainstorm a list of Spanish words and expressions you already know that might be heard in this selection.

Después de escuchar

Primer paso: Identificar las ideas principales

Escuche el informe por primera vez y escoja las respuestas correctas.

1. El agua bendita es de
   - **a.** México.
   - **b.** los EE.UU.
   - **c.** la Argentina.
   - **d.** Chile.
2. En cuanto al agua bendita, el gobierno argentino
   - **a.** compró millones de litros del agua para curar enfermedades.
   - **b.** estableció un impuesto de ventas para el agua.
   - **c.** le prohibió a la gente que entrara al país con el agua.
   - **d.** empezó a vender el agua en la Argentina también.
3. Por los anuncios sobre el agua milagrosa,
   - **a.** han aparecido muchos negocios que venden el agua.
   - **b.** ingresan muchos turistas al sitio donde se vende el agua.
   - **c.** han muerto muchas personas que tratan de llevar el agua a sus propios países.
   - **d.** la Iglesia Católica empezó a hacer una investigación sobre el contenido del agua.

Segundo paso: Identificar los detalles importantes

Escuche el informe por segunda vez y complete las siguientes frases en español.

1. Se dice que el agua es bendita; es decir...
2. El agua cuesta $______________ por ______________.
3. Por medio de un análisis que se hizo del agua, se encontró que el agua contenía...
4. Según el gobierno argentino, es peligroso dejar ingresar al país esta agua sin...

Tercer paso: Crear un esquema

Escuche el informe por última vez y haga un esquema que represente las partes importantes del informe.

Escribir un anuncio. Imagínese que Ud. ha creado una medicina milagrosa que puede curar ciertas enfermedades. Diseñe un anuncio sobre esta medicina que se pueda publicar en una revista. Incluya mucha información sobre la medicina: qué forma tiene (líquido, píldoras, pomada, etc.); qué enfermedades cura; dónde se puede comprar; cuánto cuesta; cuántos controles bromatológicos tiene, etc. ¡Haga dibujos también!

¿Qué opina Ud.? Conteste las siguientes preguntas.

1. ¿Piensa Ud. que el agua bendita puede curar algunas enfermedades? Explique.
2. Complete las siguientes frases:
   a. Según el informe, el gobierno argentino le prohibió a la gente que...
   b. A lo mejor el agua bendita...
   c. Por mi parte, creo que...
   d. He oído decir que el gobierno mexicano ahora...
   e. El gobierno mexicano no iba a vender el agua antes de que...
3. ¿Ha escuchado Ud. sobre otras medicinas como ésta que pueden curar enfermedades? Explique.

No sólo sirve para prevenir el escorbuto, para curar infecciones, y para ayudar a prevenir ciertos tipos de cáncer (entre ellos el de mama y el cervical), sino que también bloquea el daño genético que se pueda causar al semen sano, por lo que podría llegar a prevenir defectos congénitos. Ahora bien, aunque aún no se ha determinado, a ciencia cierta, cuál es la dosis de vitamina C necesaria para poder lograrlo, los médicos recomiendan ingerir unos 60 mg al día, ingiriendo unas cinco raciones diarias de frutas y vegetales, ricos en ella...

Alimento	Vitamina C (en miligramos)
Col o repollo crudo, picado (1/2 taza)	17
Tomate (jitomate) crudo (4 oz)	22
Brócoli (brécol) cocido y picado (1/2 taza)	37
Naranja, una pequeña (6 1/2 oz)	70
Fresas (frutillas) (1 taza)	91
Melón (sandía) (la mitad de uno mediano)	113
Pimiento rojo (ají) crudo y picado (1/2 taza)	95

Vocabulario

You should be able to understand and use the following words and expressions. Add other words that you learn or may need to your personal vocabulary list in the ***Cuaderno de práctica.***

Comunicarse con el/la médico/a en su consultorio

Las partes del cuerpo

la cadera *hip*
las cejas *eyebrows*
la cintura *waist*
el codo *elbow*
el corazón *heart*
las costillas *ribs*
las encías *gums*
la frente *forehead*
el hígado *liver*
el hombro *shoulder*
el hueso *bone*
la lengua *tongue*
la mejilla *cheek*
el mentón [la barbilla] *chin*
la muñeca *wrist*
el muslo *thigh*
la pantorrilla *calf*
el pecho *chest*
las pestañas *eyelashes*
los pulmones *lungs*
la rodilla *knee*
el tobillo *ankle*

En el consultorio del médico / de la médica

altura *height*
la cita *appointment*
el grupo sanguíneo *blood type*
el peso *weight*
los síntomas *symptoms*

estar constipado/a *to have a cold (Spain); to be constipated (Latin America)*
estar embarazada/encinta *to be pregnant*
estar estreñido/a *to be constipated (Spain)*
estar exhausto/a *to be exhausted*
estar resfriado/a *to have a cold (Spain & Latin America)*
estornudar *to sneeze*
toser [la tos] *to cough [cough]*
sacarle a uno las amígdalas *to take out one's tonsils*
sacarle a uno el apéndice *to take out one's appendix*
sentirse débil *to feel weak*
sentirse mareado/a *to feel dizzy*
ser alérgico/a al polen *to be allergic to pollen*
ser alérgico/a al polvo *to dust*
ser diabético/a *to be diabetic*
sufrir de escalofríos *to suffer from chills*
sufrir de insomnio *to suffer from insomnia*
tener asma *to have asthma*
tener un ataque al corazón [tener un infarto] *to have a heart attack*
tener bronquitis *to have bron-chitis*
tener buena/mala salud *to be in good/bad health*
tener catarro *to have a cold*
tener diarrea *to have diarrhea*
tener un dolor agudo/intermitente *to have a sharp/intermittent pain*
tener fiebre (de heno) [la fiebre] *to have a fever (hay fever) [fever]*
tener gripe [la gripe] *to have the flu [flu]*
tener glándulas hinchadas *to have swollen glands*
tener hepatitis *to have hepatitis*
tener indigestiones *to have indiges-tion*
tener una infección intestinal/viral *to have an intestinal/viral infection*
tener laringitis *to have laringitis*
tener mononucleosis *to have mono-nucleosis*
tener una nariz tapada *to have a stuffy nose*
tener paperas *to have the mumps*
tener pulmonía *to have pneumonia*
tener rubéola *to have German meas-les*
tener sarampión *to have the measles*
tener sinusitis *to have sinusitis*
tener tos *to have a cough*
tener varicela *to have chicken pox*
tener viruela *to have small pox*
tener vómitos *to be vomiting*

En la sala de emergencia

cortar(se) *to cut (oneself)*
lastimar(se) *to hurt (oneself)*
quemar(se) *to burn (oneself)*
sangrar *to bleed*
torcer(se) [torcido] *to sprain, twist (one's . . .) [sprained, twisted]*
la herida *cut, wound*

Los tratamientos *(Treatments)*

darle un electrocardiograma *to give one an electrocardiagram*
hacerle un análisis de sangre *to do a blood test*
hacerle/quitarle puntos *to put in/take out stitches*
ponerle una inyección *to give one an injection, shot*
sacarle sangre *to draw, take blood*
sacarle una radiografía *to take an x-ray*
operar(le) *to operate (on someone)*
recetarle una medicina *to prescribe medicine*
tomarle la presión sanguínea *to take one's blood pressure*

Lo que recomienda el/la médico/a

los antibióticos *antibiotics*
las gotas *drops*
el jarabe para la tos *cough syrup*
las pastillas *tablets*
las píldoras *pills*
la pomada [crema] *cream*

cuidarse *to take care of oneself*
guardar cama *to stay in bed*

En el consultorio del/de la dentista

la caries *cavity*
el cepillo de dientes *toothbrush*
la corona *crown*
la dentadura postiza *false teeth*
los frenillos *braces*
el hilo dental *dental floss*
la muela del juicio *wisdom tooth*

la novocaína *novocaine*
la pasta dentífrica *toothpaste*
cambiarle el empaste *to replace the filling*
empastarle el diente *to fill the tooth*
sacarle... *to remove, take out...*

En casos de emergencias

la ambulancia *ambulance*
la compañía de seguros *insurance company*
inconsciente *unconscious*
desmayarse *to faint*

Convencer, expresar deseos y dar órdenes

aconsejar *to advise*
aprobar *to approve of*
exigir *to require*
Le agradezco los consejos. *I thank you for the advice.*
mandar *to order, demand*
Ojalá... *If only... I wish/hope... [May Allah grant...]*
oponerse a *to oppose, be opposed to*
prohibir *to prohibit*
recomendar *to recommend*
rogar *to beg*
seguir las recomendaciones *to follow recommendations*
sugerir *to suggest*

¿Necesita repasar un poco?

Saber y conocer

Both *saber* and *conocer* mean **to know** in Spanish, but they are used in different contexts. *Saber* is used to indicate knowledge of factual information, knowledge of something by memory (such as a poem), knowledge of a language, and knowledge of how to do something. *Conocer* is used to indicate acquaintance or familiarity with a person, place, or thing (such as written material or a project).

¿Saben Uds. jugar al tenis? *Do you know how to play tennis?* (knowledge of how to do something)

Conozco a un médico muy bueno. *I know a very good doctor.* (acquaintance with a person)

¿Sabes tú dónde está el hospital? *Do you know where the hospital is?* (factual information)

¿Conoces este hospital? *Are you familiar with this hospital?* (familiarity with a place)

Sé mucho sobre acupuntura. *I know a lot about acupuncture.* (factual information)

Conozco ese libro. *I'm familiar with that book.* (familiarity with a thing)

Los mandatos con *Ud., Uds.* y *nosotros*

In Chapter 3, you learned how to form the present subjunctive. Recall that the present subjunctive is formed by dropping the ***-o*** of the first-person present indicative form and adding the ***-e*** endings for ***-ar*** verbs and the ***-a*** endings for ***-er/-ir*** verbs. Affirmative and negative formal commands *(Ud., Uds.)* use the third-person singular and plural forms of the present subjunctive.

tomar → tome(n)   **Tome(n)** [Ud(s).] estas vitaminas.
beber → beba(n)   **Beba(n)** [Ud(s).] más agua.
dormir → duerma(n)   **No duerma(n)** [Ud(s).] tanto.

As you learned in Chapter 6, object pronouns are attached to affirmative commands and placed immediately before the verb in negative commands.

Llámelo en dos horas.

No se acueste muy tarde.

To express **let's** commands, the phrase ***vamos a*** + infinitive may also be used: ***Vamos a comer*** *ahora.*

To express **let's go,** the indicative form *vamos* is used. The negative command uses the regular command form: *No vayamos.*

The *nosotros* form of the present subjunctive is used to form **let's** commands or suggestions. When the pronoun *nos* of reflexive verbs is added to **affirmative** commands, the ***-s*** of the verb is dropped.

¡Salgamos ahora!

¡Levantémonos temprano!

¡No nos despidamos ahora!

Capítulo 10

¿Qué opina Ud. de...?

Contexto: Las noticias: La sociedad y el medio ambiente

Objetivos funcionales

- conversar sobre el medio ambiente y algunos problemas que enfrenta la sociedad
- hablar sobre lo que dijo otra persona en el pasado
- plantear hipótesis

Objetivos culturales

- leer y discutir sobre el medio ambiente
- intercambiar opiniones sobre la independencia del individuo, *El Gaucho Martín Fierro*

Gramática funcional

- **pero, sino** y **sino que**
- el condicional y el condicional perfecto
- el imperfecto del subjuntivo y el condicional en cláusulas con **si**

Enlace inicial

¡Escuchemos!

Ud. va a escuchar una conversación entre Memo y Roberto en la cual hablan de cómo empezar una campaña de reciclaje.

A. ¿Qué dicen? Ponga una *X* al lado de cada idea que mencionan en la conversación.

_______ **1.** El barrio de Roberto va a empezar una campaña de reciclaje.
_______ **2.** Memo no está acostumbrado a reciclar.
_______ **3.** Se reciclan muchas cosas: los metales, el aluminio, el papel, los periódicos, los vidrios.
_______ **4.** Si alguien no quiere participar en el programa de reciclaje, no tiene que hacerlo.

recogíamos: used to gather, collect; *frascos = botellas; conviene:* is worthwhile

B. ¿Qué opina Ud.? Conteste y discuta las siguientes preguntas con un(a) compañero/a de clase.

1. Según lo que dice Memo, ¿qué pasaría si las personas abusaran del programa de reciclaje? ¿Está Ud. de acuerdo? Explique.
2. Al terminar la conversación, ¿qué piensan Roberto y Memo acerca del reciclaje? ¿Qué piensa Ud. acerca del reciclaje?
3. ¿Tiene su barrio un programa de reciclaje? Explique cómo lo hacen.

¡Leamos! Selección de *El Gaucho Martín Fierro,* por José Hernández

You will read more about this *gaucho* in the *¡LEAMOS MÁS!* section of this chapter.

To prepare for this reading, think about what you know about the North American cowboy.

En este capítulo, Ud. leerá y escuchará selecciones sobre la sociedad: el medio ambiente, el individuo y la sociedad, el gobierno y el voto. La relación entre el individuo y la sociedad es un tema universal en la literatura. Así, el gaucho Martín Fierro es uno de los personajes más interesantes de la literatura y su relación con la sociedad argentina se revela en el poema *El Gaucho Martín Fierro.* Lea la selección de Canto I en la página 287 sobre cómo él llegó a ser gaucho.

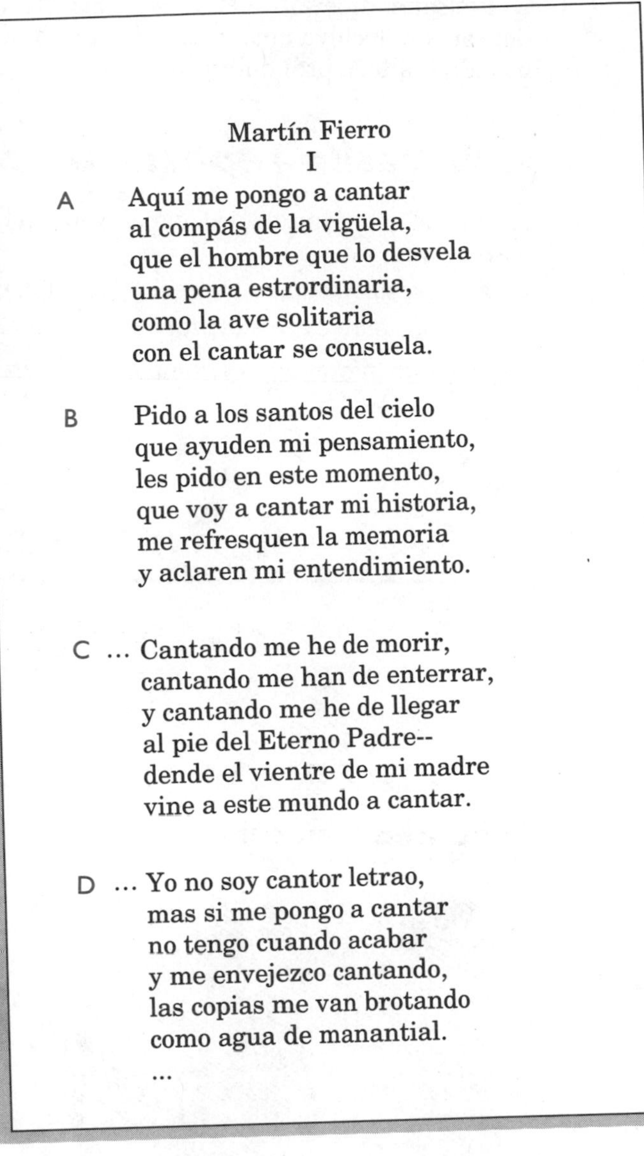

Martín Fierro
I

A Aquí me pongo a cantar
al compás de la vigüela,
que el hombre que lo desvela
una pena estrordinaria,
como la ave solitaria
con el cantar se consuela.

B Pido a los santos del cielo
que ayuden mi pensamiento,
les pido en este momento,
que voy a cantar mi historia,
me refresquen la memoria
y aclaren mi entendimiento.

C ... Cantando me he de morir,
cantando me han de enterrar,
y cantando me he de llegar
al pie del Eterno Padre--
dende el vientre de mi madre
vine a este mundo a cantar.

D ... Yo no soy cantor letrao,
mas si me pongo a cantar
no tengo cuando acabar
y me envejezco cantando,
las copias me van brotando
como agua de manantial.
...

A *vigüela = vihuela = guitarra; desvela:* keeps awake, keeps watch; *estrordinaria = extraordinaria;* **C** *enterrar:* bury; *dende = desde;* **D** *letrao = letrado:* formally educated; *mas = pero; me pongo = empiezo; brotando:* springing up; *manantial:* a spring of water

Mire la lista de palabras que se usan en el poema. Como el *cowboy* norteamericano habla de una manera distinta, el gaucho argentino también tiene su propia manera de hablar. Muchas de las palabras en el poema son diferentes. ¿Cuáles son las diferencias típicas? Ejemplo: $x \rightarrow s$.

A. *El Gaucho Martín Fierro.* Indique si las siguientes oraciones son verdaderas (V) o falsas (F).

_______ **1.** El gaucho toca piano.
_______ **2.** Al gaucho le gusta cantar.
_______ **3.** El gaucho admite que no sabe deletrear bien las palabras y no habla como una persona educada.
_______ **4.** El gaucho compara el canto con una imagen de la naturaleza.

B. Pensamientos sobre el poema. Escriba un resumen acerca de su impresión del gaucho. Incluya una oración compleja de, por lo menos, diez palabras, usando también pronombres relativos y adjetivos.

¿Necesita repasar un poco?

Al final de este capítulo, Ud. encontrará un breve resumen de las siguientes estructuras:

- las frases con **si** para expresar posibilidad en el futuro
- el futuro para expresar probabilidad en el presente o en el futuro

Repase esta información y complete los ejercicios en el ***Cuaderno de práctica.***

VIDEO: Use *Programa 9, Nuestra naturaleza* and *Programa 1, A caballo,* in ***Mosaico cultural*** to add interest to the ecological topics and to the introduction to the lifestyle of the *gauchos* presented in this chapter. Consult the ***Cuaderno de práctica*** for corresponding activities for this segment.

Enlace principal

Cultura en vivo

El gaucho y su cultura

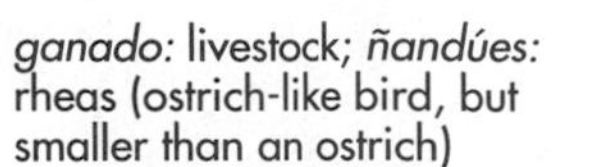

ganado: livestock; *ñandúes:* rheas (ostrich-like bird, but smaller than an ostrich)

Durante la época colonial cuando Argentina y Uruguay eran una colonia de España, había mucho ganado (vacas, toros y caballos) en las pampas. Estos animales habían sido traídos a las Américas por los conquistadores y se multiplicaron rápidamente en esas regiones. En las pampas también había muchos ñandúes, los que eran originarios de la región. Como el trabajo del *cowboy* norteamericano, el trabajo del gaucho era capturar, domar o llevar animales de una estancia a otra. El gaucho recorría grandes distancias y también extendía los límites de la civilización, haciendo posible el desarrollo de pueblos en las fronteras.

filosísimo: extremely sharp

En la foto, Ud. puede ver un **facón,** que era el cuchillo filosísimo que usaba el gaucho tanto para la caza como para partir comida. También puede ver una **rastra,** que era un cinturón de cuero que el gaucho adornaba con monedas. Por medio de este elegante cinturón, se veía quién era el gaucho más exitoso y rico. Los pantalones del gaucho se llamaban **bombachas** y estos pantalones eran muy anchos y cómodos.

El gaucho, como el *cowboy* de los EE.UU. y el **charro** mexicano, es un personaje que atrae nuestra atención como símbolo de libertad, como aventurero, como rebelde, como persona de gran fuerza espiritual y corporal. Pero, en realidad, esta visión es parcial, porque el gaucho también vivió una vida dura, marginal a la sociedad y a veces fue perseguido y malentendido.

La literatura gauchesca de Argentina y Uruguay describe una época en la que esos países buscaban su independencia de España y extendían sus territorios nacionales. En esa época, se necesitaba una figura nacional independiente, audaz y leal, y dicha figura era el gaucho.

1. ¿Dónde vivían y trabajaban los gauchos?
2. ¿Cuáles eran los animales que vivían en esta región?
3. ¿Cuáles eran algunos artículos que usaban los gauchos?
4. Los gauchos todavía viven hoy día. ¿A Ud. le gustaría vivir la vida de un gaucho? ¿Por qué sí o por qué no?

Función 1

Conversar sobre el medio ambiente y algunos problemas que enfrenta la sociedad

Pero, sino y sino que

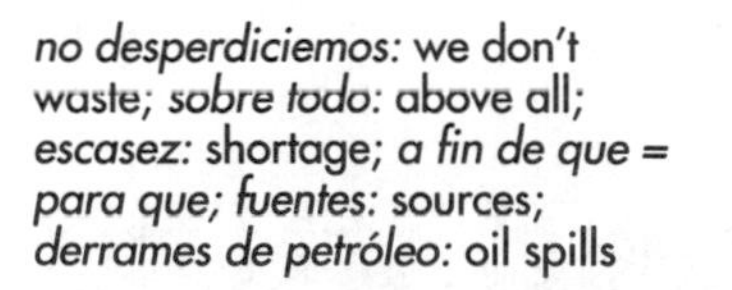
no desperdiciemos: we don't waste; *sobre todo:* above all; *escasez:* shortage; *a fin de que = para que; fuentes:* sources; *derrames de petróleo:* oil spills

El plural de **escasez** es **escaseces.**

te apuesto a que: I bet you that

Para solicitar una opinión, se puede decir...

¿Qué piensa/opina Ud. de... ?

Mire, ¿cree que hay ventajas/desventajas... ?

¿No cree que es verdad?

Te apuesto a que...

No me sorprendería si... (+ *imperfect subjunctive*)

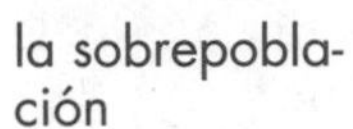

la sobrepoblación

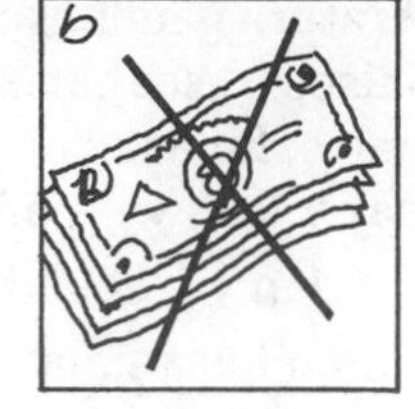

la pobreza

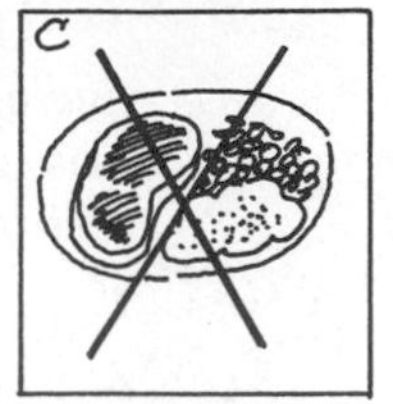
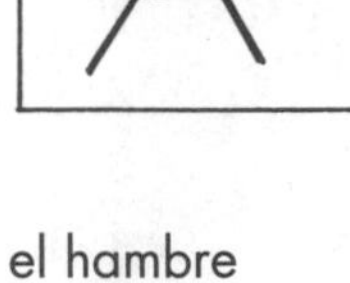

el hambre

estar sin vivienda

las drogas

el desempleo

los impuestos

el crimen

Con un(a) compañero/a de clase, estudie el uso de **pero** y **sino** en la conversación entre Roberto y Maite. ¿Puede describir la diferencia en el uso de estas dos expresiones?

When we express our views, we often use the expressions *pero, sino,* and *sino que* to compare and contrast and to expand upon our ideas. Both *pero* and *sino* mean **but,** although they cannot be used interchangeably.

Pero introduces additional information when there is no direct contradiction between the information given in the two clauses of the sentence. In this case, it means **however** or **on the other hand.** *Pero* is used when the introductory part of the sentence is either affirmative or negative.

El centro de reciclaje de mi barrio recicla papel y vidrio **pero** tenemos que mandar el plástico a otro lugar. *The recycling center of my neighborhood recycles paper and glass,* ***but*** *we have to send plastic to another location.*

A Roberto **no** le gusta reciclar, **pero** debemos convencerlo para que lo haga. *Roberto doesn't like to recycle,* ***but*** *we should convince him to do it.*

Sino is used to contradict the first part of a sentence which is usually negative. In this case, *sino* means **but instead** or **but rather.**

En mi barrio **no** reciclamos el papel **sino** el aluminio. *In my neighborhood we don't recycle paper,* ***but rather*** *aluminum.*

No tenemos el derecho **sino** la obligación de votar. *We don't have the right,* ***but rather*** *the obligation, to vote.*

Sino que is used to connect two contradictory clauses, both of which have conjugated verbs.

No fuimos al parque ayer **sino que asistimos** a una conferencia sobre el medio ambiente. *We didn't go to the park yesterday* ***but instead*** *we attended a lecture about the environment.*

Los candidatos **no hablaron** mucho sobre el desempleo **sino que describieron** sus planes para ayudar a los que están sin vivienda. *The candidates didn't talk a lot about unemployment,* ***but rather*** *described their plans for helping the homeless.*

The English expression **not only . . . but also** is conveyed in Spanish with the expression *no sólo... sino (también) / sino que.*

Hay que evitar **no sólo** los derrames de petróleo **sino también** otras acciones contaminadoras. *We have to avoid* ***not only*** *oil spills* ***but also*** *other actions which cause pollution.*

No sólo habló de la contaminación del medio ambiente **sino que** organizó una manifestación de protesta. *He* ***not only*** *talked about pollution of the environment* ***but also*** *organized a protest demonstration.*

¡Practiquemos!

A. Definiciones. Imagínese que Ud. tiene que explicarle las siguientes palabras a un(a) hispanohablante. ¿Cómo se las explicaría en español?

Modelo: el desempleo
El desempleo se refiere a la escasez de trabajo.

1. el estar sin vivienda
2. los recursos naturales
3. el medio ambiente
4. el reciclaje
5. la crisis de energía
6. el desperdicio de las fuentes de energía
7. la sobrepoblación
8. el costo de la vida

B. Lo que Eliana opina. Eliana habla de sus opiniones sobre el medio ambiente y la política. Complete sus oraciones utilizando **pero, sino** o **sino que.** Se puede usar más de una de estas palabras en algunos casos.

Modelo: no creo que los individuos deban reciclar... las compañías comerciales
No creo que los individuos deban reciclar sino las compañías comerciales.

imprescindible = necesario

1. no me gusta reciclar el plástico... lo hago porque mi barrio lo manda
2. es imprescindible que no sólo mantengamos el medio ambiente limpio... conservemos las fuentes de energía también
3. no es tan importante dar casas a los que están sin vivienda... eliminar el desempleo
4. el próximo domingo mi familia va a ir al parque, pero no vamos allí por diversión... para asistir a una conferencia sobre el reciclaje
5. sugiero que les pongamos una multa financiera a los que causan derrames de petróleo... que sea una multa grande
6. uso muchos aparatos eléctricos... siempre los apago cuando no los necesito

C. Las opiniones: ¿Puede Ud. recordar bien? Con cuatro o cinco compañeros/as de su clase, complete las oraciones a continuación. Cada persona tiene que repetir lo que han dicho las otras personas del grupo y añadir su propia información.

Modelo: No me gusta _____________ sino _____________.
—*No me gusta pagar más impuestos sino ayudar a los que están sin vivienda.*
—*A Mary no le gusta pagar más impuestos sino ayudar a los que están sin vivienda. A mí no me gusta la sobrepoblación sino...*

1. No me gusta _____________ sino _____________.
2. Generalmente prefiero _____________ pero hoy _____________.
3. Mis padres no creen que _____________ sino que _____________.
4. _____________ es importante pero _____________.
5. Normalmente yo no _____________ pero _____________.
6. Mis amigos y yo no pensamos que sea bueno _____________ sino que _____________.

You may wish to review expressions of reaction learned in Chapter 7.

D. ¡Qué va! Cuando hablamos de la responsabilidad cívica, muchas veces no estamos de acuerdo. ¿Cómo responde Ud. a las siguientes opiniones? Use una variedad de expresiones para responder a cada una.

Modelo: Pues, por mi parte, creo que es muy necesario separar la basura para evitar una escasez de los recursos naturales.
¡Separar la basura! ¡Es una locura!

1. Creo que las escuelas tienen la responsabilidad de prevenir el uso de las drogas.
2. Pues, en mi opinión, el gobierno tiene el derecho de controlar el número de hijos en cada familia.
3. Los adultos tienen la responsabilidad de prevenir el desperdicio de los recursos naturales a fin de que sus hijos tengan un futuro mejor.
4. Los que abusan de las drogas tienen que pagar una multa.
5. Si pagamos más impuestos, sobre todo en la gasolina, podemos tener más programas sociales.
6. Prevenir los derrames de petróleo ayudará a proteger el medio ambiente.

E. Una entrevista. Entreviste a un(a) compañero/a de clase sobre sus opiniones en cuanto al medio ambiente y la sociedad. Trate de obtener mucha información. Después de la entrevista, cuéntele a la clase los resultados según el modelo.

Modelo: preocuparse acerca de los derrames de petróleo
Los resultados: A José no le preocupan los derrames de petróleo sino el uso limitado de petróleo y otros recursos naturales. A José le encanta la idea de la energía solar, pero no comprende por qué las compañías comerciales no la investigan.

1. evitar acciones contaminadoras
2. reciclar el vidrio
3. controlar el crimen
4. rebajar los impuestos
5. prevenir la escasez de recursos naturales
6. apagar las luces

F. ¿Qué opinan Uds. de... ? Trabaje con dos o tres compañeros/as de clase. Den sus opiniones sobre los siguientes temas. Después, den una sugerencia que pueda empezar a resolver cada problema. Compartan sus ideas con los otros grupos. ¡No se olviden de usar una variedad de expresiones!

Modelo: el hambre
Creemos que el hambre es un problema muy grave en todo el mundo. Es triste que haya tanta gente sin comida. Le sugerimos al gobierno que le dé más dinero a la gente hambrienta y menos dinero a las fuerzas militares.

1. la contaminación del aire
2. la pobreza
3. el costo de la vida
4. el crimen
5. las drogas
6. el desempleo

Función 2

Hablar sobre lo que dijo otra persona en el pasado

El condicional y el condicional perfecto

En esta función, Ud. va a aprender acerca de las responsabilidades de los ciudadanos en una sociedad. Con un(a) compañero/a de clase, haga una lista de palabras y expresiones que ya saben que tienen que ver con el voto, la democracia, la libertad y los derechos humanos.

Do you remember how you used *inscribirse* in Chapter 1 for registering for academic classes?

A. ¿Qué piensa Ud. del voto?

1. En una democracia, el voto es la oportunidad de elegir a una persona para que te represente.
2. Con el voto, premiamos a los funcionarios que trabajan bien.
3. Uno de los enemigos más grandes del sistema democrático es la apatía de los ciudadanos.
4. Una democracia garantiza los derechos humanos, la libertad de palabra/expresión y la libertad de prensa.
5. Los ciudadanos ejercen su derecho de expresarse por medio de manifestaciones y huelgas.
6. Cualquier persona puede presentar su candidatura.
7. Los candidatos apoyan los intereses de los trabajadores y llevan a cabo varios planes para ellos.
8. Se espera que los funcionarios elegidos realicen muchos logros mientras que estén en el poder.

derecho: right, ¿Cómo se dice *human rights*?

apoyar: support; *llevar a cabo:* carry out; *logros:* accomplishments

En el Capítulo 8, Ud. aprendió las expresiones **Me gustaría..., ¿Podría... ?** y **Preferiría...** ¿Cómo se usaban? Dé algunos ejemplos del Capítulo 8.

The verb form you used in Chapter 8 to express polite requests and invitations is called the **conditional tense.**

¿Podría traerme un café, por favor? ***Could you bring*** *me a coffee please?*

¿Le gustaría acompañarme a un baile? ***Would you like to go to*** *a dance with me?*

En la conversación entre María Alba y Memo, encuentre los dos verbos que están en el tiempo condicional. ¿Puede usar el contexto de la conversación para adivinar lo que significa cada verbo en el condicional?

El condicional

The conditional is formed by adding the following endings to the infinitive:

yo	**-ía**	opinaría
tú	**-ías**	opinarías
él/ella/Ud.	**-ía**	opinaría
nosotros/as	**-íamos**	opinaríamos
vosotros/as	**-íais**	opinaríais
ellos/ellas/Uds.	**-ían**	opinarían

The conditional most often refers to an anticipated event or situation that was to occur after another happening in the past.

It represents the "future time of the past" and corresponds to what **would happen** in the past.

Pensábamos que su candidato **ganaría** las elecciones. *We thought that your candidate **would win** the election.*

Había oído decir que ese funcionario **llevaría a cabo** varios planes para los trabajadores. *I'd heard it said that the government official **would carry out** various plans for the workers.*

This usage of the conditional often occurs in indirect discourse to report what someone said in the past. The main verb of reporting (*decir, contar, informar, anunciar,* etc.) is in a past tense, and the verb in the conditional describes the

The verb stems that are irregular in the future tense are also irregular in the conditional:

poner	**pondr**ía
tener	**tendr**ía
venir	**vendr**ía
salir	**saldr**ía
poder	**podr**ía
querer	**querr**ía
saber	**sabr**ía
haber	**habr**ía
caber	**cabr**ía
decir	**dir**ía
hacer	**har**ía

future event or situation that is still to take place (from the standpoint of the past). Compare the following:

Present: Me dice que **ganará** el candidato hispano. *He tells me that the Hispanic candidate **will** win.*

Past: Me dijo que **ganaría** el candidato hispano. *He told me that the Hispanic candidate **would** win.*

The conditional is also used to:

Compare the use of the conditional for conjecture in the past with the use of the future for conjecture about present or future events. See the *¿NECESITA REPASAR UN POCO?* section of this chapter.

- conjecture or wonder about events in the past

  Graciela no estaba en casa. ¿Dónde **estaría?** *Where **would/could she have been?***

  Estaría en la oficina hasta muy tarde. ***She was probably** at the office until very late.*

- hypothesize about events or situations to occur in the present or future

  No votaríamos por él en ningún caso. ***We wouldn't vote** for him in any case. (now or in the future)*

El condicional perfecto

The conditional perfect is formed with the conditional of *haber (habría, habrías, habría, habríamos, habríais, habrían)* plus the past participle. It is used to describe an event or situation that **would have happened** by a specific point in the past unless something else hadn't intervened.

Sin nuestro apoyo, ese candidato nunca **habría ganado.**

*Without our support, that candidate never **would have won.***

Si hubiera tenido más dinero, él **habría presentado su candidatura.**

*If he'd had more money, he **would have run for office.***

Like the conditional, the conditional perfect can also be used to denote past probability.

Ella **habría aceptado** el puesto sin decírselo a nadie.

***She must have accepted/had probably accepted** the position without telling anyone about it.*

¡Practiquemos!

A. Definiciones. Imagínese que Ud. tiene que explicarle las siguientes palabras a un(a) hispanohablante. ¿Cómo se las explicaría en español?

Modelo: la democracia

Es un sistema de gobierno en el que la gente elige a sus líderes libremente en unas elecciones.

1. la libertad de prensa
2. el registro de votantes
3. el voto
4. la huelga
5. la apatía
6. los derechos humanos
7. los/las ciudadanos/as
8. el/la funcionario/a

Note the way in which this calendar reminds the people of Córdoba, Argentina, when to vote, and to vote for the blue and white candidate (#3). (The ballot has blue and white symbols on it to help non-literate voters find the correct names when voting.)

B. ¿Qué dijeron? Memo y Maite hablan de las elecciones que van a ocurrir la semana que viene. ¿Qué información le da Memo a Maite? Describa qué dijeron durante la conversación, cambiando las oraciones al pasado según el modelo.

Modelo: Dicen que el candidato visitará a todos los ciudadanos.
Dijeron que el candidato visitaría a todos los ciudadanos.

1. Me cuentan que el candidato vendrá a nuestra ciudad.
2. Anuncian que votarán mañana.
3. Dicen que los funcionarios saldrán pronto.
4. Nos informan que tendremos que quedarnos aquí.
5. Dicen que veremos unas manifestaciones.
6. Dicen que anunciarán los resultados en seguida.
7. Nos dicen que perderá nuestro candidato.

C. Las ideas políticas. En política nadie se pone de acuerdo. ¿Cuál es su punto de vista sobre cada opinión política a continuación?

Modelo: El voto es la forma más efectiva de premiar a los funcionarios buenos.
Bueno, puede ser que tengas razón, pero te apuesto a que algunos de los malos funcionarios también llegan a ser elegidos de todos modos.

1. Te equivocas si piensas que los candidatos malos también son premiados.
2. La apatía nos quitará el voto si no lo usamos.
3. No me sorprendería si muchos de nuestros amigos no estuvieran inscritos para votar.
4. Mira, el registro de votantes es imprescindible.
5. Me horroriza que impongan la censura de la prensa en este país.

D. Probablemente... Imagínese que Ud. es periodista y que tiene que escribir un artículo sobre una funcionaria importante de su ciudad. Ud. quiere saber lo que ella hizo ayer. Alguien le dijo que vio a la funcionaria en los siguientes lugares. ¿Qué hacía ella probablemente en cada lugar? Exprese las probabilidades con el condicional.

Modelo: el restaurante
Almorzaría en el restaurante.

1. el almacén
2. la universidad
3. el gimnasio

4. la casa de un amigo
5. el teatro
6. su oficina
7. el aeropuerto

E. **¿Qué haría Ud.?** ¿Qué haría Ud. en las siguientes situaciones? Comparta sus opiniones con otros/as compañeros/as de clase.

1. Ud. acepta una invitación a cenar con un(a) amigo/a. El siguiente día, su profesor(a) invita a su clase de español a cenar, pero la cena es la misma noche.
2. Ud. gana $1,000 en la lotería.
3. Ud. piensa graduarse este semestre/trimestre. Su consejero/a le dice que necesita un crédito más.
4. Ud. sale a cenar con un(a) amigo/a. Al llegar al restaurante, encuentra a su novio/a con otra mujer/otro hombre.
5. El hombre/La mujer ideal le pide a Ud. que se case con él/ella la próxima semana.
6. Ud. tiene una cita importante con un(a) chico/a pero no tiene dinero.
7. Ud. regresa a casa después de ver una película y encuentra que alguien ha robado su dinero, su computadora y el televisor.
8. Su novio/a le dice que quiere salir con otras personas.

F. **Ud., el/la funcionario/a eficaz.** Imagínese que Ud. es el/la mejor funcionario/a que jamás ha existido en el gobierno. Haga una lista de aquellos logros del gobierno que no habrían ocurrido **sin su apoyo,** según el modelo.

Modelo: nosotros / prevenir los derrames de petróleo
Sin mi apoyo, no habríamos prevenido los derrames de petróleo.

1. las familias / separar la basura
2. la gente / reciclar el aluminio, el vidrio y el plástico
3. las compañías grandes / proteger el medio ambiente
4. nosotros, los otros funcionarios / recibir un aumento de sueldo
5. los ciudadanos / tener libertad de expresión
6. el país / evitar una escasez de recursos naturales

7.-8. Ahora, invente otros dos logros que no habrían ocurrido sin su apoyo.

Función 3

Plantear hipótesis

El imperfecto del subjuntivo y el condicional en cláusulas con *si*

En la oración anterior que dice Memo, ¿qué idea representa la cláusula con **si?** ¿Qué forma del verbo se usa en esa cláusula? ¿Y en la cláusula principal?

We can also use the *si* clause to talk about **hypothetical** happenings—things that are contrary-to-fact or unlikely to occur. Compare the utterances of Memo and Maite in the drawing.

¿Cuál es la diferencia en el significado entre lo que dice Memo y lo que dice Maite? ¿Qué forma del verbo se usa en la cláusula con **si?** ¿Y en la cláusula principal?

The *si* clause states the contrary-to-fact condition, while the main clause expresses the hypothetical result. We can express hypothetical conditions and results in present/future time or in past time.

Either clause may appear first in the sentence: *Podrías votar si te inscribieras ahora.* The conditional is never used in the *si* clause.

	Si **clause/**	**Main clause/**	**Meaning**
Present/Future hypothesis	**Imperfect subjunctive**	**Conditional**	
	Si te inscribieras ahora,	*podrías votar.*	If you were to register now, you could vote.
Past hypothesis	**Pluperfect subjunctive**	**Conditional perfect**	
	Si te hubieras inscrito,	*habrías podido votar.*	If you had registered, you could have voted.

Other examples:

- **Present/Future hypothesis**

  Si todos **aceptaran** la responsabilidad de proteger el medio ambiente, **conservaríamos** las fuentes de energía.

  If everyone accepted/were to accept the responsibility to protect the environment, we would conserve energy sources.

- **Past hypothesis**

  Si la gente no **hubiera desperdiciado** los recursos naturales, no **habríamos perdido** tantos árboles.

  If the people hadn't wasted the natural resources, we wouldn't have lost so many trees.

¡Practiquemos!

A. Ud. y las hipótesis. ¿Qué harían las siguientes personas si...? Forme oraciones completas, escogiendo frases del cuadro a continuación.

Modelo: yo: *Si no fuera estudiante, trabajaría y viajaría.*

***Si* clause**	**Main clause**
ser rico/a	buscar empleo
no asistir a la universidad	conocer a mucha gente
no tener que trabajar tanto	estar alegre
hablar más idiomas	ir a un país hispano
poder viajar más	divertirse más
(no) ser casado/a	mudarse a ______
no ser perezoso/a	estudiar más
??	??

1. yo
2. mis padres
3. mi hermano/a
4. mi compañero/a de cuarto
5. mi profesor(a) de español
6. mis amigos y yo
7. ??

B. Ud., el/la furioso/a. Durante una charla televisada de un(a) candidato(a) a gobernador(a), Ud. se pone furioso/a debido a las promesas imposibles que ofrece. Complete sus reacciones a lo que dice el candidato según el modelo.

logro: accomplishment, ¿Cómo se dice *to accomplish?*

Modelo: Yo lograré un aumento de sueldo para cada ciudadano.
Si Ud. fuera el gobernador, el único aumento que lograría sería el suyo.

1. Yo buscaré la paz mundial.
2. Mis colegas y yo recibiremos una rebaja de sueldo.
3. Uds. pagarán menos impuestos.

4. Buscaré más negocios en el extranjero.
5. Nosotros viviremos con tranquilidad.
6. Los países extranjeros verán nuestros logros en el campo de los derechos humanos.

C. Ud., el/la candidato/a. Si Ud. fuera candidato/a a gobernador(a), ¿qué promesas haría? Haga una lista con cinco promesas políticas según el modelo.

Modelo: *Si yo fuera el gobernador, eliminaría los impuestos completamente.*

D. ¿Qué habría hecho Ud.? ¿Qué habría hecho Ud. en las siguientes circunstancias? Comparta sus opiniones con sus compañeros/as de clase. Utilice el condicional perfecto.

Modelo: if you hadn't been accepted to the university you're now attending
Si no me hubieran aceptado en esta universidad, habría hecho otras solicitudes a universidades distintas.

1. if you had failed several courses last semester/trimester
2. if you had needed more money to register for classes last semester/trimester
3. if you had met the ideal mate prior to the start of classes
4. if you had been offered a good full-time job prior to entering the university
5. if you had decided not to go to college
6. if a relative had left you a lot of money last year

E. Tres candidatos. En el país de Tetralandia la gente va a elegir un(a) primer(a) ministro/a democráticamente por primera vez. Hasta ahora, el país ha sido una monarquía que ha mantenido buenas relaciones internacionales, pero los programas domésticos se han descuidado. La gente pide reformas en derechos humanos, impuestos, el presupuesto militar, transporte interno, salud, vivienda y más. Tres candidatos políticos se presentan como candidatos en las elecciones. Imagínese que Ud. habla con un(a) reportero/a sobre el candidato que Ud. apoya en las elecciones de Tetralandia.

Reportero/a:

Find out what kind of candidate the interviewee would consider as ideal for prime minister.

Find out why the interviewee thinks as he/she does.

Informante A, B y C:

Tell the interviewer:

- your prediction about the outcome of the election
- your candidate's view on human rights and problems in society
- your view about the importance of voting

Los candidatos:

Candidato/a:	Professora Libertad Larra	General Raúl Garza	Ingeniero Atelio Contreras
Educación:	doctorado en biología; especialista en selvas y en la producción de hongos como comida	escuela primaria	maestría en arquitectura tropical de los EE.UU.
Experiencia:	profesora; alcaldesa de una ciudad de 2.000 personas; su esposo es presidente del Banco Tetra; tienen un hijo de 5 años de edad	militar muy exitoso; héroe popular; jefe de la Guardia Especial del rey anterior; viudo; su única hija tiene 22 años	arquitecto de más de 35 edificios en varias ciudades del país; padre de familia; soldado condecorado
Sus valores:	programas para proteger el medio ambiente y rebajar los impuestos; programas para mejorar la salud	programas para mantener las buenas relaciones internacionales; programas para mejorar las carreteras y el transporte interno	programas para resolver el problema de la vivienda; programas para construir edificios y para eliminar el desempleo

¡Escuchemos un poco más!

Ud. va a escuchar una breve conversación entre Maite y su padre, el profesor Echeverría, quienes hablan acerca de la importancia del voto.

Antes de escuchar: Establecer un objetivo

In preparation for listening to this segment, answer the following questions.

1. What kinds of things do you think people might say to each other when they discuss voting?
2. What sorts of things can people do about the political situation in their country, city, state, etc.?
3. What do you hope to learn from this conversation?
4. Brainstorm a list of Spanish words and expressions you already know that might be heard in this segment.

Después de escuchar: Identificar las ideas principales y los detalles importantes

Escuche la conversación y conteste las siguientes preguntas.

A. ¿De qué problemas hablan? Ponga una ***X*** al lado de las ideas que se mencionan en la conversación.

_______ **1.** El voto es la oportunidad de elegir a una persona para que te represente.

_______ **2.** Algunas de las personas que elegimos son el gobernador y los representantes.

_______ **3.** El voto garantiza la libertad de prensa.

_______ **4.** Si no hubiera voto, habría apatía social.

_______ **5.** Las manifestaciones son muy violentas.

B. ¿Qué opina Ud.? Escuche la conversación una vez más y charle sobre los siguientes temas.

1. Con un(a) compañero/a de clase, escriba tres oraciones que expresen claramente la opinión de Maite y de su padre sobre la democracia y el voto individual.
2. A veces, un candidato obviamente busca el voto de un grupo de personas, sea por su origen étnico o por sus valores. ¿Qué piensa Ud. de esa práctica?

¡Leamos un poco más! «¡A reciclar la basura!»

Antes de leer: Establecer un objetivo

Read the title and the subtitles, look at the photo, and skim the reading on pages 303 a 304. Then answer the following questions.

1. What does the photo tell you about the article?
2. What kinds of suggestions do you think the author will have?
3. For what audience is this article written? How do you know?
4. Look at the subtitles within the article. What information do you think you will find in each subtitled section?

¡a reciclar!

¡Hola, qué tal! ¿No crees que llegó la hora de ponerle un alto al problema de la basura y entrarle duro a la onda ecologista? ¿Qué cómo está esto? ¡Pues muy fácil! Lo único que hace falta, es aprender a reciclar los desperdicios.

Por Laura Hernandez

A Estamos seguros que una de las cosas que te gustaría cambiar, es el descuido en que actualmente se tiene a la ecología, sobre todo en lo referente al problema de la basura. Para muchos, esta bronca no tiene solución, porque piensan que es imposible dejar de generar basura, cosa que es totalmente faaaaaaalsa. En verdad, la basura puede dejar de ser un problema si apredemos a reciclar los desperdicios tanto en nuestra casa como en la oficina y la escuela. Claro que para ello, se necesita de una buena organización y muchas ganas de ver a ¡México limpio!. y es aquí donde entramos los jóvenens, pues con nuestro entusiasmo y cooperación, vamos a lograr que tanto niños como adultos entren a la onda ecologista y se contagien de nuestras ganas de limpiar a nuestro país. A lo mejor estás pensando que todo ese rollo suena muy fácil, y para nuestra buena suerte, lo es, claro siempre y cuando:

B **¡Dejemos de hacer basura!**

Algunas personas piensan que con entregar sus bolsas de basura al camión recolector, ya terminaron con el problema de la contaminación, pero al contrario, es ahí donde la cosa se pone grave, pues con el hecho de ir a botar un montón de desperdicios a una barranca, enterrarlos a arrojarlos al mar, realmente no estamos solucionando nada. ¿Por qué? Por la simple y sencilla razón dé que la basura no desaparece como por arte de magia, sino que se queda ahí, contaminando y provocando enfermedades. La solución no es pasar los desperdicios de un lado a otro y esperar el momento en el que no tengamos un lugar dónde poner la basura. De lo que se trata, es de NO HACER BASURA, es decir, de separar los desperdicios y posteriormente, reciclarlos, dándole otro uso a este conjunto de materia prima.

A *ponerle un alto:* put a stop to; *entrarle duro:* get enthusiastically into; *onda:* trend, movement; *desperdicios:* trash; *descuido:* lack of care; *bronca = problema; dejar de = cesar de; ganas = deseos;* **B** *se pone grave:* gets worse; *botar:* throw away; *barranca:* gorge, landfill

C **Organiza los desperdicios**

Esto es algo muy sencillo que puedes empezar a hacer en tu casa, es decir, dedica un lugar a cada desperdicio para controlarlos y evitar el problema de la basura. Algo muy práctico es el carrito con varias divisiones como el que te mostramos en la fotografía. Claro, si no consigues algo así, sustitúyelo por pequeños botes en donde separarás la basura orgánica (restos de los alimentos, ramas, hojas y pasto), de la materia inorgánica (vidrio, cartón, papel, plástico y metal). La materia orgánica puede ir junta, pero la inorgánica necesita separarse; si hay desperdicios que no se pueden clasificar, como las envolturas de medicinas que traen metal y plástico a la vez, depositalos en un bote que diga "varios". Es muy importante que laves muy bien todos los frascos, para así guardarlos y que no causen mal olor. Verás que los desperdicios separados son más fáciles de manejar, pues el volumen que ocupan cuando están ordenados, es mucho menor que si los revuelves. Aunque parezca increíble, el 80% del espacio que ocupan los desperdicios revueltos es aire, y si los acomodamos limpios, únicamente necesitarán el 20% de espacio. Otra de las ventajas que se obtiene al clasificar la basura, es que se evitará la contaminación y el mal olor.

D **¿Qué hacer con los desperdicios orgánicos?**

En primer lugar, la materia orgánica no se recicla, sino que se transforma, es decir, si la reintegramos a la tierra, constituye un nutriente para las plantas. Este proceso da como resultado la composta (mezcla de materia orgánica), la cual puedes hacerla tú mismo, ya que es súper fácil. Mira, lo primero que tienes que conseguir, es un bote con hoyos, un cilindro de tela metálica o en último de los casos, recurrir al mexicanísimo huacal, esto con el fin de que haya circulación de aire. Una vez que tienes el recipiente, vierte en éste la materia orgánica de tu jardín y cocina, después cúbrelos con una capa de tierra y, por último, rocíalos con un poco de agua. Repite los pasos las veces que sean necesarios, y después de 40 días, se habrá convertido en humus, un abono magnífico para el jardín de tu casa, los parques y camellones. Como ves, la cosa es súper sencilla, y lo mejor, estás sacando provecho de algo que habías considerado inútil.

E **Los desperdicios inorgánicos**

Desgraciadamente es casi imposible reciclar en casa estos desperdicios; lo que queda por hacer, es juntar todas las latas, papel, cartón y plástico que puedas y regalarlos a una persona para que los venda, así ayudas a una persona y, a la vez, evitas la contaminación. Casi todos los desperdicios son reciclables, con excepción del unicel, por eso es recomendable que uses lo menos posible este material. Con respecto al papel y el cartón, éstos son muy fáciles de reciclar, sobre todo si están limpios y de preferencia, sin arrugar; además, al reciclar el papel, no sólo reducimos la basura, sino también le hacemos un favor a la naturaleza, ya que por cada tonelada de papel y cartón que se procesa, se evita la tala de ¡ 15 árboles! Es cierto que el papel es el material más fácil de reciclar, pero no el único. ¿Sabías que en países como el Japón, reciclan el plástico? ¿No? pues sí; y lo utilizan para fabricar postes de luz o teléfono en sustitución de los de madera. En México, existen molinos que trituran el plástico, y lo ocupan en la producción de otros artículos, claro que este plástico es de menor calidad, aunque lo verdaderamente importante es que se le dé un uso. De igual forma, el vidrio y el metal se vuelven a utilizar si se reciclan en cada fábrica.

F **Organízate con tus vecinos**

Bien dicen que la unión hace la fuerza, lo que es totalmente cierto, y un claro ejemplo de lo que te digo, es lo que está llevando a cabo un grupo de ecologistas voluntarios de Tecamachalco en combinación con sus vecinos. Imagínate, crearon un lugar donde depositan sus desperdicios limpios y separados, para después venderlos a las personas que se dedican a reciclar los diferentes desperdicios. A este lugar le llaman "Centro de Acopio", tiene un horario y sus reglas como las de entregar las cosas limpias y clasificadas. ¿Te das cuenta? El problema de la basura tiene solución si nos organizamos y cooperamos. Si a ti te late la idea de formar un "Centro de Acopio" con tus vecinos, o quieres saber qué más debes hacer para dejar de producir basura en tu casa, llama a los siguientes teléfonos en el D.F.: 251 05 46, 251 38 30 y 876 06 24, donde te pueden echar la mano y resolver tus dudas.

C *pasto:* grass; **D** *hoyos:* holes; *huacal:* large Mexican basket; *vierte [vertir]:* dump, spill; *rocíalos [rociar]:* sprinkle them; *abono:* fertilizer; *sacando provecho:* taking advantage of; **E** *unicel:* a product that is not recyclable; *la tala:* felling, cutting down; *trituran:* grind; **F** *acopio:* gathering, collecting; *te late:* appeals to you

Después de leer: Identificar las ideas principales y los detalles importantes

A. ¿Comprendió Ud.? Conteste las siguientes preguntas.

1. Párrafo A: ¿Para quiénes escribe la autora su artículo? ¿Cuál es el tono del artículo?
2. Párrafo A: ¿Por qué motivo deben los jóvenes participar en esta **«onda»** ecologista?
3. Párrafo B: ¿Cómo podemos dejar de hacer basura?
4. Párrafo C: ¿Cómo puede Ud. organizar los desperdicios?
5. Párrafo D: ¿Cómo se saca provecho de los desperdicios orgánicos?
6. Párrafo E: ¿Cuál es la materia más fácil de reciclar?
7. Párrafo E: ¿Qué información incluye el artículo sobre el reciclaje en otros países?
8. Párrafo F: ¿Cómo se puede organizar su barrio?

B. ¿Qué opina Ud.? Discuta las siguientes preguntas con un grupo de compañeros/as de clase.

1. ¿Qué ha aprendido sobre el reciclaje al leer el artículo?
2. ¿Es posible no hacer basura?
3. Ud. como líder joven, ¿está convencido/a que el reciclaje es una buena idea? ¿Por qué? ¿Qué ideas tiene Ud. para entrarle en la onda ecologista?

C. Su carpeta personal: Sus opiniones. ¿Cómo respondería Ud. a la siguiente opinión? Yo creo que el reciclaje es nada más que una manera de aumentar los gastos para los ciudadanos—tenemos que comprar botes para separar la basura, tenemos que usar nuestra gasolina para llevar los desperdicios a otro lugar, tenemos que usar nuestras energías para hacer la composta y después ¿quién se gana el dinero que se saca de la venta de los productos reciclados? Le aseguro que no es el ciudadano el que lo recibe. Escriba una composición de dos o tres párrafos e inclúyala en su carpeta personal.

Enlace de todo

Para hacer esta sección, recuerde la gramática de repaso y la gramática funcional de este capítulo: las frases con **si** para expresar posibilidad en el futuro; el futuro para expresar probabilidad en el presente o en el futuro; **pero, sino** y **sino que;** el condicional y el condicional perfecto; el imperfecto del subjuntivo y el condicional en cláusulas con **si.** También es buena idea repasar el vocabulario presentado en este capítulo antes de empezar.

¡Imaginemos!

A. Dramatizaciones. Prepare las siguientes dramatizaciones según las instrucciones.

1. Ud. está de visita en México. En una fiesta, conoce a un funcionario del gobierno. Háblele y averigue:
   - cómo llegó a ser lo que es
   - lo que hace en el gobierno
   - qué piensa sobre el gobierno
   - qué cambiaría si pudiera

   Con un(a) compañero/a de clase, presente la conversación con este funcionario.
2. Imagínese que Ud. es presidente/a de la organización estudiantil de su universidad. Con otros dos oficiales de su gobierno estudiantil (sea el/la vicepresidente/a, el/la secretario/a, el/la tesorero/a), que son sus compañeros/as de clase, Ud. está planeando las próximas elecciones. Hagan una lista con los temas de interés para los estudiantes de su universidad. Para cada tema, preséntenle a la clase dos puntos de vista. Determinen cuál punto de vista es el más popular para cada tema.

Modelo: las fechas para los exámenes finales
Punto de vista A: *Muchos estudiantes prefieren tomar los exámenes finales durante la última semana de clases.*
Punto de vista B: *Muchos estudiantes prefieren tener una semana para estudiar antes de tomar los exámenes finales.*

Algunos hispanos famosos son: Oscar de la Renta, Jaime Olmos, Gloria Estefan, el Rey Juan Carlos, el ciclista Raúl Alcalá, la Reina Sofía, una persona imaginaria (como Don Quijote de la Mancha, Lazarillo de Tormes, Martín Fierro, Tita [en *Como agua para chocolate*]).

3. Con un(a) compañero/a de clase, presente una entrevista con un(a) hispano/a famoso/a. Incluyan preguntas como ¿Si pudiera, qué haría para mejorar el mundo? y/o ¿Qué profesión habría escogido si no hubiera sido lo que es?

B. ¿Y en su opinión? Las dos mujeres de las fotos respondieron a la pregunta, «¿A cuál de los problemas que aquejan al pueblo puertorriqueño debe darle prioridad el gobernador?» Si alguien le hiciera la misma pregunta a Ud. sobre la situación en su propio estado, ¿cómo respondería?

Laura Cruz, maestra: El problema de salud, principalmente. Hay muchas personas que no tienen planes médicos o que no trabajan y, sinceramente, los servicios que se están ofreciendo son bastante deficientes.

Mayra López, estudiante UPR: La prioridad debe ser la reforma educativa porque el futuro de nuestro país está en manos de los estudiantes. Si la educación sigue como está, el futuro irá declinando en vez de mejorar.

C. Uds. son líderes. Con dos o tres compañeros/as de clase, describan lo que harían si fueran líderes de un país imaginario. Consideren los siguientes asuntos:

- ¿Cómo se llamaría su país?
- ¿Qué sistema político impondrían?
- ¿Qué papel tendrían los ciudadanos en su gobierno?

- ¿Qué importancia le darían Uds. a la defensa militar?
- ¿Qué sistema económico habría?
- ¿Qué harían para prevenir la sobrepoblación? ¿La pobreza? ¿El desempleo?

Ahora, compartan sus ideas con otros en la clase.

D. Una carrera como vaquero/a, gaucho/a o *cowboy/cowgirl*. Hágale una entrevista a un(a) compañero/a de clase que es gaucho/a o *cowboy/cowgirl* imaginario/a. Hágale preguntas como las de la entrevista en el ejercicio A, número 3.

¡Leamos más! Selección de *El Gaucho Martín Fierro,* por José Hernández

Antes de leer: Establecer un objetivo

En la sección *¡LEAMOS!* de este capítulo, Ud. leyó una selección del poema épico *Martín Fierro.* En ésa, Ud. aprendió acerca de las características del gaucho. En la siguiente selección de Canto III, Ud. aprenderá sobre cómo llegó a ser gaucho Martín Fierro y sobre algunas de sus reacciones. También aprenderá algo sobre la situación social en la Argentina durante la época de la expansión de su frontera.

In preparation for reading this poem, look again at the photo of the *gaucho* on page 288, and quickly scan the verses.

1. What sequence of events do you think might be presented in this part of the poem?
2. What do you hope to learn from reading this poem?
3. Brainstorm a list of Spanish words and expressions that you might find in this poem.

In the *¡LEAMOS!* section of this chapter, you explored some of the ways North American cowboys and *gauchos* transformed words. Think also about the writings of Mark Twain and Flannery O'Connor that you may have studied in your English classes. Society in general places high value on correct standard usage of language, relating it to intelligence and to social status. What relationship can you find between the language of, for instance, Tom Sawyer and Jim and their intelligence? Their social status? Authors often point out the unique intellectual capacity of their characters despite the way these characters may use language.

Here are some words the *gauchos* transformed in the selection on page 308. Can you identify other common changes?

sosegao = *sosegado* = *contento*
lao = *lado:* side
puntiao = *puntiado* = *borracho*
acoyarao = *acoyarado* = *capturado*
virtiente = *vertiente:* water spout
juyeron = *huyeron*
juir = *huir*
agenas = *ajenas:* belonging to another *(culpas agenas* = *por culpa de otra persona)*
esposición = *oposición* (Aquí el autor deforma la palabra para crear humor y para expresar ignorancia por parte de Fierro.)
güenas = *buenas*

pa = *para*
güeltas = *vueltas*
enderesé = *enderecé:* went straight

En esta selección, hay muchas palabras que se relacionan al trabajo del gaucho y a los lugares donde vive y trabaja. Lea la siguiente lista para familiarizarse con algunas de las palabras que usa Fierro.

A *tapera* = *rancho abandonado;* **C** *pulperías* = *bares;* **D** *arriada en montón:* big ruckus (carries the connotation of driving animals with a whip); **E** *matreros* = *astutos; manso* = *tranquilo* (often refers to manageable, trained animals); **F** *arreo* = *arriada:* roundup; **G** *sangiador* = *una persona que hace zanjas* (ditches, used as boundaries on the frontier); *Inca-la-perra:* some unspecified place in Peru; **H** *arriada de mi flor* = *excelentísima arriada;* **M** *moro de número:* black horse with splashes of white hair; *matucho* = *caballo; Ayacucho:* a nearby town where races had been held; *pingo* = *caballo; fiarle un pucho:* to trust; *china* = *esposa;* **N, Ñ** *gergas (jergas), guasca, bozal, maniador, cabresto, lazo, bolas, manea* = *artículos que usa el gaucho en su caballo*

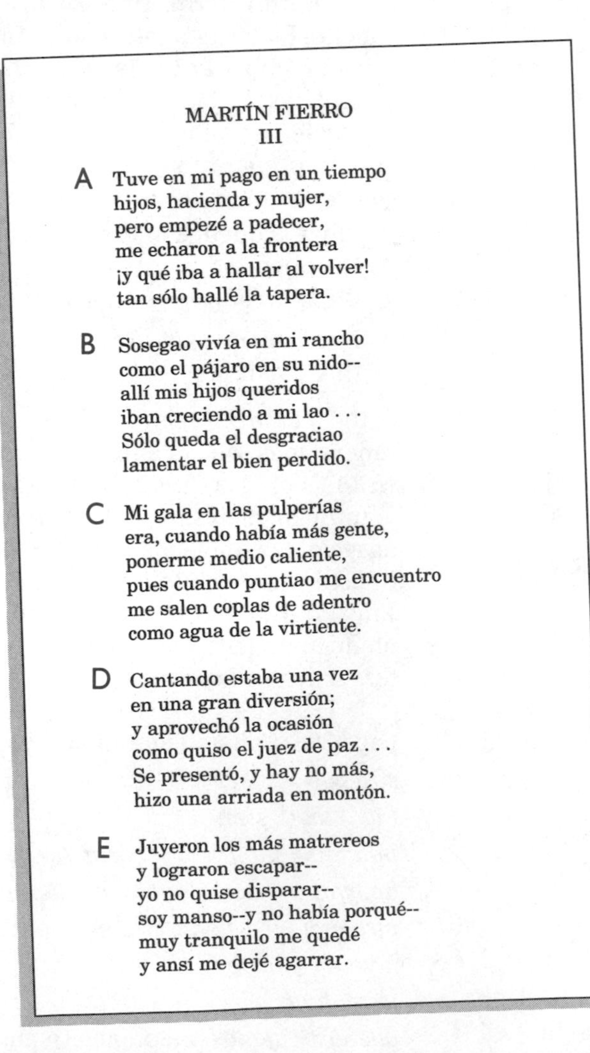
MARTÍN FIERRO
III

A Tuve en mi pago en un tiempo
hijos, hacienda y mujer,
pero empezé a padecer,
me echaron a la frontera
¡y qué iba a hallar al volver!
tan sólo hallé la tapera.

B Sosegao vivía en mi rancho
como el pájaro en su nido--
allí mis hijos queridos
iban creciendo a mi lao . . .
Sólo queda el desgraciao
lamentar el bien perdido.

C Mi gala en las pulperías
era, cuando había más gente,
ponerme medio caliente,
pues cuando puntiao me encuentro
me salen coplas de adentro
como agua de la virtiente.

D Cantando estaba una vez
en una gran diversión;
y aprovechó la ocasión
como quiso el juez de paz . . .
Se presentó, y hay no más,
hizo una arriada en montón.

E Juyeron los más matrereos
y lograron escapar--
yo no quise disparar--
soy manso--y no había porqué--
muy tranquilo me quedé
y ansí me dejé agarrar.

Recuerde que **lograr** significa *to accomplish.*

A *padecer* = *sufrir; hallar* = *encontrar;* **C** *medio caliente* = *medio borracho; coplas* = *versos, poesía;* **E** *disparar:* to shoot; *me dejé agarrar:* I let myself be caught

Pulpa es una bebida alcohólica, hecha originalmente por los indios quechuas; una **pulpería,** entonces, es un lugar donde se sirve pulpa.

F Allí un gringo con un órgano
y una mona que bailaba
haciéndonos reír estaba
cuando le tocó el arreo--
¡Tan grande el gringo y tan feo!
lo viera cómo lloraba.

G Hasta un inglés sangiador,
que decía en la última guerra
que él era de Inca-la-perra
y que no quería servir,
tuvo también que juir
a guarecerse en la sierra.

H Ni los mirones salvaron
de esa arriada de mi flor--
fue acoyarao el cantor
con el gringo de la mona--
a uno solo, por favor,
logró salvar la patrona.

I Formaron un contingente
con los que en el baile arriaron--
con otros nos mesturaron
que habían agarrao tambíen--.
Las cosas que aquí se ven
ni los diablos las pensaron.

J A mí el juez me tomó entre ojos
en la última votación--
me le había hecho el remolón
y no me arrimé ese día;
y él dijo que yo servía
a los de la esposición.

K Y ansí sufrí ese castigo
tal vez por culpas agenas--
que sean malas o sean güenas
las listas, siempre me escondo--
yo soy un gaucho redondo
y esas cosas no me enllenan.

L Al mandarnos nos hicieron
más promesas que a un altar--.
El juez nos jué a proclamar
y nos dijo muchas veces:
"Muchachos, a los seis meses
los van a ir a revelar."

M Yo llevé un moro de número
¡ sobresaliente el matucho!
con él gané en Ayacucho
más plata que agua bendita--.
Siempre el gaucho necesita
un pingo pa fiarle un pucho--.

Recuerde que **prendas = ropa.**

N Y cargué sin dar más güeltas
con las prendas que tenía,
gergas, poncho, cuanto había
en casa, tuito lo alcé--
a mi china la dejé
media desnuda ese día.

Ñ No me faltaba una guasca,
esa ocasión eché el resto:
bozal, maniador, cabresto,
lazo, bolas y manea . . .
¡El que hoy tan pobre me vea
tal vez no crerá todo esto!

O Ansí en mi moro escarciando
enderesé a la frontera;
¡Aparcero! si usté viera
lo que se llama cantón . . .
Ni envidia tengo al ratón
en aquella ratonera--

F *gringo:* extranjero; **G** *guarecerse:* shelter himself; **I** *nos mesturaron:* mixed us up; **J** *remolón = perezoso; no me arrimé:* didn't show up, didn't put myself on his (the judge's) side; **O** *escarciando:* circling on horseback; *aparcero = amigo; envidia = celos; ratonera = donde viven los ratones*

Después de leer

Identificar las ideas principales. Lea rápidamente el poema y escriba las letras apropiadas de las estrofas al lado de la oración relacionada. En algunos casos, puede haber más de una estrofa.

_______ **1.** Describe(n) las otras personas en la pulpería que fueron capturadas.

_______ **2.** Explica(n) lo que a Fierro le gusta hacer para divertirse en las pulperías.

_______ **3.** Indica(n) que Fierro era contento y tuvo una hacienda y una familia.

_______ **4.** Describe(n) lo que Fierro lleva consigo cuando lo envían al fortín en la frontera.

_______ **5.** Explica(n) por qué agarraron (capturaron) a Fierro.

_______ **6.** Describe(n) como se siente Fierro al llegar a esa «ratonera».

Identificar los detalles importantes. Lea todo el poema con más cuidado y busque los detalles a continuación.

1. Verso A: En seis líneas, Fierro nos explica lo que le pasó y lo que nos va a cantar. Explique con sus propias palabras lo que le pasó.

2. En este poema, hay muchas connotaciones de palabras que se usan en sentido figurado. Por ejemplo, **una arriada** se refiere a la recolección de ganado para llevarse al mercado, pero aquí Fierro usa la palabra para describir lo que el juez hizo con las personas en la pulpería. Dé una explicación parecida para las siguientes palabras.

Verso E: **manso**

Verso J: **remolón**

3. Versos F hasta I: Haga una lista de las diversas personas o clases de personas que estaban en la pulpería.

4. Verso K: A pesar de sufrir un castigo por culpa de otra persona, ¿cómo reacciona Fierro?

5. Verso L: ¿Qué dos indicaciones nos dicen que el juez les hizo muchas promesas a los prisioneros?

Y el vocabulario...

6. Verso F: Encuentre la palabra que significa *you should have seen.*

7. Verso K: Encuentre la palabra que es sinónimo de **preocupan.**

Crear un esquema. Trabajando con un(a) compañero/a de clase, haga un esquema con las ideas principales y los detalles importantes. Puede usar las ideas que se presentan en *Identificar los detalles importantes.*

Ejemplo:

Ideas principales	**Detalles importantes**
1. lo que le pasó	
2. lo que hacía para divertirse	
3. su posición en la sociedad antes de la arriada	
4. las condiciones en las que iba a tener que vivir	
5. la relación entre Fierro y la sociedad	
6. ??	

Escribir un resumen. Ahora escriba un resumen del poema con sus propias palabras en español. Use por lo menos cinco expresiones y/o palabras nuevas que acaba de aprender en esta selección. Escriba 10 a 12 oraciones. Incluya sus reacciones al poema. Revise el contenido y la gramática con un(a) compañero/a antes de entregarle el resumen al profesor / a la profesora.

Revise la selección presentada en la sección *¡LEAMOS!* de este capítulo.

¿Qué opina Ud.? Hable de las siguientes preguntas con un grupo de compañeros/as.

1. ¿Qué aprendió Ud. sobre el gaucho al leer Canto III?
2. ¿Qué cree Ud. que es **un gaucho redondo** (Verso K)?
3. Complete las siguientes oraciones con sus reacciones:
   a. Me gustaría ser gaucho porque...
   b. Creo que la rebeldía del gaucho es necesaria porque...
   c. En cuanto al voto del gaucho y el voto de varios grupos étnicos, creo que...
   d. Yo creo que el gaucho reacciona así porque...
4. Reaccione a la siguiente oración: En las fronteras, las condiciones son tan difíciles que los hombres que sobreviven pueden portarse *(behave)* como quieran.

ATAJO: Use the computer program to assist you in your writing. Search for the following key words:

Grammar: Verbs: if-clauses *si;* Verbs: compound tenses usage; Verbs: compound tenses

Phrases: Expressing an opinion; Expressing conditions; Persuading; Writing about characters

Vocabulary: Continents; Countries; Dreams and aspirations; Geography

Little is revealed in Argentine literature about *gauchas.* The role of the woman in this poem is that of the wife, girlfriend, or significant other who remains behind at the homestead; or the woman in the *pulpería* who is the object of flirtatious sexual encounters. Perhaps you would like to investigate other sources to identify a woman or women who took on the same role as the men in herding livestock and settling new territories. Ask your instructor to identify some sources you could use to start your investigation.

Temas para composiciones/conversaciones

En estas composiciones/conversaciones, trate de usar lo que aprendió en este capítulo sobre cómo plantear una hipótesis.

1. La relación personal y social entre Fierro y el juez
2. La relación entre el hombre y el medio ambiente en las fronteras
3. El individualismo y la sociedad
4. La gaucha

¡El gran premio! ¿Puede Ud. hacerlo?

En este capítulo, Ud. ha leído algunas partes del poema *El Gaucho Martín Fierro.* Ahora Ud. va a escuchar una entrevista en la radio en Argentina con un verdadero gaucho, quien es el Presidente de la Confederación Gaucha Argentina.

Antes de escuchar: Establecer un objetivo

In preparation for listening to this segment, answer the following questions.

1. What is your idea of who a *gaucho* is, what he looks like, and how he lives?
2. Do you think the lifestyle of the *gaucho* is a romantic idea of the past or a modern-day reality?
3. What do you think might be the political importance of a group of people like the *gauchos?*
4. Brainstorm a list of Spanish words and expressions you already know that might be heard in this selection.

Después de escuchar

Primer paso: Identificar las ideas principales

Escuche la entrevista por primera vez y escoja las respuestas correctas.

1. El gaucho entrevistado se llama
   - **a.** Martín Fierro.
   - **b.** Juan José Güiraldes.
   - **c.** José Hernández.
   - **d.** El Cisco Kid.
2. En la entrevista, se habla de todas las siguientes ideas menos
   - **a.** del tratamiento que les daban los gauchos a los caballos.
   - **b.** de cómo los candidatos politizan al gaucho buscando su voto.
   - **c.** de la literatura gauchesca.
   - **d.** del trabajo de José Hernández como periodista.
3. A Martín Fierro lo llevaron al fortín como prisionero porque
   - **a.** no votó en las elecciones.
   - **b.** mató a una persona.
   - **c.** peleó con el moreno.
   - **d.** robó unos caballos.
4. En la Argentina, la población de ganado vacuno *(cattle)* requiere
   - **a.** ciento cincuenta mil gauchos.
   - **b.** treinta y tres millones de gauchos.
   - **c.** cincuenta y tres millones de gauchos.
   - **d.** cincuenta mil gauchos.

Segundo paso: Identificar los detalles importantes

Escuche la entrevista por segunda vez y complete las siguientes oraciones en español.

1. El verdadero gaucho...
2. Pensar que ha existido alguien exactamente como Martín Fierro es...
3. Justamente porque lo consideran no un híbrido sino un apolítico, un ni rico, ni pobre, ni pasado, ni presente, ni radical, ni conservador, es así, una...
4. Fue la rebeldía la que hizo posible que...
5. ¿Con qué categoría de la columna A se relaciona cada oración de la entrevista de la columna B? Ponga la letra de cada oración al lado de la categoría correspondiente.

Columna A	Columna B
______ **1.** El Cisco Kid	**a.** El único tipo humano ante el cual todo el mundo aplaude y todo el mundo se emociona es el gaucho.
______ **2.** Martín Fierro	**b.** En casi todas las figuras importantes de la... de la literatura mundial, hay siempre una mezcla de mito y realidad.
______ **3.** El gaucho como figura literaria	**c.** Y usted dice entonces, ahora, que el gaucho, ese último símbolo que nos queda, está siendo, de algún modo mancillado por estas caballadas políticas, y a usted no le gusta que lo politicen...
______ **4.** El gaucho como símbolo argentino	**d.** El chico pegó el grito «de hoy en adelante yo seré justicia en Tejas».

Tercer paso: Crear un esquema

Escuche la entrevista por última vez y haga un esquema que represente las varias selecciones del poema de José Hernández. También escriba un resumen corto que explique por qué Güiraldes seleccionó esta parte del poema.

Selección del poema o de las palabras de Güiraldes	¿Por qué se usa esta selección?
Siempre corta por lo blando el que busca lo siguro, más yo corto por lo duro y ansí he de seguir cortando.	
Ansí pagué ese castigo quizás por culpas agenas— que sean malas o sean güenas las listas, siempre me escondo— yo soy un gaucho redondo y esas cosas no me enllenan.	
El pampa educa al caballo como para un entrevero, como luces de ligero en cuanto el indio lo toque, y como trompo en la boca da vuelta sobre de un cuero.	

Escribir un anuncio. Imagínese que Ud. es miembro de la Confederación Gaucha Argentina y Uds. quieren producir publicidad positiva para aumentar el interés y el entendimiento entre los gauchos y la sociedad en general. Cree un anuncio (con dibujos y/o diseños) que dé información sobre los gauchos de hoy en día.

¿Qué opina Ud.? Conteste las siguientes preguntas.

1. Güiraldes dice que el gaucho es el arquetipo nacional. Según Güiraldes, hay treinta y tres millones de gauchos. Luego dice que el cuido del ganado vacuno del país requiere cincuenta mil gauchos. Esto indica dos cosas importantes: que todavía existen gauchos que trabajan hoy en día; y que hay muchas personas que se ven como gauchos porque es un símbolo de su nacionalidad. ¿Piensa Ud. que el símbolo nacional de la Argentina es el gaucho? ¿Cree Ud. que los argentinos piensan lo mismo que Güiraldes?
2. Piensa Ud. que el *cowboy* estadounidense es el símbolo nacional de los Estados Unidos?
3. ¿Qué piensa Ud. de la práctica de los candidatos políticos que buscan el voto gaucho? ¿Está bien buscar el voto de un grupo étnico o ideológico?
4. El siguiente es otra estrofa del poema que Güiraldes no usó en su entrevista. Si Ud. fuera Güiraldes, ¿lo usaría? ¿Cómo y por qué?

   El nada gana en la paz
   y es el primero en la guerra—
   no lo perdonan si yerra,
   que no saben perdonar—
   porque el gaucho en esta tierra
   sólo sirve pa votar.

Vocabulario

You should be able to understand and use the following words and expressions. Add other words that you learn or may need to your personal vocabulary list in the ***Cuaderno de práctica.***

Conversar sobre el medio ambiente y algunos problemas que enfrenta la sociedad

el aluminio *aluminum*
el derrame de petróleo *oil spill*
la escasez [*pl.* las escaseces] *shortage*
las fuentes de energía *sources of energy*
el medio ambiente *environment*
los recursos naturales *natural resources*
el vidrio *glass*

apagar *to turn off (lights)*
conservar *to conserve*
contaminar [contaminado] *to pollute [polluted]*
desperdiciar *to waste*
Es imprescindible que... *It's necessary that...*
evitar *to avoid*
prevenir *to prevent*
reciclar [el reciclaje] *to recycle [recycling]*
sobrevivir *to survive*

a fin de que *so that*
sobre todo *above all*

Para solicitar una opinión, se puede decir...

¿No cree que es verdad? *Don't you think it's true?*
No me sorprendería si... *It wouldn't surprise me if . . .*
Mire, ¿cree que hay ventajas/ desventajas? *Look, do you think there are advantages/ disadvantages?*
¿Qué piensa/opina Ud. de... ? *What do you think about . . . ?*
Te apuesto a que... *I'll bet (you) that . . .*

Los problemas que enfrenta la sociedad

el costo de la vida *cost of living*
el crimen *crime*
el desempleo *unemployment*
las drogas *drugs*
estar sin vivienda *homelessness*
el hambre *f.* *hunger*
los impuestos *taxes*
la pobreza *poverty*
la sobrepoblación *overpopulation*
no sólo... sino (también) / sino que *not only . . . but (also)*
pero *but*
sino (que) *but rather, but instead*

Hablar de lo que dijo otra persona en el pasado

la apatía *apathy*
el/la ciudadano/a *citizen*
la democracia *democracy*
los derechos humanos *human rights*
el/la funcionario/a *civil servant, government official*
la libertad de palabra/expresión *freedom of speech/expression*
la libertad de prensa *freedom of the press*
el logro *achievement*
la papeleta *ballot*
el registro de votantes *voter registration*

apoyar *to support*
ejercer *to exercise (a right)*
elegir *to elect*
garantizar *to guarantee*
inscribirse [estar inscrito/a] *to sign up, register (to vote) [to be registered]*
llevar a cabo *to carry out*
premiar *to reward*
presentar su candidatura *to run for office*
realizar *to fulfill, accomplish*
por medio de *by means of*

¿Necesita repasar un poco?

Las oraciones con *si* para expresar posibilidad en el futuro

Present or future possibility can be expressed in sentences with *si* (if) clauses. The *si* clause states the condition under which a future event might happen, while the main clause describes the possible result.

Ir + *a* + infinitive can also be used in the main clause: *Si no reciclas, vas a recibir una multa.*

The future is **never** used in the *si* clause.

***Si* clause/Present indicative**	**Main clause/ Present indicative or future**	**Meaning**
Si no reciclas,	*recibes / recibirás una multa.*	If you don't recycle, you'll receive a fine.
Si vas a la manifestación,	*apoyas / apoyarás a los estudiantes.*	If you go to the demonstration, you'll support the students.

El futuro para expresar probabilidad en el presente o en el futuro

To express probability or speculation about a present or future event/condition, use the future tense.

¿Dónde está el profesor Echeverría? *Where is Professor Echeverría?*

Estará en clase. *He must be/He's probably in class.*

Alguien toca a la puerta. ¿Quién **será?** *Someone is knocking at the door. Who might it be?/I wonder who it is?*

Apéndice

Vocabulario básico

EL ALFABETO

Letter	*Name of letter*
a	a
b	be, be grande
c	ce
ch	che
d	de
e	e
f	efe
g	ge
h	hache
i	i
j	jota
k	ca
l	ele
ll	elle
m	eme
n	ene
ñ	eñe
o	o
p	pe
q	cu
r	ere
rr	erre
s	ese
t	te
u	u
v	ve chica, uve
w	doble ve, uve doble
x	equis
y	i griega
z	zeta

LOS DÍAS DE LA SEMANA

lunes *Monday*
martes *Tuesday*
miércoles *Wednesday*
jueves *Thursday*
viernes *Friday*
sábado *Saturday*
domingo *Sunday*

Days of the week are not capitalized.

Hoy es jueves. *Today is Thursday.*
el lunes *on Monday*
los lunes *on Mondays*

LOS MESES DEL AÑO

enero *January*	**julio** *July*
febrero *February*	**agosto** *August*
marzo *March*	**septiembre** *September*
abril *April*	**octubre** *October*
mayo *May*	**noviembre** *November*
junio *June*	**diciembre** *December*

Months of the year are not capitalized.

LAS FECHAS

¿Qué fecha es hoy? *What's today's date?*

Use the ordinal number *primero* for the first day of the month and cardinal numbers thereafter. The article *el* always precedes the number.

Hoy es *el primero de* octubre *de* 1996. *Today is October 1, 1996.*
Es *el cinco de* mayo. *It's May 5.*

EL TIEMPO

¿Qué tiempo hace hoy?	*What's the weather like today?*
Hace (muy) buen / mal tiempo.	*It's (very) nice / bad weather.*
Hace (mucho) calor / frío.	*It's (very) hot / cold.*
Hace fresco.	*It's cool.*
Hace (mucho) sol.	*It's (very) sunny.*
Hace (mucho) viento.	*It's (very) windy.*
Llueve. llover / la lluvia	*It's raining. to rain / rain*
Llovizna. lloviznar / la llovizna	*It's drizzling. to drizzle / drizzle*
Nieva. nevar / la nieve	*It's snowing. to snow / snow*
Está despejado.	*It's clear.*
Está nublado.	*It's cloudy.*
Está soleado.	*It's sunny.*
el cielo	*sky*
las nubes	*clouds*
la neblina	*fog*
la tormenta	*storm*
los truenos	*thunder*
los relámpagos	*lightning*
¿A cuánto está la temperatura?	*What's the temperature?*
Está a 75 grados centígrados.	*It's 75 degrees Centigrade.*

LAS ESTACIONES DEL AÑO

la primavera	*spring*
el verano	*summer*
el otoño	*fall*
el invierno	*winter*

Seasons are not capitalized.

LA HORA

¿Qué hora es?	*What time is it?*
Es la una.	*It's 1:00.*
Son las dos.	*It's 2:00.*
Son las dos y cinco.	*It's 2:05.*
Son las cuatro y cuarto.	*It's 4:15.*
Son las seis y media.	*It's 6:30.*
Son las cinco menos veinte.	*It's 20 of 5:00.*
Son las siete menos cuarto.	*It's 15 of 7:00.*

Alternate expressions:

Faltan quince para las siete.	*It's 15 of 7:00.*
Son quince para las siete.	*It's 15 of 7:00.*

With exact clock time, use these expressions:

de la mañana	A.M. (morning)
de la tarde	P.M. (afternoon)
de la noche	P.M. (evening)
en punto	*exactly, on the dot*

When exact time is not stated, use these expressions:

por la mañana	*in the morning*
por la tarde	*in the afternoon*
por la noche	*in the evening*

Other expressions:

Es mediodía. / el mediodía	*It's noon. / noon*
Es medianoche. / la medianoche	*It's midnight. / midnight*
hoy	*today*
ayer	*yesterday*
esta mañana	*this morning*
esta tarde	*this afternoon*
esta noche	*tonight*
anoche	*last night*
¿A qué hora sales?	*At what time are you leaving?*
Salgo a las dos.	*I'm leaving at 2:00.*

LA FAMILIA

el / la abuelo/a	*grandmother / grandfather*
los abuelos	*grandparents*
el / la esposo/a	*husband / wife*
los esposos	*husband and wife*
el / la hermano/a	*brother / sister*
los hermanos	*brothers and sisters*
el / la hijo/a	*son / daughter*
los hijos	*children (sons and daughters)*
el padre / la madre	*father / mother*
los padres	*parents*
los parientes	*relatives*
el primo/a	*cousin* (male, female)
los primos	*cousins*

LAS NACIONALIDADES

argentino/a	*Argentinian*
boliviano/a	*Bolivian*
colombiano/a	*Colombian*
costarricense	*Costa Rican*
cubano/a	*Cuban*
chileno/a	*Chilean*
ecuatoriano/a	*Ecuadorian*
español/a	*Spanish*
guatemalteco/a	*Guatemalan*
hondureño/a	*Honduran*
mexicano/a	*Mexican*
nicaragüense	*Nicaraguan*
panameño/a	*Panamanian*
paraguayo/a	*Paraguayan*
peruano/a	*Peruvian*
puertorriqueño/a	*Puerto Rican*
dominicano/a	*Dominican*
salvadoreño/a	*Salvadorian*
uruguayo/a	*Uruguayan*
venezolano/a	*Venezuelan*
alemán / alemana	*German*
canadiense	*Canadian*
chino/a	*Chinese*
francés / francesa	*French*
inglés / inglesa	*English*
italiano/a	*Italian*
japonés / japonesa	*Japanese*
norteamericano/a [estadounidense]	*North American (from the U.S.)*
ruso/a	*Russian*

Nationalities are not capitalized.

LOS COLORES

amarillo/a	*yellow*
anaranjado/a	*orange*
azul	*blue*
blanco/a	*white*
color café [marrón/pardo]	*brown*
gris	*gray*
morado/a	*purple*
negro/a	*black*
rojo/a	*red*
rosado/a	*pink*
verde	*green*

LA ROPA

el abrigo	*coat*
la blusa	*blouse*
los calcetines	*socks*
la camisa	*shirt*

la camiseta	*T-shirt*
la corbata	*necktie*
la chaqueta	*jacket*
la falda	*skirt*
los guantes	*gloves*
las medias	*pantyhose, stockings*
los pantalones	*pants*
los pantalones vaqueros [bluyines]	*jeans*
el reloj	*watch*
la ropa interior	*underwear*
el sombrero	*hat*
el suéter	*sweater*
el traje de baño	*bathing suit*
el vestido	*dress*
los zapatos	*shoes*

LAS PARTES DEL CUERPO

la boca	*mouth*
el brazo	*arm*
la cabeza	*head*
la cara	*face*
la espalda	*back*
el estómago	*stomach*
la mano	*hand*
la nariz	*nose*
los oídos	*ears (inner)*
los ojos	*eyes*
las orejas	*ears (outer)*
el pelo	*hair*
las piernas	*legs*
los pies	*feet*

LAS COSAS EN EL SALÓN DE CLASE

el bolígrafo	*pen*
el borrador	*eraser*
la cinta	*audiotape*
el cuaderno	*notebook*
el ejercicio	*exercise*
el escritorio [la mesa]	*desk*
el laboratorio	*language laboratory*
el lápiz (los lápices)	*pencil(s)*
el libro	*book*
el papel	*paper*
la pared	*wall*
el piso	*floor*
la pizarra	*blackboard*
la puerta	*door*
el pupitre	*student's desk*
el sacapuntas	*pencil sharpener*

la silla	*chair*
la tarea	*homework*
el techo	*ceiling, roof*
la tiza	*chalk*
la ventana	*window*

LAS PREPOSICIONES

a	*at, to*
al lado de	*beside*
alrededor de	*around*
antes de / después de	*before / after*
arriba de	*above*
cerca de / lejos de	*close to / far from*
con / sin	*with / without*
de	*of, from*
delante de / detrás de	*in front of / behind*
dentro de / fuera de	*inside of / outside of*
en	*in, at, on*
en vez de	*instead of*
encima de / debajo de	*on top of / under*
enfrente de, frente a	*facing*
entre	*between*
excepto [menos/salvo]	*except*
hacia	*toward*
incluso	*including*
junto a	*together with*
para, por	*for*
según	*according to*
sobre	*on top of*

LAS COMIDAS Y LAS BEBIDAS

Para el desayuno	***For breakfast***
el cereal	*cereal*
los frijoles	*refried beans*
la jalea	*jelly*
la mantequilla	*butter*
el pan tostada	*toast*
la tortilla mexicana	*flat, pancake-like bread, made from cornmeal*

Las bebidas	***Drinks***
el agua *f.*	*water*
el café americano	*North American coffee*
el café (solo)	*black coffee*
la cerveza	*beer*
la champaña	*champagne*
el jugo	*juice*
la leche	*milk*
los refrescos	*soft drinks*
el té caliente	*hot tea*
el té helado	*iced tea*
el vino tinto / rosado / blanco	*red / rosé / white wine*

Las carnes	***Meats***
el bistec [biftec]	*steak*
el jamón	*ham*
el pollo	*chicken*
las salchichas	*sausage*
el tocino	*bacon*
Las frutas	***Fruits***
la banana	*banana*
la manzana	*apple*
la naranja	*orange*
la piña	*pineapple*
las uvas	*grapes*
Las legumbres	***Vegetables***
el arroz	*rice*
el bróculi	*broccoli*
la ensalada	*salad*
la lechuga	*lettuce*
el maíz	*corn*
la papas (patatas, Spain)	*potatoes*
el tomate	*tomato*
la zanahoria	*carrot*
El pescado y los mariscos	***Fish and shellfish***
el atún	*tuna*
los camarones	*shrimp*
la langosta	*lobster*
las ostras	*oysters*
las sardinas	*sardines*
Los postres	***Desserts***
las galletas	*cookies*
el helado	*ice cream*
el pastel	*pie, cake*
la torta	*cake*
el yogurt	*yogurt*
Algunos condimentos	***Some condiments***
el azúcar	*sugar*
la crema	*cream*
la pimienta	*pepper*
la sal	*salt*
la salsa	*sauce, dressing*
la salsa picante	*spicy sauce*
Los cubiertos	***Place settings***
la carta [el menú]	*menu*
la cuchara	*spoon*
la cucharita	*teaspoon*
el cuchillo	*knife*
el mantel	*tablecloth*
la servilleta	*napkin*
el tenedor	*fork*

LOS NÚMEROS

Los números cardinales

0–31

cero	ocho	dieciséis	veinticuatro
uno	nueve	diecisiete	veinticinco
dos	diez	dieciocho	veintiséis
tres	once	diecinueve	veintisiete
cuatro	doce	veinte	veintiocho
cinco	trece	veintiuno	veintinueve
seis	catorce	veintidós	treinta
siete	quince	veintitrés	treinta y uno

40–900		***1000–1,000,000***
cuarenta	doscientos(as)	mil
cincuenta	trescientos(as)	tres mil
sesenta	cuatrocientos(as)	diez mil
sententa	quinientos(as)	cincuenta mil
ochenta	seiscientos(as)	cien mil
noventa	setecientos(as)	un millón (de)
cien / ciento	ochocientos(as)	tres millones (de)
	novecientos(as)	

Use *y* in numbers 16–99.

Cien is used alone and before nouns and numbers larger than 100.

¿Cuántos libros hay? Hay **cien.**
cien estudiantes
cien mil

The number **one** and plural hundreds (200–900) agree in number and gender with the nouns they modify.

veintiuna sillas
cuatrocientas personas

The word for **one thousand** is *mil;* it is never used with *un. Mil* becomes *miles* before a noun.

miles de estudiantes

The word for **one million** is *un millón.* Before a noun, use *un millón de* or *millones de.*

un millón de personas
tres millones de habitantes

Los números ordinales

primero (-a, -os, -as)	sexto (-a, -os, -as)
segundo (-a, -os, -as)	séptimo (-a, -os, -as)
tercero (-a, -os, -as)	octavo (-a, -os, -as)
cuarto (-a, -os, -as)	noveno (-a, -os, -as)
quinto (-a, -os, -as)	décimo (-a, -os, -as)

Ordinal numbers in Spanish are most commonly used for **first** through **tenth;** after **tenth,** cardinal numbers are usually used.

The ordinal numbers and their abbreviations agree in gender and number with the nouns they modify.

la **tercera** mujer
los **primeros** habitantes

The numbers *primero* and *tercero* shorten to *primer* and *tercer* before masculine singular nouns.

el **primer** capítulo
el **tercer** hombre

Abbreviations for ordinal numbers:

primero, tercero: 1er, 1°, 1^{a}, 1os, 1as; 3er, 3°, 3^{a}, 3os, 3as
segundo and others: 2°, 2^{a}, 2os, 2as, etc.

Conjugaciones de verbos
Regular Verbs

Simple Tenses

Infinitive	Present Indicative	Imperfect	Preterite	Future	Conditional	Present Subjunctive	Past Subjunctive	Commands
hablar	hablo	hablaba	hablé	hablaré	hablaría	hable	hablara	habla
to speak	hablas	hablabas	hablaste	hablarás	hablarías	hables	hablaras	(no hables)
	habla	hablaba	habló	hablará	hablaría	hable	hablara	hable
	hablamos	hablábamos	hablamos	hablaremos	hablaríamos	hablemos	habláramos	hablad
	habláis	hablabais	hablasteis	hablaréis	hablaríais	habléis	hablarais	(no habléis)
	hablan	hablaban	hablaron	hablarán	hablarían	hablen	hablaran	hablen
aprender	aprendo	aprendía	aprendí	aprenderé	aprendería	aprenda	aprendiera	aprende
to learn	aprendes	aprendías	aprendiste	aprenderás	aprenderías	aprendas	aprendieras	(no aprendas)
	aprende	aprendía	aprendió	aprenderá	aprendería	aprenda	aprendiera	aprenda
	aprendemos	aprendíamos	aprendimos	aprenderemos	aprenderíamos	aprendamos	aprendiéramos	aprended
	aprendéis	aprendíais	aprendisteis	aprenderéis	aprenderíais	aprendáis	aprendierais	(no aprendáis)
	aprenden	aprendían	aprendieron	aprenderán	aprenderían	aprendan	aprendieran	aprendan
vivir	vivo	vivía	viví	viviré	viviría	viva	viviera	vive
to live	vives	vivías	viviste	vivirás	vivirías	vivas	vivieras	(no vivas)
	vive	vivía	vivió	vivirá	viviría	viva	viviera	viva
	vivimos	vivíamos	vivimos	viviremos	viviríamos	vivamos	viviéramos	vivid
	vivís	vivíais	vivisteis	viviréis	viviríais	viváis	vivierais	(no viváis)
	viven	vivían	vivieron	vivirán	vivirían	vivan	vivieran	vivan

Compound tenses

Present progressive	estoy, estás, está	estamos, estáis, están	hablando	aprendiendo	viviendo
Present perfect indicative	he, has, ha	hemos, habéis, han	hablado	aprendido	vivido
Present perfect subjunctive	haya, hayas, haya	hayamos, hayáis, hayan	hablado	aprendido	vivido
Past perfect indicative	había, habías, había	habíamos, habíais, habían	hablado	aprendido	vivido

Stem-changing Verbs

Infinitive Present Participle Past Participle	Present Indicative	Imperfect	Preterite	Future	Conditional	Present Subjunctive	Past Subjunctive	Commands
pensar	**pienso**	pensaba	pensé	pensaré	pensaría	**piense**	pensara	**piensa**
to think	**piensas**	pensabas	pensaste	pensarás	pensarías	**pienses**	pensaras	no **pienses**
e → ie	**piensa**	pensaba	pensó	pensará	pensaría	**piense**	pensara	**piense**
pensando	pensámos	pensábamos	pensamos	pensaremos	pensaríamos	pensemos	pensáramos	pensad
pensado	pensáis	pensabais	pensasteis	pensaréis	pensaríais	penséis	pensarais	**(no penséis)**
	piensan	pensaban	pensaron	pensarán	pensarían	**piensen**	pensaran	**piensen**
acostarse	me **acuesto**	me acostaba	me acosté	me acostaré	me acostaría	me **acueste**	me acostara	**acuéstate**
to go to bed	te **acuestas**	te acostabas	te acostaste	te acostarás	te acostarías	te **acuestes**	te acostaras	no te **acuestes**
o → ue	se **acuesta**	se acostaba	se acostó	se acostará	se acostaría	se **acueste**	se acostara	**acuéstese**
acostándose	nos acostamos	nos acostábamos	nos acostamos	nos acostaremos	nos acostariamos	nos acostemos	nos acostáramos	**acostaos**
acostado	os acostáis	os acostabais	os acostasteis	os acostaréis	os acostaríais	os acostéis	os acostarais	**(no os acostéis)**
	se **acuestan**	se acostaban	se acostaron	se acostarán	se acostarían	se **acuesten**	se acostaran	**acuéstense**
sentir	**siento**	sentía	sentí	sentiré	sentiría	**sienta**	**sintiera**	**siente**
to be sorry	**sientes**	sentías	sentiste	sentirás	sentirías	**sientas**	**sintieras**	**no sientas**
e → ie, i	**siente**	sentía	**sintió**	sentirá	sentiría	**sienta**	**sintiera**	**sienta**
sintiendo	sentimos	sentíamos	sentimos	sentiremos	sentiríamos	**sintamos**	**sintiéramos**	**sentid**
sentido	sentís	sentíais	sentisteis	sentiréis	sentiríais	**sintáis**	**sintierais**	**(no sintáis)**
	sienten	sentían	**sintieron**	sentirán	sentirían	**sientan**	**sintieran**	**sientan**
pedir	**pido**	pedía	pedí	pediré	pediría	**pida**	**pidiera**	**pide**
to ask for	**pides**	pedías	pediste	pedirás	pedirías	**pidas**	**pidieras**	**no pidas**
e → i, i	**pide**	pedía	**pidió**	pedirá	pediría	**pida**	**pidiera**	**pida**
pidiendo	pedimos	pedíamos	pedimos	pediremos	pediríamos	**pidamos**	**pidiéramos**	**pedid**
pedido	pedís	pedíais	pedisteis	pediréis	pediríais	**pidáis**	**pidierais**	**(no pidáis)**
	piden	pedían	**pidieron**	pedirán	pedirían	**pidan**	**pidieran**	**pidan**
dormir	**duermo**	dormía	dormí	dormiré	dormiría	**duerma**	**durmiera**	**duerme**
to sleep	**duermes**	dormías	dormiste	dormirás	dormirías	**duermas**	**durmieras**	**no duermas**
o → ue, u	**duerme**	dormía	**durmió**	dormirá	dormiría	**duerma**	**durmiera**	**duerma**
durmiendo	dormimos	dormíamos	dormimos	dormiremos	dormiríamos	**durmamos**	**durmiéramos**	**dormid**
dormido	dormís	dormíais	dormisteis	dormiréis	dormiríais	**durmáis**	**durmierais**	**(no durmáis)**
	duermen	dormían	**durmieron**	dormirán	dormirían	**duerman**	**durmieran**	**duerman**

Change of Spelling Verbs

Infinitive Present Participle Past Participle	Present Indicative	Imperfect	Preterite	Future	Conditional	Present Subjunctive	Past Subjunctive	Commands
comenzar	comienzo	comenzaba	**comencé**	comenzaré	comenzaría	**comience**	comenzara	comienza **(no**
(e → ie)	comienzas	comenzabas	comenzaste	comenzarás	comenzarías	**comiences**	comenzaras	**comiences)**
to begin	comienza	comenzaba	comenzó	comenzará	comenzaría	**comience**	comenzara	**comience**
z → c	comenzamos	comenzábamos	comenzamos	comenzaremos	comenzaríamos	**comencemos**	comenzáramos	comenzad **(no**
before e	comenzáis	comenzabais	comenzasteis	comenzaréis	comenzaríais	**comencéis**	comenzarais	**comencéis)**
comenzando	comienzan	comenzaban	comenzaron	comenzarán	comenzarían	**comiencen**	comenzaran	**comiencen**
comenzado								
conocer	**conozco**	conocía	conocí	conoceré	conocería	**conozca**	conociera	conoce **(no**
to know	conoces	conocías	conociste	conocerás	conocerías	**conozcas**	conocieras	**conozcas)**
c → zc	conoce	conocía	conoció	conocerá	conocería	**conozca**	conociera	**conozca**
before a, o	conocemos	conocíamos	conocimos	conoceremos	conoceríamos	**conozcamos**	conociéramos	conoced **(no**
conociendo	conocéis	conocíais	conocisteis	conoceréis	conoceríais	**conozcáis**	conocierais	**conozcáis)**
conocido	conocen	conocían	conocieron	conocerán	conocerían	**conozcan**	conocieran	**conozcan**
construir	**construyo**	construía	construí	construiré	construiría	**construya**	**construyera**	**construye (no**
to build	**construyes**	construías	construiste	construirás	construirías	**construyas**	**construyeras**	**construyas)**
i → y;	**construye**	construía	**construyó**	construirá	construiría	**construya**	**construyera**	**construya**
y inserted	construimos	construíamos	construimos	construiremos	construiríamos	**construyamos**	**construyéramos**	**construid (no**
before a, e, o	construís	construíais	construisteis	construiréis	construiríais	**construyáis**	**construyerais**	**construyáis)**
construyendo	**construyen**	construían	**construyeron**	construirán	construirían	**construyan**	**construyeran**	**construyan**
construido								
leer	leo	leía	leí	leeré	leería	lea	**leyera**	lee (no leas)
to read	lees	leías	leíste	leerás	leerías	leas	**leyeras**	lea
i → y;	lee	leía	**leyó**	leerá	leería	lea	**leyera**	leed (no leáis)
stressed	leemos	leíamos	leímos	leeremos	leeríamos	leamos	**leyéramos**	lean
i → í	leéis	leíais	leísteis	leeréis	leeríais	leaís	**leyerais**	
leyendo	leen	leían	**leyeron**	leerán	leerían	lean	**leyeran**	
leído								

Change of Spelling Verbs *(continued)*

Infinitive Present Participle Past Participle	Present Indicative	Imperfect	Preterite	Future	Conditional	Present Subjunctive	Past Subjunctive	Commands
pagar	pago	pagaba	**pagué**	pagaré	pagaría	**pague**	pagara	paga **(no**
to pay	pagas	pagabas	pagaste	pagarás	pagarías	**pagues**	pagaras	**pagues)**
g → gu	paga	pagaba	pagó	pagará	pagaría	**pague**	pagara	**pague**
before e	pagamos	pagábamos	pagamos	pagaremos	pagaríamos	**paguemos**	pagáramos	pagad **(no**
pagando	pagáis	pagabais	pagasteis	pagaréis	pagaríais	**paguéis**	pagarais	**paguéis)**
pagando	pagáis	pagabais	pagasteis	pagaréis	pagaríais	**paguéis**	pagarais	**paguéis)**
pagado	pagan	pagaban	pagaron	pagarán	pagarían	**paguen**	pagaran	**paguen**
seguir	**sigo**	seguía	seguí	seguiré	seguiria	**siga**	siguiera	sigue **(no sigas)**
e → i, i)	sigues	seguías	seguiste	seguirás	seguirías	**sigas**	siguieras	**siga**
to follow	sigue	seguía	siguió	seguirá	seguiría	**siga**	siguiera	seguid **(no**
gu → g	seguimos	seguíamos	seguimos	seguiremos	seguiríamos	**sigamos**	siguiéramos	**sigáis)**
before a, o	seguís	seguíais	seguisteis	seguiréis	seguiríais	**sigáis**	siguierais	**sigan**
siguiendo	siguen	seguían	siguieron	seguirán	seguirían	**sigan**	siguieran	
seguido								
tocar	toco	tocaba	**toqué**	tocaré	tocaría	**toque**	tocara	toca **(no**
to play, touch	tocas	tocabas	tocaste	tocarás	tocarías	**toques**	tocaras	**toques)**
c → qu	toca	tocaba	tocó	tocará	tocaría	**toque**	tocara	**toque**
before e	tocamos	tocábamos	tocamos	tocaremos	tocaríamos	**toquemos**	tocáramos	tocad **(no**
tocando	tocáis	tocabais	tocasteis	tocaréis	tocaríais	**toquéis**	tocarais	**toquéis)**
tocado	tocan	tocaban	tocaron	tocarán	tocarían	**toquen**	tocaran	**toquen**

Irregular Verbs

*Verbs with irregular *yo-* forms in the present indicative

Infinitive Present Participle Past Participle	Present Indicative	Imperfect	Preterite	Future	Conditional	Present Subjunctive	Past Subjunctive	Commands
andar	ando	andaba	**anduve**	andaré	andaría	ande	**anduviera**	anda (no andes)
to walk	andas	andabas	**anduviste**	andarás	andarías	andes	**anduvieras**	ande
andando	anda	andaba	**anduvo**	andará	andaría	ande	**anduviera**	andad
andado	andamos	andábamos	**anduvimos**	andaremos	andaríamos	andemos	**anduviéramos**	(no andéis)
	andáis	andabais	**anduvisteis**	andaréis	andaríais	andéis	**anduvierais**	anden
	andan	andaban	**anduvieron**	andarán	andarian	anden	**anduvieran**	
*caer	**caigo**	caía	caí	caeré	caería	**caiga**	**cayera**	cae (no caigas)
to fall	caes	caías	**caíste**	caerás	caerías	**caigas**	**cayeras**	**caiga**
cayendo	cae	caía	**cayó**	caerá	caeía	**caiga**	**cayera**	caed **(no caigáis)**
caído	caemos	caíamos	**caímos**	caeremos	caeríamos	**caigamos**	**cayéramos**	**caigan**
	caéis	caíais	**caisteis**	caeréis	caeríais	**caigáis**	**cayerais**	
	caen	caían	**cayeron**	caerán	caerían	**caigan**	**cayeran**	
*dar	**doy**	daba	**di**	daré	daría	**dé**	**diera**	da (no des)
to give	das	dabas	**diste**	darís	darías	**des**	**dieras**	**dé**
dando	da	daba	**dio**	dará	daría	**dé**	**diera**	dad **(no deis)**
dado	damos	dábamos	**dimos**	daremos	dariamos	**demos**	**diéramos**	den
	dais	dabais	**disteis**	daréis	daríais	**deis**	**dierais**	
	dan	daban	**dieron**	darán	darian	**den**	**dieran**	
*decir	**digo**	decía	**deje**	**diré**	**diria**	**diga**	**dijera**	**di (no digas)**
to say, tell	**dies**	decías	**dijiste**	**dirás**	**dirías**	**digas**	**dijeras**	**diga**
diciendo	**dice**	decía	**dijo**	**dirá**	**diría**	**diga**	**dijera**	decid **(no digáis)**
dicho	decimos	decíamos	**dijimos**	**diremos**	**diríamos**	**digamos**	**dijéramos**	**digan**
	decís	decíais	**dijisteis**	**diréis**	**diríais**	**digáis**	**dijerais**	
	decís	decíais	**dijisteis**	**diréis**	**diríais**	**digáis**	**dijerais**	
	dicen	decían	**dijeron**	**dirán**	**dirían**	**digan**	**dijeran**	
*estar	**estoy**	estaba	**estuve**	estaré	estaría	**esté**	**estuviera**	**está (no estés)**
to be	**estás**	estabas	**estuviste**	estarás	estarías	**estés**	**estuvieras**	**esté**
estando	**está**	estaba	**estuvo**	estará	estaría	**esté**	**estuviera**	estad **(no estéis)**
estado	estamos	estábamos	**estuvimos**	estaremos	estariamos	**estemos**	**estuviéramos**	**estén**
	estáis	estabais	**estuvisteis**	estaréis	estaríais	**estéis**	**estuvierais**	
	están	estaban	estuvieron	estarán	estarían	**estén**	**estuvieran**	

Irregular Verbs *(continued)*

Infinitive Present Participle Past Participle	Present Indicative	Imperfect	Preterite	Future	Conditional	Present Subjunctive	Past Subjunctive	Commands
haber	**he**	había	**hube**	**habré**	**habría**	**haya**	**hubiera**	
to have	**has**	habías	**hubiste**	**habrás**	**habrías**	**hayas**	**hubieras**	
habiendo	**ha (hay)**	había	**hubo**	**habrá**	**habría**	**haya**	**hubiera**	
habido	**hemos**	habíamos	**hubimos**	**habremos**	**habríamos**	**hayamos**	**hubiéramos**	
	habéis	habíais	**hubisteis**	**habréis**	**habríais**	**hayáis**	**hubierais**	
	han	habian	**hubieron**	**habrán**	**habrían**	**hayan**	**hubieran**	
*hacer	**hago**	hacía	**hice**	**haré**	**haría**	**haga**	**hiciera**	**haz (no hagas)**
to make, do	haces	hacías	**hiciste**	**harás**	**harías**	**hagas**	**hicieras**	**haga**
haciendo	hace	hacía	**hizo**	**hará**	**haría**	**haga**	**hiciera**	haced **(no hagáis)**
hecho	hacemos	hacíamos	**hicimos**	**haremos**	**haríamos**	**hagamos**	**hiciéramos**	**hagan**
	hacéis	hacíais	**hicisteis**	**haréis**	**hariais**	**hagáis**	**hicierais**	
	hacen	hacian	**hicieron**	**harán**	**harian**	**hagan**	**hicieran**	
ir	**voy**	**iba**	**fui**	iré	iría	**vaya**	**fuera**	**ve (no vayas)**
to go	**vas**	**ibas**	**fuiste**	irás	irias	**vayas**	**fueras**	**vaya**
yendo	**va**	**iba**	**fue**	irá	iráa	**vaya**	**fuera**	id **(no vayáis)**
ido	**vamos**	**ibamos**	**fuimos**	iremos	iriamos	**vayamos**	**fuéramos**	**vayan**
	vais	**ibais**	**fuisteis**	iréis	iríais	**vayáis**	**fuerais**	
	van	**iban**	**fueron**	irán	irían	**vayan**	**fueran**	
*oír	**oigo**	oía	oí	oiré	oiría	**oiga**	**oyera**	**oye (no oigas)**
to bear	**oyes**	oías	**oíste**	oirás	oirías	**oigas**	**oyeras**	**oiga**
oyendo	**oye**	oía	**oyó**	oirá	oiría	**oiga**	**oyera**	oid **(no oigáis)**
oído	**oimos**	oíamos	**oímos**	oiremos	oiríamos	**oigamos**	**oyéramos**	**oigan**
	oís	oíais	**oísteis**	oiréis	oiríais	**oigáis**	**oyerais**	
	oyen	oían	**oyeron**	oirán	oirían	**oigan**	**oyeran**	
poder (o → ue)	**puedo**	podía	**pude**	**podré**	**podría**	**pueda**	**pudiera**	
can, to be able	**puedes**	podías	**pudiste**	**podrás**	**podrías**	**puedas**	**pudieras**	
pudiendo	**puede**	podía	**pudo**	**podrá**	**podría**	**pueda**	**pudiera**	
podido	podemos	podiamos	**pudimos**	**podremos**	**podríamos**	podamos	**pudiéramos**	
	podéis	podíais	**pudisteis**	**podréis**	**podríais**	podáis	**pudierais**	
	pueden	podian	**pudieron**	**podrán**	**podrian**	**puedan**	**pudieran**	

Irregular Verbs

*Verbs with irregular *yo*- forms in the present indicative

Infinitive Present Participle Past Participle	Present Indicative	Imperfect	Preterite	Future	Conditional	Present Subjunctive	Past Subjunctive	Commands
*poner	**pongo**	ponía	**puse**	**pondré**	**pondría**	**ponga**	**pusiera**	**pon (no pongas)**
to place, put	pones	ponías	**pusiste**	**pondrás**	**pondrías**	**pongas**	**pusieras**	**ponga**
poniendo	pone	ponía	**puso**	**pondrá**	**pondría**	**ponga**	**pusiera**	poned **(no**
puesto	ponemos	poníamos	**pusimos**	**pondremos**	**pondríamos**	**pongamos**	**pusiéramos**	**pongáis)**
	ponéis	poníais	**pusisteis**	**pondréis**	**pondríais**	**pongáis**	**pusierais**	**pongan**
	ponen	ponían	**pusieron**	**pondrán**	**pondrían**	**pongan**	**pusieran**	
querer (e ie)	**quiero**	quería	**quise**	**querré**	**querría**	**quiera**	**quisiera**	**quiere (no**
to want, wish	**quieres**	querías	**quisiste**	**querrás**	**querrías**	**quieras**	**quisieras**	**quieras)**
queriendo	**quiere**	quería	**quiso**	**querrá**	**querría**	**quiera**	**quisiera**	**quiera**
querido	queremos	queríamos	**quisimos**	**querremos**	**querríamos**	queramos	**quisiéramos**	quered (no queráis)
	queréis	queríais	**quisisteis**	**querréis**	**querríais**	queráis	**quisierais**	**quieran**
	quieren	querían	**quisieron**	**querrán**	**querrían**	**quieran**	**quisieran**	
reír	**río**	reía	reí	reiré	reiría	**ría**	**riera**	**ríe (no rías)**
to laugh	**ríes**	reías	**reíste**	reirás	reirías	**rías**	**rieras**	**ría**
riendo	**ríe**	reía	**rió**	reirá	reiría	**ría**	**riera**	**reid (no riáis)**
reído	**reímos**	reíamos	**reímos**	reiremos	reiríamos	**riamos**	**riéramos**	**rian**
	reís	reíais	**reísteis**	reiréis	reiríais	**riáis**	**rierais**	
	rien	reían	**rieron**	reirán	reirían	**rian**	**rieran**	
*saber	**sé**	sabía	**supe**	**sabré**	sabría	**sepa**	**supiera**	sabe **(no sepas)**
to know	sabes	sabías	**supiste**	**sabrás**	**sabrías**	**sepas**	**supieras**	**sepa**
sabiendo	sabe	sabía	**supo**	**sabrá**	**sabría**	**sepa**	**supiera**	sabed **(no sepáis)**
sabido	sabemos	sabíamos	**supimos**	**sabremos**	**sabríamos**	**sepamos**	**supiéramos**	**sepan**
	sabéis	sabíais	**supisteis**	**sabréis**	**sabríais**	**sepáis**	**supierais**	
	saben	sabían	**supieron**	**sabrán**	**sabrían**	**sepan**	**supieran**	
*salir	**salgo**	salía	salí	**saldré**	**saldría**	**salga**	saliera	**sal (no salgas)**
to go out	sales	salías	saliste	**saldrás**	**saldrías**	**salgas**	salieras	**salga**
saliendo	sale	salía	salió	**saldrá**	**saldría**	**salga**	saliera	salid **(no salgáis)**
salido	salimos	salíamos	salimos	**saldremos**	**saldríamos**	**salgamos**	saliéramos	**salgan**
	salís	salíais	salisteis	**saldréis**	**saldrías**	**salgáis**	salierais	
	salen	salían	salieron	**saldrán**	**saldrían**	**salgan**	salieran	

Irregular Verbs *(continued)*

Infinitive / Present Participle / Past Participle	Present Indicative	Imperfect	Preterite	Future	Conditional	Present Subjunctive	Past Subjunctive	Commands
ser	**soy**	**era**	**fui**	seré	sería	**sea**	**fuera**	**sé (no seas)**
to be	**eres**	**eras**	**fuiste**	seras	serías	**seas**	**fueras**	**sea**
siendo	**es**	**era**	**fue**	será	sería	**sea**	**fuera**	sed **(no seáis)**
sido	**somos**	**éramos**	**fuimos**	seremos	seriamos	**seamos**	**fuéramos**	**sean**
	sois	**erais**	**fuisteis**	seréis	seriais	**seáis**	**fuerais**	
	son	**eran**	**fueron**	serán	serían	**sean**	**fueran**	
*tener	**tengo**	tenía	**tuve**	**tendré**	**tendría**	**tenga**	**tuviera**	**ten (no tengas)**
to have	**tienes**	tenías	**tuviste**	**tendrás**	**tendrias**	**tengas**	**tuvieras**	**tenga**
teniendo	**tiene**	tenía	**tuvo**	**tendrá**	**tendría**	**tenga**	**tuviera**	tened **(no tengáis)**
tenedo	tenemos	teníamos	**tuvimos**	**tendremos**	**tendriamos**	**tengamos**	**tuviéramos**	**tengan**
	tenéis	teníais	**tuvisteis**	**tendréis**	**tendriais**	**tengáis**	**tuvierais**	
	tienen	tenían	**tuvieron**	**tendrán**	**tendrían**	**tengan**	**tuvieran**	
traer	**traigo**	traía	**traje**	traeré	traeria	**traiga**	**trajera**	trae **(no traigas)**
to bring	traes	traías	**trajiste**	tracerás	traerías	**traigas**	**trajeras**	**traiga**
trayendo	trae	traía	**trajo**	traerá	traeria	**traiga**	**trajera**	traed **(no traigáis)**
traido	traemos	traíamos	**trajimos**	traeremos	traeríamos	**traigamos**	**trajéramos**	**traigan**
	traéis	traíais	**trajisteis**	traeréis	traeríais	**traigáis**	**trajerais**	
	traen	traían	**trajeron**	traerán	traerían	**traigan**	**trajeran**	
*venir	**vengo**	venía	**vine**	**vendré**	**vendría**	**venga**	**viniera**	**ven (no vengas)**
to come	**vienes**	venías	**viniste**	**vendrás**	**vendrías**	**vengas**	**vinieras**	**venga**
viniendo	**viene**	venía	**vino**	**vendrá**	**vendría**	**venga**	**viniera**	venid **(no vengáis)**
venido	venimos	veníamos	**vinimos**	**vendremos**	**vendríamos**	**vengamos**	**viniéramos**	**vengan**
	venís	veníais	**vinisteis**	**vendréis**	**vendríais**	**vengáis**	**vinierais**	
	vienen	venían	**vinieron**	**vendrán**	**vendrían**	**vengan**	**vinieran**	
ver	**veo**	**veía**	**vi**	veré	vería	**vea**	viera	ve **(no veas)**
to see	ves	**veías**	**viste**	verás	verías	**veas**	vieras	**vea**
viendo	ve	**veía**	**vio**	verá	vería	**vea**	viera	ved **(no veáis)**
visto	vemos	**veíamos**	**vimos**	veremos	veríamos	**veamos**	viéramos	**vean**
	veis	**veíais**	**visteis**	veréis	veríais	**veáis**	vierais	
	ven	**veían**	**vieron**	verán	verían	**vean**	vieran	

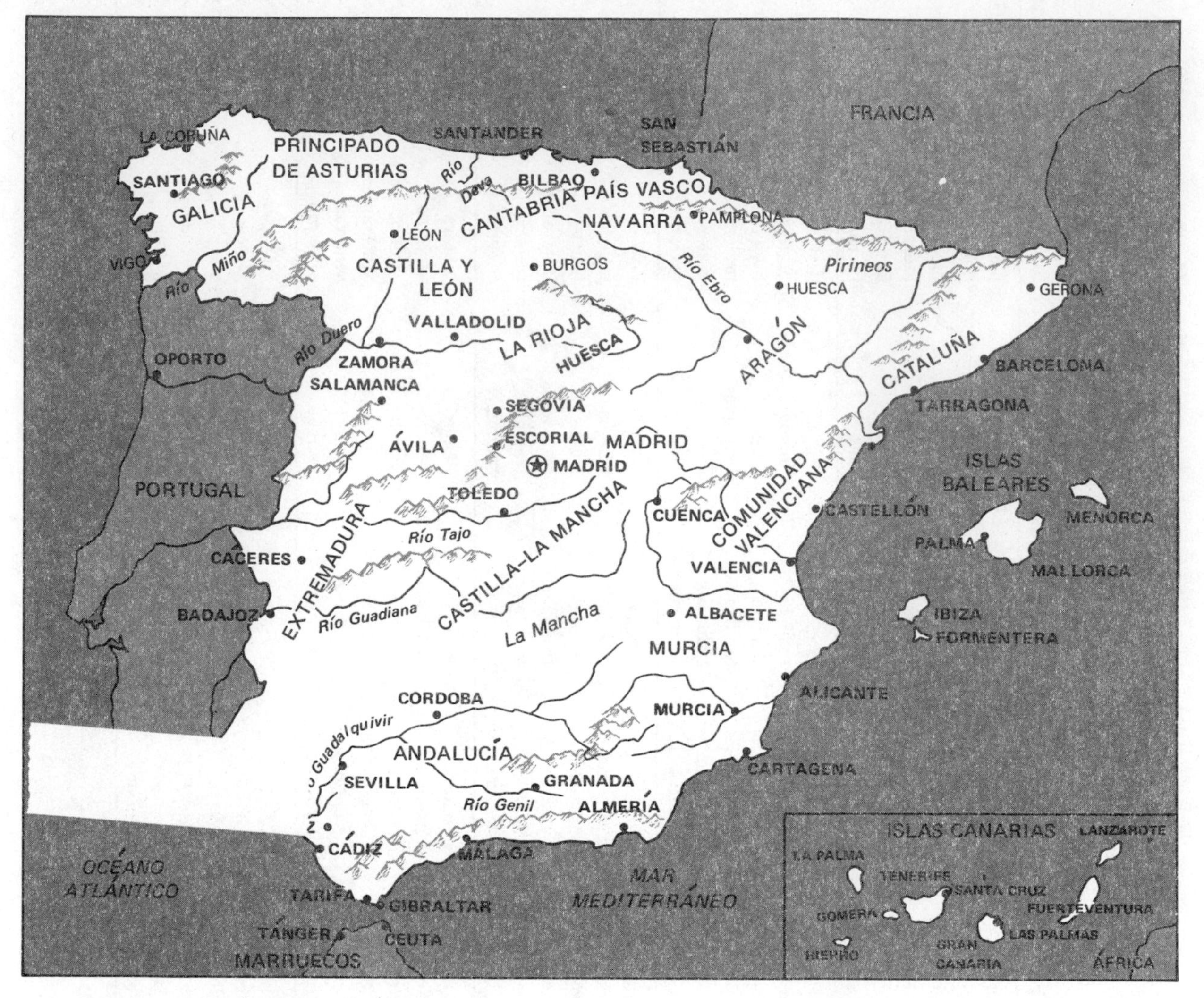

MAPA DE LA PENÍNSULA IBÉRICA

MAPA DE LATINOAMERICA

Glosario

A

a *to, at, on, by, for* 2
abogado/a *lawyer (m, f)* 2
abordar *to board the plane* 5
abrocharse *to fasten* 5
aburrir *to bore* 3
acabársele a uno/a *to run out, finish* 5
acampar *to go camping* 3
aceitunas *olives (f pl)* 6
acompañar *to accompany* 8
aconsejar *to advise* 9
acostarse *to go to bed* preliminar
acuerdo *agreement (m)*
  ¡De acuerdo! *OK!; Agreed!* 8
adelantado/a *early* 5
administración *administration (f)* 1
administrador/a *administrator (m,f)* 2
aduana *customs (f)* 5
agencia de empleos *employment agency (f)* 3
agencia de viajes *travel agency (f)* 5
agradecerle a alguien *to thank someone* 8
agregar *to add (a course)* 1
agua *water (m)* 6
  agua gaseosa *carbonated water (m)* 6
  agua del grifo *tap water (m)* 6
  agua mineral *mineral water (m)* 6
aguaceros *downpours (of rain) (m pl)* 7
ahijado/a *godson/goddaughter (m,f)* 2
ahogarse *to drown* 7
ahogo *drowning (m)* 7
ahorrar *to save (money)* 5
ahumados *smoked fish (m pl)* 6
aire acondicionado *air conditioning (m)* 5
ajo *garlic (m)* 6
alargado/a *elongated* 2
alcachofas *artichokes (f pl)* 6
alegrarse *to be happy* 7
alérgico/a *allergic* 9
algodón *cotton (m)* 6
alguien *someone* 7
almohadas *pillows (f pl)* 5
almorzar *to have lunch* preliminar
altura *height (f)* 9
aluminio *aluminum (m)* 10
ama de casa *housewife (f)* 2
ambulancia *ambulance (f)* 9
amígdalas *tonsils (f pl)* 9
análisis de sangre *blood test (m)* 9
ancho/a *wide* 6
andar *to walk* 1
  andar en bicicleta *to ride a bicycle* 3
aniversario *anniversary (m)* 4
años *years (m pl)* preliminar
  ¿Cuántos años tienes? *How old are you?* preliminar
  Tengo ... años. *I'm . . . years old.* preliminar
anteojos *glasses (m pl)* 2
antes (de) que *before* 5
antibióticos *antibiotics (m pl)* 9
anuncios de empleo *job ads (m pl)* 3
apagar *to turn off (lights)* 10
apatecer *to long for, crave* 6
  ¿Qué les apetece? *What appeals to you?* 6
apatía *apathy (f)* 10
apéndice *appendix (m)* 9
apio *celery (m)* 6
apostar a que *to bet* 10
apoyar *to support* 10
apretado/a *tight* 6
aprobar *to pass (a course)* 1; *to approve of* 9
apuntes *(class) notes (m pl)* 1
aretes *earrings (usually ones that do not hang) (m pl)* 6
arquitecto/a *arquitect (m,f)* 2
arquitectura *architecture (f)* 1
arreglar *to fix, arrange* 5
arrugas *wrinkles (f pl)* 2
artista *artist (m,f)* 2
asado/a *baked* 6
asalto *assault (m)* 7
ascenso *promotion (m)* 3
asiento *seat (m)* 5
  asiento al lado de la ventanilla *window seat (m)* 5
  asiento al lado del pasillo *aisle seat (m)* 5
asistente de vuelo *flight attendant (m,f)* 5
asistir *to attend* 1
asma *asthma (f, but **el** asma)* 9
ataque *attack* 9
  ataque al corazón *heart attack (m)* 9
aterrizaje *landing (m)* 5
aterrizar *to land* 5
atlético/a *athletic* 2
atrasado/a *late* 5
aunque *even though, even if* 5
auricular *telephone receiver (m)* 8
ayudar *to help* 5
azul marino *navy blue* 6

B

barbilla *chin (f)* 9
bachillerato *bachelor's degree (m)* 1
bailarín/bailarina *dancer (m,f)* 8
bajarse *to get off* 5
baño *bathroom (m)* 5
  baño particular/privado *private bath (m)* 5
barba *beard (f)* 2
bautizar *to baptize* 4
beneficios *benefits (m pl)* 3
biblioteca *library (f)* 1
bigotes *moustache (m pl)* 2
billete *ticket (m)* 8
bisabuelo/a *great-grandfather/great-grandmother (m,f)* 2
bisnieto/a *great-grandson/great-granddaughter (m,f)* 2
bluyines *jeans (m pl)* 6
boda *wedding (f)* 4

boleto *ticket (m)* 5
bolsa de valores *stock market (f)* 3
bolsillo *pocket (m)* 6
bombilla *light bulb (f)* 5
bosque *forest; woods (m)* 4
botas *boots (f pl)* 6
botón *button (m)* 6
botones *bellboy (m)* 5
bronquitis *bronchitis (f)* 9
bueno/a (buen) *good* 3
  Buen provecho. *Enjoy your meal.* 6
bufanda *scarf (f)* 6

C

cabello *hair (of the head) (m)* 2
caber *to fit* 5
cabina telefónica *telephone booth (f)* 8
cadera *hip (f)* 9
caer *to fall* 3
  caer bien/mal *to like/dislike (someone)* 3
café con leche *strong coffee with milk (m)* 6
cajero/a *cashier (m,f)* 2
calefacción *heat (furnace) (f)* 5
calidad *quality (f)* 6
  de mejor calidad *of better quality* 6
caliente *hot (temperature)* 4
calvo/a *bald* 2
calzar *to wear (certain size of shoe)* 6
  ¿Qué número calza Ud.? *What size shoe do you wear?* 6
camarero/a *waiter/waitress (m,f)* 6
camarones *shrimp (m pl)* 6
cambiar *to exchange, to change* 6
  cambiar de empleo *to change jobs* 7
cambiarle el empaste *to replace the filling (tooth)* 9
cambio *exchange, change (m)* 6
camión *truck (m)* 4
canas *gray hair(s) (f pl)* 2
cantante *singer (m,f)* 8
capuchino *cappuccino (coffee) (m)* 6
caracoles *snails (m pl)* 6
cargo *charge (m)* 5
  a un cargo adicional *at an extra charge* 5
caries *cavity (f)* 9
carne *meat (f)* 6
  carne de cerdo *pork (f)* 6
  carne de res *beef (f)* 6
carrera *career (f)* 1; *race* 8
carretera *highway (f)* 7
carta *letter (f)* 3
  cartas de recomendación *letters of recommendation (f pl)* 3
carta *menu (f)* 6
casa *house, home (f)*
  estar en casa *to be home* 8
casado/a *married* preliminar
  Estoy casado/a con... *I'm married to . . .* preliminar
  Soy casado/a. *I'm married.* preliminar
casarse (con) *to get married (to)* 4
castaño/a *brown, chestnut* 2
catarro *cold (m)* 9
cazar *to hunt* 3
cejas *eyebrows (f pl)* 9
celebrar *to celebrate* 4
celeste *sky blue* 6
centro estudiantil *student (union) center (m)* 1
cepillo de dientes *toothbrush (m)* 9
cerca de *near* 6
cerezas *cherries (f pl)* 6
certificación *grade transcript (f)* 1
champiñones *mushrooms (m pl)* 6
Chanukah *Hanukkah* 4
Chao. *Good-bye.* preliminar
chequear el equipaje *to check in luggage* 5
cheques de viajero *traveler's checks (m pl)* 5
¡Chévere! *Great! (Caribbean)* 8
chisme *gossip (m)* 7
chocar *to have a car accident, crash* 7
choque *car accident; fender-bender (m)* 7
chorizo casero *homemade sausage (m)* 6
chuletas de ternera *veal chops (f pl)* 6
  las chuletitas *small chops (f pl)* 6
cierre *zipper (m)* 6
cierto/a *certain* 3
cintura *waist (f)* 9
cinturón *belt (m)* 6
  cinturón de seguridad *seatbelt (m)* 5
ciruelas *plums (f pl)* 6
cirujano/a *surgeon (m,f)* 2
cita *appointment (f)* 9
ciudadano/a *citizen (m,f)* 10
claro/a *light (in color)* 2
  ¡Claro! *Sure!* 8
clase turista *tourist class (f)* 5
cliente *client, customer (m,f)* 6
cobrar *to charge (a price)* 5
cochinillo asado *roasted suckling pig (m)* 6
código *code (m)* 8
  código de la ciudad *city code (m)* 8
  código del país *country (m)* 8
codo *elbow (m)* 9
cola de caballo *ponytail (f)* 2
colgar *to hang up* 8
collar *necklace (m)* 6
color *color (m)*
  color liso *plain* 6
  de un solo color *solid color* 6
comadre *relationship between mother, godmother, and/or godfather (m,f)* 2
comerciante *businessman/woman (m,f)* 2
¿cómo? *how?* preliminar
  ¿Cómo se/te siente(s)? *How are you feeling?* preliminar
  ¿Cómo te/le va? *How's it going? / How are you?* preliminar
  ¿Cómo? *Pardon me?* 1
  ¿Cómo no? *Why not?; Of course!* 8
compadre *relationship between father, godfather, and/or godmother (m,f)* 2
compañía de seguros *insurance company (f)* 9
comprobante de equipaje *baggage claim check (m)* 5
compromiso *commitment (m)* 8

computación *computer science (f)* 1
con *with* 2
¿con qué frecuencia? *how often?* 1
con tal (de) que *provided that* 5
concurso *contest (m)* 8
conducir *to drive (a car)* 1
conferencia *lecture (f)* 1
confirmar *to confirm* 5
conjunto *band (m)* 8
conocer *to be familiar with (someone, some place)* preliminar
conocimientos *knowledge (m pl)* 3
conseguir una beca *to get a scholarship* preliminar
consejero/a *adviser (m,f)* 1
consejos *advice (m pl)* 9
conservar *to conserve* 10
constipado/a *congested, having a cold; constipated* 9
construcción *construction (f)* 3
contable *accountant (m,f)* 2
contador(a) *accountant (m,f)* 2
contaduría *accounting (f)* 1
contaminado/a *polluted* 10
contaminar *to pollute* 10
contar *to say, to tell* 4
contar chistes *to tell jokes* 4
¡Es para contarlo! *That's really something to talk about!* 7
contestador automático *answering machine (m)* 8
corazón *heart (m)* 9
cordero asado *roasted lamb (m)* 6
corona *crown (f)* 9
correr *to run, jog* 3
ir a correr *to go running* 3
corrida de toros *bullfight (f)* 8
cortar(se) *to cut (oneself)* 9
costillas *ribs (f pl)* 9
costo de la vida *cost of living (m)* 10
creer *to believe, to think* 7
¡No (me) lo creo! *I don't believe it!* 7
¡No lo puedo creer! *I can't believe it!* 7
¡Ya lo creo! *I believe it!; I'll say!*
crema de cangrejos *cream of crab soup (f)* 6
crimen *crime (m)* 10
crudo *raw* 6
cruzar la calle *to cross the street* 5
cuadra *block (f)* 5
cuadrado/a *square* 2
cuadro *square (m)* 6; cuadro *painting* 8
de cuadros *checkered* 6
cuajada *dessert with curdled milk, similar to cottage cheese (f)* 6
¿cuál? *what? which?* 1
cual *that, which, who(m)* 2
¡cuándo? *when?* 1
cuando *when* 5
¿cuánto/a(s)? *how much?, how many?* 1
¿Cuánto vale? *How much does it cost?* 6
¿Cuántos son Uds.? *How many are there (in your party)?* 6
cuello *collar (m)* 6
cuenta *restaurant check, bill (f)* 6
cuentos de hadas *fairy tales (m pl)* 4
cuero *leather (m)* 6
cuidar *to take care of* 3
cuidarse *to take care of oneself* 9
cuñado/a *brother-/sister-in-law (m,f)* 2
currículum vitae *résumé (m)* 3
curso electivo *elective course (m)* 1
curso obligatorio *required course (m)* 1
cuyo/a *whose* 2

D

dar *to give* 1
dar un discurso *to give a talk* 3
dar un paseo *to take a walk* 1
dar a luz *to give birth* 7
darse cuenta (de que) *to realize (that)* 4
de *from, of, about* 2
de antemano *in advance* 5
débil *weak* 9
decidirse *to decide* 6
decir *to say, to tell* preliminar
declararse en huelga *to go (out) on strike* 7
dedicado/a *dedicated* 2
dedos de novia *ladyfingers (m pl)* 6
dejar *to drop (a course)* 1; *to leave behind*
dejar un recado *to leave a message*
delicioso/a *delicious* 6
democracia *democracy (f)* 10
demora *delay (f)* 5
dentadura postiza *false teeth (f)* 9
dependiente *sales clerk (m,f)* 2
derecha *right (f)* 5
a la derecha 5
derecho *law (m)* 1
derechos humanos *human rights (m pl)* 10
derrame de petróleo *oil spill (m)* 10
desactivar *to disarm (a bomb)* 7
desafortunadamente *unfortunately* 1
desaprobar *to fail (a course)* 1
descolgar el teléfono *to pick up the telephone receiver* 8
descompuesto/a *out of order* 8
desempleo *unemployment (m)* 10
desmayarse *to faint* 9
desocupar *to vacate* 5
despedida (colectiva) *firing (layoff) (f)* 7
despedir *to fire, lay off (from a job)* 7
despegar *to take off* 5
despegue *take-off (m)* 5
desperdiciar *to waste* 10
después (de) que *after* 5
destino *destination (m)* 5
desventaja *disadvantage (f)* 10
devolver *to return* 6
Día de Acción de Gracias *Thanksgiving (m)* 4
Día de Año Nuevo *New Year's Day (m)* 4
Día de la Constitución (España) *Day of the Constitution (m)* 4
Día de la Independencia *Independence Day (m)* 4

Día de la Madre *Mother's Day (m)* 4
Día de la Raza (Hispanidad) *Hispanic Nationality Day (m)* 4
Día de la Virgen de Guadalupe *Day of the Virgin of Guadalupe (m)* 4
Día de los Difuntos *Day of the Dead (m)* 4
Día de los Reyes Magos *Day of the Three Kings (m)* 4
Día de San Valentín *Valentine's Day (m)* 4
Día de Todos los Santos *All Saints' Day (m)* 4
Día del Padre *Father's Day (m)* 4
diabético/a *diabetic* 9
diarrea *diarrhea (f)* 9
dibujos animados *cartoons (m pl)* 4
¡Dios mío! *My goodness!* 7
diseñador(a) *designer (m,f)* 2
diseño gráfico *graphic design (m)* 1
divertirse *to enjoy oneself, to have fun* 1
divorciado/a *divorced* preliminar
divorciarse *to get divorced* 7
doblar *to turn* 5
docencia *teaching; practicum (f)* 1
doctorado *doctoral degree (m)* 1
dolor *pain (m)* 9
  dolor agudo *sharp pain (m)* 9
  dolor intermitente *intermittent pain (m)* 9
¿dónde? *where?* 1
  ¿adónde? *to where?* 1
  ¿de dónde? *from where?* preliminar
dormir *to sleep* preliminar
  dormir la siesta [un ratito] *to take a nap* 3
  dormirse *to fall asleep* preliminar
drogas *drugs (f pl)* 10
dudar *to doubt* 7
los duraznos *peaches (m pl)* 6

E

economía *economics (f)* 1
edad *age (f)* 2
  de mediana edad *middle-aged* 2
educación superior *higher education (f)* 1
ejercer *to exercise (a right)* 10
electrocardiograma *electrocardiagram (m)* 9
elegir *to elect* 10
embarazada *pregnant* 9
empastarle el diente *to fill the tooth* 9
empleo *job (m)* 3
emprendedor(es)/emprendedora(s) *enterprising* 2
en *in, on, into* 2
en caso (de) que *in case* 5
en cuanto *as soon as* 5
enamorarse (de) *to fall in love (with)* 4
encaje *lace (m)* 6
encantar *to delight, to enchant* 3
encías *gums (f pl)* 9
encinta *pregnant* 9
encontrarse con *to meet, to get together with* preliminar
enfadarse *to be angry* 7
enfriar *to cool* 4
enseñanza *teaching (f)* 1
entender *to understand* preliminar
entrada *ticket (f)* 8
entregar *to hand in* 1
entrenamiento *training (m)* 3
entrevista *interview (f)* 3
equipaje *luggage (m)* 5
  equipaje de mano *carry-on luggage (m)* 5
equipo *team (m)* 4
equivocado/a *wrong* 8
esbelto/a *slender* 2
escalofríos *chills (m pl)* 9
escalope *baked and fried cut of beef (m)* 6
escaparate *window (of a store) (m)* 6
escaparse *to escape* 7
escasez *shortage (f)* 10
escoger *to choose* 1
escondite *hide-and-seek (m)* 4
escribir *to write* 1
  escribir en computadora *to type on the computer* 1
escuchar *to listen to* 1
escuela preparatoria *two-year prep school (f)* 1
escultura *sculpture (f)* 8
esencial *essential* 3
espárragos *asparagus (m pl)* 6
especialidad *major (area of study) (f)* 1
especialista *specialist (m,f)*
  especialista en finanzas *financial specialist (m,f)* 2
  especialista en mercadotecnia *marketing specialist (m,f)* 2
especialización *major (area of study) (f)* 1
  especialización segunda *minor (area of study) (f)* 1
especializarse en *to major in* 1
espectáculo *show (m)* 8
espinacas *spinach (f pl)* 6
esquiar *to ski* 3
  esquiar en el agua *to water ski* 3
  esquiar en tabla *go surfing* 3
esquina *corner (f)* 5
estacionamiento *parking lot (m)* 5
estado civil *marital status (m)* preliminar
estallar *to explode* 7
estampado/a de flores *flowered* 6
estar lleno *to be full (hotels, garages)* 5
estatura *stature / height (f)* 2
  de mediana estatura *of medium height or stature* 2
estilo *style (m)* 6
estornudar *to sneeze* 9
estrecho/a *narrow* 6
estreñido/a *constipated (Spain)* 9
estreno *premiere (m)* 8
evitar *to avoid* 10
exagerar *to exaggerate* 7
exhausto/a *to be exhausted* 9
exigir *to require* 9
explosión *explosion (f)* 7
exposición de arte *art exhibition (f)* 8
exprés *espresso coffee (m)* 6
extrovertido/a *extrovert* 2

F

factura *receipt (f)* 6
Facultad *college (within a university) (f)* 1
fascinar *to fascinate* 3
feria *fair; public celebration (f)* 8
ficha *telephone token (f)* 8
ficha de registro *registration card (f)* 5
fiebre *fever (f)* 9
  fiebre de heno *hay fever (f)* 9
fiesta *party (f)* 4
  fiesta sorpresa *surprise party (f)* 4
fila *row (f)* 5
filete a la parrilla *grilled steak or fish (m)* 6
fin *end (m)*
  a fin de que *so that* 10
finanzas *finance (f pl)* 1
flan *baked custard with caramel sauce (m)* 6
flaquito/a *slender* 4
flequillo *bangs (m)* 2
fortuna *fortune (f)* 6
frenillos *braces (on teeth) (m pl)* 4
frente *forehead (f)* 9
fresas *strawberries (f pl)* 6
fresco/a *fresh* 6
fuegos artificiales *fireworks (m pl)* 8
fuentes de energía *sources of energy (f pl)* 10
fuerte *strong* 2
funcionar *to function, work (equipment)* 5
funcionario/a *civil servant, government official (m,f)* 10
fundir to burn out *(light bulb)* 5

G

gafas *glasses (f pl)* 2
gambas *shrimp (f pl)* 6
  gambas ajillo *shrimp in garlic sauce (f pl)* 6
ganancia *profit (f)* 3
ganar la lotería *to win the lottery* 7
ganga *bargain (f)* 6
garantizar *to guarantee* 10
gerente *manager (m,f)* 2
glándulas hinchadas *swollen glands (f pl)* 9
goma *rubber band (game) (f)* 4
gordito/a *plump, chubby (used affectionately)* 2
gotas *drops (f pl)* 9
gozar de *to enjoy* 8
granos *pimples (m pl)* 2
gripe *flu (f)* 9
gritar *to scream, shout* 4
grito *scream (m)* 4
grupo sanguíneo *blood type (m)* 9
guardar cama *to stay in bed* 9
guía telefónica *telephone book (f)* 8
guisantes *peas (m pl)* 6
gustar *to like* 8
gusto *pleasure (m)*
  ¡Con mucho gusto! *With pleasure!* 8
  El gusto es mío. *The pleasure is mine.* preliminar
  Mucho gusto. *Pleased to meet you.* preliminar
  Mucho gusto de conocerte/lo/la. *Pleased to meet you.* preliminar

H

haber *to have (auxiliary verb)* 8
habichuelas *green beans (f pl)* 6
habitación *room (f)* 5
  habitación simple *single room (f)* 5
  habitación doble *double room (f)* 5
hacer *to do, to make* preliminar
  hacer ejercicios aeróbicos *to do aerobics* 3
  hacer cola *to stand in line* 5
  hacer juego con *to match (clothing)* 6
  ¿Tiene algo que haga juego con...? *Do you have something that matches/goes with . . .?*
  hacer las maletas *to pack (suitcases)*
  hacerse *to become* 3
hambre *hunger (f, but* ***el*** *hambre)* 10
hasta que *until* 5
hepatitis *hepatitis (f)* 9
herida *cut, wound (f)* 9
herido *hurt, wounded person (m)* 7
hermanastro/a *stepbrother/stepsister (m,f)* 2
hermano/a adoptivo/a *adopted brother/sister (m,f)* 2
hervido *boiled* 6
hielo *ice (m)* 7
hígado *liver (m)* 9
hilo dental *dental floss (m)* 9
hombro *shoulder (m)* 9
hongos *mushrooms (m pl)* 6
hora *hour (f)*
  horas de ocio *free, leisure time (f pl)* 3
  hora de llegada *arrival time (f)* 5
  hora de salida *departure time (f)* 5
horario *schedule (m)* 1
horneado *baked* 6
horrorizarse *to be horrified* 7
hueso *bone (m)* 9
huevos revueltos *scrambled eggs (m pl)* 6
huracán *hurricane (m)* 7

I

iglesia *church (f)* 4
Igualmente. *Likewise. (Same to you.)* preliminar
impermeable *raincoat (m)* 6
importante *important* 3
importar *to be important* 3
imposible *impossible* 3
imprescindible *necessary* 10
impuestos *taxes (m pl)* 5, 10
incendio *fire (m)* 7
incluido/a *included* 6
inconsciente *unconscious* 9
increíble *unbelievable* 3
indigestiones *indigestion (f pl)* 9
infarto al corazón *heart attack (m)* 9
infección *infection (f)* 9
  infección intestinal *intestinal virus (f)* 9

infección viral *viral infection (f)* 9
ingeniería *engineering (f)* 1
ingeniero/a *engineer (m,f)* 2
iniciativa *initiative (f)* 3
inodoro *toilet (m)* 5
inolvidable *unforgettable* 7
inscribirse *to sign up, to register* 1
inseguro/a de sí mismo/a *unsure of himself/herself* 2
insomnio *insomnia (m)* 9
instalarse en *to move into (a place)* 1
interesar *to interest, to be of interest* 3
introvertido/a *introvert* 2
inundación *flood (m)* 7
investigación *paper (for a class) (f)* 1
invitar *to invite* 8
inyección *injection, shot (f)* 9
ir *to go* preliminar
 ir de compras *to go shopping* 3
izquierda *left (f)* 5
 a la izquierda *to the left* 5

J

jarabe para la tos *cough syrup (m)* 9
jefe/a *boss (m,f)* 2
jornada *workday (f)* 3
 jornada completa *full-time (f)* 3
 jornada parcial *part-time (f)* 3
jubilación *retirement (f)* 4
jubilarse *to retire* 7
judías verdes *green beans (f pl)* 6
jugar *to play* 3
 jugar al ajedrez *to play chess* 3
 jugar a las damas *to play checkers* 3
 jugar a los naipes *to play cards* 3
 jugar a un deporte *to play a sport* preliminar
jugo *juice (m)* 6
juguetes *toys (m pl)* 4

L

lacio/a *straight (hair)* 2
ladrón *thief (m)* 7
lana *wool (f)* 6
langostinos *crawfish (m pl)* 6
laringitis *laringitis (f)* 9
lástima *shame (f)* 3
lastimar(se) *to hurt (oneself)* 9
lectura *reading (f)* 1
leer *to read* preliminar
 leer una novela *to read a novel* 3
lengua *tongue (f)* 9
lentes de contacto *contact lenses (m pl)* 2
levantar *to lift* 3
 levantar pesas *to lift weights* 3
libertad *freedom (f)* 10
 libertad de palabra/expresión *freedom of speech/expression (f)* 10
 libertad de prensa *freedom of the press (f)* 10
libre free
 estar libre *to be free, unoccupied* 8
librería *bookstore (f)* 1
licenciatura *bachelor's degree + thesis (f)* 1
línea *line (f)* 8
lino *linen (m)* 6
liquidación *sale* 6
 estar en liquidación *to be on sale* 6
literatura *literature (f)* 1
llamada *phone call (f)* 8
 llamada a cobrar *collect call (f)* 8
 llamada de larga distancia *long-distance call (f)* 8
 llamada de persona a persona *person-to-person call (f)* 8
llamarse *to call oneself; be named*
 ¿Cómo te llamas? *What's your name?* preliminar
 Me llamo... *My name is. . .* preliminar
llave *key (f)* 5
llenar *to fill out* 3
llevar *to wear; to carry, bring*
 llevar a pasear al perro *to walk the dog* 3
 llevar a cabo *to carry out* 10
llevarse *to take something* 6
 llevarse bien con *to get along well with* 3
 llevarse mal *to get along poorly* 4
llorar *to cry* 4
lógico *logical* 7
logro *achievement (m)* 10
luego *then* 7
lunar *beauty mark (m)* 2

M

madrastra *stepmother (f)* 2
madrina *godmother (m,f)* 2
maestría *graduate degree (between bachelor's and master's) (f)* 1
malo *bad* 3
managa *sleeve (f)* 6
 manga corta *short sleeve (f)* 6
 manga larga *long sleeve (f)* 6
mandar *to order, demand* 9
manejar *to drive* 7
 manejar con exceso de velocidad *to drive over the speed limit* 7
manifestación de protesta *protest march (f)* 7
marcar *to dial* 8
mareado/a *dizzy* 9
marro *tag (m)* 4
matrícula *tuition; registration (f)* 1
matricularse *to register* 1
mediano/a *medium-sized* 4
medicina *medicine (f)* 3
medio ambiente *environment (m)* 10
medio/a hermano/a *half brother/sister (m,f)* 2
mejilla *cheek (f)* 2
mejor *better*
 a lo mejor *perhaps, maybe* 7
melocotones *peaches (m pl)* 6
menos *less, minus*
 menos mal que *fortunately* 7
 a menos que *unless* 5
mensaje *message (m)* 8
mentir *to lie* 1
mentira *lie (f)* 7
mentón *chin (m)* 9
menú *menu (m)* 6

mercadotecnia *marketing (f)* 1
mesa *table (f)* 6
mesero/a *waiter/waitress (m,f)* 6
meter *to put, insert, place* 8
meter la moneda [ficha] *to put in the coin*
mientras *while* 5
mirar *to watch*
mirar las telenovelas *to watch soap operas* 3
moda *fashion (f)* 3
estar de moda *to be stylish* 6
estar pasado/a de moda *to be out of style* 6
molestar *to bother* 3
molestarse *to be bothered* 7
molestia *trouble (f)* 8
mono/a *cute* 4
montar a caballo *to ride horse-back* 3
moreno/a *brunette* 2
morir *to die*
morirse de hambre *to die of hunger* 6
mover *to move*
mover palancas *to pull strings* 3
mozo/a *waiter/waitress (m,f)* 6
mudarse *to move, to relocate* 4
muela del juicio *wisdom tooth (f)* 9
multa *traffic ticket (f)* 7
muñeca *doll (f)* 4; *wrist* 9
mural *mural (m)* 8
música *music (f)* 3
músico/a *musician (m,f)* 2
muslo *thigh (m)* 9

N

nacer *to be born*
¿Dónde naciste? *Where were you born?* preliminar
Nací en... *I was born in . . .*
nata *cream (f)* 6
natillas *cream custard (f pl)* 6
Navidad *Christmas (f)* 4
necesario *necessary* 3
negar *to deny* 7
nieto/a *grandson/granddaughter (m,f)* 2
Noche Vieja *New Year's Eve (f)* 4
Nochebuena *Christmas Eve (f)* 4
nota *receipt (f)* 6
novocaína *novocaine (f)* 9
nuera *daughter-in-law (f)* 2
número de teléfono *telephone number (m)* 8

O

obra *work of art (f)* 8
obra de arte *work of art (f)* 8
obra de teatro *play (f)* 8
obrero/a *worker (m,f)* 2
ocupado/a *busy* 8
oír *to hear* preliminar
Ojalá... *If only . . . I wish/hope . . . May Allah grant . . .* 9
ondulado/a *wavy* 2
operar(le) *to operate (on some-one)* 9
opinar *to think of, to have an opinion* 10
oponerse a *to oppose, be opposed to* 9
órdenes: a sus órdenes *at your service* preliminar
organizar *to arrange* 1
oro *gold (m)* 6
oscuro *dark colored* 6
oso *bear (m)* 4
ovalado/a *oval-shaped* 2

P

paco ladrón *cops and robbers (m)* 4
padrastro *stepfather (m)* 2
padrino *godfather (m)* 2
palancas *connections (f pl)* 3
pantalones vaqueros *jeans (m pl)* 6
pantorrilla *calf (f)* 9
pantuflas *slippers (f pl)* 6
papel higiénico *toilet paper (m)* 5
papeleta *ballot (f)* 10
paperas *mumps (f pl)* 9
¿para qué? *for what purpose?*
para que *so that* 5
paraguas *umbrella (m)* 6
parar *to stop* 7
parar en la señal de alto *to stop at the stop sign* 7
parecer *to seem* 3
parte *part (f)*
¿De parte de quién? *Who's calling?* 8
De parte de... *It's . . . (person who's calling)* 8
¿De qué parte de ... eres? *From what part of . . . are you?* preliminar
pasaje de ida y vuelta *round-trip ticket (m)* 5
pasajero/a *passenger (m,f)* 5
pasaporte *passport (m)* 5
pasar *to pass by; to happen; to spend time*
pasar por alguien *to come by for someone* 8
¡Que lo pases muy bien! *Have a nice time!* preliminar
Que pase un buen fin de semana. *Have a nice week-end.* preliminar
Pascua *Easter (f)* 4
Pascua de los Hebreos *Passover (f)* 4
pasta dentífrica *toothpaste (f)* 9
pastillas *tablets (f pl)* 9
patinar *to skate* 3
patinar a ruedas *to roller skate* 3
patinar sobre hielo *ice skate* 3
pavo *turkey (m)* 6
pecas *freckles (f pl)* 2
pecho *chest (m)* 9
pedagogía *education (f)* 1
pedir *to ask for, to order* preliminar
pedir prestado *to borrow* 1
pelear *to fight* 4
pelirrojo/a *red-haired* 2
pena *pain, aggravation (f)*
¿Qué pena! *What a shame!*
pendientes *hanging earrings (m pl)* 6
pensar *to think* preliminar
pensarlo *to think about it* 6
pepino *cucumber (m)* 6
periodismo *journalism (m)* 1
periodista *journalist (m,f)* 2
permitir *to permit, allow*

Permítame presentarme. *Let me introduce myself.* preliminar
pero *but* 10
persona *person* (f)
personas desconocidas *strangers (f pl)* 3
pescar *to fish* 3
peso *weight (m)* 9
pestañas *eyelashes (f pl)* 9
píldoras *pills (f pl)* 9
pimientos rellenos *stuffed peppers (m pl)* 6
pintura *painting (f)* 8
placer *pleasure (m)* 8
plantas *plants (f pl)* 3
plata *silver (f)* 6
plátanos *bananas (m pl)* 6
platicar *to chat* 3
plato del día *daily special (m)* 6
pobreza *poverty (f)* 10
poder *to be able to* preliminar
polen *pollen (m)* 9
polvo *dust (m)* 9
pomada *cream (f)* 9
ponche *punch (m)* 6
poner *to put* preliminar
ponerse *to put on* preliminar
por *for; by; along; because of; through*
por casualidad *by chance* 5
por desgracia *unfortunately* 5
por ejemplo *for example* 5
por eso *therefore* 5
por fin *finally* 5
por lo general *generally* 5
por lo menos *at least* 5
por lo tanto *therefore* 5
por medio de *by means of* 10
¿por qué? *why* 1
por supuesto *of course* 5
por último *finally* 5
posible *possible* 3
practicar atletismo *to run track* 3
preciso *necessary* 3
preferir *to prefer* preliminar
premiar *to reward* 10
presencia *appearance (f)* 3
presentar *to introduce* preliminar
Déjeme presentarle/te a... *Let me introduce you to . . .* preliminar
presentar su candidatura *to run for office* 10
presión sanguínea *blood pressure (f)* 9
prestaciones sociales *employee benefits (f pl)* 3
préstamo *loan (m)* 1
prestar *to lend* 1
prevenir *to prevent* 10
primero/a (primer) *first*
primera clase *first class* 5
probable *probable* 3
probar *to try, to taste* 4
probarse *to try on (clothing)* 6
profesorado *university faculty (m)* 1
prognosticar *to forecast, to predict* 7
programador(a) de computadoras *computer programmer (m,f)* 2
prohibir *to prohibit* 9
propia *initiative (f)* 3
propina *tip (f)* 6
psicología *psychology (f)* 1
psicólogo/a *psychologist (m,f)* 2
publicidad *advertising (f)* 3
publicista *public relations specialist (m,f)* 2
puerta *gate (f)* 5
puesto *job, position (m)* 3
pulmones *lungs (m pl)* 9
pulmonía *to have pneumonia (f)* 9
pulsera *bracelet (f)* 6
puntos *stitches (m pl)* 9

Q

que *that, which, who (m)* 2
Que aproveche. *Enjoy your meal.* 6
Que te/le vaya bien. *Hope everything goes well.* preliminar
¿qué? *what?* preliminar
¡Qué bien! *How great!* 8
¡Qué chistoso/espantoso! *How funny/scary!* 7
¿Qué cuentas? [¿Qué hay de nuevo?] *What's new?* preliminar
¡Qué gusto de verte! *How nice to see you!* preliminar
¿a qué hora? *at what time?* 1
¡Qué horror! *How awful!* 7
¡Qué lástima! *What a shame!* 7
¡Qué lío! *What a mess!* 7
¡Que lo pasen bien! *Have a great time!* 8
¿Qué te/le pasa? *What's happening with you?* preliminar
¿Qué tienes? *What's the matter with you?* preliminar
¿quién(es)? *who?* 1; *whom?* 2
¡Quién sabe! *Who knows!* 7
¿a quién(es) *to whom?* 1
¿de quién(es)? *whose?* 1
¿con quién(es) *with whom?* 1
quedarle a uno *to fit one (clothing)* 6
¿Cómo le queda? *How does it fit you?* 6
quemado *burned* 6
quemar(se) *to burn (oneself)* 9
querer *to want, to wish* preliminar
quien(es) *who(m)* 2
química *chemistry (f)* 1
quizá(s) *maybe* 7

R

radiografía *x-ray (f)* 9
ranura *slot (f)* 8
ratos libres *free time (m pl)* 3
raya *part (in hair) (f); stripe* 6
al medio *(in the center)* 2
de rayas *striped* 6
rayuela *hopscotch (f)* 4
realizar *to fulfill, accomplish* 10
recibo *receipt (m)* 6
reciclaje *recycling (m)* 10
reciclar *to recycle* 10
reclamar *to claim* 5
recomendable *advisable* 3
recomendaciones *recommendations (f pl)* 9
recomendar *to recommend* 9
recursos naturales *natural resources (m pl)* 10

redondo/a *round* 2
¡Regio! *Fantastic! (South America)* 8
registrarse *to register* 5
registro de votantes *voter registration (m)* 10
relación amorosa *love affair (f)* 7
relaciones internacionales *international relations (f pl)* 1
relaciones públicas *public relations (f pl)* 1
relajarse *to relax* 3
repetir *to repeat* preliminar
reservaciones *reservations (f pl)* 5
resfriado/a *to have a cold (Spain & Latin America)* 9
residencia estudiantil *residence hall (f)* 1
retrato *portrait (m)* 8
reunirse *to meet (with others), get together* 4
revisar *to check, examine* 5
rico/a *good (food)* 6
riquísimo/a *very good, tasty* 6
rizado/a *curly* 2
robo *robbery (m)* 7
rodilla *knee (f)* 9
rogar *to beg* 9
rubéola *German measles (f)* 9
rubio/a *blonde-haired; fairskinned* 2

S

saber *to know (a fact, information, how to do something)* preliminar
sabroso/a *delicious* 6
sacar *to get (grades)* 1; *to get; to take out, extract* 9
  sacarle a alguien *to take out one's . . .* 9
sala *room (f)*
  la sala de espera *waiting room (f)* 5
salado *salty* 6
salir *to leave, go out* preliminar
  salir con amigos *to go out with friends* 3
salsa *dressing, sauce (f)* 6
saltar *to jump* 4
  saltar a la cuerda *to jump rope* 4
salud *health (f)* 9
salvar *to save (a life)* 7
sandalias *sandals (f pl)* 6
sandía *watermelon (f)* 6
sangrar *to bleed* 9
sangre *blood (f)* 9
sangría *drink of red and white wine, sherry, and fruit (f)* 6
sarampión *measles (m)* 9
satisfecho/a *satisfied; full (not hungry)* 6
sección de (no) fumar/de no fumar *(no) smoking section (f)* 5
secuestrar *to kidnap* 7
secuestro *kidnapping (m)* 7
seda *silk (f)* 6
seguir *to follow* preliminar
  seguir derecho *to continue straight ahead* 5
seguro *sure* 8
Semana Santa *Holy Week (f)* 4
señal *signal (f)* 8
sentir *to be sorry, regret* 7
  sentirse *to feel* 1
servicio *service, order (m)*
  servicio de habitación *room service (m)* 5
servir *to serve*
  ¿En qué puedo servirle? *How can I help you?* 6
sin que *without* 5
sino (que) *but rather, but instead* 10
sinusitis *sinusitis (f)* 9
sobre *above; on top of; concerning*
  sobre todo *above all* 10
sobrepoblación *overpopulation (f)* 10
sobrevivir *to survive* 10
solicitar *to apply for (a job)* 3
solicitud *application (f)* 3
soltero/a *not married, single* *preliminar*
sonar *to ring* 8
sopa *soup (f)* 6
  la sopa castellana *soup with eggs, meat, pieces of bread, garlic, and oil (f)* 6
  la sopa de almejas con fideos *clam soup with noodles (f)* 6
  la sopa de cebolla *onion soup (f)* 6
  la sopa de rabo de buey *oxtail soup (f)* 6
sorprender *to surprise* 4
  sorprenderse *to be surprised* 7
subir *to climb* 4
  subir a los árboles *to climb trees* 4
  subirse a *to climb onto* 4
  subirse al autobús *to get on the bus* 5
suegro/a *father-/mother-in-law (m,f)* 2
sueldo *salary (m)* 3
sufrir *to suffer* 9
sugerir *to suggest* 1, 9
suspender *to fail (a course)* 1

T

tal vez *maybe* 7
talla *size (f)* 6
tan pronto como *as soon as* 5
tapado/a *stuffy (nose)* 9
taquilla *(f)* 8
tardanza *delay (f)* 5
tarea *homework (f)* 1
tarifa *rate, fee (f)* 5
tarjeta *card (f)* 5
  tarjeta de turista *tourist card (f)* 5
  tarjeta de embarque *boarding pass (f)* 5
tarta helada *ice cream cake (f)* 6
tatarabuelo/a *great-great-grandfather/great-great-grandmother (m,f)* 2
telefonista *telephone operator (m,f)* 8
temer *to fear, be afraid* 7
tener *to have* preliminar, 3
tener en cuenta *to keep in mind* 7
tener miedo *to be afraid, to fear* 7
tener que *to have to do something* preliminar
tener vómitos *to be vomiting* 9
terremoto *earthquake (m)* 7
tertulia *social gathering (f)* 7
tiempo *time (m)* 3
  tiempo libre *free time (m)* 3

tiempo completo *full-time (m)* 3
tiempo parcial *part-time (m)* 3
a tiempo *on time* 5
tiras cómicas *comic strips (f pl)* 4
título *degree (m)* 1
toallas *towels (f pl)* 5
tobillo *ankle (m)* 9
tocar un instrumento *to play an instrument* 3
tomar *to take; to drink*
tomar cursos *to take classes* preliminar
tomar unas copas *to have drinks* 8
tomarle el pelo a alguien *to kid someone* 7
tonto/a *silly* 7
torcer(se) *to sprain, twist (one's . . .)* 9
torcido *sprained, twisted* 9
tornado *tornado (m)* 7
tos *cough (f)* 9
toser *to cough* 9
trabajador/a *hard-working*
trabajar *to work* 3
trabajar en el jardín *to work in the garden* 3
trabajar por mi propia cuenta *to be self-employed* 3
trabajo *paper (for a class) (m)* 1
traducir *to translate* 1
traer *to bring* preliminar
traje *suit (m)* 6
trámites *red tape (m pl)* 3
travieso/a *mischievous* 4
trenzas *braids (f pl)* 2
triste *sad* 3
trucha *trout (f)* 6

V

¡Vale! *OK! (Spain)* 8
valor *value (m)* 3
varicela *chicken pox (f)* 9
venir *to come* preliminar
ventaja *advantage (f)* 10
ventana *window (f)* 6
ventanilla *box office (f)* 8
ventas *sales (f pl)* 3
ventisca *blizzard, snowstorm (f)* 7
ventisquero *snowdrift (m)* 7
ver *to see*
Nos vemos. *See you. / We'll see each other.* preliminar
ver películas *to watch movies* 3
veranear *to spend the summer* 4
verdad *true* 3
vergüenza *shame (f)*
¡Qué vergüenza! *What a shame!* 7
vestirse *to get dressed* preliminar
vez *time, occasion (f)* 7
viaje directo *direct flight (m)* 5
vidrio *glass (m)* 10
viruela *small pox (f)* 9
Víspera de los Santos *Eve of the Saints' Day (f)* 4
vistoso *dressy* 6
vitrina *window (f)* 6
viudo/a *widower/widow (m, f)* preliminar
vivienda *housing (f)*
estar sin vivienda *homelessness* 10
vivir *to live*
volver *to return* preliminar
vuelo *flight (m)* 5
vuelo sin escala *non-stop flight (m)* 5
vuelo directo *direct flight (m)* 5

Y

yerno *son-in-law (m)* 2

Z

zapatillas *slippers (f pl)* 6
zapatos *shoes (m pl)* 6
zapatos de tacón alto *high-heeled shoes (m pl)* 6
zapatos de tacón bajo *low-heeled shoes (m pl)* 6
zapatos de tenis [zapatos para correr] *tennis shoes, sneakers (m pl)* 6
zapatos deportivos *casual shoes (m pl)* 6
zona telefónica *area code (f)* 8
zumo *juice (m)* 6

Index

A

a + article + *que* + clause, 61
a + person, 166
a menos que, 139
a quien (a que, al que, al cual), 63
a quién, 36
abrir, 221
academics,
  courses, 26, 29
  degrees, 28, 30, 38
  report card, 27
accommodations, hotel, 142, 143, 147–149, 153
adjectives,
  demonstrative, 192
  descriptive, 124, 125
  gender of, 75, 76
  placement of, 125, 126
  possessive, 76, 169, 172, 173
  with *estar,* 75
  with nouns, 76
adjective clauses, 175, 208, 265
adónde, 35
adverbial clauses
  and subjunctive, 208, 265
adverbial expressions
  subjunctive with, 138, 270
adverbs
  of time, of frequency, 102
  prepositions with, 124
affirmative commands
  and pronoun *nos,* 283
  object pronouns with, 237, 283
  placement of pronouns with, 167
  with indirect object pronoun, 101, 102
agradecer, 227
almorzar (**o –> ue**), 47
andar, 33, 124
-ando
  present participle, 158
antes (de) que, 139
aquel/aquellos, 192
aquella/as, 192
-ar verbs
  imperfect, 124
  present tense, 23
  present subjunctive, 89, 90
  preterite, 47
  regular, present tense
  Ud., Uds., nosotros commands of, 283
article
  + adjective, 61
  + *de* + nouns, 61
  + *que* + clause, 61
aunque, 140

B

bucear, 80
bueno, 193
buscar, 33, 47

C

caber, 125, 134, 295
caer, 295
-car verbs, 47, 90
careers, *see* professions
casarse con, 108
certainty, expressions of, 208
childhood, 110, 111
clauses
  adjective and subjunctive, 175, 208, 265
  introduced by conjunctions, 139
  nonrestrictive, 63
  noun, and subjunctive, 265
  relative, 62
  restrictive, 62
  subordinate, 265;
  with *si,* 134, 299, 315
clothing, 170, 175
comer, 47, 220
commands, 101, 102, 167, 237, 283
  with *Ud., Uds., nosotros,* 283
¿cómo?, 35, 36
comparisons, 193
con la cual (con quien, con la que, con que), 63
con tal (de) que, 139
conditional tense, 294, 295, 296
  future and, 296
  irregular verb stems, 295
  with present/future/past hypotheses, 299, 300
conducir, 34
conjunctions, with subjunctive, 139, 140
conocer, 18, 115
  vs. *saber,* 257, 283
conseguir (**e –> i**), 17
construir, 48
conversations
  about family activities, 106, 107
  about hotel accommodations, 142, 143
  about plans, 138, 139
  about travel, 136, 137
  about work/employment, 83–85
  in a store, 171
courses, academic, 26, 29
creer, 48, 158, 209
cuál(es), 35, 36
cuando, 140
¿cuándo?, 35
¿cuánto?, 35, 36
cubrir, 221
cultural events, 225–226, 243
cuyo(a/os/as), 63

D

daily activities, 15
dar, 32, 89
darse cuenta de que, 108
deber, 270
decir (**e–i**), 18, 34, 134, 221, 236, 295
definite article
  + noun + *más/menos,* 193
degrees, academic, 28, 30, 38
demonstrative
  adjectives, 192
  pronouns, 192
describing
  events, 200
  people, 53, 54, 57, 58
describir, 221
descriptions
  124, 125
  estar with, 57, 75
  ser with, 53
desde hace
  with time expression, 199
despedirse (**e –> i**), 32
después (de) que, 140
direct object pronouns, 165, 192, 193
distractions, 228–230
divertirse (**e –> i**), 32, 108
dónde, 35
dormir (**o –> u, ue**), 17, 32, 158
doubt, expressions of, 208, 209
dudar, 209

E

el/la/los/las cual(es) que, 62, 63
emotion, expressions of, 208
en caso (de) que, 139
en cuanto, 140
enamorarse de, 108
environment, 289–290, 303–304
-er verbs
  imperfect, 124
  past participle, 220
  present participle, 158
  present subjunctive, 89
  present tense, 23
  preterite, 47, 48;
  stem changing, 90
  Ud., Uds., nosotros commands of, 283
esa/esas, 192
escribir, 23, 47, 221
ese/esos, 192
esta/estas, 192
estar
  present, 14
  followed with present participle, 158
  present subjunctive, 89
  preterite, 33
  with descriptions, 57, 75
este/estos, 192
expressions
  adverbial with subjunctive, 138
  impersonal, 208
expressions *(continued)*
  impersonal and present subjunctive, 89
  of emotion, doubt, certainty, 208–20;
  of time, 102, 199

with *estar* and *tener,* 75
with *por,* 144, 145

F

family
events, 66
members and relationships, 60, 61, 62
feminine nouns, 76
food, 162–166, 168
frequency, 35, 94, 102
future tense, 133
and conditional, 296
irregular future stems, 134
to express probability or speculation, 315
with *si* clauses, 134, 315

G

-gar verbs, 47, 90
gender
of adjectives, 75, 76
of nouns, 75, 76
good-bye, 11
greetings, 11
gustar, 79, 81, 101

H

haber, 134, 220, 295
conditional, 295
imperfect, 221
past participle present perfect, 220
+ past participle, present subjunctive, 239
pluperfect, 221
pluperfect subjunctive, 270
with object pronouns, 221
hablar, 23, 47, 220
hace (hacer)
+ time expression + *que* + preterite/present/imperfect, 199, 201, 202
hacer, 33, 125, 134, 221, 236, 295
hasta que, 140
health, 256, 257, 258–260, 273, 276, 277
holidays, names of, 108
hotel accommodations, 142, 143, 147–149, 153
hypothetical happenings
si clause, 299, 300

I

identification, 36
-iendo, present participle, 158
imperfect tense
formation, regular verbs, 124
hace and *desde hace* with, 202
irregular verbs, 124
preterite and, 113, 114
progressive, 158
subjunctive, 268, 269
uses of, 109, 114, 115
impersonal expressions, and subjunctive, 90, 208, 265
impersonal *se,* 253
indicative
present, 89, 208
vs. subjunctive, 209
indirect object pronouns, 81, 101, 102, 165
infinitive with, 102
present participles with, 102
with *gustar,* 101
infinitive
prepositions with, 124, 253, 254
tener que +, 115
used as a command, 237
uses of, 253
with *ir* + *a,* 129, 151, 158
information questions, 11, 15, 35, 36
introductions, 13, 20
invitations, 226–227
ir
+ *a* + infinitive, 129, 151, 158
commands, 133, 236, 269
imperfect subjunctive, 269
imperfect, 124
present, indicative, 18
present subjunctive, 89
preterite, 32
-ir verbs
imperfect, 124
past participle, 220
present participle, 158
present subjunctive, 89
preterite, 47, 48
regular, present tense, 23
Ud., Uds., nosotros commands of, 283
with vowel change, 32
irregular verbs
conditional, 295
imperfect, 124
past participle, 221
present, 18
preterite, 31, 33–34
subjunctive, 89
used in affirmative familiar commands, 236
used in negative familiar commands, 237
yo forms, 18

J

joven, 193
jugar (**u –> ue**), 81

L

le/les, indirect object pronouns, 165
leer, 23, 124, 158, 269
lo + adjective, 83
lo bueno, 86
lo que, 83, 86
lo/la/los/las, preceded by indirect object pronouns, 165

M

Madrid map, 130
malo, 193
más
+ adjective + *que,* 193
el/la, 193
mayor, el/la mayor, 61, 193
Me gustaría..., 293
me (te/lo/la/nos/os/las), 192
mejor, el/la, 193
menor, el/la, 193
menos + adjective + *que,* 193
mentir (**e –> ie, i**), 32
mientras, 140
mío(a/os/as), 172
morir (**o –> ue, u**), 158, 221, 269
mudarse, 108

N

nacer, 50
names, 210
of holidays, 108
negar, 209
negative commands
placement of pronouns with, 167, 283
with indirect object pronouns, 101, 102
negative expressions, 47
no sólo... sino que/también, 291
no... nunca, 47
no... tampoco, 47
nomalization, 83, 86
with *lo* + adjective and *lo que,* 83
nos, with affirmative commands, 283
nosotros form, present subjunctive (Let's command), 283
noun clauses
and subjunctive, 265
nouns
ending in **-a, -dad, -tad, -ión,** 75
ending in **-ez, -is,** 76
feminine, 76
gender of, 75, 76
possessive adjective + , 76
prepositions with, 124
nuestro(a/os/as), 172
nunca, 47

O

object pronouns
with affirmative and negative commands, 237, 283
with *haber,* 221
oír, 18, 158
ojalá, 265
orthographic changes
verbs ending in **-car, -gar, -zar,** 47
-er, -ir verbs, 48

P

pagar, 47
para, 144
para que, 139
¿para qué?, 36
parecer, + adjective/adverb, 81
parts of the body, 258, 262
passive voice, 203, 205, 206
past hypothesis, 299, 300
past participles
regular verbs, 220
irregular verbs, 221
past perfect tense, see pluperfect
past progressive, 158
pedir (**e –> i**), 17, 32, 158

pensar, 209
peor, el/la, 193
perceptions, 89, 90, 175, 253, 268
pero, 291
pluperfect (past perfect), 221
subjunctive, 270
poder (**o –> ue**), 33, 115, 134, 270, 295
¿Podría... ?, 294
poner, 134, 221, 236, 269, 295
por, 144, 145
por casualidad, 144
por desgracia, 145
por ejemplo, 145
por eso [por lo tanto], 145
por fin [por último], 145
por lo general, 145
por lo menos, 145
¿por qué?, 36, 144
por supuesto, 145
porque, 36
possessive adjectives, 76, 169, 172
+ noun, 76
used as pronouns, 173
Preferería..., 294
preferir (**e –> i**), 32
prepositions, 124
por and *para,* 144, 151
with infinitives, 124, 253, 254
with nouns, pronouns, adverbs, 124
present participles, 158
with indirect object pronouns, 102
present perfect, 220
indicative, 239
subjunctive, 239
present progressive, 15, 151, 158
present subjunctive, *see also* subjunctive
haber + past participle, 239
nosotros form (Let's command), 283
present tense, 18, 23
and *si* clauses, 315
hace and *desde hace* with, 201, 202
indicative, 89
present/future hypothesis, 299, 300
preterite, 106, 114, 115
and imperfect, 113, 114
irregular stems, 33
irregular verbs, 31
regular verbs, 47
uses of, 31
with *hace,* 201
professions, 55, 56, 79
progressive tenses, 151, 158
pronominal, direct and indirect complements, 101, 163, 192
pronouns
affirmative and negative commands with, 101, 102, 167
demonstrative, 192
direct and indirect, 81, 165
direct object, 192, 193
indirect object, 101, 102
placement of, 167
prepositions with, 124
que, 62, 63
reflexive, 24
relative, 63
with *gustar,* 101

Q
quantity, 36
que (el que, el cual, quien), 63
pronouns, 62
¿qué?, 35, 36
querer (**e–> ie**), 16, 34, 115, 134, 270, 295
querir, 295
question information, yes/no, 47
quien(es), 63
quién(es), 35
quizá(s), 209

R
reflexive 24
pronouns, 24, 283
subject, 23
verbs, 23, 24
regular verbs
imperfect, 124
past participle, 220
present, 23
preterite, 47
relative clauses, 62, 63
repetir (**e –> i**) 32
restaurants, 163, 164, 166
reunirse, 198
romper, 221

S
saber, 18, 34, 89, 115, 134, 295
vs. *conocer,* 257, 283
salir (con), 81, 134, 295
se, impersonal, 253
for passive voice, 220
+ verb + *a,* 220
seguir (**e –> i**), 17, 32
sentir(se), 32, 158
ser,
imperfect, 124
present subjunctive, 89
+ past participle, passive voice, 205, 206
present, 14
preterite, 32
with descriptions, 53
with *lo que* + verb, 86
si clause
future with, 134
present/future/past hypotheses with, 299, 315
sin (que), 139
sino, 291
sports, 80, 81
stem-changing verbs,
past participles, 221
present participle, 158
subjunctive, 90
subjunctive
present, 89
irregular verbs, 89
uses of, 90
with adverbial expressions, 138
with conjunctions, 139, 140
with expression of emotional reaction or doubt, 208
with impersonal expressions, 89
imperfect, 268, 269
pluperfect, 270
present perfect, 238
uses of, 264, 265
verbs and expressons that use, 265
vs. indicative, 209
with adjective clauses, 175
sugerir (**e –> ie, i**), 32
superlatives, 193
suyo(a/os/as), 172

T
tal vez, 209
también, 291
tampoco, 47
tan + adjective + *como,* 193; *tan pronto como,* 140
telephone, 232–233, 235
tener (**e –> ie**), 14, 34, 75, 115, 135, 295
tener que + infinitive, 115
time, expressions of, 102, 200
tomar, 269
traducir, 34
traer, 34
tú, 9
tuyo(a/os/as), 172

U
Ud., Uds, nosotros, 257, 283
university life, 38, 39
usted, 9

V
venir (**e –> ie, i**), 18, 135, 158, 295
ver, 124, 221
verbs
conditional tense, 294, 295, 296
future, 133, 315
imperfect, 114–115, 124
imperfect progressive, 158
imperfect subjunctive, 268, 269
infinitive, 253
irregular, 18, 31–34, 89, 124, 136, 221, 295
orthographic changes, 47–48
passive voice, 203, 205, 206
past progressive, 158
pluperfect, 221, 270
+ preposition + infinitive, 253, 254
present participle, 158
present perfect, 220
present perfect subjunctive, 239
present progressive, 151, 158
present subjunctive, 90, 239
present tense 18, 23, 47
preterite, 31, 33–34, 47, 114–115
progressive tenses (present and imperfect), 151, 158
reflexive, 23, 24, 283
regular, 23, 47, 124, 220
stem-changing, 32–34, 89, 90, 158

subjunctive imperfect, 268, 269
subjunctive present, 89, 90
verbs *(continued)*
that use subjunctive, 265
to express personal preferences, 81
used with indicative, 265, 266
with *gustar,* 79
vestir(se) (**e -> i**), 32, 269
viejo, 193
vivir, 124, 220
volver (**o -> ue**), 221

W

weather, 203–205

Y

yes/no questions, 47
yo forms, irregular, 18

Z

-zar verbs, 47, 90

Credits

p. 20 ¡Le presento a ...!, from *Buenhogar,* año 28, No. 2; **p.28** Courtesy of Universidad Tecnológica de México; **pp. 38-39** Advertisement courtesy of Universidad Latina, Chihuahua, México; **p. 41** ¿Qué le pasa al Profe?, *from Cambio 16,* 21 de junio de 1993; **p. 66** Celebran bodas de oro, from *El Mundo,* 7 de febrero de 1988, p. 26, **p. 68** Concurso "Pasos a la Fama", Cannon Mills, S.A.; **pp.69-70** "El buen hombre y su hijo", by Don Juan Manuel, in *El cuento hispánico,* Random House, New York, **p. 78** Declaraciones intimas: Severiano Ballesteros, *Los domingos de ABC,* No.1007, 23 de agosto de 1987, p. 3; **p. 87** Job Ads from *El Mercurio,* 24 de agosto de 1987; **p. 93** El trabajo de verano, from *Eres,* 16 julio de 1993; **pp. 96-97** Los cinco deportes más difíciles del mundo, from *Muy interestante,* Año 5, No. 6, junio de 1988, p. 39 a-f; **pp. 104-105, 117 & 119** Selections from *La vida del Lazarillo de Tormes,* © 1966 Aguilar S.A. de Ediciones, Madrid; **p. 128** Advertisement courtesy of Aeroméxico; **p. 143** Registration and parking forms courtesy of Hotel Xalapa, Mexico; **pp. 147-149** Courtesy of Paradores de Turismo de España, S.A., Madrid; **p. 153** Alternativas de alojamiento, by Karen Caldwell, in: *El Mundo,* 4 de junio de 1989, p. 39 a-c; **p. 166** Menu courtesy of La Cocina de Sant Millán, Restaurante segoviano; **p.168** También se llaman asi, from *Buenhogar,* año 27, No. 18; **p. 180** Nuestra destacada, *Como agua para chocolate,* from *Mi familia y yo,* No. 38, abril 1993; **pp. 182-185** From *Como agua para chocolate* by Laura Esquivel. © 1989 by Laura Esquivel. Used by permission of Doubleday, a division of Bantam Doubleday Dell Publishing Group, Inc.; **p. 189** La nueva pirámide alimentaria, from *Buenhogar,* año 27, No. 22; **p. 196** Los Picapiedras, from *El Especial,* 27 de julio - 2 de agosto de 1992; **p. 205** From *El Mundo,* 12 de marzo de 1989, p. 79; **p. 211** El secreto de una mujer exitosa, from *Más,* abril 1993, p. 7; **p. 212** Incredulidad canina, from *Diario Las Americas,* 10 de agosto de 1991, p. 7 A; **p. 218** Benitin y Eneas, from *Diario Las Americas,* 10 de agosto de 1991, p. 8 A; **p. 224** Ballet mexicano nacido en Texas, from *Más,* mayo 1993, p. 63; **p. 225** Agenda cultural, *La Nación,* 24 de agosto de 1987, p. 12; **p. 243** La individualidad de nuestro arte moderno, from *Más,* mayo 1993, p. 63; **p.246** "La bailarina española" by José Martí; **p. 248** Historia de la salsa, from *Panorama Internacional,* No. 314, 1993, p. 55; **p. 256** El chicle sin azucar, eficaz contra la caries, from *Vitalidad,* No. 47, julio, 1989, p. 88; **p. 263** Médico, from *Condorito,* No. 370, p. 42; **p. 273** Tecnicas de la medicina alternativa, from *Más,* mayo 1993, p. 22; **pp. 276-277** Qué es la medicina alternativa, from *Más,* mayo 1993, p. 21; **p. 280** La vitamina C ¡Más importante que nunca!, from *Buenhogar,* año 27, No. 15, p. 4; **pp.287, 308-309, 313** "El gaucho Martín Fierro", by José Hernández, Editorial Labor S.A., Barcelona; **pp. 303-304** ¡A reciclar la basura!, from *Eres,* 1 de noviembre de 1993; **p. 306** From *El Mundo,* 3 de marzo de 1989, p. 48.

Photo Credits

All photos by Jonathan Stark except:
p. 1 Michael Newman/PhotoEdit; **p. 5** Jeffrey Dunn/Stock Boston; **p. 4** Michael Dwyer/Stock Boston; **p. 5** Ogust/The Image Works; **p. 43** Amy Etra/PhotoEdit; **p. 51** John Lei/Stock Boston; **p. 53** AP/Wide World; **p. 53** Francolon-Barrat/Gamma Liaison; **p. 53** R. Taylor/Gamma Liaison; **p. 110** George Malave/Stock Boston; **p. 110** Dick Luria/FPG; **p. 112** Cleo Photo/The Picture Cube